Tischtennis Basics

Allgemeine Hinweise

BERND-ULRICH GROSS

Tischtennis BASICS

Alle Schlagtechniken, Schlägerhaltung und Beinarbeit
Taktik, Training, Material und Know-how

Praxistipps von Ex-Nationalspieler und DTTB-Bundestrainer **Richard Prause**

MEYER & MEYER VERLAG

Tischtennis Basics

Bibliografische Information der Deutschen Nationalbibliothek
Die Deutsche Nationalbibliothek verzeichnet diese Publikation in der Deutschen Nationalbibliografie; detaillierte bibliografische Details sind im Internet über <www.dnb.de> abrufbar.

Von-Coels-Straße 390, 52080 Aachen
www.dersportverlag.de

8. verbesserte Auflage 2026

Member of the World Sport Publishers' Association (WSPA)
Gesamtherstellung (Druck): Print Consult GmbH, München, www.printconsult.de

MIX
Papier | Fördert gute Waldnutzung
FSC® C106855

ISBN: 978-3-8403-7867-6
Bei Fragen zur Sicherheit unserer Produkte wenden Sie sich bitte an: kontakt@m-m-sports.com.

INHALT

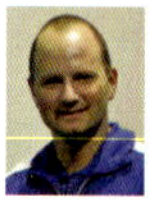

DANKSAGUNG & LESEHINWEISE

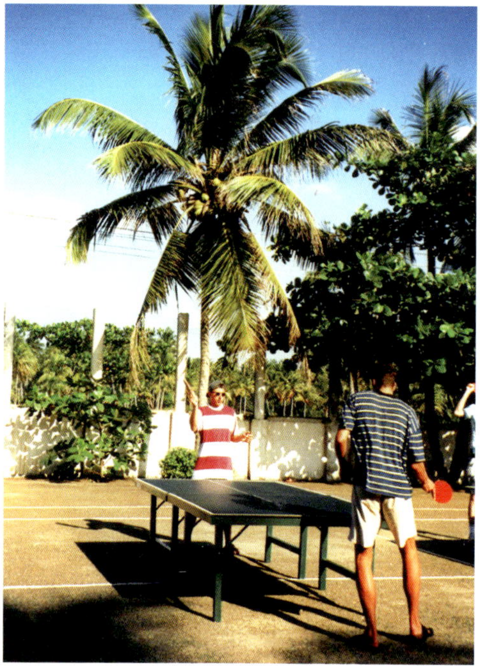

Foto 1: „So ging's auch bei mir los ..."

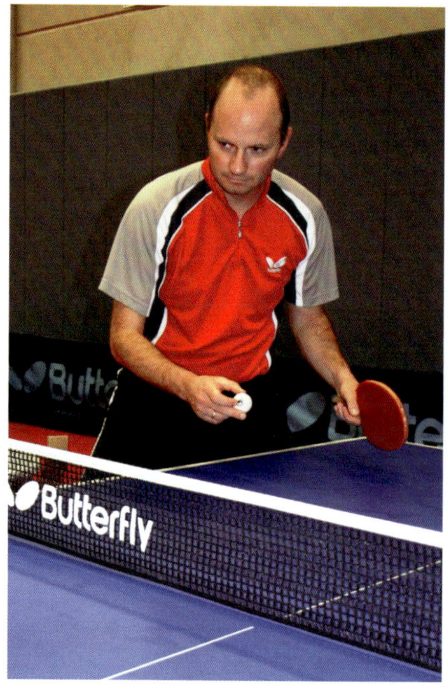

Foto 2: Richard Prause

Besonders danken möchte ich

- meiner Frau Mechthild und meinen mittlerweile erwachsenen Töchtern Sophia und Luisa, die seit Jahren meine Tischtennisverrücktheit geduldig ertragen und mich immer bei all meinen Tischtennisprojekten unermüdlich unterstützt haben.
- Ludwig Nottelmann, meinem ehemaligen Mitarbeiter und Trainerkollegen, der mir bei der Überarbeitung des Buches mit seinem Wissen und seiner Erfahrung sehr geholfen hat.
- Richard Prause, dem ehemaligen Nationalspieler, langjährigen Bundestrainer und jetzigen Sportdirektor des Deutschen Tischtennis-Bundes (DTTB), der mit seinen Tipps und Ratschlägen das Buch noch praxisorientierter gemacht hat.
- Tamasu Butterfly, dem weltweit größten Tischtennishersteller mit Sitz in Tokio (Japan), das den Großteil des Bildmaterials zur Verfügung gestellt und damit das Buch erst ermöglicht hat.

Was das Buch will und wie du es nutzen kannst:

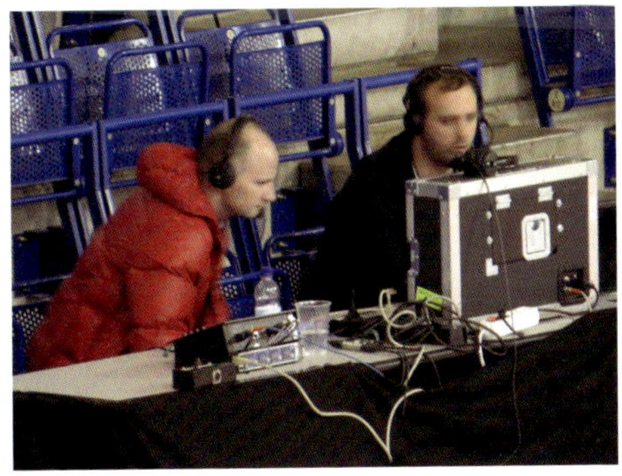

Foto 3: Richard Prause als TV-Kommentator für ITTF-TV

Die verbesserte achte Auflage von *Tischtennis Basics* hat ihren Ursprung im Jahr 1992. Nachdem ich 1986 mit *Tischtennis-Praxis* mein erstes, vom Deutschen Tischtennis-Bund (DTTB) für die Übungsleiter- und Trainerausbildung empfohlenes Tischtennislehrbuch veröffentlicht hatte, kam mir wenige Jahre später die Idee, ein Buch für Tischtennisspieler, seien es Anfänger oder Fortgeschrittene, Hobby- oder Vereinsspieler, zu schreiben.

Der Meyer & Meyer Sportverlag griff die Idee auf und ermöglichte es mir, mein zweites Buch mit dem Titel *Tips fürs Tischtennis* zu veröffentlichen. Seinerzeit wurde „Tips" übrigens noch mit einem „p" geschrieben und die Abbildungen und Fotos waren schwarz-weiß. 2007 kam die vierte, vollständig überarbeitete Auflage - jetzt in Farbe - heraus. 2009 wurde das Buch vom Format etwas größer und erhielt einen neuen Titel: *Tischtennis Basics.* Es behandelt die Grundlagen des Tischtennisspiels. Die sogenannten Basics, die du kennen musst, um dein Spiel zu verbessern.

Dabei unterstützt mich ein international anerkannter Tischtennis-Experte: Richard Prause, der ehemalige deutsche Nationalspieler und langjährige Bundestrainer der Damen und Herren und jetzige Sportdirektor des DTTB. Viele Jahre trainierte und coachte er Timo Boll, den erfolgreichsten deutschen Tischtennnisspieler aller Zeiten. „Richie" war auch jahrelang für den Tischtennis-Weltverband ITTF als Tischtennis-Experte bei ITTF-TV-Übertragungen erfolgreich tätig. Richard hat mir in vielen Interviews für den „Butterfly Newsletter" (2003-2011) viele Tipps und Tricks verraten. Die Kapitel, die auf Richards Informationen basieren, sind besonders mit seinem Bild gekennzeichnet.

Um welche Fragen geht es genau in diesem Buch? Genau um die Fragen, die sich jeder Tischtennisspieler stellt, der sein Spiel verbessern will:

- Was solltest du allgemein über Tischtennis wissen? (Kap. 1)
- Welche vier allgemeinen Basics bzw. Grundlagen des Tischtennisspiels solltest du unbedingt kennen? (Kap. 2)

- Welche Schlagtechniken musst du beherrschen, um dein Spiel individuell entwickeln und verbessern zu können? (Kap. 3)
- Welches Spielsystem ist für dich das Richtige? (Kap. 4)
- Wie lernst und trainierst du am besten? (Kap. 5)
- Was musst du bei der Schlägerwahl (Material) beachten? (Kap. 6)
- Wo kannst du mehr Informationen über Tischtennis bekommen? (Kap. 7)
- Welche Regeln solltest du kennen? (Kap. 7.1)

Gleichgültig, ob du jung bist oder älter, engagierter Hobbyspieler oder motivierter Vereinsspieler unteren, mittleren oder höheren Niveaus, ich bin fest davon überzeugt, dass jeder, der das Buch intensiv liest, viele Tipps und Anregungen bekommen wird, damit er sein Spiel seinem Niveau entsprechend weiterentwickeln kann.

Bernd-Ulrich Groß, im Januar 2026

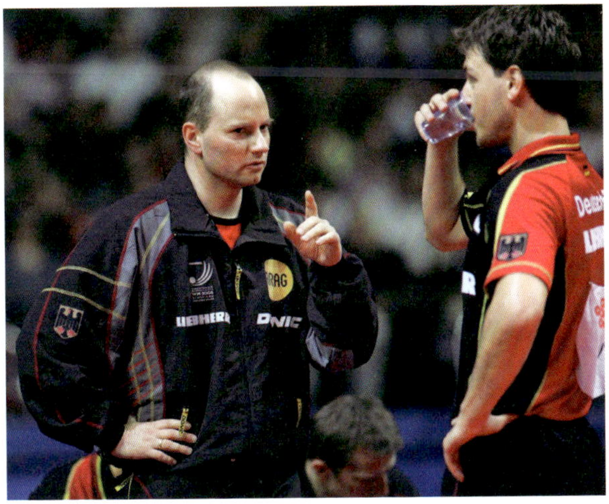

Foto 4: Analyse

Richard

&

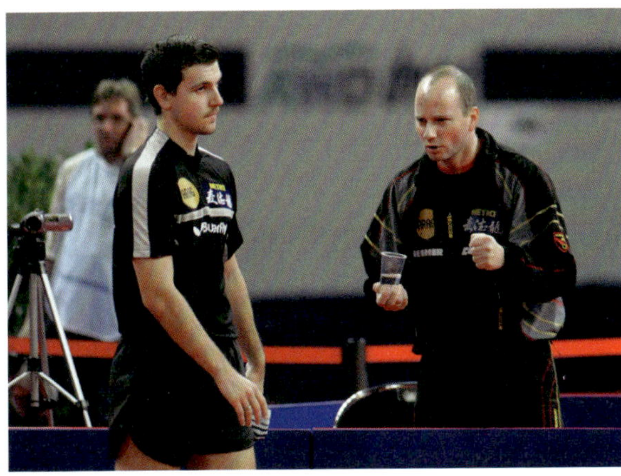

Foto 5: Motivation

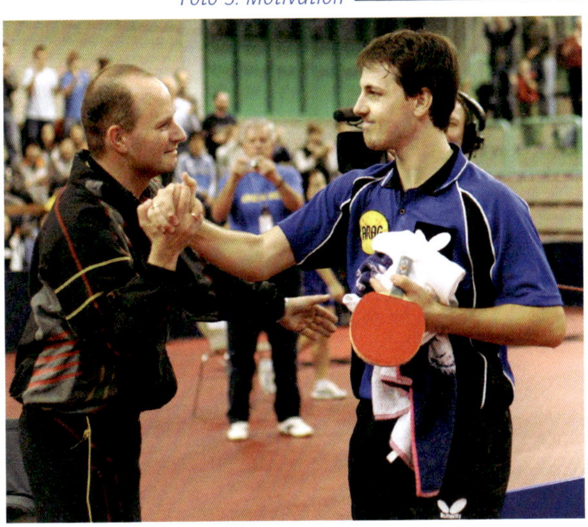

Timo

Foto 6: Freude

KAPITEL

WAS ICH ÜBER TISCHTENNIS WISSEN SOLLTE

1

WAS ICH ÜBER TISCHTENNIS WISSEN SOLLTE

Vom Tischtennisfieber

Ich erinnere mich noch ganz genau: 1970 im Sommerurlaub passierte es. Da stand ein von der heißen Mittelmeersonne „mitgenommener" Tisch – das Oberfurnier löste sich bereits an mehreren Stellen – im Garten einer Hotelanlage in Spanien. Die Schläger – von ihrer Beschaffenheit kaum besser als der Tisch – konnte man ausleihen. Nur die Bälle entsprachen ungefähr den normalen Spielbedingungen. Natürlich blies auch schon mal eine ordentliche Windböe, wodurch der Ball eine völlig neue Flugbahn erhielt. Aber all das konnte meinen Vater und mich nicht davon abhalten, uns tagtäglich mit größtem Spaß im Pingpongspiel zu messen. Das Tischtennisfieber war in mir ausgebrochen und hält bis heute unvermindert an. Über den katholischen Tischtennisjugendheimtreff landete ich dann schon kurz darauf in meinem ersten Tischtennisverein.

Mit 13 Jahren bestritt ich 1971 mein erstes Meisterschaftsspiel in der ersten Schülermannschaft des TTV GW Schultendorf in Gladbeck. Zum Profi hat's bei mir allerdings nicht gereicht. Im höherklassigen Amateurbereich habe ich mit größtem Vergnügen lange Jahre gespielt, bis mich dann eine Schulterverletzung dazu zwang, meine aktive Laufbahn – zumindest auf dem Niveau – doch recht früh mit 23 Jahren abzubrechen. Das musste ich erst einmal „verdauen". Darüber hinweggeholfen hat mir aber meine seinerzeit schon nebenbei ausgeübte Trainertätigkeit im Jugendbereich. Nicht mehr selbst aktiv, konnte ich mich nun diesem Bereich intensiver widmen. Mit wachsender Begeisterung und immer größerem Fieber. Und ob ich nun heute selbst zum Schläger greife oder andere ihn „schwingen" sehe, gleich steigt in mir das Fieber, denn Tischtennis ist so vielseitig und abwechslungsreich, ob vom Anfänger oder vom Profi gespielt, dass es mich unendlich fasziniert und das seit nunmehr 53 Jahren. Aber da bin ich wohl nicht der Einzige. Blicken wir doch mal auf die Anfänge des Tischtennisspiels zurück.

In den 70er-Jahren des 19. Jahrhunderts entwickelten Tennisspieler in England, die vom englischen Regen in ihr Klubheim vertrieben wurden, sozusagen als Ersatz ein Miniaturtennisspiel, das auf einem Tisch mit tennisähnlichen Schlägern und Gummibällchen gespielt wurde. Schnell fand dieses Spiel auch Eingang in die Wohnzimmer und Küchen gehobener Gesellschaftsschichten, wo es als Freizeitspiel großen Anklang fand.

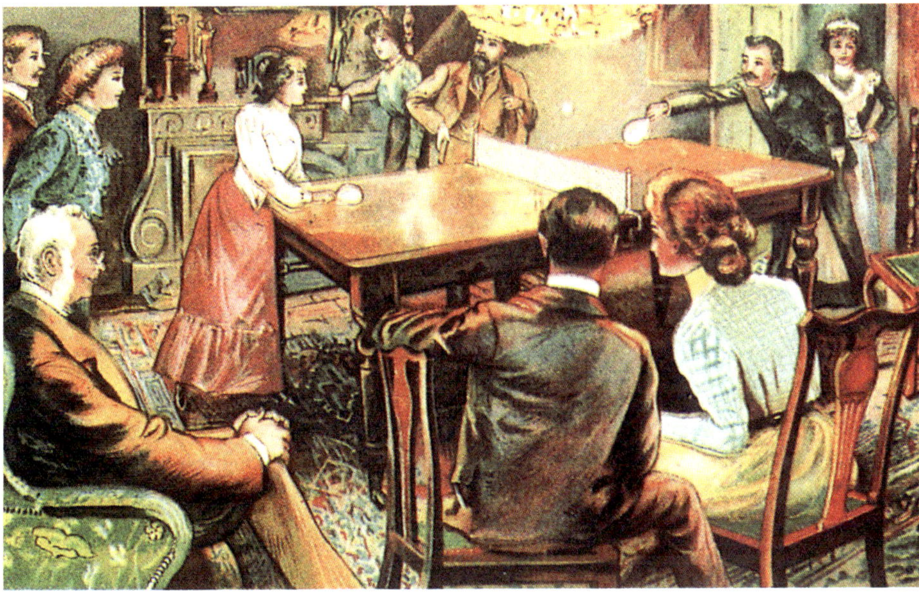

Foto 7: Tischtennis gestern – ein Salonspiel Ende des 19. Jahrhunderts (aus: FRIEDRICH, Bonn 1989, S. 79)

Schon 1878 dokumentiert eine Postkarte dieses moderne Freizeitvergnügen (s. Foto 7). Den weltweiten Durchbruch des Sportspiels Tischtennis leitete aber vor über 120 Jahren der Engländer James Gibb ein, als er 1891 auf einer Geschäftsreise in den USA kleine bunte Bälle aus Zelluloid entdeckte, die sich fürs Tischtennisspiel hervorragend eigneten. Diese revolutionäre Verbesserung des Spiels löste nicht nur weltweit das erste große Tischtennisfieber aus, sondern sorgte auch für den typischen Klang des Spiels: ping-pong.

Im Jahre 1900 wurde bereits der erste Pingpongklub in Berlin gegründet. 1907 fanden schon die ersten deutschen Meisterschaften im Tischtennis statt. In dieser Zeit eroberte das Spiel auch Asien, insbesondere Japan, China und Korea. Nach einer durch den Ersten Weltkrieg bedingten Ruhezeit erlebte Tischtennis in den 20er-Jahren des 20. Jahrhunderts einen großen Aufschwung. 1925 wurde in Berlin der Deutsche Tischtennis-Bund (DTTB) gegründet. 1926, ebenfalls in Berlin, riefen neun Nationen den Tischtennis-Weltverband (International Table Tennis Federation – ITTF) ins Leben. Die ersten Weltmeisterschaften wurden noch im gleichen Jahr in London ausgetragen. Natürlich war das damalige Spiel nicht so schnell wie das heutige Spitzentischtennis. Es überwog noch das kontrollierte

Schupfspiel. Der längste, je gespielte Ballwechsel dauerte 2 h 12 min (!) und wurde 1936 vom Polen Alex Ehrlich und dem Rumänen Jiri Paneth gespielt.

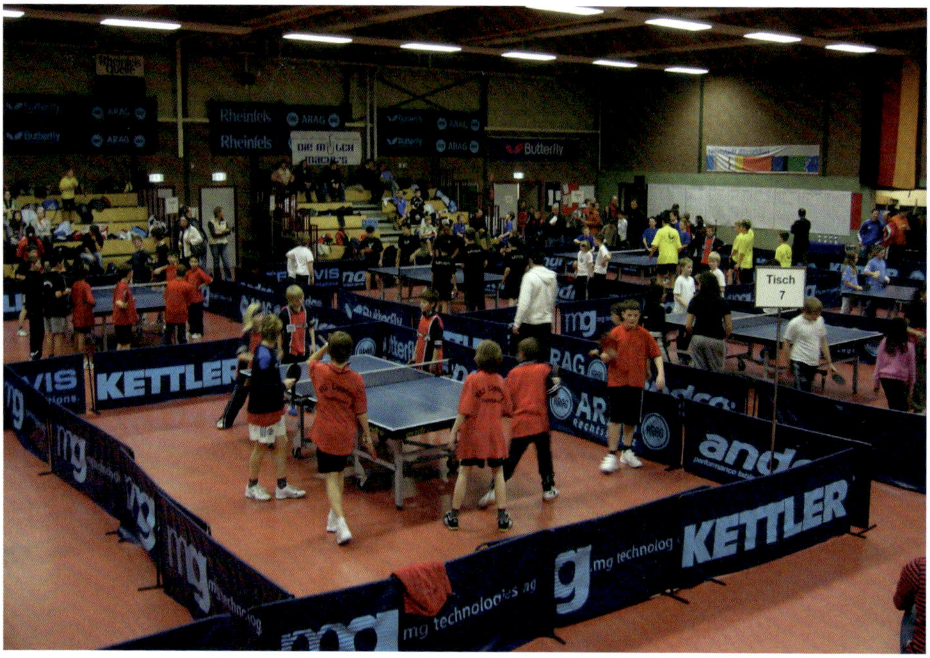

Foto 8: Heute ist Tischtennis ein beliebter Schul- und Freizeitsport, besonders das Rundlaufspiel. Das Foto zeigt das seit 1999 jährlich stattfindende Landesfinale des Milchcup Mannschaftsrundlaufturniers in der Halle von Borussia Düsseldorf: Tischtennis Spaß pur!

Ein Match konnte sich damals über mehrere Stunden hinziehen. Die Schläger waren mit dem heute kaum noch benutzten Noppengummi belegt, allerdings ohne Schwammunterlage (s. Kap. 6). Auch Kork und Sandpapier fanden als Beläge Verwendung. Die Hölzer haben sich viele Spieler selbst gebaut. Regeländerungen sorgten noch Ende der 1930er-Jahre für eine Spielzeitverkürzung. War ein Satz nach 15 Minuten noch nicht beendet, so trat die „Zeitregel" in Kraft, die dem Spieler genau 13 Schläge erlaubt, um einen Punkt zu erzielen. Nach dem Zweiten Weltkrieg kam es in den 1950er-Jahren zur ersten Materialrevolution im Tischtennis. Die Japaner benutzten ein oder mehrere Zentimeter dicke Schwämme als Beläge. Neue Angriffsschlagtechniken entstanden, das Spiel wurde dynamischer und athletischer. Vollends „revolutioniert" wurde das Spiel aber mit der Entwicklung der Noppeninnen-Beläge, Seine mit einem elastischen und 1-2 mm dicken Schwamm unterlegte griffige

Naturkautschuk-Oberfläche ermöglichte es nunmehr, einen Schlag auszuführen, den heute jeder beherrschen muss, den Topspin. Von da an nahm die technisch-taktische Entwicklung des Spiels einen rasanten Verlauf, bei der die Spielvariablen Rotation und Tempo immer mehr an Bedeutung gewannen.

Die Machtverhältnisse im Tischtennis wechselten mit schöner Regelmäßigkeit zwischen Europa und Asien. Zunächst waren es die Europäer, die das Tischtennis zu Beginn der 1950er-Jahre beherrschten. Ab 1955 gewannen die Asiaten die Vormachtstellung. Bis 1971 stellten Japan und China im Wechsel die Team- und Einzelweltmeister bei den Herren. 1973 avancierte Schweden zur Tischtennis-Weltmacht und wechselte dann bis zum Jahre 2000 mit den Chinesen ständig die Führungsrolle. Im neuen Jahrtausend ist China mit Abstand die weltweit führende Tischtennisnation, sowohl bei den Herren, als auch bei den Damen. Deutschland ist mit Führungsspieler Timo Boll sowie Dimitrij Ovtcharov seit fast 20 Jahren bei den Herren Europas stärkste und weltweit die zweitstärkste Nation hinter China. Sowohl im Amateur- als auch im Profibereich geht der Trend eindeutig zu einer offensiven Spielanlage, bei dem der Topspin eine zentrale Rolle spielt. Defensivspieler gibt es, auch an der Weltspitze, nur noch ganz selten. Im Bereich der Schlägerhaltung gewinnt die Shakehand-Schlägerhaltung, in Europa von Beginn an dominierend, auch in Asien immer mehr an Bedeutung.

Die Tischtennisbegeisterung hat im Laufe ihrer Entwicklung ungeahnte Ausmaße angenommen. Schätzungsweise 250 Millionen Menschen spielen regelmäßig in ihrer Freizeit Tischtennis. Damit gehört Tischtennis zu den beliebtesten Hobby-Sportarten auf der Welt. Aber auch im organisierten Wettkampfsport ist Tischtennis eine der weltweit führenden Sportarten. In der ITTF (International Table Tennis Federation) sind 227 Nationalverbände zusammengeschlossen (Stand: 2022), denen etwa 164 Millionen Spieler angehören. Jährlich finden im Wechsel Einzel- und Mannschaftsweltmeisterschaften statt. Im gleichen Zeitabstand werden die Kontinentalmeisterschaften ausgetragen. Seit 1988 ist Tischtennis auch olympisch. In die Weltspitze können heute nur noch Profispieler kommen, die täglich 2 x trainieren und ihr Leben ganz auf den Sport konzentrieren. Natürlich können diese Spieler auch mit Tischtennis ihren Lebensunterhalt verdienen. In China sind die Topspieler so bekannt wie Fußballstars in Europa und verdienen Millionengehälter.

In Deutschland spielen etwa fünf Millionen Menschen regelmäßig Tischtennis. Davon sind 506.000 (Stand: 2022) im Deutschen Tischtennis-Bund, der in Frankfurt seinen Sitz hat, organisiert. Tischtennis wird in allen Lebensbereichen gespielt, ob zu Hause, in Freizeit- und Jugendheimen, in öffentlichen Parks und Freibädern, in Schulen und Betrieben, oder eben in Vereinen. Das Tischtennisfieber kennt keine Grenzen. Aber auch ältere Menschen spielen zunehmend Tischtennis. Gerade in den letzten Jahren boomt der Seniorensport (40-95 Jahre). Bei den alle zwei Jahre ausgetragenen Seniorenweltmeisterschaften sind regelmäßig über 3.000 Spieler am Start. Ein Bereich, der leider häufig übersehen wird, aber in dem Tischtennis auch eine große Rolle spielt, ist der Behindertensport. In fast allen Schadensklassen mit und ohne Rollstuhl, zählt Tischtennis zu den am häufigsten ausgeübten Sportarten.

Unterstützt wird dieses Tischtennisfieber in Deutschland sicher auch dadurch, dass das deutsche Tischtennis zur Weltspitze gehört. Nach dem legendären Eberhard Schöler (Vizeweltmeister 1969 in München) und den Doppelweltmeistern (Dortmund 1989), Jörg Roßkopf und Steffen Fetzner, der Europameisterin Nicole Struse von 1996 ist Timo Boll das Zugpferd des deutschen Tischtennis seit Beginn des 21. Jahrhunderts. Er gewann acht Europameistertitel im Einzel, bei den Weltmeisterschaften 2011 und 2021 zweimal Bronze und war zeitweise die Nummer eins der Weltrangliste. Das Ziel des 41-jährigen Linkshänders ist es, sich für Olympia 2024 in Paris zu qualifizieren und damit seine siebte Teilnahme in Folge sicherzustellen. Mit Dimitrij Ovtcharov hat sich ein weiterer Deutscher in der Welt ganz nach vorne unter die Top 10 der Weltrangliste gespielt. Die deutsche Herren-Nationalmannschaft ist 2004, 2010, 2012, 2014, 2018 und 2022 Vizeweltmeister hinter China geworden. Bei den Olympischen Spielen 2008 und 2021 holten Deutschlands Herren die Silbermedaille im Team-Wettbewerb, wiederum hinter China. Aber auch international bedeutsame Turniere und Meisterschaften werden häufig in Deutschland ausgetragen. Weltweit gewinnt die von der ITTF 1996 ins Leben gerufene PRO-TOUR-Turnierserie immer mehr an Bedeutung. Seit neuem heißt sie WTT-Series (World Table Tennis Serie). Mehrere Millionen US-Dollar Preisgeld sprechen eine deutliche Sprache. Auch wenn in Deutschland und Europa Tischtennis nur eine mediale Randsportart im Fernsehen ist, in Asien, besonders aber in China, verfolgen Millionen Fans die großen Turniere live am Bildschirm. Und im Internet können alle internationalen Turniere weltweit live verfolgt werden.

Tipp:

Besuche eine Tischtennis-Spitzensportveranstaltung „live", dann weißt du sofort, wie faszinierend und spannend professionelles Tischtennis ist! Unter *www.tischtennis.de* findest du alle Bundesliga- und Turniertermine und bei „YouTube®" gibt es ganz viel Tischtennisvideos. Bei *tv.ttbl.de* und *www.ittf.com* kannst du Tischtennis „live" kostenlos sehen.

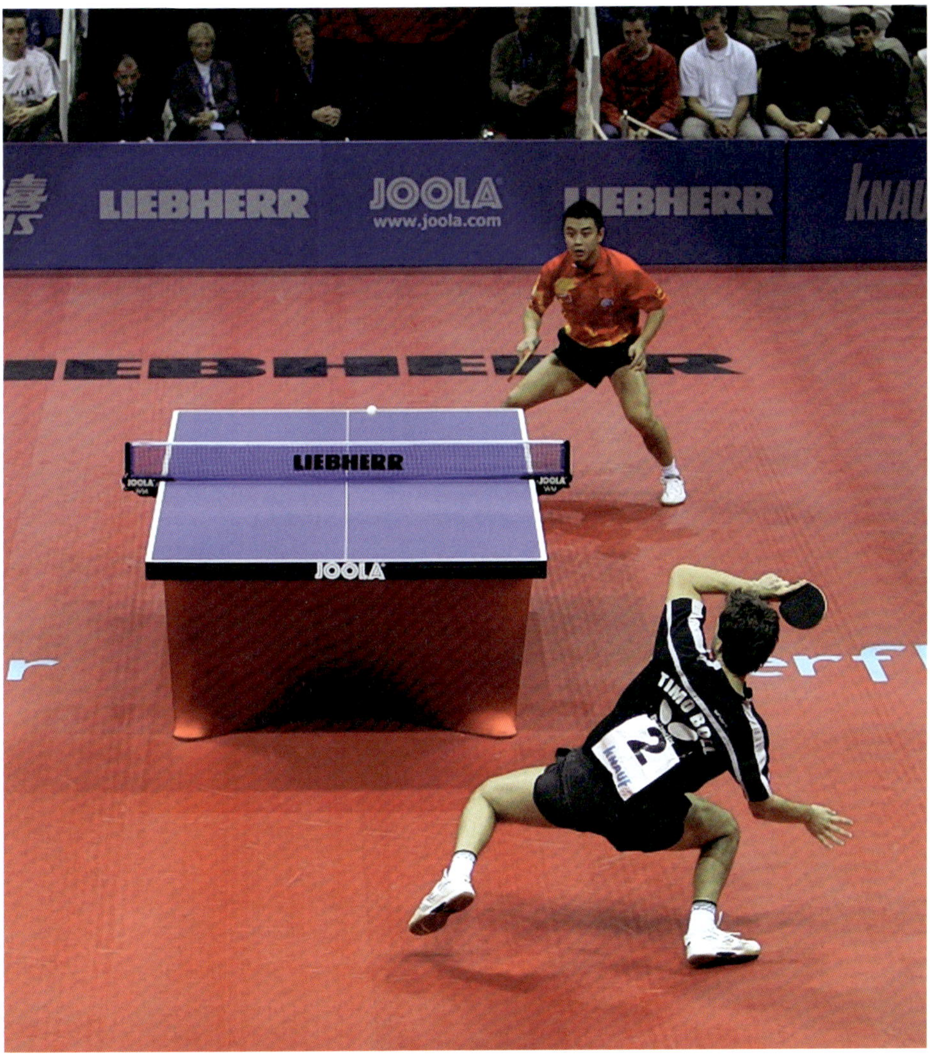

Foto 9: Die deutschen Tischtennis-Asse Timo Boll (vorne im Bild) und Dimitri Ovtcharov sind momentan die einzigen Europäer, die Chinas Asse (hinten im Bild Wang Hao) schlagen können.

KAPITEL

DAS ABC DES TISCHTENNIS: DIE VIER ALLGEMEINEN BASICS

2

2 DAS ABC DES TISCHTENNIS: DIE VIER ALLGEMEINEN BASICS

Wer sich im Tischtennis verbessern möchte, muss das Spiel verstehen. Gemeint sind hier nicht die Spielregeln. Ich denke hier vielmehr an die eigentlichen Anforderungen und Schwierigkeiten, die Tischtennis an den Spieler stellt: die allgemeinen Basics.

2.1 Tischtennis verstehen: Die vier Variablen des Spiels

Wie bei jedem anderen Ballspiel auch, muss ein Tischtennisspieler verschiedene Fähigkeiten und Fertigkeiten beherrschen, um erfolgreich spielen zu können.

Schauen wir uns dazu die Bildreihe mit einer Spieleröffnung (Fotos 1-9) an: Im Hintergrund steht Deutschlands bester Spieler Timo Boll. Er ist Aufschläger und führt gerade einen Aufschlag mit der Vorhand aus (Fotos 1-4).

Im Vordergrund hat der Chinese Wang Liqin, dreifacher Einzel-Weltmeister (2001/07/09), seine Grundstellung zur Aufschlagerwartung eingenommen. Er ist Rückschläger. Was passiert nun aus der Sicht des Rückschlägers Wang? Versuchen wir, uns in seine Lage hineinzuversetzen:

Er beobachtet genau die Aufschlagbewegung seines Gegners Timo. Schon bei der Wahrnehmung der Aufschlagbewegung Timos kann Wang aufgrund seiner Spielerfahrungen (er ist ja kein Anfänger mehr!) erahnen, um welchen Aufschlag es sich wahrscheinlich handelt: welchen Schnitt (= Rotation oder Spin oder Effet) dieser Ball hat. Ebenso kann er erahnen, wohin Timo wahrscheinlich den Ball spielt (= Platzierung) und mit welcher Geschwindigkeit (= Tempo). Außerdem beurteilt Wang natürlich auch die Höhe des Balls (= Flughöhe). Ist der Ball zu hoch, würde er sicher versuchen, den Ball mit einem „tödlichen" Endschlag (Topspin, Schmetter, Flippschuss) zu beantworten.

1

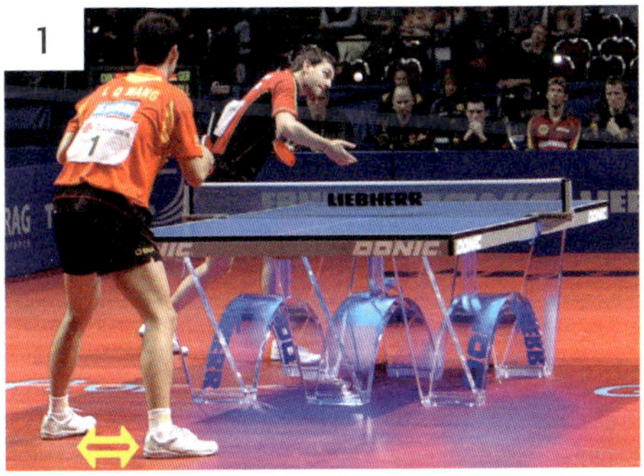

2

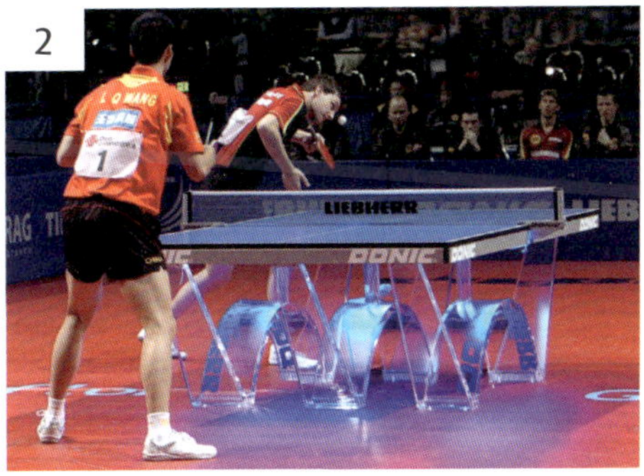

3

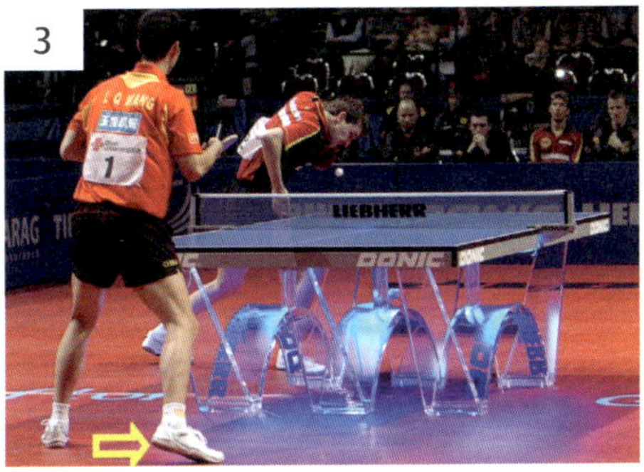

4

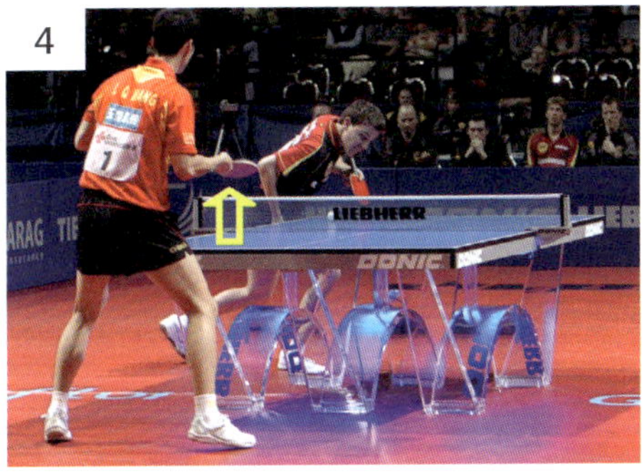

5

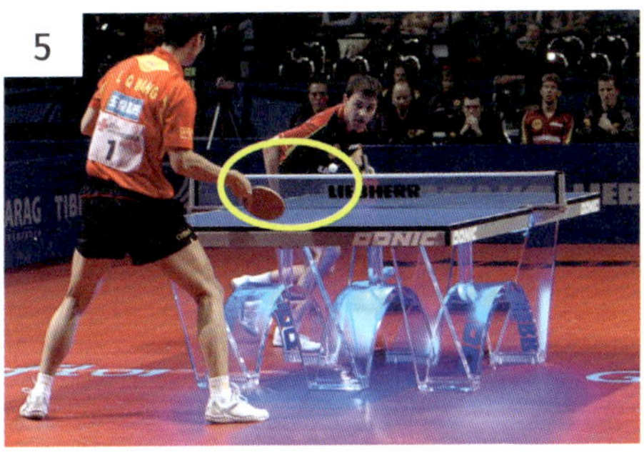

6

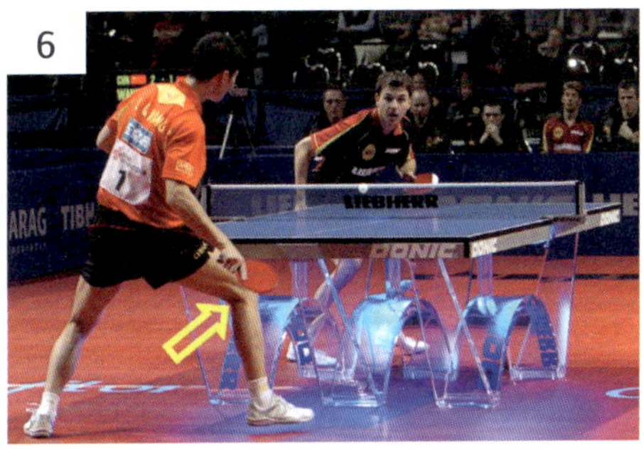

7

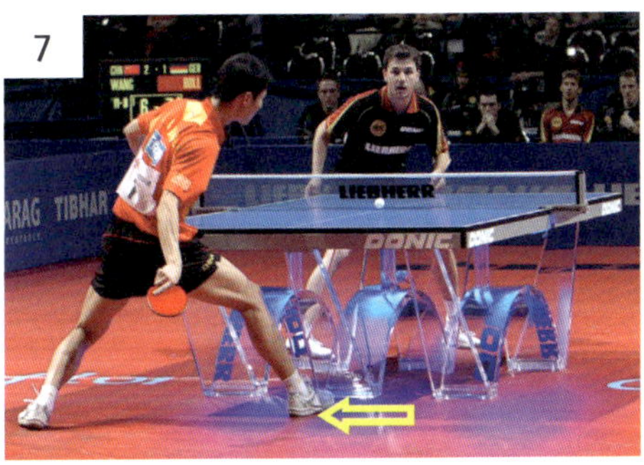

8

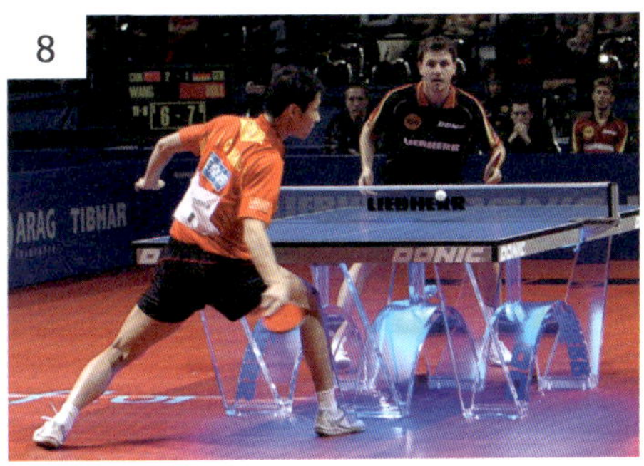

9

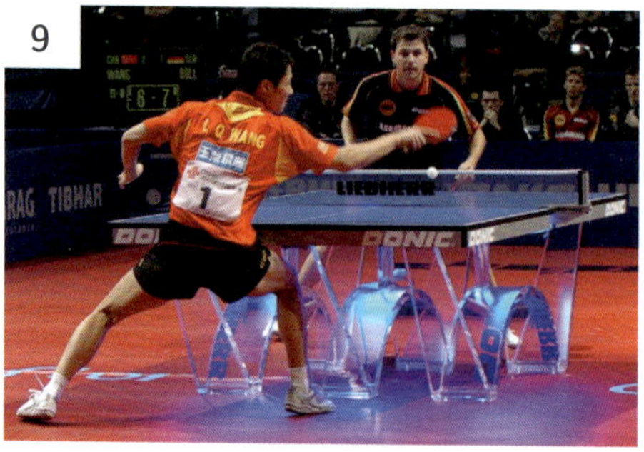

Bildreihe 1: Spieleröffnung und Antizipation (Fotos 1-9)

Schauen wir nun, was Wang tatsächlich macht. Nachdem Timo den Ball getroffen hat (Foto 4), reagiert Wang. Auf Foto 5 können wir sehen, wie Wang zunächst zu einem Vorhand-Schupf ansetzt, aber sich dann doch entscheidet, einen Vorhand-Topspin zu ziehen. Er sieht nämlich, dass der Ball relativ lang in seine Vorhandseite kommt. Da er eine gute Vorhand hat, entschließt er sich, diesen mittellangen Aufschlag mit einem Vorhand-Topspin aus der Vorhandseite „anzuziehen" (Foto 7). Was in Wangs Kopf vorgegangen ist, wiederholt sich natürlich nun bei Timo. Er sieht, dass Wang zum Topspin ausholt und kann sich nun bereits überlegen, mit welchem Schlag er auf diesen Topspin antworten soll. Er denkt also im Voraus. Wir sprechen von *Antizipation*. Letztlich richtig reagieren kann er natürlich erst, wenn Wang den Ball getroffen hat (Foto 9 kurz nach dem Balltreffpunkt).

Warum nun diese Ausführungen? Ganz einfach darum, weil viele meinen, um Tischtennis spielen zu können, braucht man nur die Schlagtechniken zu beherrschen. Das ist aber falsch. Schläge zu beherrschen, ist eine Sache. Eine andere, genauso wichtige ist es, an bestimmten Bewegungsmerkmalen frühzeitig zu erahnen (= Antizipation) und dann richtig zu erkennen (= Analyse),

- mit welcher Rotation,
- mit welcher Platzierung,
- mit welchem Tempo,
- mit welcher Flughöhe

R + P + T + F – **Effekte des Balls**

der Ball auf dich zukommt. Erst dann kannst du nämlich richtig reagieren und den besten und wirkungsvollsten Antwortschlag auswählen. Diese Fähigkeit nennen wir „den Ball lesen" und damit richtig hinsichtlich seiner RPTF-Effekte beurteilen können.

Das alles spielt sich in Bruchteilen einer Sekunde ab. Da bleibt keine Zeit für große Überlegungen. Je mehr Spielerfahrung du sammelst, umso besser kannst du den Ball, deinen Gegner und damit das Spiel lesen. Du reagierst richtig und schneller. Deine Spielhandlungen automatisieren sich, je länger du spielst, je mehr Erfahrung du hast.

Um das Spiel lesen zu können, musst du also die Sprache des Balls verstehen. Und die ist nun mal gar nicht so einfach. Dazu musst du nämlich wie bei einer richtigen Sprache die „Grammatik" des Tischtennisballs kennen. Was heißt das nun schon wieder? Na, ganz einfach. Du musst halt wissen, wie die RPTF-Effekte des Balls zustande kommen. Dazu musst du folgende Fragen beantworten können:

1. R Wie wird welche Ballrotation erzeugt, wie fliegt der Ball mit einer bestimmten Rotation und wie springt er von der Tischfläche ab?
2. P Wohin kann der Ball von wo platziert werden?
3. T Mit welchem Tempo kann welcher Ball geschlagen werden?
4. F Mit welcher Flughöhe kann welcher Ball gespielt werden?

2.1.1 Rotation: Wie wird welche Rotation erzeugt und welche Auswirkung hat sie auf Ballflug und Absprungverhalten?

Je nachdem, wie ich den Ball treffe, erzeuge ich eine unterschiedliche Rotation. Ein Ball mit extremer Rotation kann sich mit 9.000 Umdrehungen pro Minute um die eigene Achse drehen. Pro Sekunde sind das 150 Umdrehungen. Andere Begriffe für *Rotation* sind *Spin, Schnitt, Drall* oder *Effet.* Dieser Schnitt kann sehr unterschiedlich sein. Das ist das eigentlich Schwierige beim Tischtennis. Immer richtig zu erkennen, „was im Ball drin ist", wie der Profi sagt. Viel Unterschnitt oder wenig, Seitenunter- oder „reiner" Seitenschnitt, Seitenoberschnitt oder „reiner" Oberschnitt. Oder ist der Ball gar „leer" oder „ohne", d. h. ohne Rotation? Keine einfachen Fragen. Das musst du erst einmal lernen zu erkennen. Dazu schauen wir uns jetzt den Ball etwas näher an.

Wie kann ich den Ball treffen, welcher Schnitt wird dabei erzeugt? Das ist eigentlich die wichtigste Frage beim Tischtennis. Wer hier immer die richtige Antwort weiß, kann ein sehr guter Spieler im Tischtennis werden. Um aber immer richtig erkennen zu können, was im Ball „drin" ist, werfen wir einen genaueren Blick auf den **2,7 g** schweren Ball. Der Ball ist rund und hat einen Durchmesser von **40 mm**. Wir können ihn an den verschiedensten Stellen treffen. Grundsätzlich unterscheiden wir sechs Schlägerblattstellungen. Schauen wir uns dazu Bildreihe 2 an.

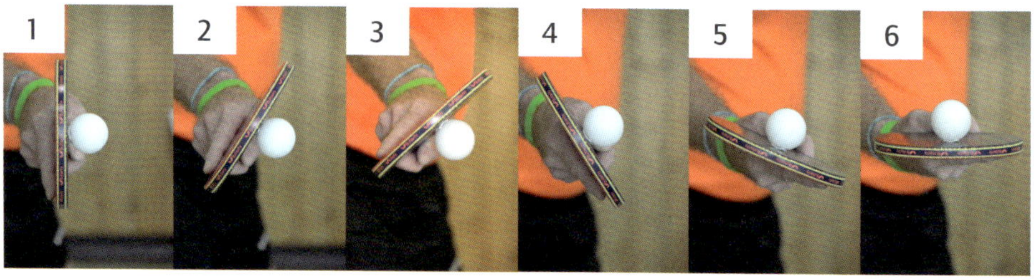

Bildreihe 2: Schlägerblattstellungen (Fotos 1-6)

1: senkrecht, 2: leicht geschlossen, 3: stark geschlossen, 4: leicht geöffnet, 5: stark geöffnet, 6: waagerecht

Mit diesen sechs verschiedenen Schlägerblattstellungen können wir den Ball auf drei unterschiedliche Arten und Weisen treffen und damit unterschiedliche Rotation erzeugen:

1. Mit senkrecht zur Flugrichtung gestelltem Schlägerblatt im Zentrum „voll treffen" (= zentraler Schlag, der Ball erhält keine Rotation): Schmettern, Aufschlag ohne Schnitt, u.a.
2. Mit waagerecht zur Flugrichtung gestelltem Schlägerblatt am Süd- bzw. Nordpol „streifen" (= tangentialer Schlag, der Ball erhält viel Rotation): Topspin, Unterschnitt-Abwehrschlag u.a.
3. Mit einem Balltreffpunkt, der sowohl einen tangentialen als auch einen zentralen Schlagimpuls ausübt (Mischformen) und zu leichter Vorwärtsrotation (Konter) oder zu leichter Rückwärtsrotation (Schiebe-Schupf) führt.

Die fünf Fotos der Bildreihe 3 sollen dies verdeutlichen.

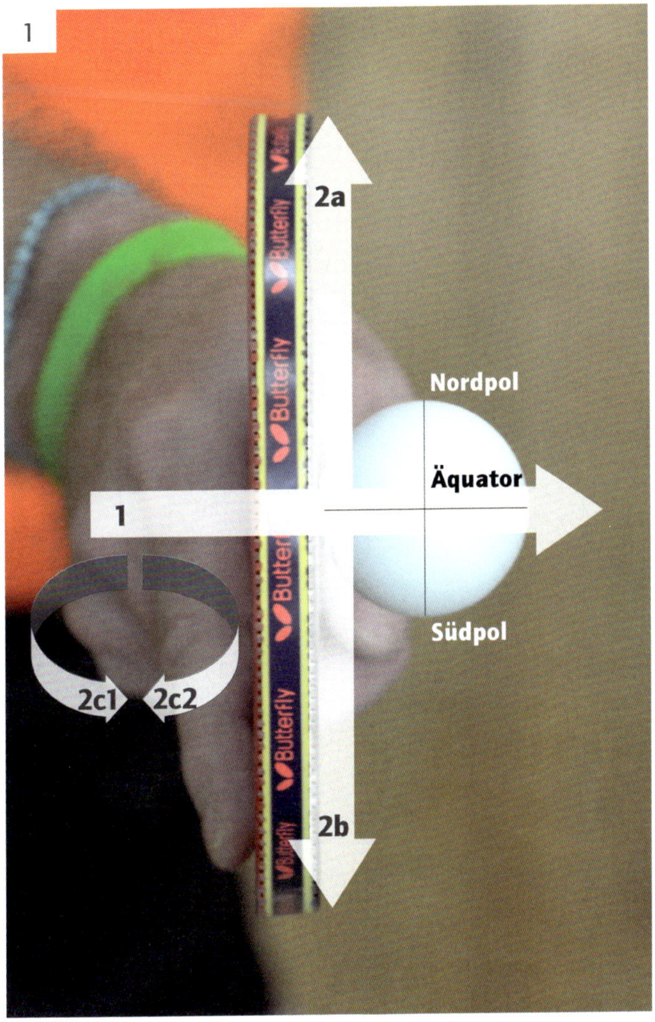

Bildreihe 3: alle Balltreffmöglichkeiten in der Übersicht

1. Zentrales Balltreffen = der Ball wird zentral im Äquator getroffen. Daraus resultiert: keine Rotation, „ohne", „leer".

2. Tangentiales Balltreffen = der Ball wird tangential am Äquator gestreift:

2 a) von unten nach oben Richtung Nordpol = Vorwärtsrotation: Oberschnitt, Topspin, Spin

2 b) von oben unten nach unten Richtung Südpol = Rückwärtsrotation: Unterschnitt, Schnitt, Slice

2 c) am Äquator vorbei von hinten nach vorne oder von vorne nach hinten

= Seitwärtsrotation: Seitenschnitt, Sidespin

2 c1) von rechts nach links

2 c2) von links nach rechts

2

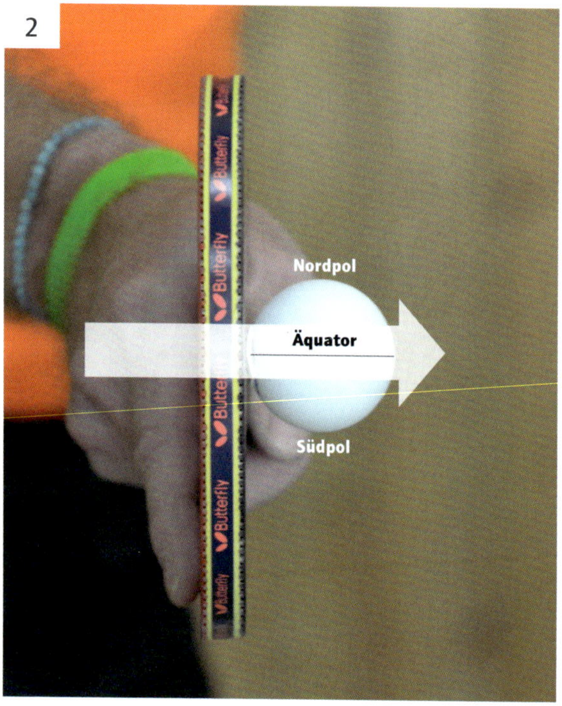

Zentraler Balltreffpunkt

3

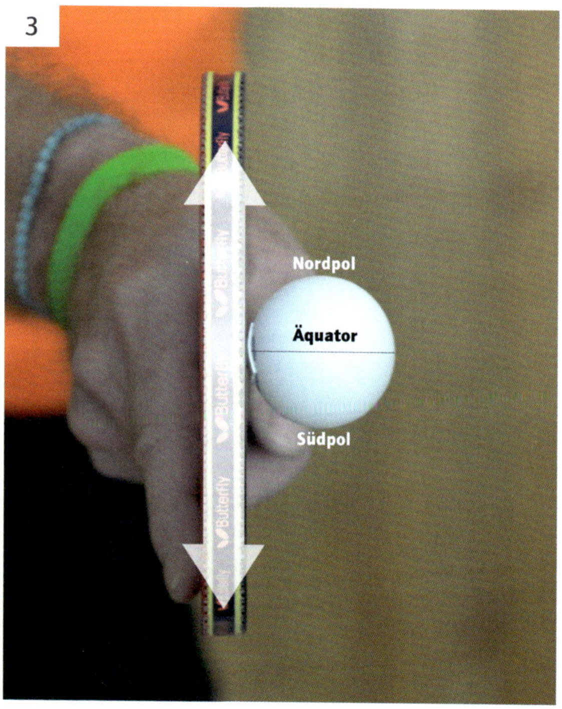

Tangentialer Balltreffpunkt

4

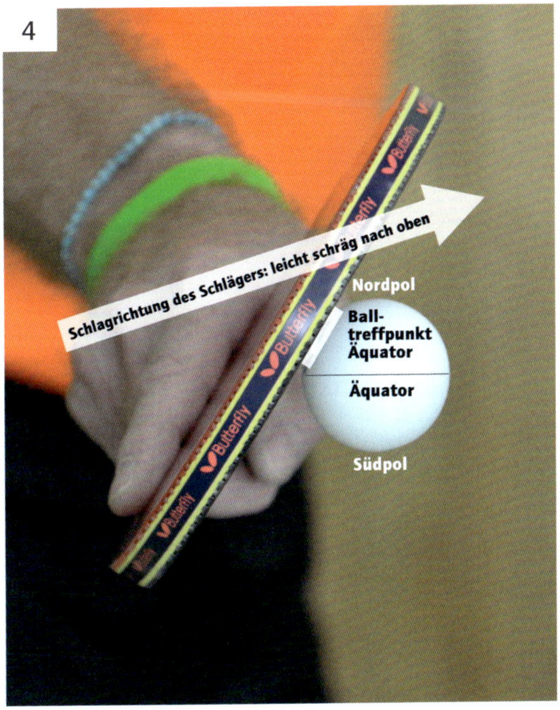

Mischform: leichter Oberschnitt

Der Schläger trifft den Ball leicht schräg nach vorne oben zwischen Äquator und Nordpol. Daraus resultiert leichte Vorwärtsrotation. Der Konter ist die Schlagtechnik, bei der dieser Balltreffpunkt vorkommt.

5

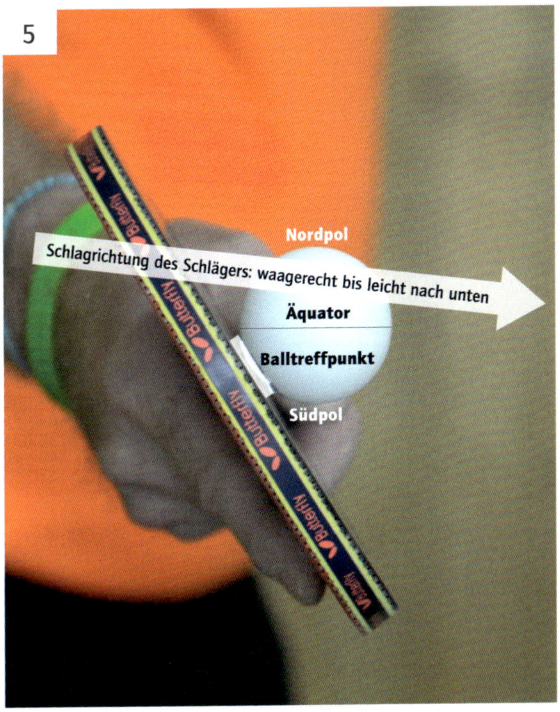

Mischform: leichter Unterschnitt

Der Schläger trifft den Ball leicht schräg nach vorne unten zwischen Äquator und Südpol. Daraus resultiert leichte Rückwärtsrotation. Der Schiebe-Schupf ist die Schlagtechnik, bei der dieser Balltreffpunkt angestrebt wird.

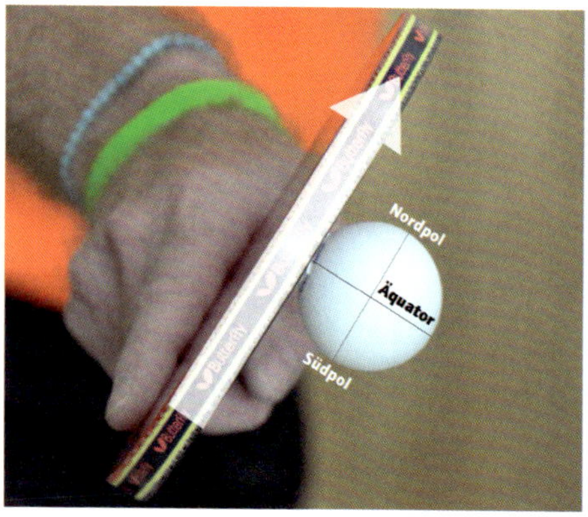

Foto 10 a: Balltreffpunkt beim Topspin

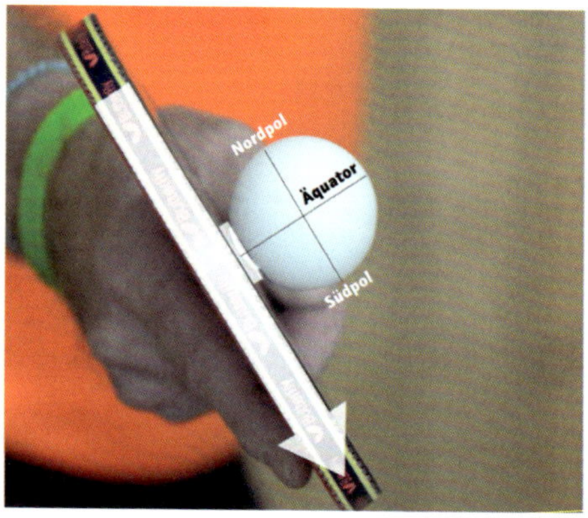

Foto 10 b: Mischform leichter Unterschnitt

Foto 10 a und 10 b zeigen die tangentialen Balltreffmöglichkeiten der Grundtechniken Topspin und Schupf:

- Beim Topspin wird der Ball von unten nach oben „gezogen" oder „gerissen" (= tangentiales Treffen), beim Sidespin seitlich nach oben.

- Beim Unterschnitt-Schupf oder -abwehrschlag wird der Ball ebenfalls tangential getroffen, und zwar von oben nach unten „gehackt" oder „geschnitten".

- Der Konter und der Schiebe- bzw. Hebe-Schupf sind Mischformen (s. S. 31), bei denen der Ball nicht zu 100 % tangential getroffen, sondern auch ein wenig zentraler „geschlagen" (Konter), „geschoben" (Schiebe-Schupf) oder „gehoben" (Hebe-Schupf) wird.

- Beim Schmetter wird der Ball voll im Zentrum getroffen (= zentrales Treffen).

Mit dieser „Rotationsgrammatik" hast du jetzt einen Überblick über alle Grundschlagtechniken und deren Rotation. Besonders „hinterlistige" Schnittvariationen können beim Aufschlag entstehen. Dazu erfährst du mehr auf Seite 174 ff.

Mit der Rotationsgrammatik ist das Thema „Rotation" aber leider immer noch nicht beendet. Allein zu wissen, welcher Schlag welchen Schnitt erzeugt, reicht noch nicht aus, um richtig zu beurteilen, welcher Schnitt nun tatsächlich im Ball ist. So kann natürlich in einem Topspin viel Oberschnitt sein, weil der Spieler den Arm besonders schnell nach oben gezogen hat, es kann aber auch etwas weniger „drin" sein, weil die Arm- oder Handgelenkbewegung nicht ganz so explosiv war. Wir sprechen in diesem Zusammenhang von den Varianten bzw. Variationen einer Schlagtechnik. Je mehr ein Spieler einen Schlag hinsichtlich Rotation, Tempo und Platzierung bewusst variieren kann, umso besser ist er. Doch diese Variationen zeigen die guten Spieler ihren Gegnern natürlich nicht so deutlich. Sie versuchen, ihre Gegner ständig zu täuschen.

Wie im Fußball kennen wir auch im Tischtennis sogenannte *Finten*. Zwei Beispiele:

- Da wird ein starker Unterschnitt durch eine entsprechende Bewegung angetäuscht. Im Moment des Balltreffpunkts wird dann aber das Handgelenk gar nicht eingesetzt bzw. fixiert und der Ball hat entsprechend wenig bzw. gar keine Rotation („leer").
- Da wird zu einem Topspinschlag ausgeholt, im letzten Moment wird dann aber ein kurzer Schupfschlag gespielt.

Das lernen wir natürlich nicht von heute auf morgen, dazu müssen wir viel üben, trainieren und spielen. Aber halt nicht nur einfach spielen, sondern „bewusst" spielen. Das bedeutet, du musst immer wieder darüber nachdenken, warum du den Ball verschlagen hast, warum er ins Netz oder über den Tisch gegangen ist. Du musst die Sprache des Balls verstehen, erst dann verstehst du das Spiel. Du kannst es „lesen". Es wird dir bewusst. Deswegen ist es sehr ratsam, neben dem eigenen Trainieren und Spielen, so oft wie möglich gute, am besten natürlich Topspieler, intensiv zu beobachten. Entweder live oder halt im Fernsehen oder Internet. Und da sind wir wieder bei unserem Kopf. Den müssen wir nämlich einsetzen, wenn wir Tischtennis immer besser spielen wollen.

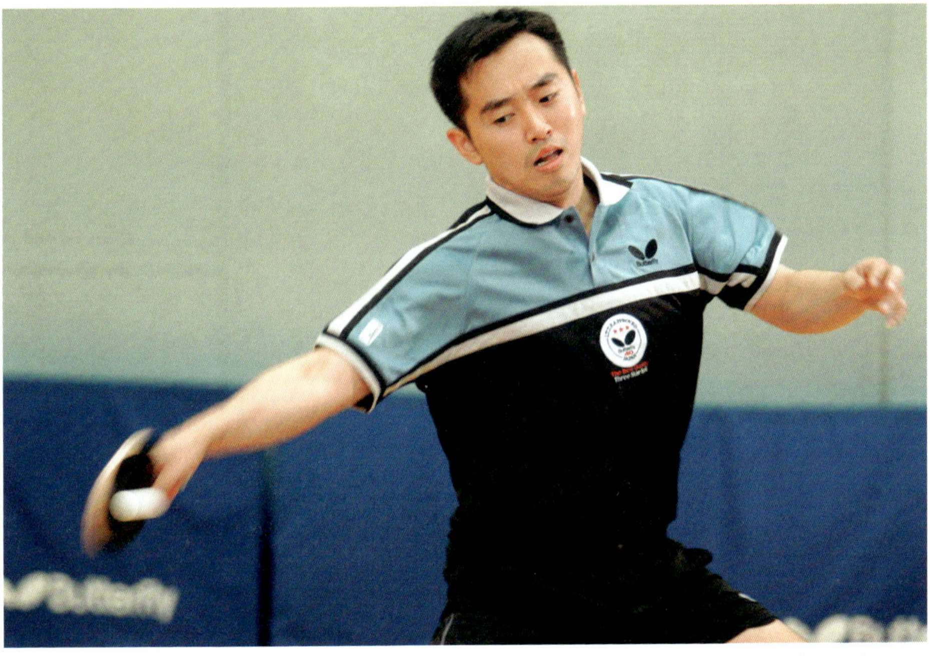

Kong Lui, der chinesische Ex-Olympiasieger und -Weltmeister, trifft den Ball beim Vorhand-Topspin.

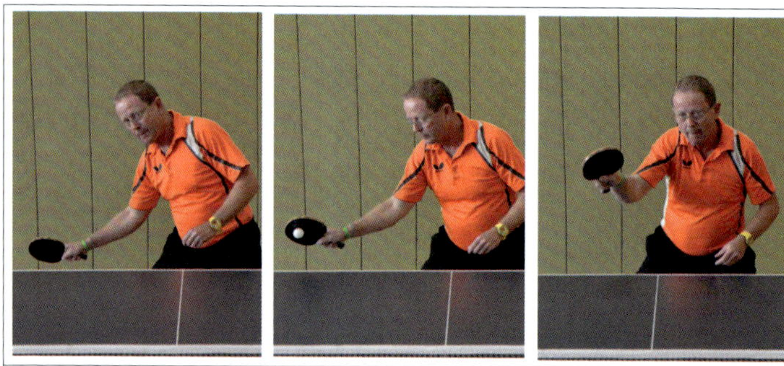	*Topspin: tangentialer Balltreffpunkt von unten nach oben*
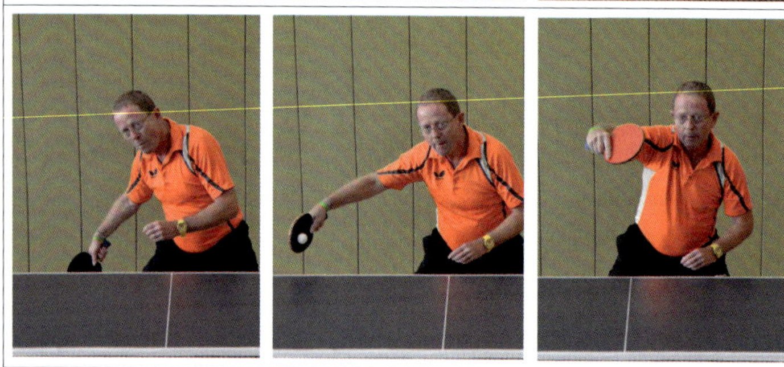	*Sidespin nach innen: tangentialer Balltreffpunkt seitlich nach oben*
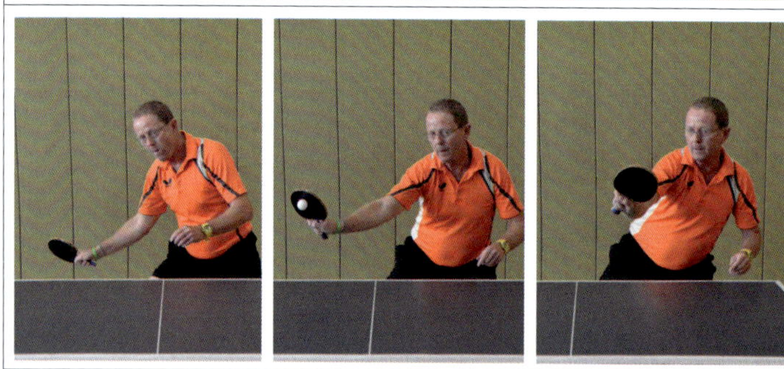	*Sidespin nach außen: tangentialer Balltreffpunkt seitlich nach oben*
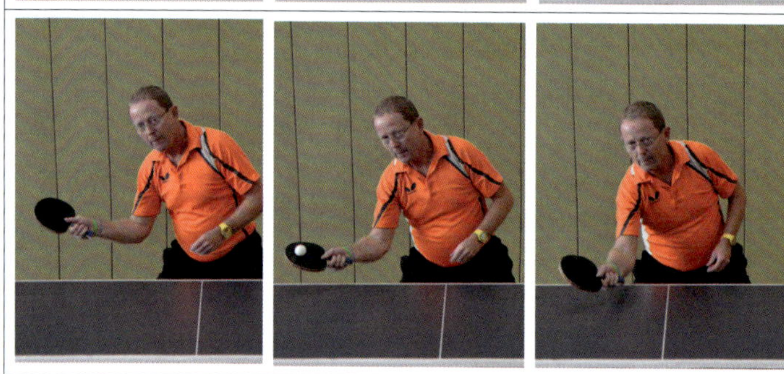	*Schneide-Schupf: tangentialer Balltreffpunkt von oben nach unten*

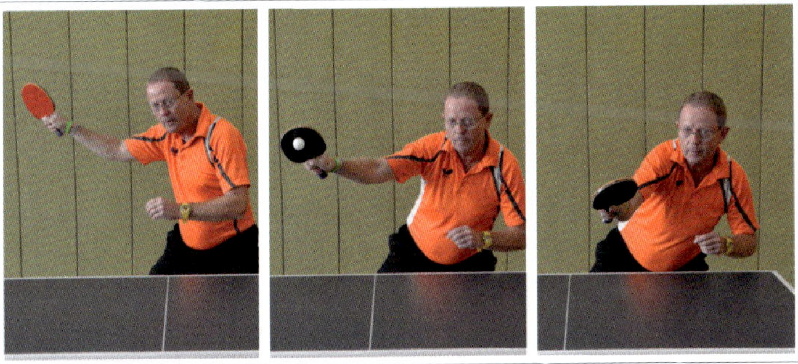	*Schmetter: zentraler Balltreffpunkt von oben nach unten*
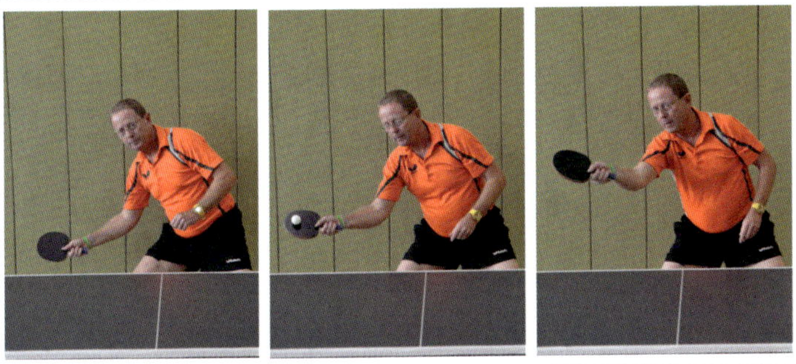	*Heber (Hebe-Ballon, Hebe-Schupf): zentraler Balltreffpunkt von unten nach oben*
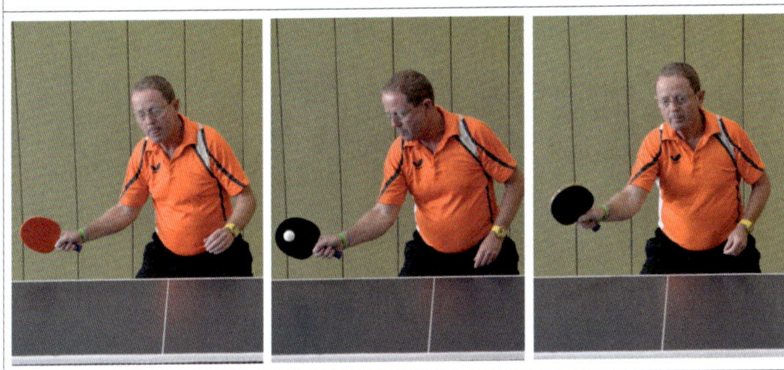	*Konter: Mischform, leicht tangentialer, mehr zentraler Balltreffpunkt von unten schräg nach oben*
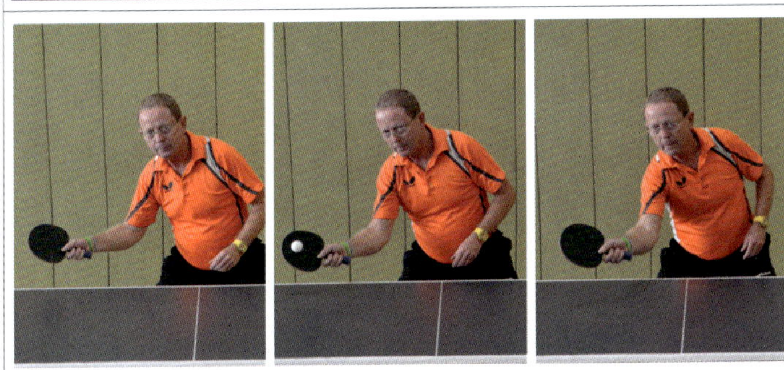	*Schiebe-Schupf: Mischform, leicht tangentialer, mehr zentraler Balltreffpunkt nach vorne bzw. leicht nach unten*

Bildreihe 4: Rotationsgrammatik der Grundschlagtechniken: Balltreffmöglichkeiten

Nun haben wir so viel von der Rotation, Spin und Schnitt gehört, wie lernen wir nun, Rotation richtig zu erkennen? Hier einige Tipps:

Tipps:

Verdeutliche dir die verschiedenen Balltreffmöglichkeiten mit den nachfolgenden Übungen:

- Tippe den Ball auf dem Schläger (Foto 11 a) und versuche, ihn auch einmal zu „rasieren", lasse ihn dann auf den Boden fallen und beobachte seinen Laufweg auf dem Boden.
- Spiele den Ball gegen die Wand, mit Oberschnitt, Unterschnitt, Seitenschnitt, usw. (Foto 11 b) Beobachte, wie er von der Wand abspringt und wie er nachher auf dem Boden rollt.
- Male den Ball an (Foto 12), damit du noch besser die Rotation erkennen kannst.
- Baue dir einen Rotationsstab und verdeutliche dir damit die verschiedenen Balltreffmöglichkeiten (Bildreihe 5).

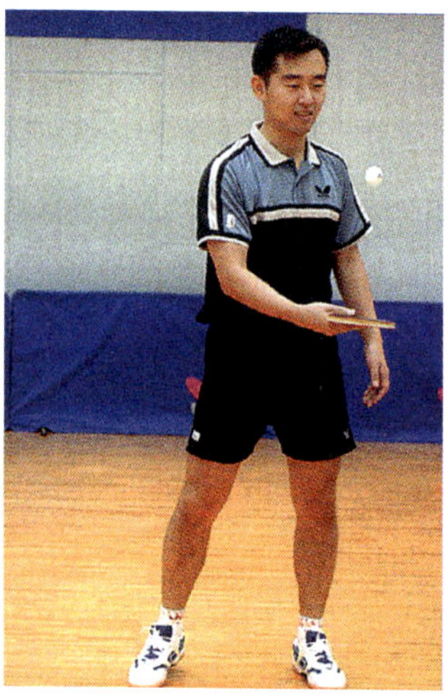

Foto 11 a: Ball „tippen"

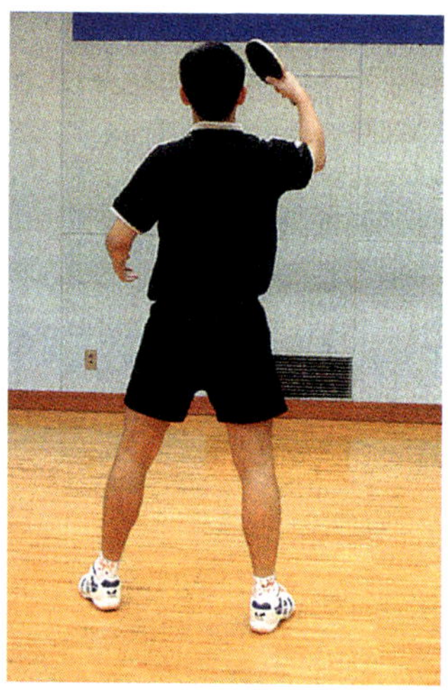

Foto 11 b: Ball gegen die Wand spielen

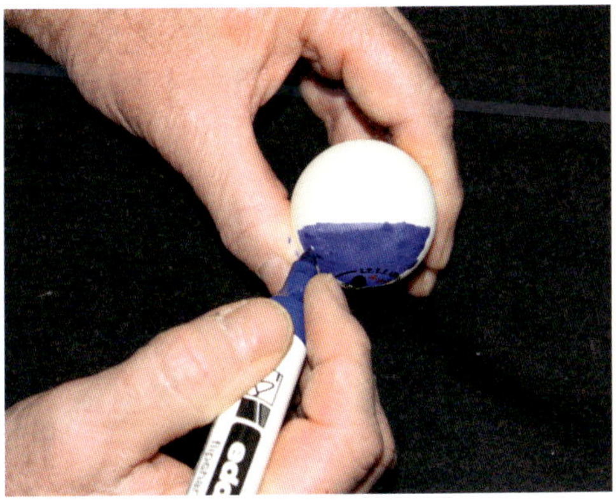

Foto 12: Ball bemalen

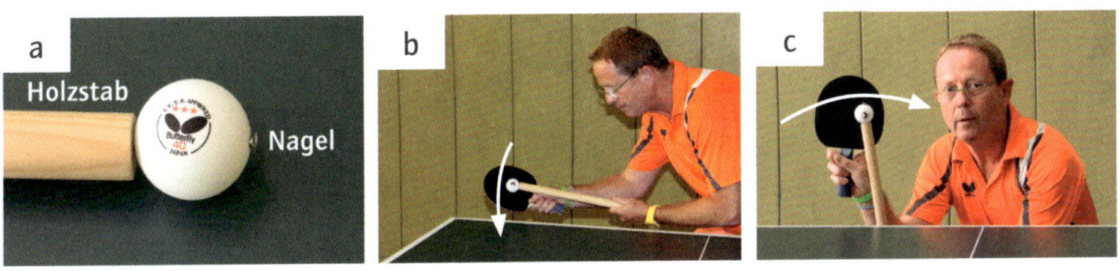

Bildreihe 5: Der Rotationsstab ist eine große Hilfe, um dir die Ballrotation zu veranschaulichen. Du brauchst dazu einen Ball, einen Nagel und einen Holzstab (Foto a). So kannst du dir erklären, wie die Rotation erzeugt wird. Foto b zeigt Unterschnitt, Foto c Seitenschnitt.

Rotation: Welche Auswirkung hat die Rotation auf den Ballflug und das Absprungverhalten des Balls auf dem Tisch?

Der Ballflug und sein Absprungverhalten auf dem Tisch sind für dich weitere wichtige Hinweise darauf, welcher Schnitt im Ball ist:

- Stark überschnittene Bälle (Topspins) haben eine bogenförmig gekrümmte hohe Flugkurve und fliegen kürzer als rotationslose oder unterschnittene Bälle. Sie springen flach und schnell nach vorne auf dem Tisch ab.
- Rotationsarme Bälle fliegen ziemlich gerade und lang.
- Stark unterschnittene Bälle fliegen flach und im Verhältnis zum Topspin länger. Sie springen auf dem Tisch steil nach oben ab.

Bei diesen Aussagen spielt natürlich das Tempo des Balls eine große Rolle. Aber auch die Beschaffenheit der Tischoberfläche (glatt oder rau) sowie des Tischs selbst (schnell oder langsam) beeinflusst das Sprungverhalten des Balls. Auf schnellen Tischen und/oder glatten Oberflächen hat die Rotation auf das Absprungverhalten des Balls nicht eine so große Auswirkung wie auf langsamen Tischen und/oder rauen Oberflächen. Es macht also einen Unterschied, auf welchen Tischen du spielst.

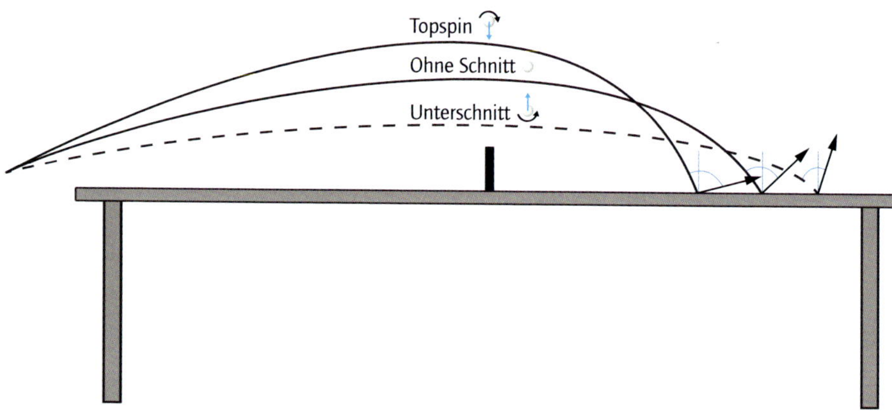

Abb. 1: Absprungverhalten auf dem Tisch

Tipp:

Beobachte den Ballflug und den Absprung des Balls auf dem Tisch stets genau. Das hilft dir enorm, den Schnitt des ankommenden Balls richtig zu beurteilen. Bei langsamen Bällen, insbesondere bei Aufschlägen, kannst du sogar den Stempel auf dem Ball erkennen und somit die Rotation.

2.1.2 Platzierung: Von wo kann der Ball wohin platziert werden?

Die Platzierung des Balls hängt immer auch vom Standort des Spielers und dem damit verbundenen Balltreffpunkt ab. Wir sprechen in diesem Zusammenhang vom *Streuwinkel.* Abb. 2 zeigt dir, dass bestimmte Ballwege und somit Platzierungen von bestimmten Schlagpositionen aus nicht erreicht werden können. Mit deinem Stellungsspiel am Tisch, insbesondere beim Aufschlag und bei der Aufschlagannahme, legst du deine Platzierungsmöglichkeiten fest. Als Rückschläger ist dein Stellungsspiel somit von der Schlagposition deines Gegners abhängig. Bildreihe 6 verdeutlicht dir nochmals die Aufschlag- und Rückschlagpositionen.

Aufschlagpositionen und daraus resultierende Streuwinkel (TM = Tischmitte)

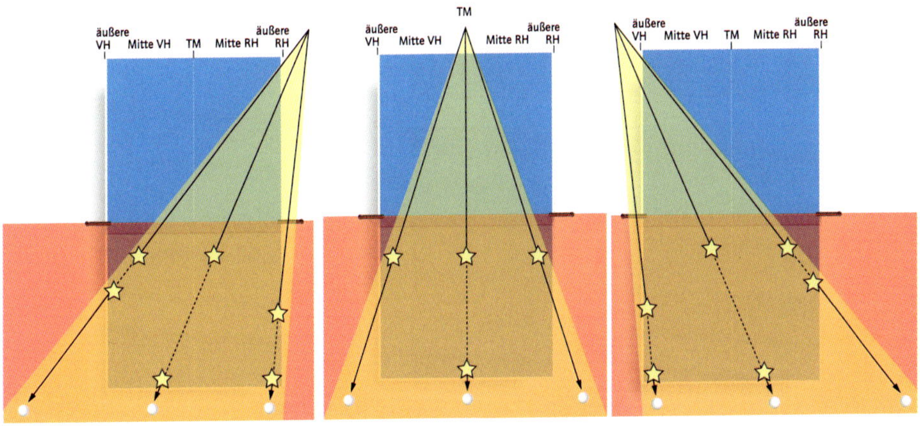

Abb. 2: Streuwinkel: Je nach Stellung des Aufschlägers muss der Rückschläger seine eigene Stellung verändern. Grund dafür ist der mögliche „Streuwinkel" aus der jeweiligen Aufschlagstellung seines Gegners. Dabei muss der Rückschläger sich so stellen, dass er alle möglichen Platzierungen des Aufschlägers erreichen kann.

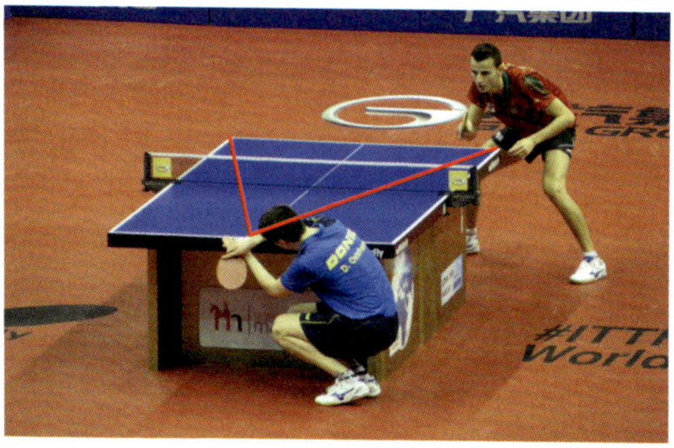

01 Aufschlag aus Tischmitte mit Rückhand

Dimitrij Ovtcharov (GER) hat Aufschlag gegen Tiago Apolonia (POR).

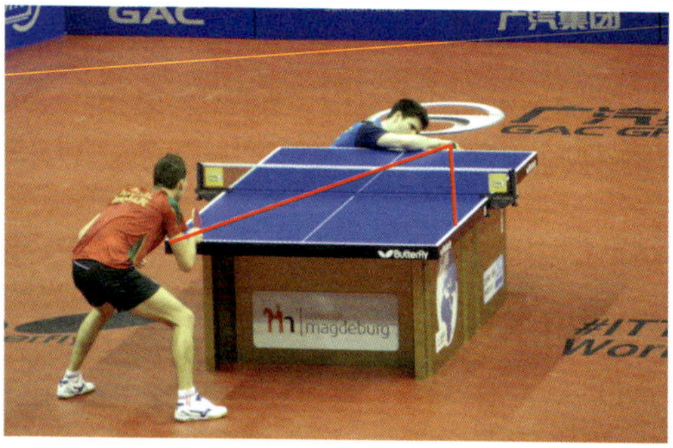

02 Aufschlag aus Mitte RH mit Rückhand

Dimitrij Ovtcharov (GER) hat Aufschlag gegen Tiago Apolonia (POR).

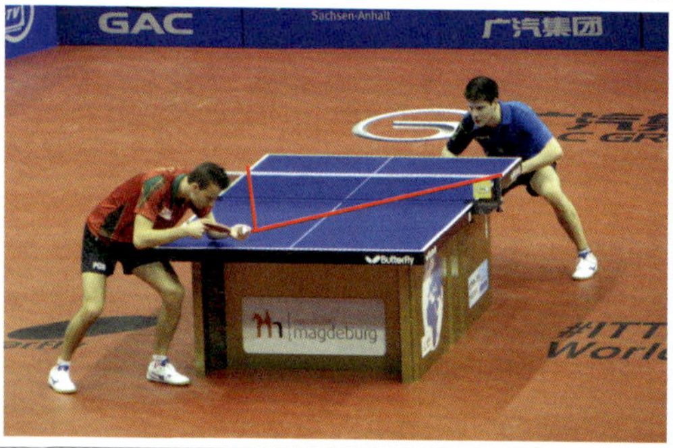

03 VH-Aufschlag aus Mitte RH mit Vorhand

Tiago Apolonia (POR) hat Aufschlag gegen Dimitrij Ovtcharov (GER).

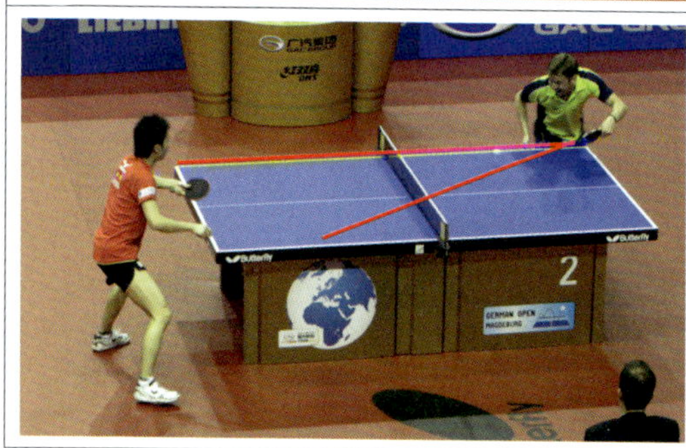

04 Aufschlag aus äußerer RH mit Vorhand

Par Gerell (SWE) hat Aufschlag gegen Jun Mizutani (JPN).

Bildreihe 6: Vier Aufschlagpositionen: zwei mit Rückhand, zwei mit Vorhand

Nachdem wir uns die Streuwinkel und die damit verbundenen Platzierungsmöglichkeiten verdeutlicht haben, gehen wir nun auf die Platzierungslänge der Bälle ein (Abb. 3). Wir unterscheiden grundsätzlich drei Balllängen.

a) Kurz: Der kurze Ball muss mindestens noch zwei oder mehrmals auf der gegnerischen Tischhälfte aufspringen.

b) Mittellang: Der mittellange Ball springt so auf, dass er kurz vor oder hinter der Grundlinie runterkommt. Dadurch entsteht für den Gegner das Risiko, die Tischkante beim Rückschlag mit dem Schläger oder mit der Schlaghand (Daumen, Zeigefinger) zu berühren. Außerdem muss er sich entscheiden, ob er den Ball über den Tisch oder hinter dem Tisch treffen möchte.

c) Lang: Der lange Ball trifft in der Grundlinienzone auf, um z. B. Spieler in sehr tischnaher Position zu überraschen.

Die Tischhälfte ist in Zonen unterteilt, die ein guter Spieler bewusst anspielen können sollte. Wir unterscheiden fünf Zonen, bezogen auf Rückhand und Vorhand (Abb. 3):
1. äußere Rückhand,
2. Mitte Rückhand,
3. Tischmitte (TM),
4. Mitte Vorhand und
5. äußere Vorhand.

Die Zonen gehen fließend ineinander über.

Bewusste Platzierungsschulung ist von Anfang an sehr wichtig. Platzierung ist wie Schnitt eine Ballbehandlungsmöglichkeit, die wir immer möglichst lange unserem Gegner nicht zu erkennen geben sollten. Gerade Platzierungsfinten haben größte Wirkung. Bildreihe 7 zeigt dir, wie durch Veränderung der Schlägerblattstellung bei einem Vorhandschlag die Platzierungsrichtung blitzschnell verändert werden kann. Zoran Primorac zeigt dir in Foto 13, wie er erst im Moment des Balltreffpunkts die Platzierung bei diesem Rückhand-Konterspin verändern kann.

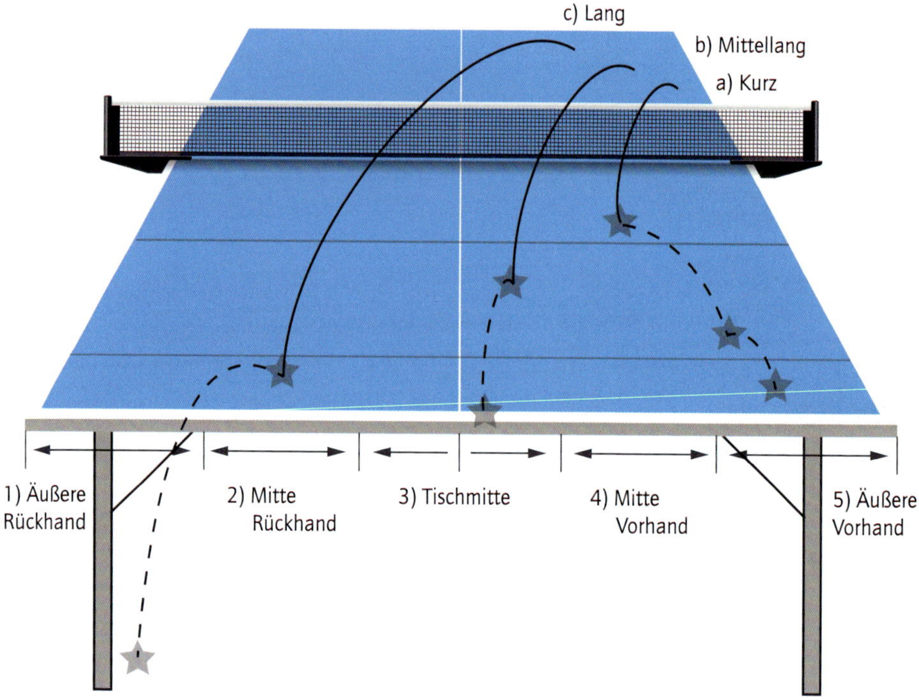

Abb. 3: Balllänge und Zoneneinteilung des Tischs bezogen auf einen Rechtshänder

Das Handgelenk ist:

a) abgewinkelt nach außen b) eingewinkelt nach innen c) gerade in der natürlichen Position

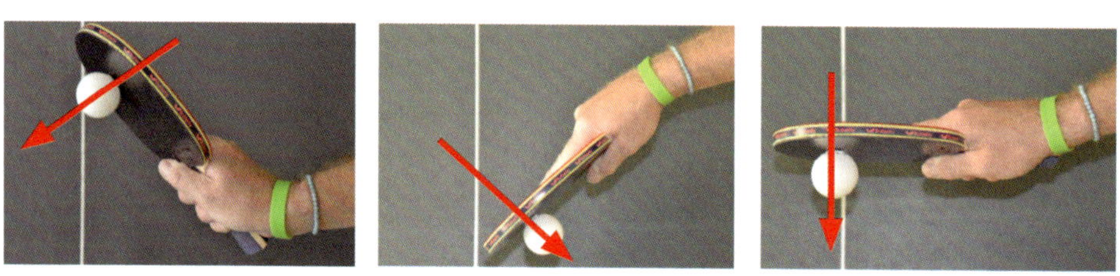

Bildreihe 7: Der Spieler entscheidet durch seine Schlägerstellung im Balltreffpunkt, ob er diagonal oder parallel platziert. Durch eine unterschiedliche Handgelenkstellung kann bei gleicher Unterarmposition ein anderer Schlägerwinkel entstehen.

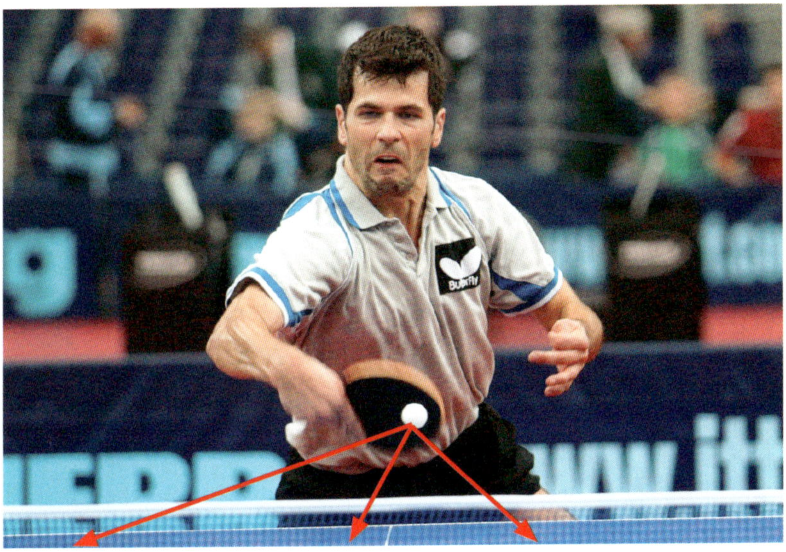

Foto 13: Zoran Primorac hat den Ball noch nicht getroffen. Durch eine entsprechende Handgelenkstellung entscheidet er erst im Moment des Balltreffpunkts die Platzierungsrichtung.

Tipp:

Decke bestimmte Zonen des Tischs z. B. mit Handtüchern oder DIN-A4-Blättern ab und versuche, nur in diese Zonen die Bälle zu platzieren oder in die nicht abgedeckten Zonen zu treffen.

- **Lege z. B. Bierdeckel aus und versuche, sie bewusst zu treffen und abzuräumen.**
- **Stelle Streichholzschachteln auf und versuche, sie abzuschießen.**

2.1.3 Tempo: Welche Bälle sind schnell, welche langsam?

Die schnellsten Bälle sind natürlich die Schmetterbälle, die voll im Zentrum getroffen werden. Deswegen knallt's beim Schmettern ja auch so schön. Vereinsspieler bezeichnen den Schmetter auch als „Schuss". Sie erreichen eine Geschwindigkeit von bis zu 200 km/h. Auch Topspinbälle können sehr schnell sein, wenn sie mit voller Power nach vorne voll durchgezogen werden. Die langsamsten Bälle sind dagegen die Schupfbälle.

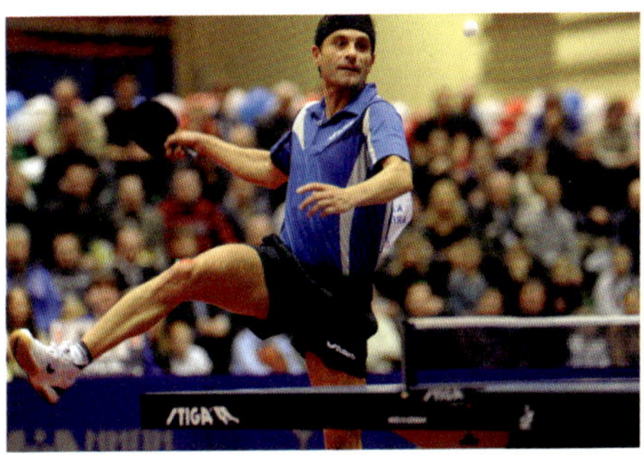

Foto 14: Kalinikos Kreanga beim Schmettern

Tipp:

Stelle dich in der RH-Seite neben den Tisch und lasse einen Ball in der Grundlinienzone aus Augenhöhe auf den Tisch tippen und schmettere ihn dann so hart wie möglich. Mit 10-20 Bällen hintereinander wird das ganz schön intensiv.

2.1.4 Wie hoch können Bälle gespielt werden?

Man will es gar nicht glauben, aber hohe Bälle, die Profis sprechen von „Ballonbällen", können sehr gefährlich sein. Je höher, desto besser, manchmal 4-5 m hoch. So einen Ball muss der Gegner erst einmal schmettern können. Dazu muss er das Absprungverhalten des Balls in jedem Falle genau berechnen, sonst schlägt er daneben. Welche Blamage! Bedingt durch die hohe, gebogene Flugkurve, eignet sich natürlich die Topspintechnik besonders gut für hohe Bälle. Aber auch einfache Heber eignen sich für die Ballonabwehr. Selbst im Spitzenbereich sind solche Bälle noch wirkungsvoll.

Tipp:

Stelle dich 4-5 m hinter den Tisch, lasse den Ball 1 x auf dem Boden aufspringen und versuche, ihn dann so hoch wie möglich über das Netz auf die gegnerische Tischhälfte zu ziehen. Wenn das klappt, kannst du ihn auch direkt aus dem Anwerf als Ballonball spielen (sehr gut fürs Ballgefühl!). Dabei solltest du darauf achten, dass der Ball so lang wie möglich in die Grundlinienzone gespielt wird.

2.2 Die grundlegende Frage: Welche Schlägerhaltung ist für mich die beste?

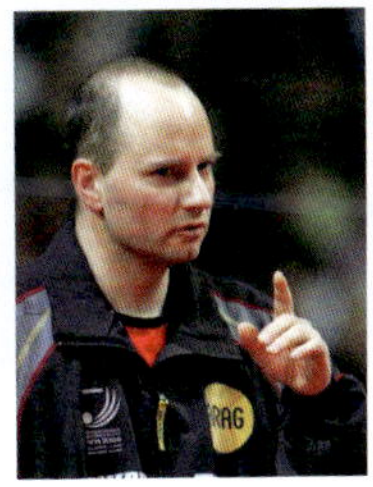

Die Frage „Wie soll ich den Schläger richtig halten?" ist grundsätzlicher Art und entscheidet sicher die Frage: „Welche Schlagtechniken kann ich optional ausführen?"

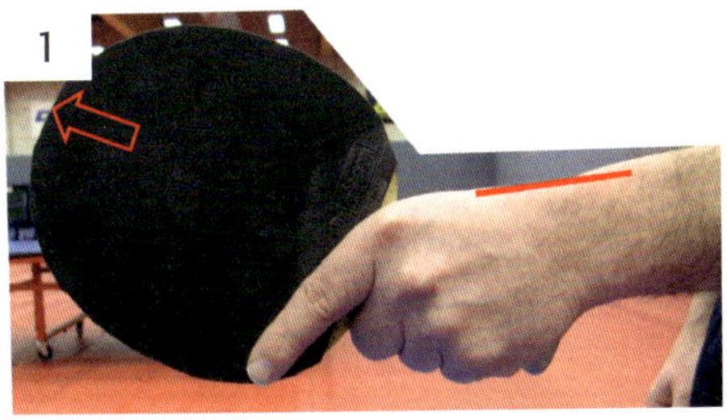

Foto 15 a: Neutralgriff Rückhand

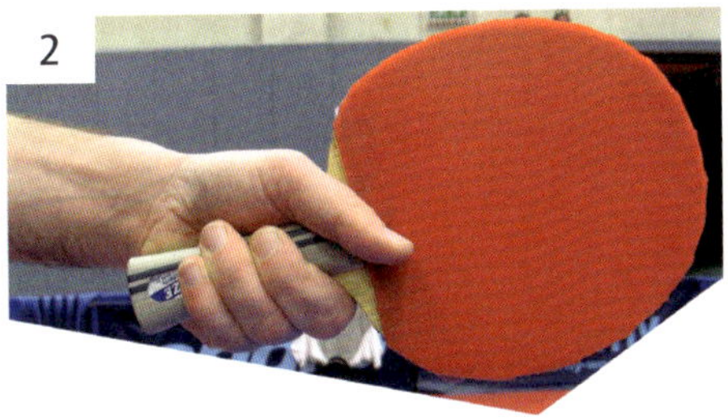

Foto 15 b: Neutralgriff Vorhand

Was muss ich bei einer optimalen Schlägerhaltung beachten?

„Halte den Schläger locker zwischen Daumen und Zeigefinger (Foto 15 b). Die anderen drei Finger umschließen den Schlägergriff (Foto 15 b). Das Handgelenk ist in seiner natürlichen Ausgangsposition (roter Balken auf Foto 15 a), also weder nach oben noch nach unten abgewinkelt. Dadurch zeigt der Schlägerkopf leicht nach vorne oben (Foto 15 a). Das ist die *Grundgriffhaltung* oder *neutrale Schlägergriffhaltung*. Daran sollte sich zunächst jeder, der das Tischtennisspiel erlernt, orientieren. Auch Fortgeschrittene oder Leistungsspieler im höheren Amateurbereich können mit dieser Griffhaltung spielen, da mit ihr grundsätzlich alle Schlagtechniken uneingeschränkt ausführbar sind. Im Spitzenbereich hat sich allerdings der ständige Wechsel zwischen Rückhand- und Vorhand-Griffhaltung in den letzten 10-15 Jahren durchgesetzt."

Soll ich den Schlägergriff im Spiel wechseln und warum?

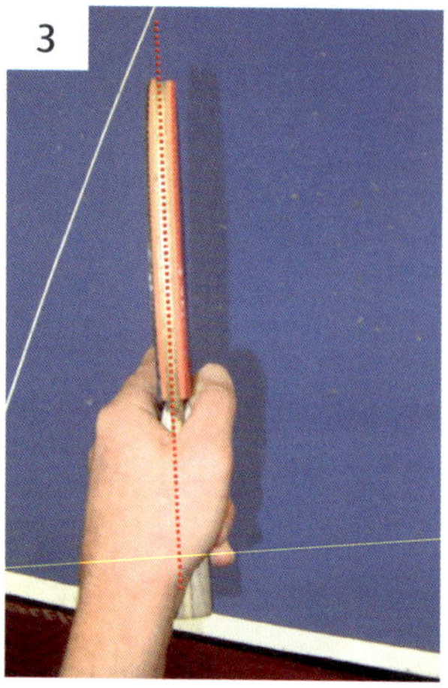

Foto 16 a: Neutralgriff

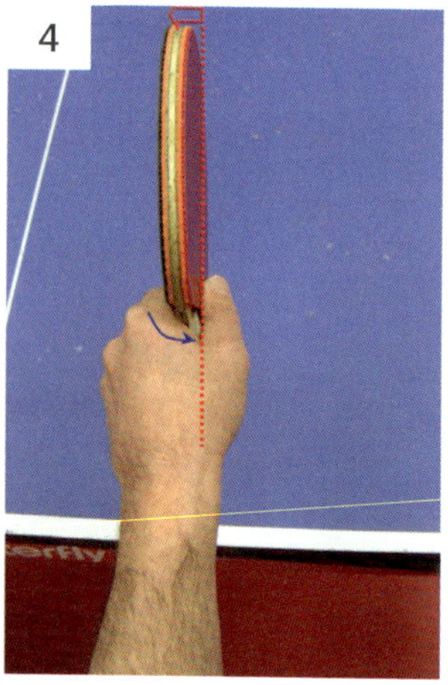

Foto 16 b: leichter Rückhandgriff

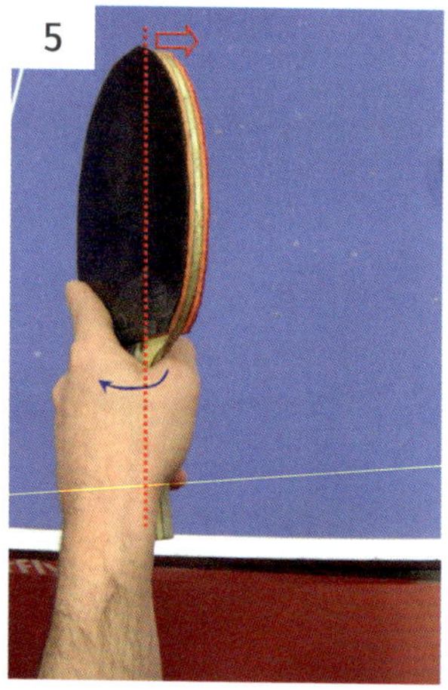

Foto 16 c: leichter Vorhandgriff

„Das hängt sicherlich von deinem Spielniveau und deinem Trainingspensum ab, denn das blitzschnelle Umgreifen ist nicht einfach, eröffnet aber für die Ausführung der Schlagtechniken optimale Voraussetzungen. Im Spitzenbereich ändern praktisch alle Topspieler ständig ihre Schlägerhaltung. Wir sprechen von einer Rückhand- und einer Vorhand-Griffhaltung. Die Fotos 16 a-c zeigen dir den Unterschied. Foto 16 a zeigt die oben angesproche neutrale Position von oben. Wenn du dir die Schlägerfläche als verlängerte Handfläche vorstellst, dann sind beide Flächen parallel zueinander und der Schläger ist senkrecht (gestrichelte Linie, Foto 16 a). Greifst du nun um, so hast du zwei sinnvolle Möglichkeiten. Du wechselst auf den Rückhand- oder auf den Vorhand-Griff. Beim Rückhand-Griff wird der Schläger nun leicht nach innen gedreht. Dadurch ergibt sich für die Rückhand-Schlagtechniken ein besserer Winkel und ein besserer Handgelenkeinsatz (Foto 16 b). Beim Vorhand-Griff verhält es sich genau andersherum. Jetzt wird der Schläger nach außen gedreht. Dadurch wiederum erzielt man einen besseren Winkel und einen besseren Handgelenkeinsatz für die Vorhand-Schläge (Foto 16 c). Die Stärke der Winkelveränderungen fällt individuell unterschiedlich aus. Fest steht jedenfalls, gleichgültig, ob Timo Boll, Dimitrij Ovtcharov oder andere internationalen Topspieler, sie alle greifen um und ändern damit ständig den Schlägerwinkel für die optimale Rückhand- oder Vorhand-Schlagtechnik. Und das bei höchstem Spieltempo. Der Griffwechsel ist zum Standard geworden. Vor 15-20 Jahren war das noch anders. Die Spitzenspieler jener Zeit, die bestimmt auch nicht schlecht waren, bevorzugten eine Griffhaltung: entweder Rückhand- oder Vorhand- oder Neutralhaltung. Entsprechend galten sie als Rückhand- oder Vorhand-Spezialisten oder halt als Allrounder. Sie veränderten die Schlägerhaltung im Ballwechsel nicht."

Wann soll ich mit dem Umgreifen beginnen?

„Wer jung ist und nach vorne kommen will, sollte in jedem Falle den Griffwechsel so früh wie möglich erlernen und automatisieren. Aber auch später lässt sich der Griffwechsel durchaus noch erlernen. Das ist eine Frage der Motivation und des Trainings. Die Fotos 18 a-d zeigen dir, wie du die beiden Griffhaltungen einmal ausprobieren kannst, um dafür ein Gefühl zu bekommen. Drehe mit der freien Hand den Schläger in deiner lockeren Hand einmal zur Vorhand und einmal zur Rückhand und beobachte und spüre dabei genau, was sich dabei verändert. Spiele dann auch mit beiden Schlägerhaltungen die verschiedenen Schlagtechniken, um selbst die Vorteile des Griffwechsels zu erfahren."

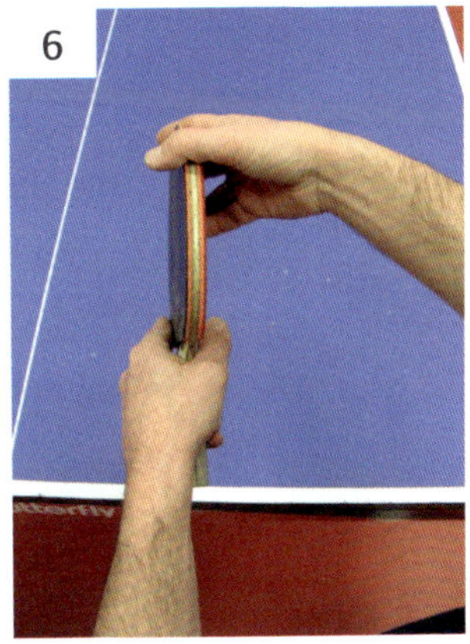

Foto 17: Griffwechsel ausprobieren

Gibt es die optimale Schlägerhaltung?

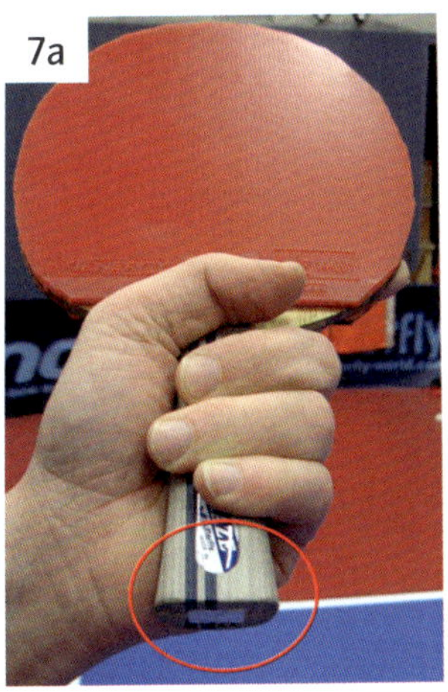

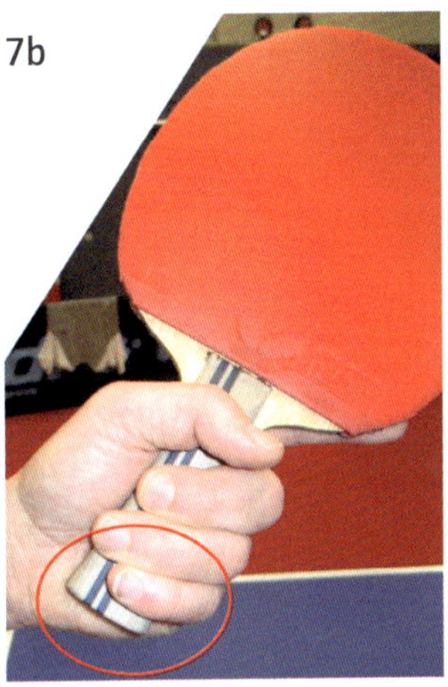

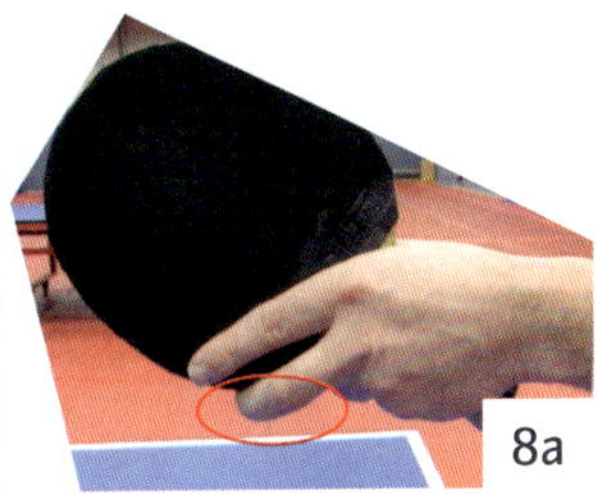

Foto 18 d: Zwei-Finger-Rückhandgriff

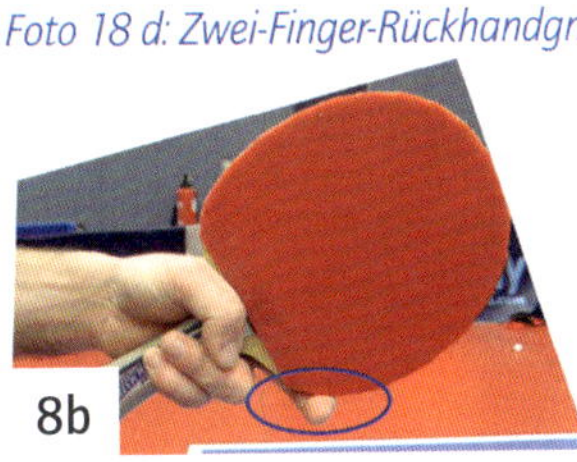

Foto 18 a: Neutrale Griffhaltung *Foto 18 b: Tiefe Griffhaltung* *Foto 18 c: Zwei-Finger-Vorhandgriff*

„Das Schöne am Tischtennis ist: Es gibt nichts, was richtig ist, es gibt nichts, was richtig falsch ist. Es gibt nur das, was am Ende dazu führt, dass du die Möglichkeit hast, alle Schlagtechniken optimal auszuführen und dich am Ende nicht selbst technisch zu begrenzen. So ist es auch beim Thema Schlägerhaltung. Es gibt nicht die richtige und die falsche Schlägerhaltung. Es gibt aber Schlägerhaltungen, die die Ausführung und die Effektivität bestimmter Schlagtechniken einschränken. Diese würde ich natürlich nicht empfehlen.

Es gibt aber eine Reihe von Spitzenspielern, die eine Schlägerhaltung mit Nachteilen bevorzugen und es trotzdem so weit gebracht haben. Das liegt daran, dass eine nachteilige Schlägerhaltung meistens aber auch einen deutlichen Vorteil aufweist. Die Fotos 18 c und d auf S. 25 zeigen Abweichungen. Nehmen wir zum Beispiel die tiefe Griffhaltung, wie sie der Franzose Patrick Chila praktiziert. **Foto 18 a** zeigt die neutrale Griffhaltung. Auf **Foto 18 b** kannst du den Unterschied erkennen: Der Schlägergriff wird deutlich tiefer umfasst. Mit dieser Griffhaltung kannst du sehr gut flippen, hast aber im kontrollierten Blockspiel deine Probleme. Ein anderer französischer Topakteur, Christophe Legout, nimmt den zweiten Finger mit auf die Rückhandseite (**Fotos 18 c und d**). Der zweite Finger auf der Rückhandseite blockiert das Rückhand-Topspinspiel erheblich, da durch die Sehnenanspannung der beiden Finger die nötige Handgelenkbeweglichkeit für die Rückhand-Topspintechnik deutlich eingeschränkt ist. In der Vorhand bietet diese Schlägerhaltung allerdings den Vorteil, dass du damit sehr viel Druck und Gefühl entwickeln kannst. Dies sollen nur zwei Beispiele für viele individuelle Abweichungen sein, die man in den unteren Spielklassen noch viel öfter beobachten kann. Ich würde abweichende Schlägerhaltungen im Allgemeinen nicht empfehlen, da sie in der Regel mehr Nachteile als Vorteile haben. Aber – wie gesagt – erfolgreiche Ausnahmen bestätigen die Regel."

Wo sollte der Daumen auf der Vorhandseite sein und welche Rolle spielt die Position des Daumens?

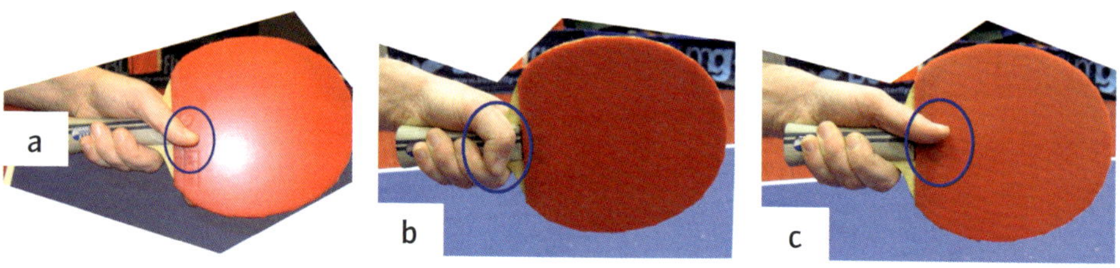

Fotos 19 a-c: Daumenpositionen

„Der Daumen spielt eine wichtige Rolle. Er erzeugt einen Druckpunkt, der das Rückhandspiel beeinflusst. Durch den Daumendruck kann man bei der Rückhand einen zusätzlichen Schwung erzeugen und das Schlägerblatt besser schließen (**Foto 19 a**). Letztlich ist die Daumenposition aber sehr individuell. Spieler, die vorhandlastig sind, also mehr mit der Vorhand agieren, haben den Daumen nicht oder nur leicht unten auf dem Schlägerblatt (**Foto 19 b**). Rückhandlastige Spieler nehmen den Daumen gerne auf das Schlägerblatt, um die Rückhand besser führen zu können (**Foto 19 c**). Deswegen kann man bei vielen Topspielern auch eine wechselnde Daumenposition beim Rückhand- und Vorhandspiel beobachten."

Wo sollte der Zeigefinger auf der Rückhandseite sein und welche Spielräume sind hier möglich?

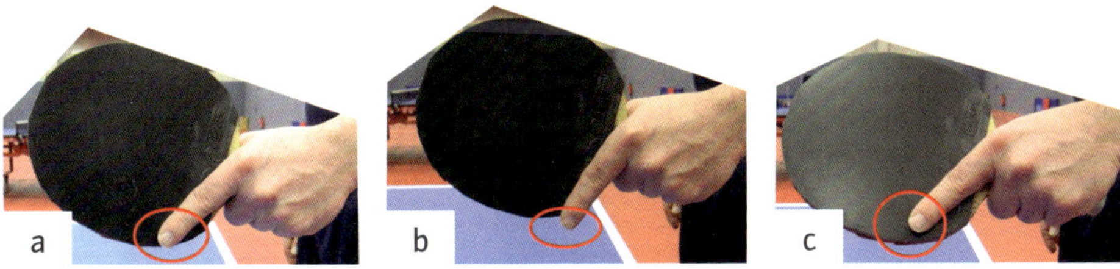

Fotos 20 a-c: Zeigefingerpositionen

„Der Zeigefinger sollte auf dem Belag liegen und stabilisiert als Gegendruckpunkt zum Daumen die Schlägerführung. **Foto 20 a** zeigt die optimale Position. Spielräume wie auf den Fotos 20 b und 20 c sind aber individuell möglich."

Gibt es spezielle Schlägerhaltungen beim Aufschlag?

„In der Tat, beim Aufschlag haben die Spitzenspieler und ihre Trainer große Kreativität bewiesen. Inspiriert durch die chinesische Penholderschlägerhaltung - insbesondere bei den Vorhand-Aufschlägen - haben die europäischen Shakehandsspieler eine spezielle Aufschlagschlägerhaltung für die Vorhand entwickelt, die heute auf allen Ebenen Standard ist und viele individuelle Spielräume erlaubt. Die Fotos 21 a-c zeigen dir, worauf es ankommt.

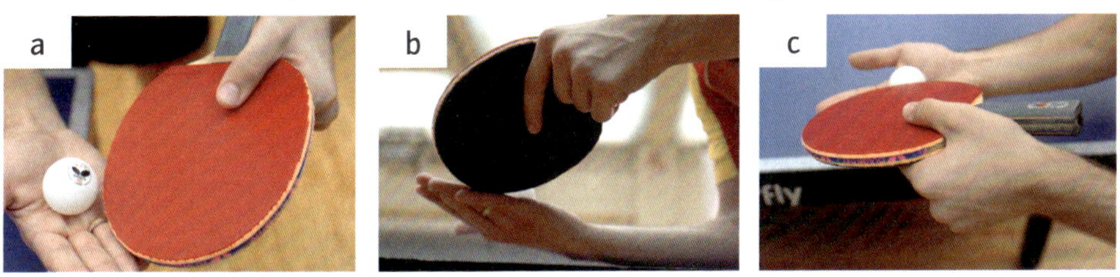

Foto 21 a-c: Timo Boll zeigt dir, worauf es ankommt.

Vorhand-Aufschlag-Schlägerhaltung: Damit du eine möglichst schnelle und lange Handgelenkbewegung beim Aufschlag durchführen kannst - um möglichst viel Rotation zu erzeugen -, lasse die Finger vom Schlägergriff los und klemme den Schläger zwischen Daumen und Zeigefinger ein. Die anderen Finger üben über den Mittelfinger Druck auf das Schlägerblatt aus und stabilisieren die Schlägerblattstellung."

Tipps:

Lege dich nicht zu früh auf eine *starre* Schlägerhaltung fest. Probiere immer wieder die Unterschiede aus, ob du nun den Schläger am Griff etwas tiefer oder höher greifst. Lasse den Zeigefinger wandern. Dasselbe gilt auch für den Daumen. Bei Spitzenspielern kannst du hier sehr viele „kleine" Varianten entdecken. Die dann auszuprobieren, schadet bestimmt nicht. Und teste rein spaßeshalber auch mal die Penholdergriffhaltung. Die Schlägerhaltung kannst du immer weiterentwickeln. Sie begleitet deine Spielentwicklung.

- Drehe den Schläger zwischen den Ballwechseln in der Hand. Das schult deine Fingerfertigkeit und hält die Hand und die Unterarmmuskulatur locker.
- Halte den Schläger nie zu fest, denn dabei verkrampfst du. Nur im Moment des Balltreffpunkts musst du ihn wirklich fixieren. Denn hierbei kommt es ja auf die richtige, millimetergenaue Schlägerblattstellung an.
- Wenn du eine „verkorkste" Schlägerhaltung hast und mit dieser schon seit Jahren spielst, aber ganz erfolgreich damit bist, solltest du das Gespräch mit einem Fachmann suchen, der dich wirklich berät. Die Frage ist nämlich sehr schwierig zu beantworten, wann es sich noch lohnt, eine über Jahre erlernte und verinnerlichte Schlägerhaltung total umzustellen. Es gibt selbst in der Weltspitze immer wieder Spieler, die mit nicht ganz schulmäßiger Schlägerhaltung erfolgreich spielen. Sehr wichtig ist in diesem Zusammenhang ja auch dein Spielsystem und dein technisches Stärke- und Schwächeprofil.
- Aktuelle Topspieler machen es uns immer wieder vor: Sie verändern ihre Griffhaltung, je nachdem, welchen Schlag sie ausüben. Bei der Rückhand drehen sie ihn ein wenig ein, beim Vorhand-Topspin etwas aus. Wir sprechen vom Rückhand- und Vorhandgriff. Das ist nicht einfach. Du benötigst dafür ein flinkes und lockeres Händchen. Je früher und intensiver du es übst, umso leichter wird es. Aber ausprobieren solltest du es in jedem Falle, im Tennis ist das auch üblich.
- Bei Vorhand-Aufschlägen lassen viele Spieler den Griff los und halten den Schläger ähnlich wie ein Penholderspieler. Der Grund ist einfach: Die Beweglichkeit des Handgelenks wird hierbei viel größer. Die Sehnen und Muskeln der den Griff normalerweise festhaltenden Finger sind entspannt. Der Schläger wird

eigentlich nur von Daumen und Zeigefinger gehalten. Dadurch kannst du dein Handgelenk wesentlich schneller einsetzen, also mehr „hacken" und Schnitt geben. Im Prinzip haben sich die europäoschen Shakehand-Topspieler diesen Trick vor ca. 30 Jahren bei den chinesischen Penholderspielern abgeschaut, denn deren Griffhaltung erlaubt eine sehr große Handgelenkbeweglichkeit.

- Die Schlägerhaltung ist eine sehr feinfühlige Angelegenheit. Sie entwickelt sich im Laufe mehrerer Jahre. Du wirst nach einiger Zeit feststellen, dass es bei verschiedenen Schlagtechniken verschiedene Druckpunkte gibt. Zum einen kannst du über Zeigefinger und/oder Daumen einen bestimmten Druck auf die Schlägerfläche ausüben. Zum anderen kannst du aber auch verstärkt Druck auf den Griff legen. Das ist individuell sehr unterschiedlich. Wenn du noch „kalt" bzw. noch nicht richtig „eingespielt" bist, wirst du auch feststellen, dass dir dein Schläger wie ein kalter Fremdkörper in der Hand vorkommt, zu dem deine Finger noch gar keine rechte Beziehung haben. Ein ähnliches Gefühl kann sich auch einstellen, wenn du nervös bist und deine Hand richtig kalt ist. Mit zunehmender Spieldauer und Nervositätsabnahme „verschmilzt" der Schläger dann immer mehr mit deiner Hand. Das notwendige Feingefühl stellt sich ein.
- Sollte dir der Zeigefinger immer wieder zu sehr in die Mitte des Schlägerblatts rutschen, klebe dir ein Stück Krepp- oder Klebeband an die Stelle, wo er eigentlich hingehört (Fotos 22 a und b). Wenn du das Stück Krepp- oder Klebeband nicht mehr berührst, merkst du sofort, dass der Zeigefinger wieder „gewandert" ist.

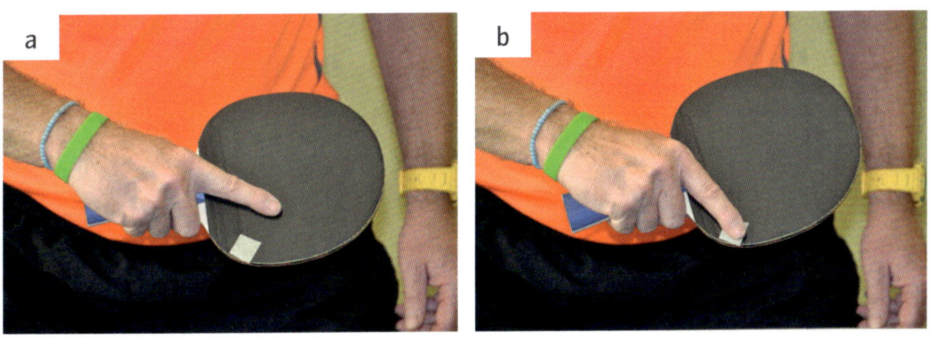

Fotos 22 a-b: Trainingshilfsmittel: Kreppband

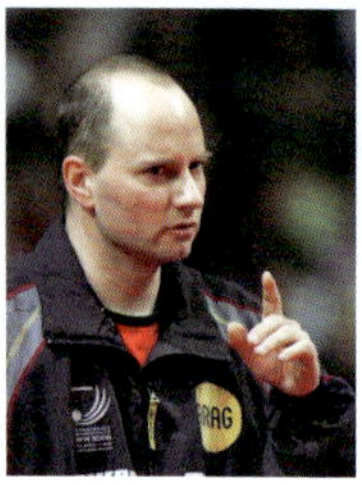

2.3 Jeder Schlag beginnt in den Zehen: Grundstellung und Beinarbeit

2.3.1 Grundstellung und Position im Spiel

Die Grundstellung ist sehr individuell. Es gibt Spieler wie Timo Boll, die sehr tief stehen, andere stehen sehr weit in der Rückhand, andere wiederum in Tischmitte. Dennoch gibt es grundlegende Punkte, auf die jeder Spieler achten sollte.

Welche Grundposition soll ich bei Aufschlagerwartung einnehmen? (Foto 23 a)

„Stelle dich etwas mehr als schulterbreit hin.
Gehe tief genug in die Knie, damit du Spannung in den Beinen aufbauen kannst. Dein Körpergewicht sollte auf den vorderen Fußballen und Zehen lasten.
Das erreichst du auch dadurch, dass du deinen Oberkörper leicht nach vorne beugst. Halte dabei den Rücken aber gerade!
Stelle dich leicht schräg zum Tisch, um die Vorhand zu öffnen. Normalerweise solltest du in Mitte Rückhand stehen."

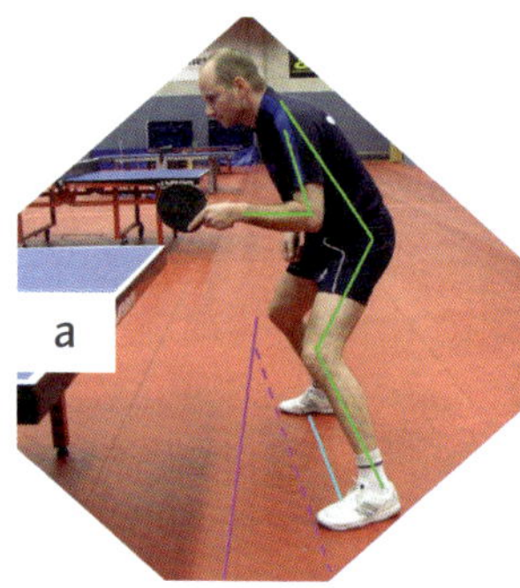

Foto 23 a: Grundstellung seitlich

Wie halte ich den Schläger in der Grundstellung? (Foto 23 b-c)

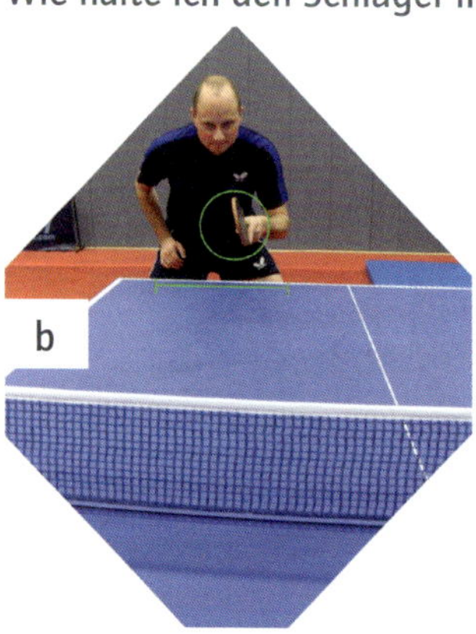

Foto 23 b: Grundstellung frontal links

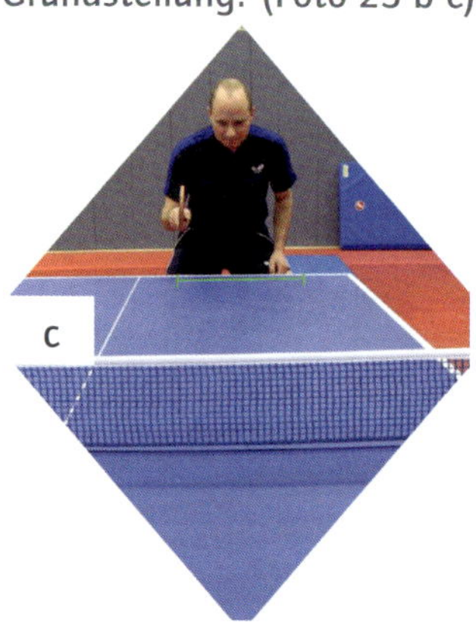

Foto 23 c: Grundstellung frontal rechts

„Halte den Schläger vor dem Körper in einer neutralen Position, damit du entsprechend schnell mit Vorhand und Rückhand reagieren kannst. Wir sprechen hierbei von der *Neutralposition*. Der Schläger ist dabei senkrecht und der Schlägerkopf zeigt nach vorne.

Wichtig: Halte den Schläger über Tischniveau, damit du auch rechtzeitig kurze Aufschläge beantworten kannst."

Wo stelle ich mich in der Grundstellung hin? (Foto 23 b-g)

„In Europa ist häufig eine Vorhandlastigkeit in der Rückschlagstellung zu beobachten. Als Linkshänder stehst du dann mehr in der rechten Tischhälfte (Foto b), als Rechtshänder mehr in der linken Tischhälfte (Foto c). Diese Stellung ist auch ganz natürlich, weil man mit der Vorhand einen größeren Teil des Tisches abdecken kann. Es gibt natürlich auch Alternativen dazu.

Bei der *betonten* Vorhand-Rückschlagposition steht der Spieler im letzten Drittel des Tisches in der Rückhandseite (Foto d). Diese Stellung wird von Spielern mit extremer Vorhand-Dominanz bevorzugt.

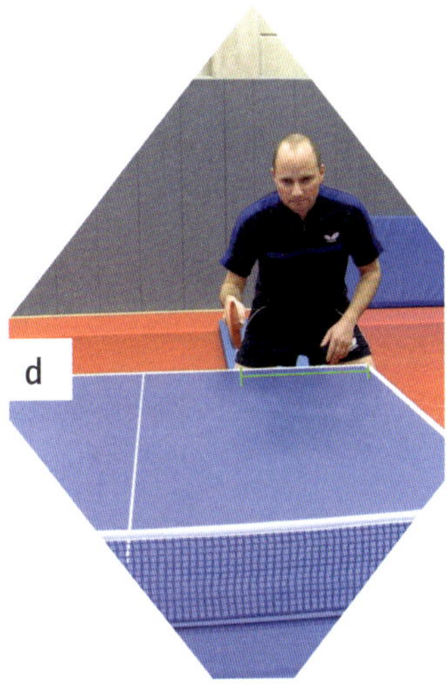

Foto 23 d: Äußere RH rechts

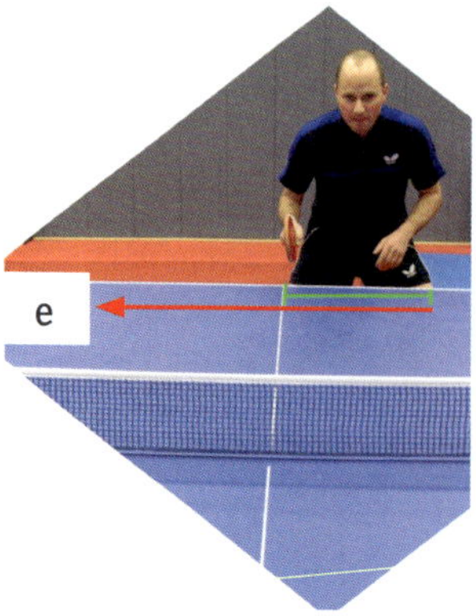

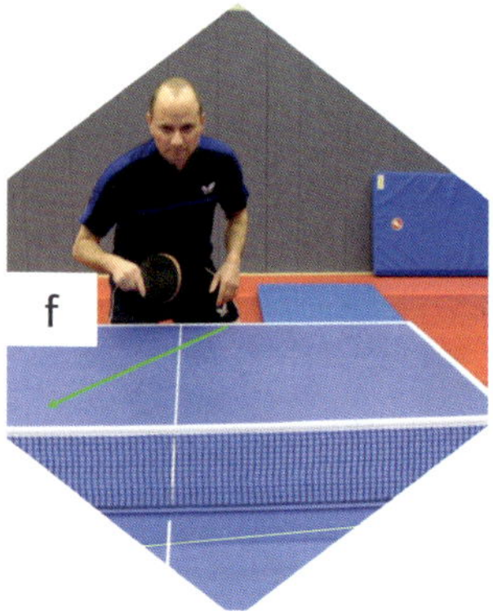

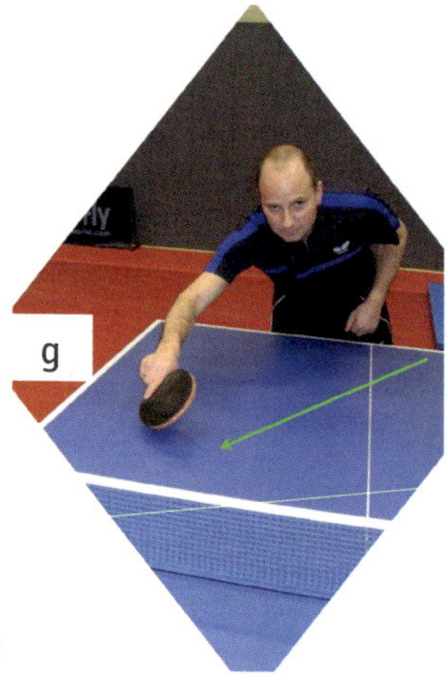

Fotos 23 e-g: Aufschlagreturn aus der Vorhandseite mit der Rückhand

Dann gibt es Spieler, wie zum Beispiel Dimitrij Ovtcharov, der bei der Aufschlagannahme etwas zentraler zur Tischmitte hin steht, um einen größeren Teil des Tisches mit seinem gefährlichen Rückhand-Return abzudecken (Fotos 23 e-g). Er orientiert sich mehr zur Mittellinie hin, um seine gefährliche Rückhand einsetzen zu können. Diese Position hängt aber auch vom Gegner und von dessen Aufschlägen ab."

Welchen Abstand zum Tisch sollte ich in der Grundstellung haben? (Foto 23 h)

„Wenn du den Schlagarm ohne Schläger aus dem aufrechten Stand schräg nach vorne streckst, ermittelst du deinen Abstand zum Tisch. Es geht hier nicht um Zentimeter, nur um eine Richtung. Stehst du zu nah am Tisch, kannst du von langen Aufschlägen böse überrascht werden. Stehst du zu weit weg, können dir kurze Aufschläge gefährlich werden."

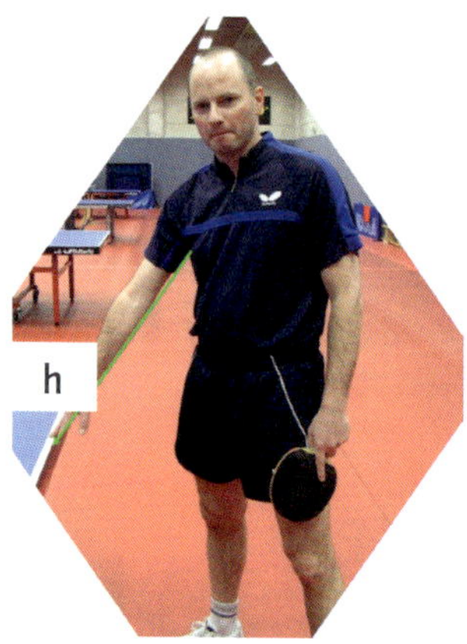

Foto 23 h: Abstand zum Tisch

2.3.2 Beinarbeit Basics: Hüpfen, Springen, Steppen, Laufen, Grätschen, Kreuzen

Eine gute Beinarbeit ist die Basis für eine gute Spielqualität im Tischtennis. Deswegen gilt auch bei der Schulung der Schlagtechniken das Prinzip „immer aus der Bewegung" (s. Kap. 5.4.2). Nur wenn du dich optimal zum Ball bewegst, kannst du deine Schläge optimal ausführen. Wer beim Tischtennis „steht", im wahrsten Sinne des Wortes „nicht aus den Füßen kommt", hat keine Chance, ausreichend schnell zu reagieren und sich in die optimale Schlagposition zu bringen. Deswegen gilt das Prinzip des „Tänzelns" - von einem auf das andere Bein oder mit beiden - auch in den Spielpausen, um immer in Bewegung zu bleiben. Boxen und Tischtennis haben von der Beinarbeit her sehr viel gemeinsam. Denn auch beim Boxen gilt, wer steht, hat keine Chance. Deswegen ist Seilchenspringen für beide Sportarten von größter Bedeutung, da es nicht nur die Koordination und die Schnelligkeitsausdauer, sondern auch die Fußarbeit verbessert.

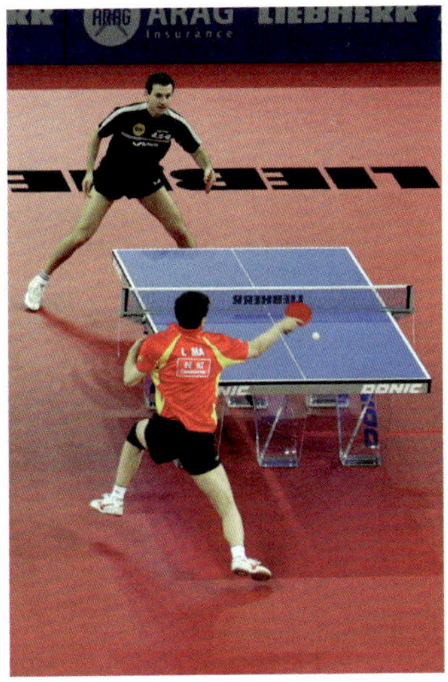

Foto 24: Die Beinarbeit im Tischtennis hat zum Teil akrobatische Züge und stellt höchste Ansprüche an die koordinativen Fähigkeiten. (hier im Bild: Wang Hao gegen Timo Boll)

Tipps:

Wir unterscheiden 9 grundlegende Beinarbeitstechniken (a-i). Wenn du umfassendere Informationen zu den Beinarbeitstechniken im Tischtennis suchst, z. B. auch für den Defensivspieler, dann empfehle ich die Ausführungen von Ludwig Nottelmann (s. Kap. 7 „Infotipps").

a) Zwischenhüpfer oder beidfüßiger Jump

Nach jeder Schlagausführung erfolgt in aller Regel ein - manchmal kaum wahrnehmbarer - Zwischenhüpfer, der dazu dient, möglichst schnell wieder in eine optimale Schlagposition zu kommen. Der dreifache chinesische Ex-Weltmeister Wang Liqin zeigt uns sehr schön diese „kleine“, aber so enorm wichtige Hüpf- bzw. Jumpbewegung. Aus der Grundstellung (Foto a), macht er ausgehend vom rechten Fuß (Foto b) einen beidfüßigen Zwischenhüpfer (Foto c), um eine etwas breitere Spielposition einzunehmen (Foto d).

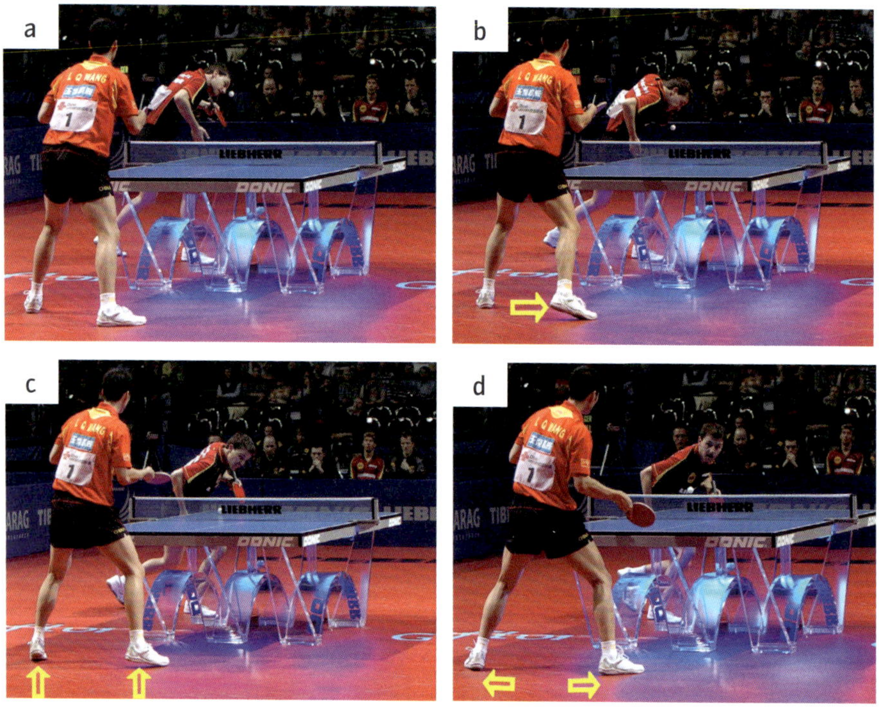

Bildreihe 8 a-d: Wang Liqin mit einem Zwischenhüpfer oder beidseitigen Jump aus dem Fußgelenk.

b) Sidestep

Der Sidestep ist die wichtigste Beinarbeitstechnik im Tischtennis. Sidesteps sind seitwärts gerichtet (s. Bildreihe 9), können aber auch vorwärts oder rückwärts ausgeführt werden. Timo Boll demonstriert uns das sehr anschaulich. Am Ende der Ausschwungphase seines Vorhand-Aufschlags leitet Timo, ausgehend von seinem linken Bein, einen Sidestep ein und dreht sich dabei aus der seitlichen Aufschlagstellung in den

Tisch (Fotos b und c) um seine Spielposition einzunehmen (Foto d). Von dort drückt er sich blitzschnell vom linken Fuß zu einem seitwärts gerichteten Sidestep ab (Fotos e-f), um in eine Schlagposition für einen Vorhand-Topspin zu gelangen (Foto g).

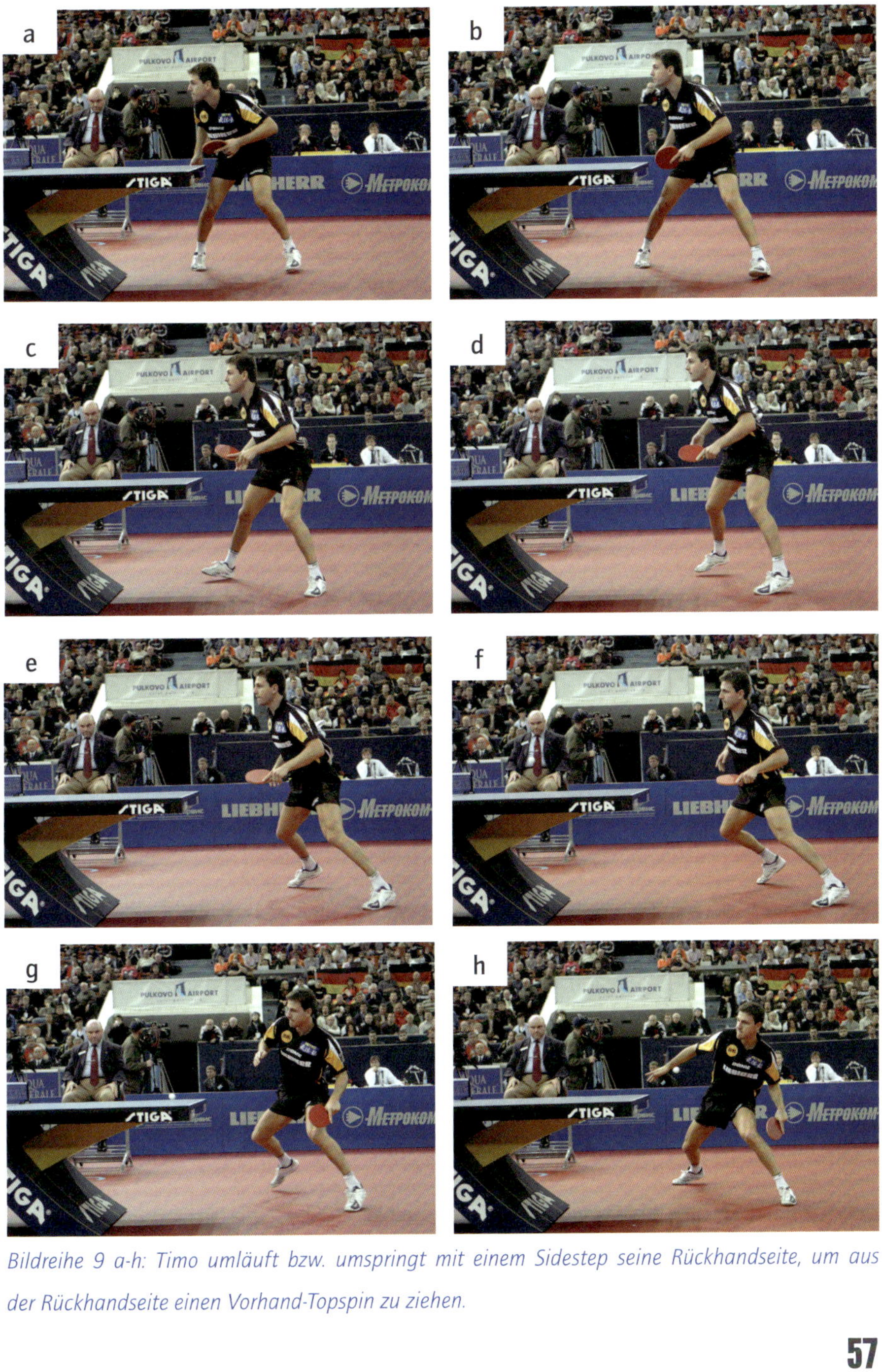

Bildreihe 9 a-h: Timo umläuft bzw. umspringt mit einem Sidestep seine Rückhandseite, um aus der Rückhandseite einen Vorhand-Topspin zu ziehen.

c) **Sidejump**

Der Sidejump wird beim Vorhand-Topspin aus der Seitwärtsbewegung als kleiner Sprung ausgeführt. Die nach oben gerichtete Topspinbewegung des Schlagarms wird durch einen Absprung des stemmenden rechten Beins im Balltreffpunkt unterstützt. Wir sehen dies sehr schön bei der chinesischen Ex-Olympiasiegerin Zhang Yining, die sich mit einem Sidestep in Schlagposition bringt (Fotos a und b). Über das rechte Bein springt sie in der Schlagphase zum Sidejump (Fotos c und d), um die Bewegung mit dem rechten Fuß auch wieder abzufangen und sich von dort wieder in Richtung Spielposition abzustoßen (Foto e).

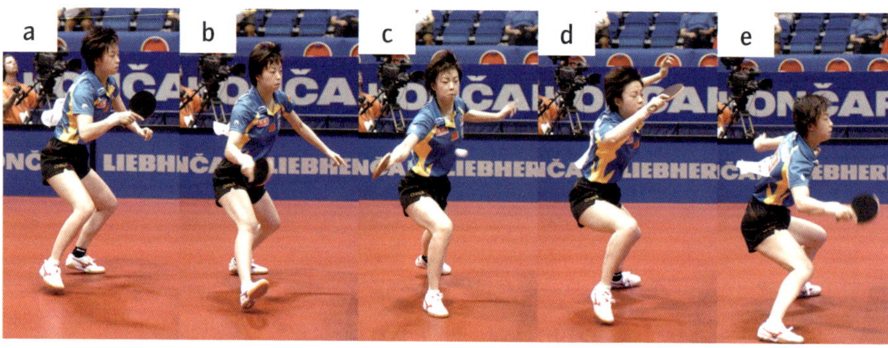

Bildreihe 10 a-e: Zhang Yinng bringt sich mit einem Sidejump in Schlagposition.

d) **Umlaufen/Umspringen**

Das Umlaufen bzw. Umspringen der Rückhandseite, um die Vorhand einzusetzen, ist für Offensivspieler unverzichtbar. In der Tischtennissprache spricht man immer davon, die „Rückhand zu umlaufen", um aus der Rückhandseite -häufig neben dem Tisch - einen Vorhand-Angriffsschlag auszuführen. Dabei handelt es sich eigentlich aber um einen Umsprung aus einer frontalen in eine seitliche Spielposition. Du kannst dies sehr gut beim japanischen Nationalspieler Hiroshi Tasaki (s. Kap. 3.3.4, S. 103) beim Vorhand-Schmetter aus der Rückhandseite beobachten, wie er die Rückhand umspringt, um sich in die eigentliche Schlagposition zu bringen.

e) **Umsprung vom hinteren aufs vordere Bein**

Besonders beim Vorhand-Schmetter-Schlag, aber auch bei extremen Vorhand-Power-Topspins, kommt dieser Umsprung zur Anwendung. Er ist die Voraussetzung, um seinen gesamten Körper durch eine Körpergewichtsverlagerung von hinten nach vorne in den Schlag mit einzubringen. Tasaki zeigt dir diese Umsprungtechnik bei beiden Vorhand-Schmettervarianten (Kap. 3.3.4, S. 103 und 3.3.5, S. 107 f.) sehr einprägsam.

f) **Ausfallschritt nach vorne**

Mit dem nach vorne gerichteten Ausfallschritt kannst du kurze oder mittellange Bälle über dem Tisch beantworten. Über das vordere Bein (beim Rechtshänder das rechte, beim Linkshänder das linke) steuerst du deine Körperbalance und kannst dich auch wieder blitzartig nach hinten abstoßen, um in deine optimale Spielposition zu gelangen. Mikie Tasei zeigt dir dies beim aggressiven Rückhand-Schupf (Kap. 3.2.4, S. 89 f.), Wang Liqin beim Ausholen zu einem Vorhand-Topspin, den er über dem Tisch auf einen kurz bis mittellang platzierten Ball ziehen will (Bildreihe 11 a-e).

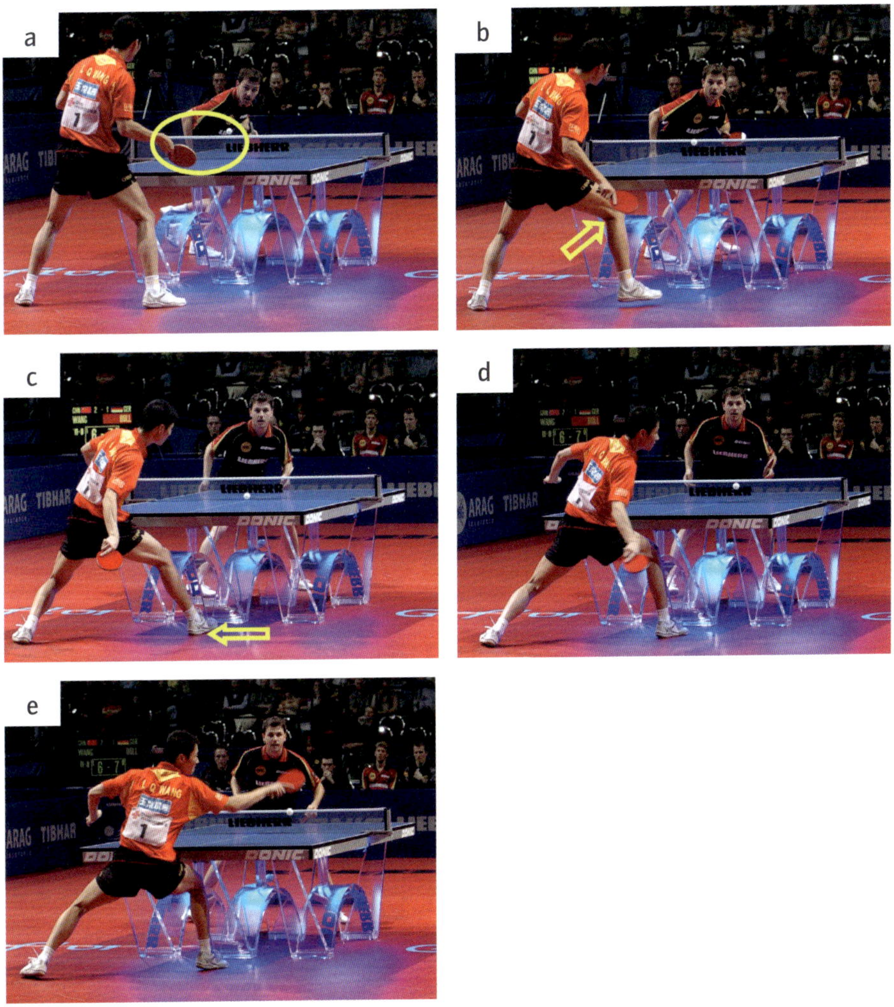

Bildreihe 11 a-e: Wang Liqin zeigt einen typischen Ausfallschritt nach vorne, um einen Schlag über dem Tisch – in diesem Fall einen Vorhand-Topspin – spielen zu können.

g) Extremer Ausfallschritt zur Seite (Grätsche)

Die japanische Nationalspielerin Sayaka Hirano zeigt dir diese akrobatische Bewegung sehr anschaulich. Aus Zeitmangel kann sie die Rückhand nicht mehr optimal umlaufen, und versucht, durch einen extremen Grätschstand den Ball durch Abknicken des Oberkörpers nach links noch zu erwischen, was ihr übrigens auch gelingt. Gleich darauf drückt sie sich vom linken Fuß aus wieder ab, um in die optimale Schlagposition zurückzukommen.

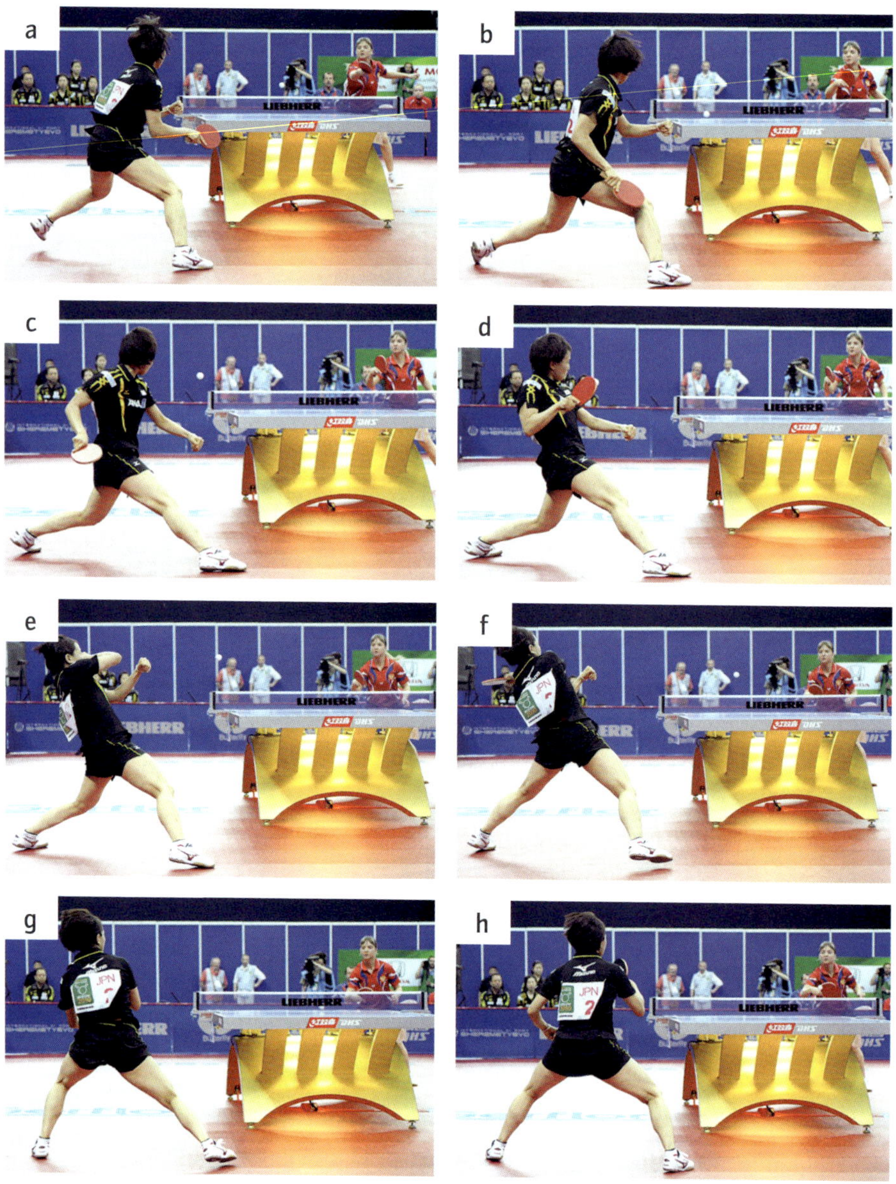

Bildreihe 12 a-h: Hirano beim extremen Grätschstand

Der mehrfache chinesische Mannschaftsweltmeister Ma Long demonstriert dir in dieser Bildreihe einen anderen extremen Ausfallschritt, den er bei einem Vorhand-Power-Topspin aus der Rückhandseite nach einem Sidejump (Bildreihe 13 a-h) anwendet. Sein rechtes Knie hat in der Ausschwungphase dieses machtvollen Vorhand-Spins fast Bodenkontakt und sein rechter Fuß berührt nur noch über die Innenkante seines Tischtennisschuhs den Boden (Fotos g und h).

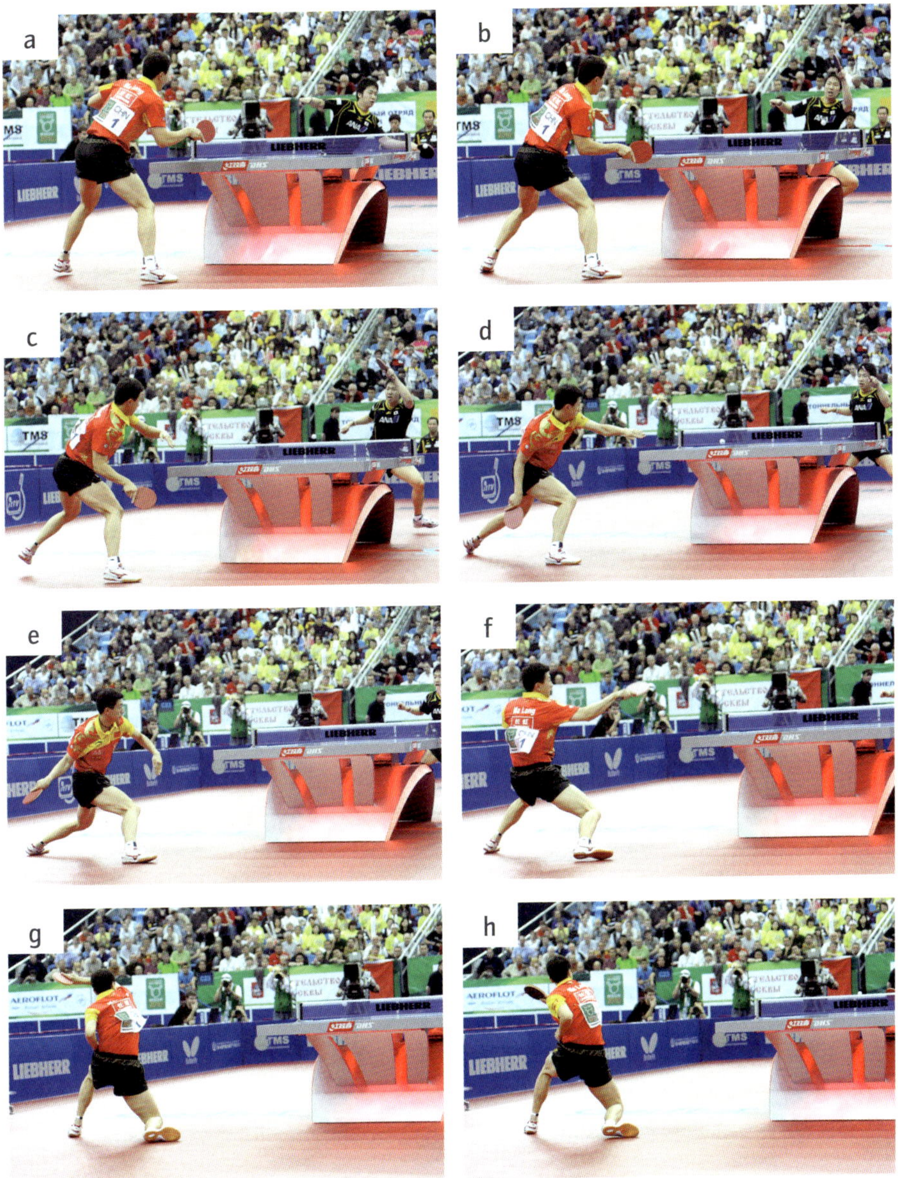

Bildreihe 13 a-h: Ma Long bei einem extremen Ausfallschritt

h) Kreuzschritt

Der Kreuzschritt ist ein seitlich gerichteter Laufschritt, mit dem du eine größere Distanz überwinden und einen Vorhand-Topspin aus dem Laufen ziehen kannst. Der südkoreanische Ex-Olympiasieger Ryu Se Ming zeigt uns diesen Schlag in Perfektion. Er befindet sich weit in der Rückhandseite und versucht nun, einen in die Vorhandseite platzierten Ball mit einem Vorhand-Topspin zu beantworten. Vom rechten Bein (Fotos a, b) stößte er sich schnellkräftig ab, gleichzeitig holt er zum Vorhand-Tospin aus. Im Moment des Balltreffpunkts springt er vom rechten Bein ab, trifft den Ball im Flug, kreuzt dabei mit dem linken Bein (Foto c). Mit dem linken Bein setzt er auf (Foto d), um dann sein Körpergewicht auf dem rechten, nach vorne gesetzten Bein aufzufangen und sich wieder in Richtung optimaler Spielposition abzustoßen.

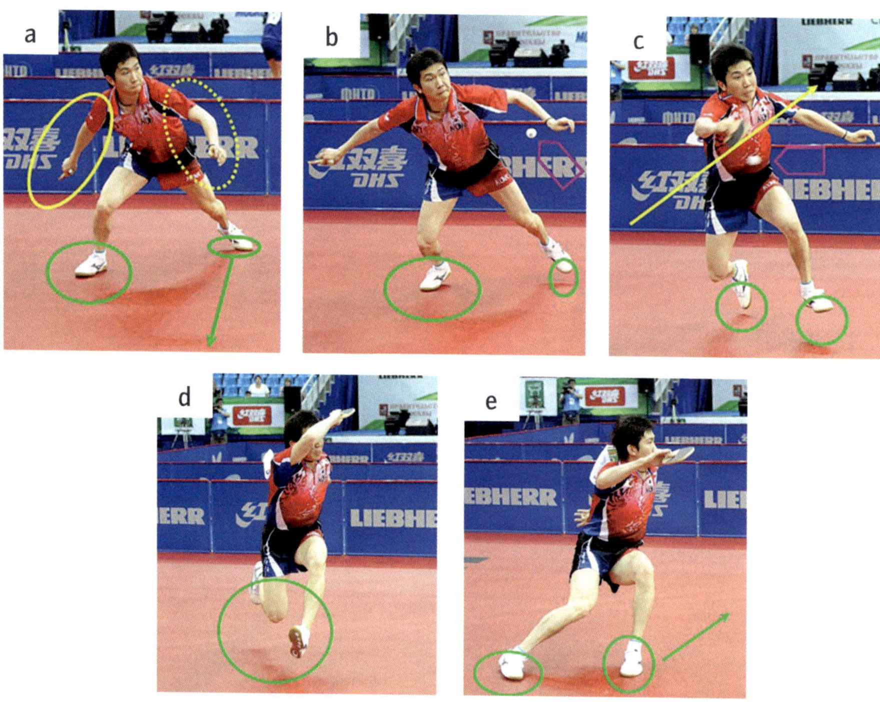

Bildreihe 14 a-e: Ryu Se Ming beim Kreuzschritt

i) **Vorwärts-/Rückwärtslaufen**

Um aus einer tischfernen Positionen einen kurzen Ball über dem Tisch zu erlaufen, musst du in der Lage sein, so schnell wie möglich im Sprinttempo nach vorne zu kommen und dann mit einem Ausfallschritt nach vorne die Laufbewegung abzufangen. Das gilt natürlich auch für die Rückwärtsbewegung vom Tisch weg. Dabei musst du aber immer den Tisch und Gegner im Blick haben. Diese Rückwärtsorientierung im Raum wird besonders von Defensivspielern gefordert, aber auch bei Offensivspielern, die gerne aus der Halbdistanz agieren.

Zwei Spielsituationen zeigen dir nun die Verbindung der verschiedenen Beinarbeitstechniken.

Spielsituation 1: Timo Boll - Wang Liqin. Timo Boll schlägt mit der Vorhand kurz auf (Fotos a, b). Wir achten nun auf die Beinarbeit des chinesischen Ex-Weltmeisters. Aus der **Grundstellung** (Fotos a, b) macht er einen **Ausfallschritt** mit dem rechten Bein **nach vorne**, um den Ball mit der Rückhand in Timos Vorhand zu schupfen (Fotos c, d). Vom vorderen rechten Fuß ausgehend, erfolgt blitzschnell ein schnellkräftiger **Abdruck nach hinten**, um in seine Spielposition zu kommen (Fotos e-g). Boll bringt sich gleichzeitig mit einem **Sidestep** in die Vorhand. Er zieht einen diagonalen Vorhand-Topspin (Foto h), den Wang mit der Rückhand in Bolls Rückhand blockt (Fotos i, j). Timo bewegt sich mit einem Sidestep nach links zurück in die Rückhand und zieht mit der Rückhand diagonal nach (Foto k). Wang macht einen **Sidestep nach rechts**, um die Vorhand abzudecken (Fotos k, l) und antwortet mit einem diagonalen Vorhand-Gegentopspin aus dem **Sidejump** (Foto m). Boll **umläuft mit einem Sidestep** die Rückhand (Fotos n-p) und zieht mit der Vorhand parallel in Wangs Rückhand gegen. Wang bringt sich mit einem leicht **nach hinten gerichteten Sidestep** wieder in seine Spielposition (Fotos n-p), wird aber von Timos Platzierung sichtlich überrascht. Er hatte wohl mit einer Platzierung in seine Vorhand gerechnet. In Weltklassemanier reagiert er aber noch und macht einen **extrem gegrätschten Ausfallschritt** zur Seite nach links, um den Oberkörper abzukippen und Timos Tospin mit der Vorhand zu retournieren (Foto q). Er kommt tatsächlich noch an den Ball, aber in einer extremen Rückenlage, sodass er den Ball nur noch passiv heben kann (Foto r). Wir sehen, wie hoch der Ball noch vor Überschreitung des Netzes bereits fliegt. Was dann passiert, ist reine Spekulation. Es sieht aber so aus, als wenn der Ball ins Seitenaus von Timos Tischhälfte geht.

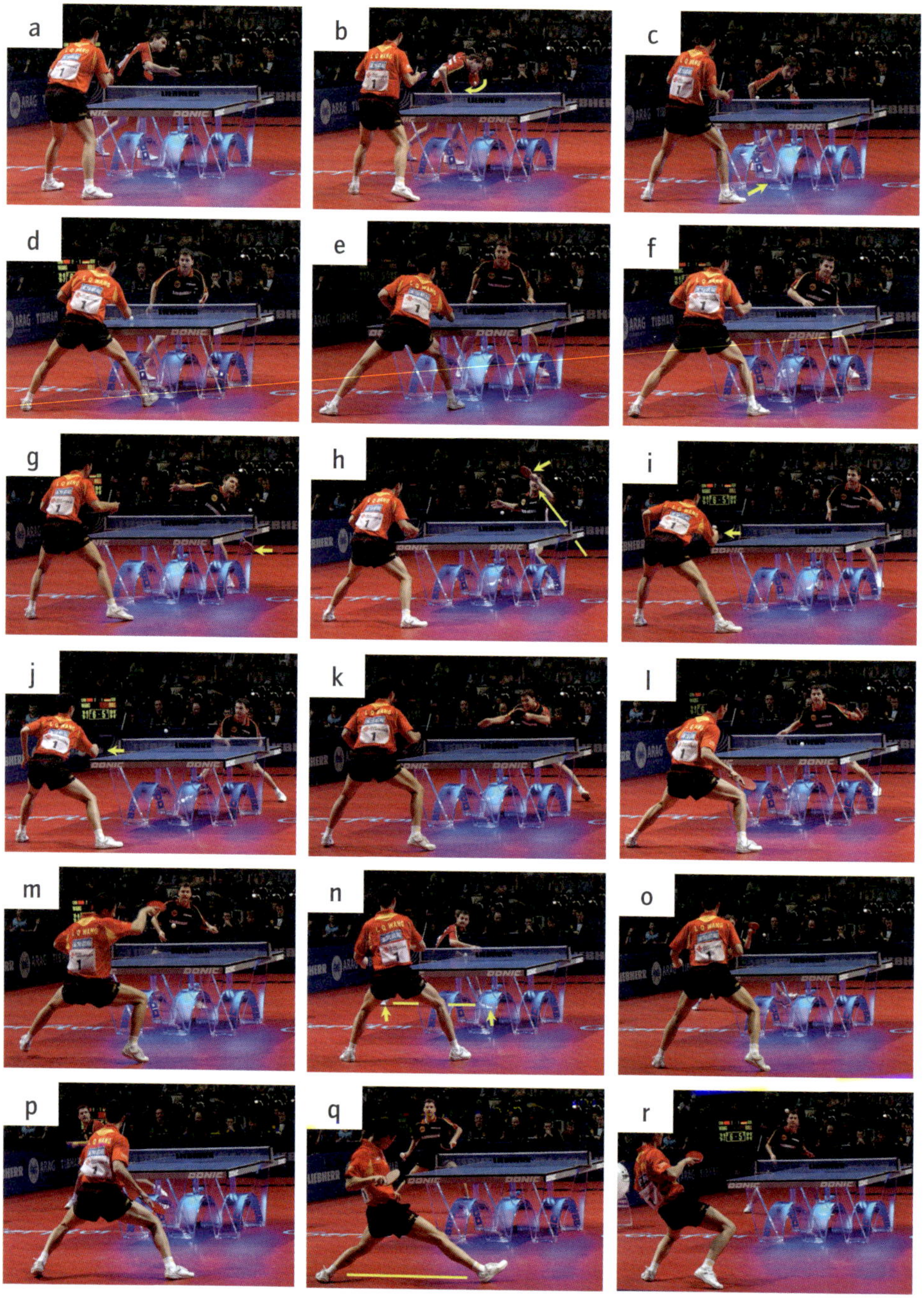

Bildreihe 15 a-r: Spielsituation 1: Boll – Wang Liqin zur Veranschaulichung der verschiedenen Beinarbeitstechniken von Offensivspielern.

Spielsituation 2: Jun Mizutanis zeigt uns eine beidseitige offensive Spieleröffnung mit Rückhand und danach Vorhand (ohne Abbildung des Gegners): Der japanische Top-10-Spieler beweist uns in dieser Bildsequenz, dass seine Beinarbeit wirklich das Prädikat Weltklasse verdient. Jun macht einen Vorhand-Aufschlag aus der Rückhandseite mit sehr hohem Ballanwurf. (Fotos a, b). Kurz vor dem Balltreffpunkt ist der Schläger noch geöffnet (Foto c), doch im oder kurz nach dem Balltreffpunkt kippt er den Schläger um. Trifft er den Ball wie auf Foto c, dann hat der Ball Seitenunterschnitt, trifft er den Ball in der Kippbewegung, dann erhält der Ball Seiten- bis Seitenoberschnitt und dürfte auch parallel platziert sein. Nun schauen wir aber auf Juns Beine. **Im Balltreffpunkt des Aufschlags „stampft" bzw. setzt er mit dem vorderen rechten Bein auf**, sodass sein Körpergewicht auf dem vorderen rechten Bein lastet. (Fotos c, d). Dann zieht er das hintere linke Bein nach vorne (Fotos e-g), um das Körpergewicht nun auf das linke Bein zu verlagern und das rechte Bein nach hinten ziehen zu können (Fotos h, i). **Er dreht sich im wahrsten Sinne um seine Körperachse in seine Spielposition hinein** (Fotos d-i). **Mit einem Zwischenstep (Foto i) öffnet er seine Beine weiter auseinander**, um seinen Körper zur Ausholbewegung eines Rückhand-Topspins tiefer absenken zu können (Fotos i-k). Dann zieht er einen sehr druckvollen Rückhand-Topspin (Fotos k-m). Wie druckvoll-dynamisch dieser Rückhand-Topspin ist, sehen wir an der extremen Ausschwungbewegung Juns, die ihn sogar in eine leichte Rückenlage versetzt (Foto n). Vom linken Fuß stößt er sich nun blitzschnell mit einem **Sidestep** nach rechts ab (Foto o), um die Rückhand zu **umlaufen** bzw. zu **umspringen** und zu einem mächtigen Vorhand-Topspin aus der Rückhandseite auszuholen (Foto p). Mit welcher Wucht Jun diesen Vorhand-Topspin zieht, zeigen die Fotos p-r sehr eindrucksvoll. Fast schon akrobatisch fängt er die Schlagbewegung mit einer **Grätsche** auf dem rechten vorderen Bein ab.

Wie gesagt, die Beinarbeit beginnt mit den Zehen. Beim Tischtennis kommen praktisch alle Formen der Beinarbeit vor: auf der Stelle „wippen", „hüpfen" oder „tänzeln", kleine und große Sprünge, Sidesteps und Umsprünge (s. Fotos d-i), Lauf- und Kreuzschritte, Ausfallschritte nach vorne, hinten und zur Seite, Grätschbewegungen. Die Qualität der Beinarbeit entscheidet über die Qualität der Schläge und damit des Spielerfolgs.

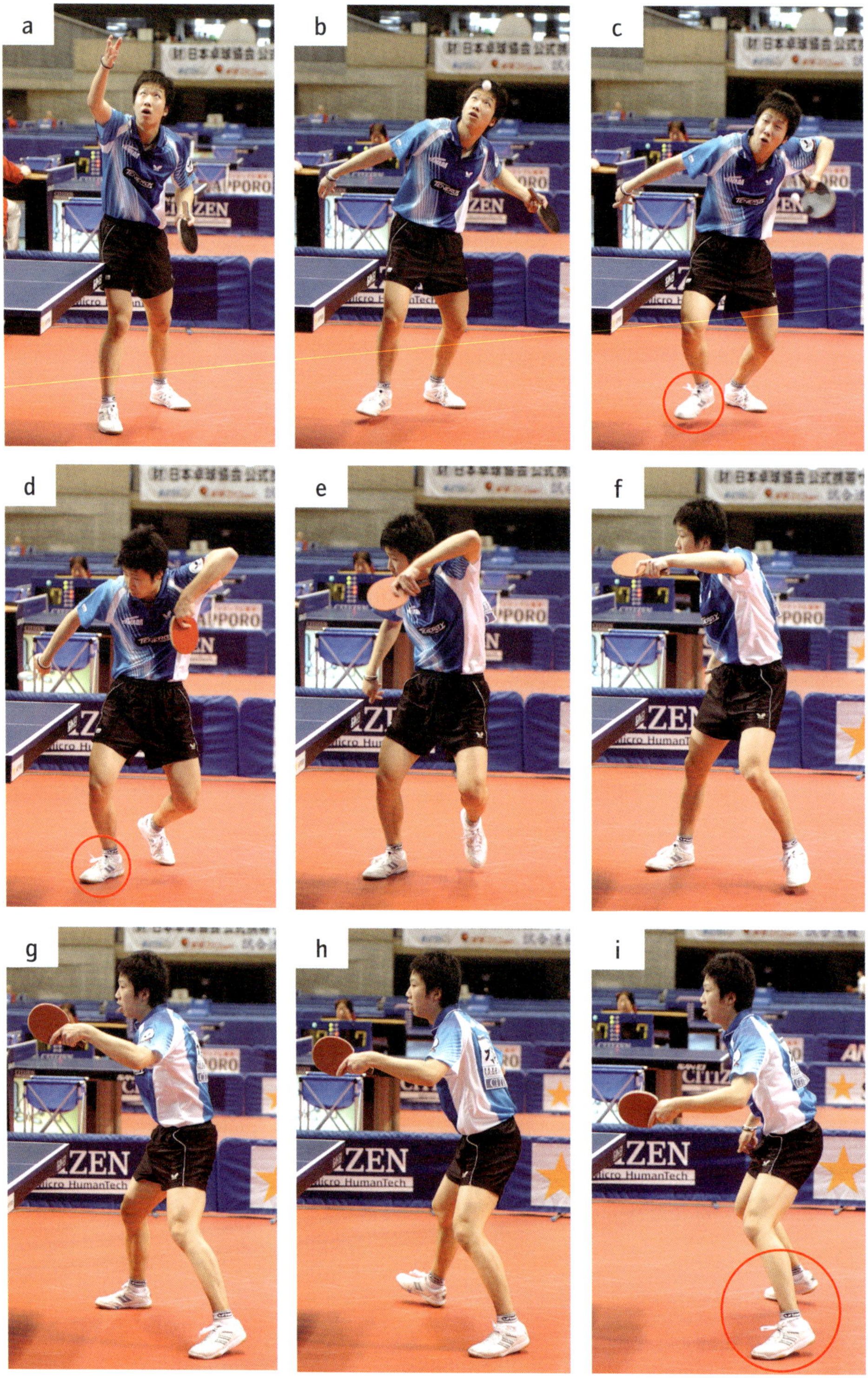
a
b
c
d
e
f
g
h
i

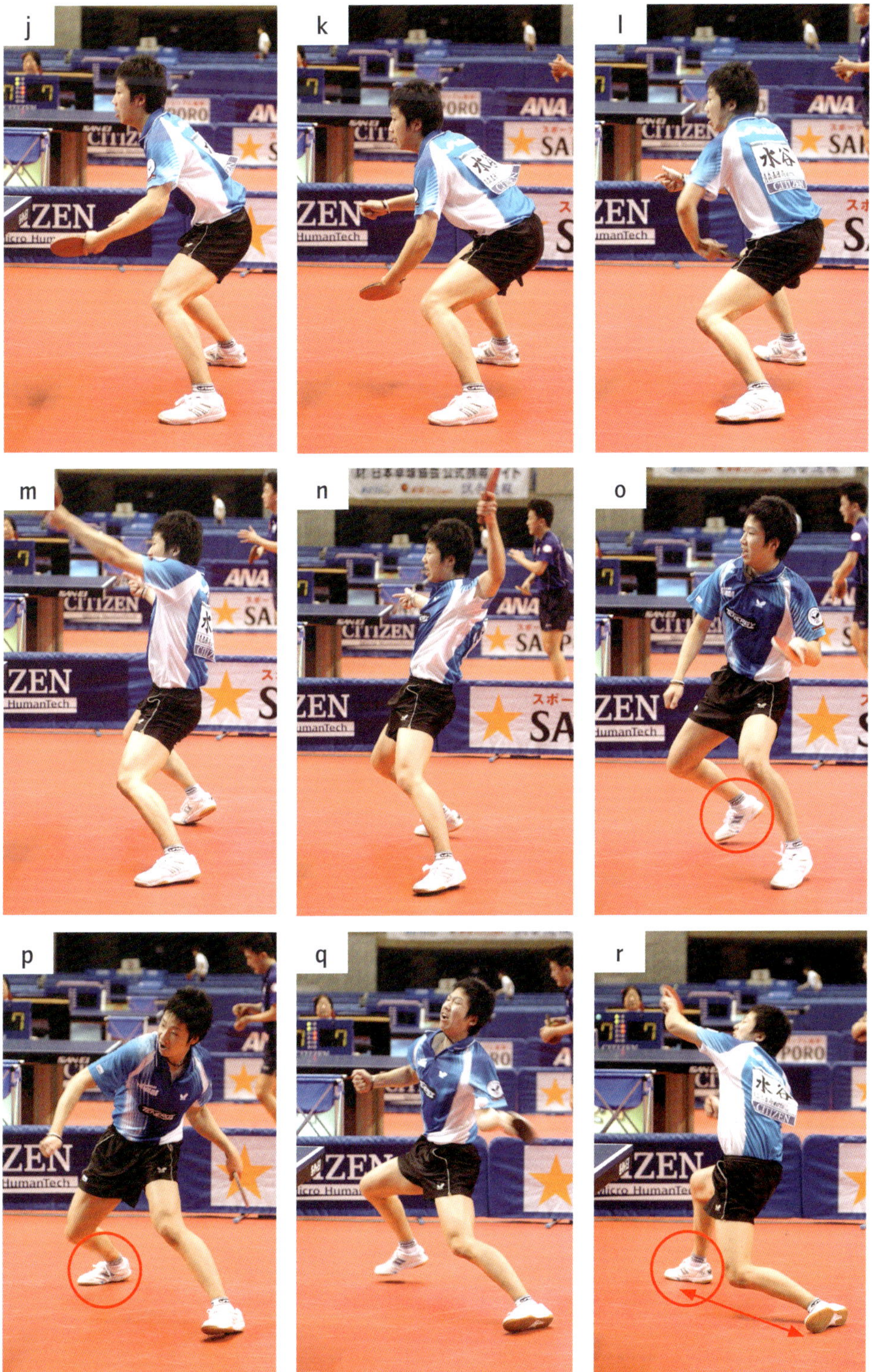

Bildreihe 16 a-r: Beinarbeit von Jun Mizutani

Tipps:

Baue vor jedem neuen Ballwechsel in der Grundstellung Druck in den Zehen auf!

- **Spiele häufig Übungen, die deine Beinarbeit schulen.**
- **Verbessere deine Sprungkraft und deine Fuß- und Wadenmuskulatur durch Seilchenspringen!**
- **Versuche, im Spiel und bei jeder Übung jeden Ball zu erreichen!**
- **Verbessere deine Beweglichkeit im Beinbereich (Grätsch- oder Ausfallschritt) durch entsprechende gymnastische Übungen.**

2.4 Auf die Stellung kommt es an: Raumaufteilung und Spielpositionen

Wie du dich am Tisch hinstellen sollst, hast du im vorangegangenen Kapitel erfahren (Grundstellung). Jetzt geht's um die Frage, wo du dich hinstellen sollst. Dabei müssen wir unterscheiden zwischen einer Position, die der Spieler zu Beginn eines Ballwechsels als Rückschläger (= Grundstellung) und als Aufschläger (= Aufschlagposition) einnimmt sowie einer Position, die er während eines Ballwechsels immer wieder einzunehmen versucht, um von da aus optimal zu agieren (= Spielposition).

Grundstellung Spielposition Spielposition

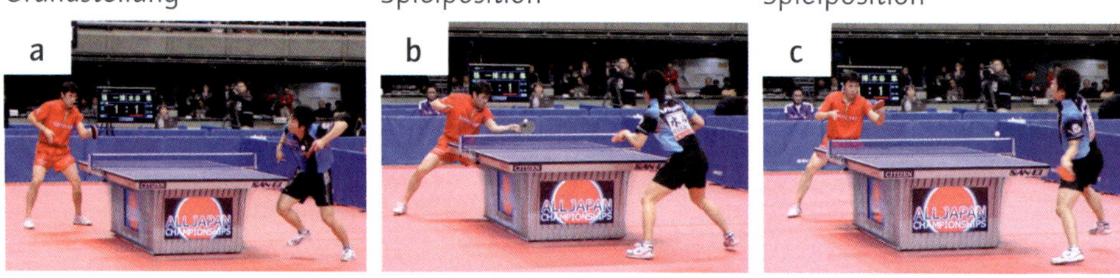

Aufschlagposition Spielposition

Fotos 25 a-c: Spielpositionen

Es liegt auf der Hand: Eigentlich solltest du dich zunächst in die Mitte des Tischs stellen, denn von dort erreichst du jeden Ball. Von dieser „Einsteiger-Grundposition" wirst du zunehmend abweichen, je mehr du ein bestimmtes Spielsystem entwickelst. So wird ein Spieler mit einer guten Vorhand sich bei der Aufschlagannahme etwas mehr in die Rückhandseite des Tischs stellen, um von hier aus seine Stärke, z. B. Vorhand-Topspins, ausspielen zu können. Spieler mit besserer Rückhand werden sich hingegen mehr in die Tischmitte, ja teils sogar leicht in die Vorhandseite stellen, was sich bei Defensivspielern manchmal beobachten lässt. Ähnlich verhält es sich mit den Aktionszonen während der Ballwechsel. So gibt es Spieler, die gern ihr Spiel mehr aus der Rückhand-, bzw. Vorhandseite oder der Tischmitte aufziehen und sich in diesem Bereich am liebsten aufhalten. Dies zu erkennen und sie dann möglichst nicht in diesem Bereich anzuspielen, wäre schon eine große taktische Aufgabe.

Eine weitere wichtige Frage ist sicher die Entfernung zum Tisch. Stehst du zu nah am Tisch, besteht die Gefahr, dass du mit langen Bällen auf die Grundlinie überrascht wirst. Stehst du zu weit weg, sind kurze Bälle sehr gefährlich. Also musst du eine Position einnehmen, aus der heraus du nach vorne, hinten und zur Seite optimal agieren kannst. Etwa 1 m Abstand zum Tisch, je nach Körpergröße, kann als Faustregel gelten. Abwehrspieler werden dabei eher eine tischfernere Grundstellung einnehmen, da sie häufiger mit längeren Aufschlägen rechnen müssen als Angriffsspieler, die man nicht unbedingt mit langen Bällen zum Angriff einladen wird.

Tipps:

Probiere verschiedene Grundstellungen aus, dann wirst du schnell Vor- und Nachteile erkennen.

- **Verändere deine Grundstellung in Abhängigkeit von deinem Gegner. Wenn du weißt, dass er dir häufig lange Aufschläge in die Vorhand spielt, musst du die Vorhand „zumachen". Wenn du weißt, dass er immer lange oder immer kurze Aufschläge macht, kannst du deine Entfernung zum Tisch entsprechend anpassen.**

Nun zu der wichtigen Frage: Wann spiele ich Rückhand, wann Vorhand?

Prinzipiell hängt das von deiner Spielposition ab, die du dir nicht immer aussuchen kannst. Dein Gegner bestimmt durch seine Platzierung deine Spielposition. So gibt es immer Situationen, wo du von der Grundaufteilung deines Spiels abweichen wirst, ja musst. Z. B. bei der Aufschlagannahme, da kannst du sicher auch einmal mit der Rückhand aus der

Vorhand spielen, so wie dir das Zhang Jike auf S. 69 bei seinem Rückhand-Topspin aus der Vorhandseite zeigt. Genauso wirst du als Angriffsspieler häufig deine Rückhand umlaufen, um deine Vorhand-Schmetter oder -Topspins anzubringen. Kong Linghui demonstriert dir das auf S. 68. Auch wirst du wie Zoran Primorac auf S. 68 schon mal mit der Rückhand aus Tischmitte agieren müssen. Letztlich hängt das von deiner Spielanlage, deinen technischen Stärken/Schwächen und den gegnerischen Bällen ab.

Tipp:

Als Einsteiger solltest du trotz aller möglichen Abweichungen zunächst eine Grundraumaufteilung vornehmen, damit du „Linie" in dein Spiel bringst: Rückhand aus der Rückhand und Vorhand aus der Vorhand. Sollte deine Vorhand stärker werden, kannst du deinen Aktionsraum dann etwas mehr in die Rückhand verlagern und die Rückhand mit der Vorhand umlaufen.

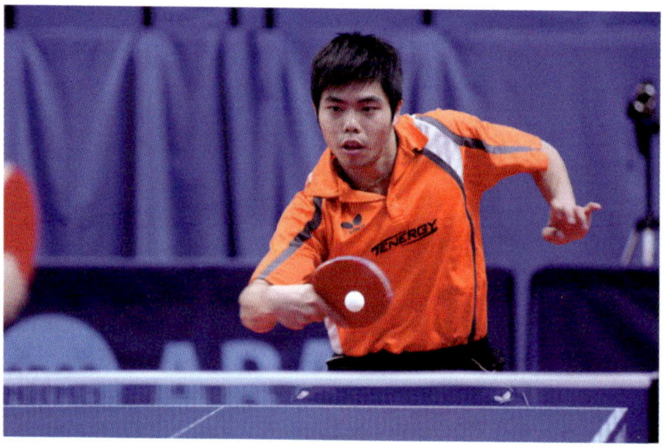

Foto 26: Rückhand aus Rückhand-Mitte (Chuan Chih-Yuan)

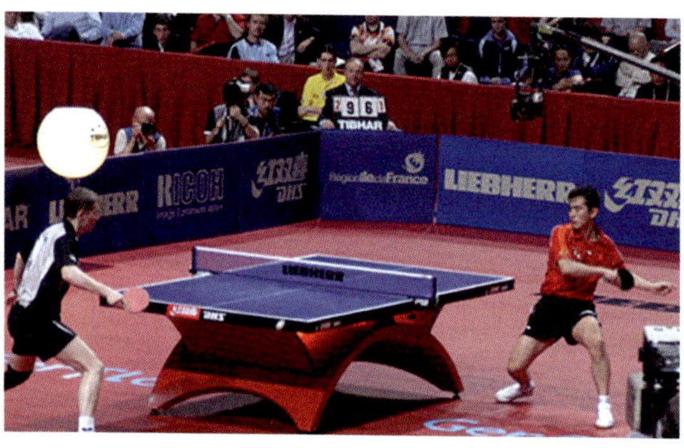

Foto 27: Vorhand aus Tischmitte (links, Werner Schlager) und Vorhand aus äußerer Rückhand (rechts, Kong Linghui)

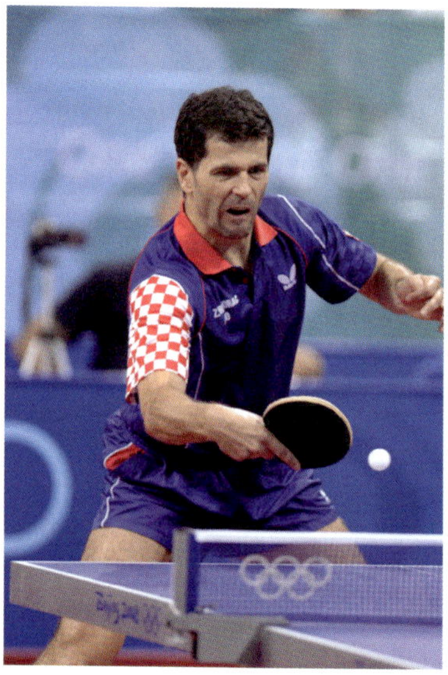

Foto 28: Rückhand aus Tischmitte (Zoran Primorac)

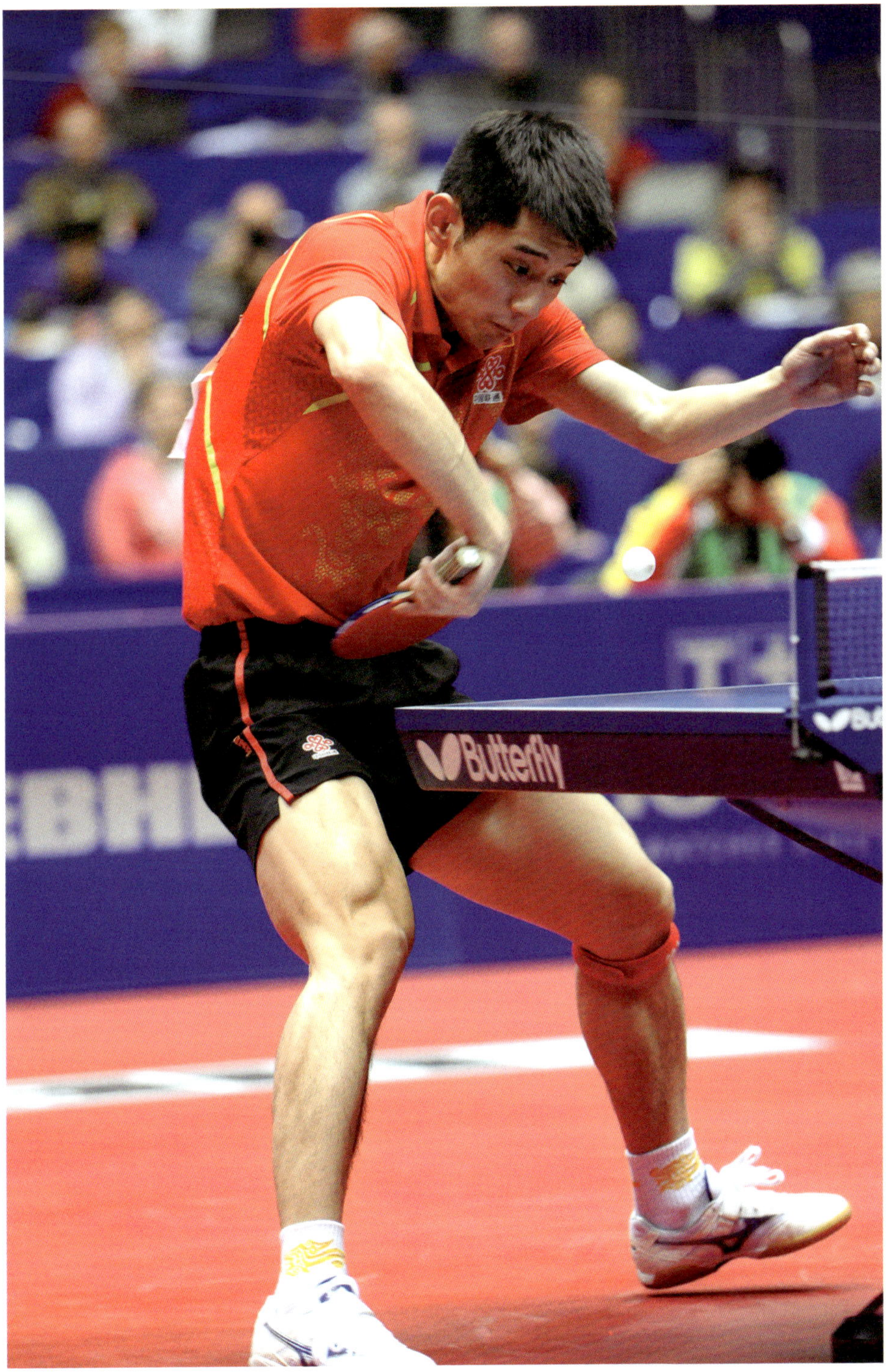

Foto 29: Rückhand aus Vorhand-Mitte (Zhang Jike)

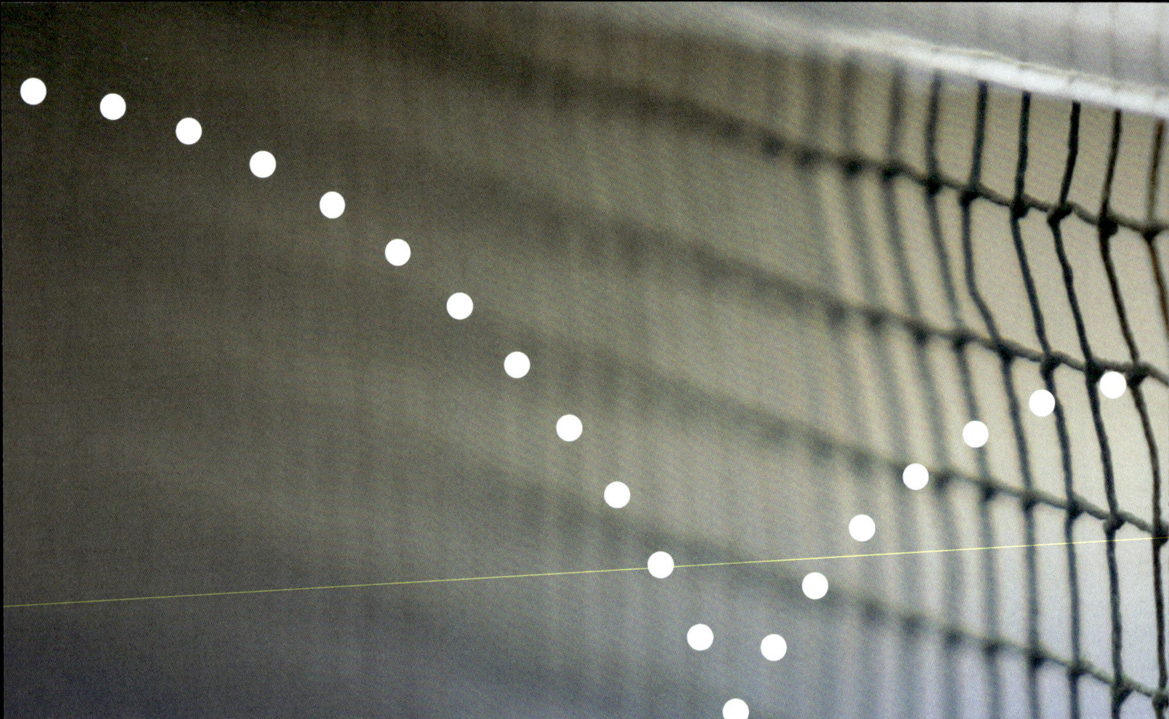

KAPITEL

DIE TECHNIK-BASICS: WELCHE SCHLAGTECHNIKEN MUSS ICH BEHERRSCHEN?

3

3 DIE TECHNIK-BASICS: WELCHE SCHLAGTECHNIKEN MUSS ICH BEHERRSCHEN?

Wir haben in den vorausgegangenen Kapiteln schon viel von Technik gesprochen. Nun wollen wir auf die Schlagtechniken eingehen, die für dich als Einsteiger oder Fortgeschrittener wichtig sind. Natürlich können wir in diesem Buch nicht alle Schlagtechniken ausführlich behandeln. Dafür gibt es im Tischtennis zu viele Technikvarianten. Wir wollen uns hier auf die sogenannten *Grundschlagtechniken* beschränken. Das sind Aufschlag- und Rückschlagtechniken, die du brauchst, um die meisten Spielsituationen im Tischtennis erfolgreich zu meistern.

Die nachfolgend beschriebenen Grundschlagtechniken sind so ausgewählt, dass du dich in puncto Spielsystem frei entfalten kannst, sei es in offensiver oder defensiver Richtung. Aber zunächst gilt der Grundsatz: Ausprobieren solltest du alle Techniken! Eine Spezialisierung kommt erst viel später.

Doch bevor wir nun auf die wichtigsten Spielsituationen im Tischtennis und die dazugehörigen Schlagtechniken eingehen wollen, solltest du verschiedene Fachbegriffe kennenlernen, die für das Verstehen und Erlernen von Schlagtechniken sehr wichtig sind.

3.1 Was muss ich über eine Schlagbewegung wissen?

3.1.1 Phasenstruktur einer Schlagbewegung

Mit Ausnahme des passiven Blocks (s. Kap. 3.6.1, S. 144 f.) hat jede Schlagtechnik im Tischtennis 3 Schlagphasen. Schauen wir uns das jetzt genauer an. Aus der „Neutralposition" holst du zu einer bestimmten Schlagtechnik aus (Bildreihe 17, Foto b = Ausholphase), so wie es dir der japanische Nationalspieler Kenji Matsudaira demonstriert. Spielst du einen Topspin oder einen Schmetterschlag, so ist deine Ausholbewegung im Vergleich zu einem Schupf natürlich viel größer. Es folgt dann die eigentliche Schlagbewegung mit dem wichtigsten Element, dem „Balltreffpunkt" (Foto d = Schlagphase). Danach schwingst du den Schläger je nach Geschwindigkeit und Länge deiner Bewegung kurz oder lang aus (Foto f = Ausschwungphase). Ohne Verzögerung gehst du dann wieder in deine „Neutralposition" zurück (Foto g = Rückführungsphase), um für den nächsten Schlag bereit zu sein.

Diese Schlagphasen stehen natürlich in einem bestimmten Zusammenhang. Ohne Zweifel ist die Schlagphase und insbesondere der „Balltreffpunkt" für das Gelingen des Schlags von entscheidender Bedeutung: Dabei kommt es immer darauf an, dass

- deine Schlägerblattstellung den optimalen Winkel hat,
- dein Schläger den Ball mit der optimalen Geschwindigkeit trifft,
- die Schlagrichtung stimmt (steil nach oben, schräg nach vorne oben, gerade usw.).

Je nachdem, wie viel und welcher Schnitt im ankommenden Ball ist, musst du

- die Winkelstellung deines Schlägerblatts anpassen,
- die Geschwindigkeit deiner Arm- und Handgelenkbewegung erhöhen/verringern,
- die Schlagrichtung deines Schlagarms verändern.

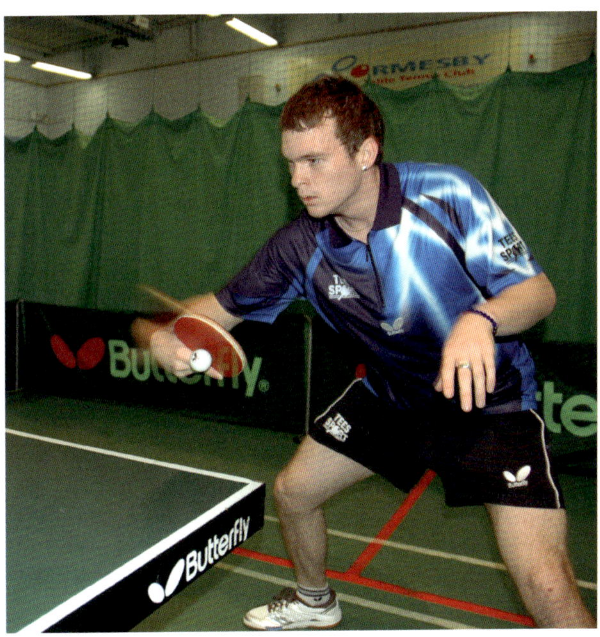

Foto 30: Der „winzige" Moment des Balltreffpunkts entscheidet letztlich darüber, ob der Schlag gelingt (Paul Drinkhall, ENG).

a
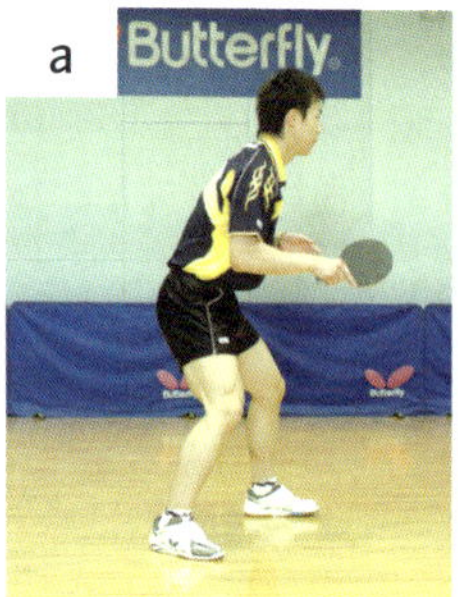
Neutralposition

b
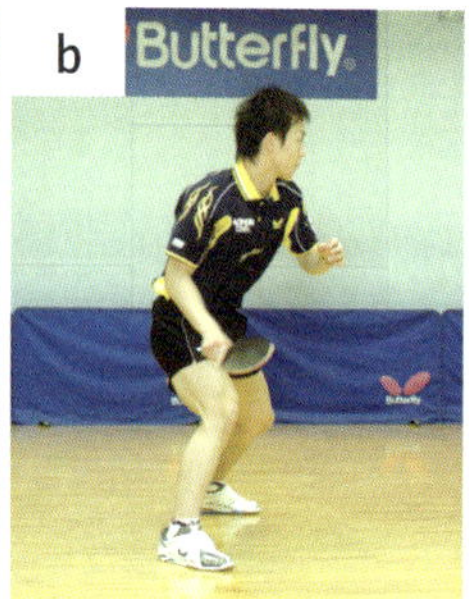
Ausholphase

c
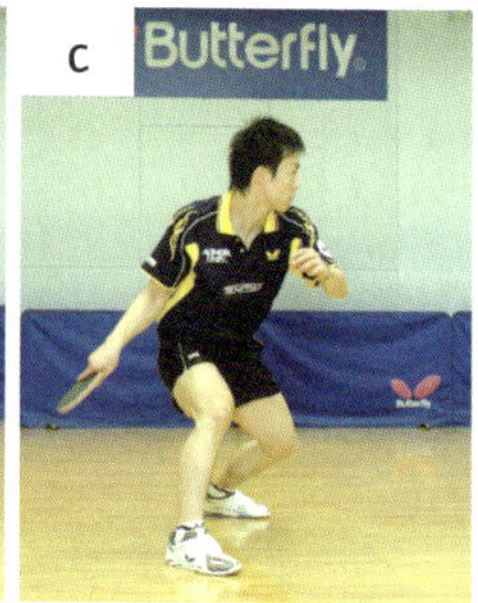
Ausholphase/Umkehrpunkt

d
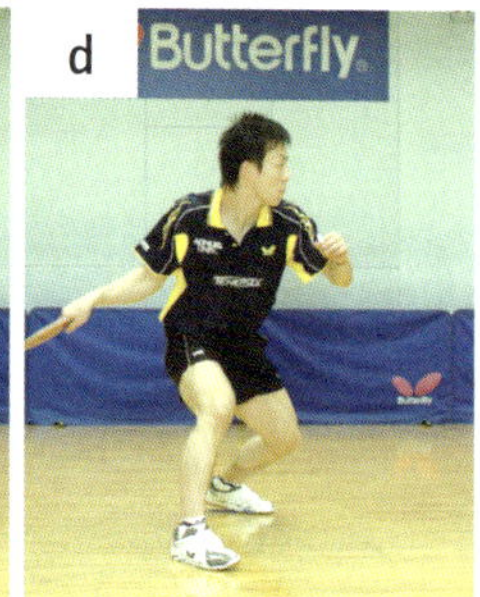
Beginn der Schlagphase

e
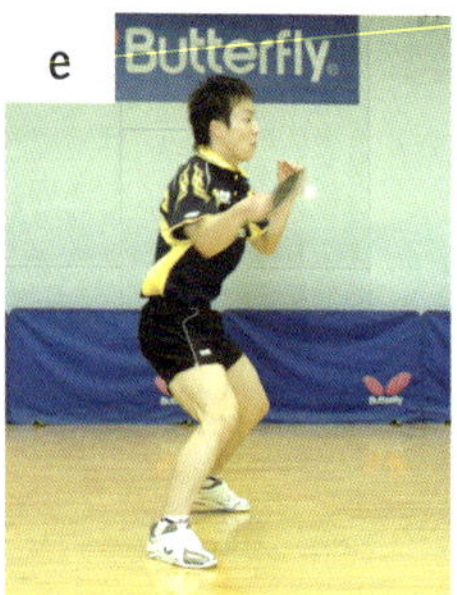
Balltreffpunkt

f
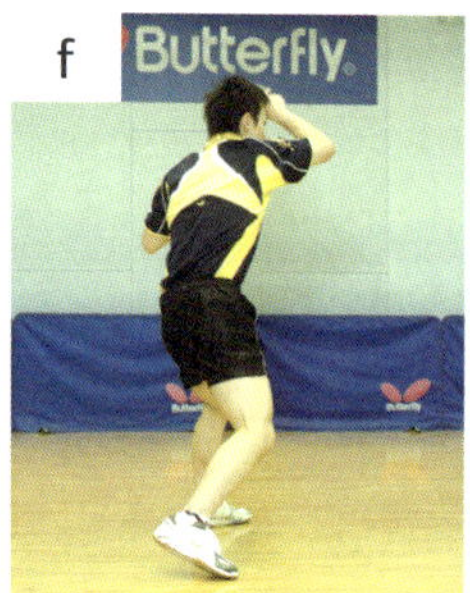
Ausschwungphase

g
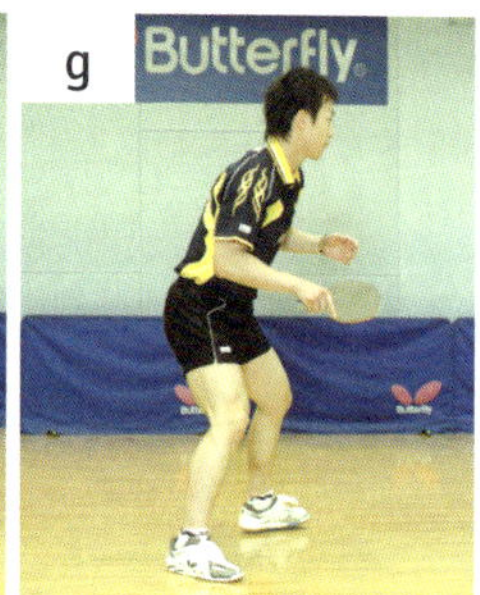
Wiedereinnahme der Neutralposition

Bildreihe 17 a-g: Die drei Schlagphasen

Aber auch die anderen Phasen sind sehr wichtig für das Gelingen einer Schlagtechnik. Hast du beispielsweise zu spät ausgeholt, wird dir wahrscheinlich kein optimaler Balltreffpunkt mehr gelingen. Du wirst den Ball zu spät oder zu tief oder mit zu geringer Armgeschwindigkeit treffen. Stehst du beim Ausholen auf dem falschen Bein, hast du kein optimales Gleichgewicht und du kannst deine Körperbewegung nicht mit der Armbewegung in Einklang bringen (= „koordinieren"), woraus auch ein Schlagfehler resultieren wird. Das Ausschwingen ist zu lang und du bringst den Schläger zu spät in die „Neutralposition" zurück. Darunter wird dein nachfolgender Schlag leiden. Du reagierst zu spät, holst zu spät aus, triffst zu spät/zu langsam ... Das ist eine Art Kettenreaktion. Du siehst also, dass alle Phasen einer Schlagbewegung für ihr Gelingen sehr wichtig sind. Unbestritten bleibt aber, dass die Schlagphase mit dem Balltreffpunkt die alles entscheidende Phase ist. Beispiel gefällig? Du stehst optimal zum Ball, deine Ausholbewegung stimmt, die Schlagrichtung auch, aber im Balltreffpunkt stimmt der Schlägerwinkel nicht oder die Schlägergeschwindigkeit ist zu schnell oder zu langsam. Folge: Schlagfehler. Der Ball geht ins Netz oder über/neben den Tisch.

Tipps:

Überprüfe bei den nachfolgenden Technikbildreihen deren Phasenstruktur.

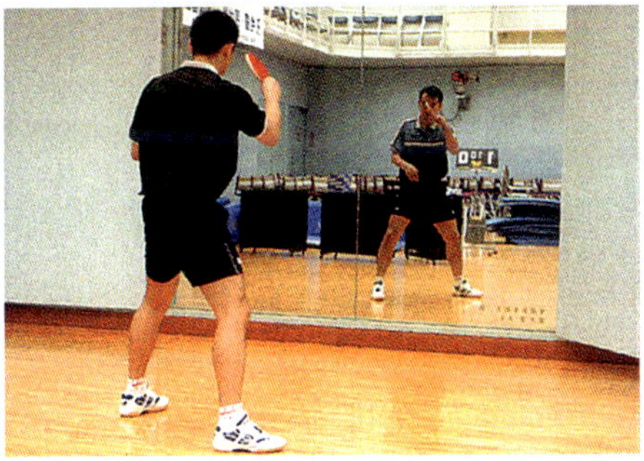

Foto 31: Kong Linghui beim Spiegeltraining

- **Konzentriere dich beim Lernen und Verbessern deiner Schlagtechniken immer besonders auf die „Schlägerblattstellung", die „Schlagarmgeschwindigkeit" und den gezielten „Unterarm- und Handgelenkeinsatz", sowie die gezielte Schlagbewegungsrichtung (z.B. „zum Kopf", wie es dir Kong Linghui beim Spieltraining zeigt).**
- **Übe die Bewegungen ohne Ball zu Hause vor einem Spiegel, indem du dich beobachten kannst.**
- **Lasse dich mit Video aufnehmen und kontrolliere deine Schlagbewegungen.**

3.1.2 Zeitpunkt des Balltreffpunkts

Abb. 4 zeigt dir, dass du den Ball zu unterschiedlichen Zeitpunkten treffen kannst. Entsprechend verändert sich deine Stellung zum Ball. Triffst du den Ball früh in der steigenden Phase, wirst du ihn in aller Regel über dem Tisch treffen. Triffst du ihn im höchsten Punkt, wirst du den Ball in vielen Fällen noch tischnah nehmen. Triffst du den Ball hingegen spät in der fallenden Phase, so wirst du mehr oder minder weit hinter dem Tisch sein. Wir können einen Topspin also früh in der steigenden Phase, im höchsten Punkt oder spät/in der fallenden Phase spielen und somit variieren. Abb. 4 zeigt dir, wie sich die Balltreffpunkte in Abhängigkeit von der Balllänge verändern.

Tipp:

Probiere bei ein und derselben Schlagtechnik immer wieder unterschiedliche Balltreffpunkte aus. Du wirst dann schnell merken, wie sich die Bewegung fast automatisch verändert, also kürzer oder länger, langsamer oder schneller wird und wie du die Winkelstellung deines Schlägers und die Schlagrichtung verändern musst.

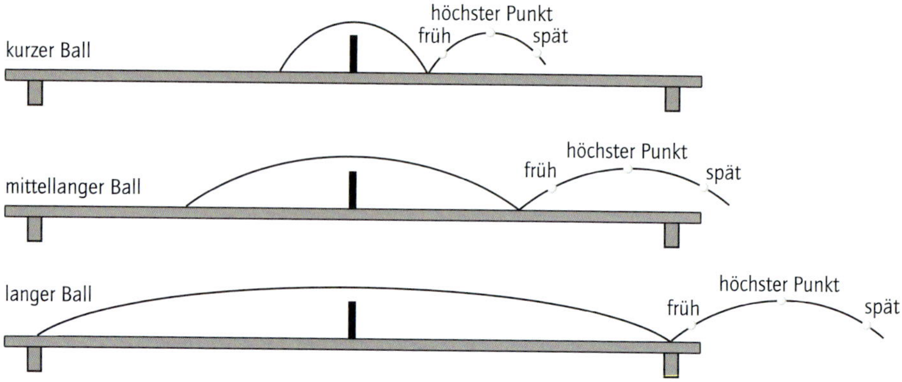

Abb. 4: Balltreffpunkte bezogen auf die Ballflugbahn

3.1.3 Schlägerblattstellung

Die Schlägerblattstellung wird, je nachdem,

- mit welchem Schnitt der Ball ankommt und
- mit welchem Schnitt ich den Ball spielen will,

ständig verändert (s. Bildreihe 2, S. 28).

Geöffnete Schlägerblattstellungen deuten in aller Regel auf Unterschnitt hin, senkrechte bis geschlossene auf Oberschnitt.

3.1.4 Balltreffpunkte bezogen zum Körper

Bezogen auf den Körper unterscheiden wir grundsätzlich 5 Balltreffpunkte:

1. vor dem Körper mit der Rückhand (Foto 32)
2. seitlich vor dem Körper mit Vorhand (Foto 33 a) und Rückhand (Foto 33 b)
3. neben dem Körper mit Vorhand (Foto 34 a) und Rückhand (Foto 34 b)

In der Spielpraxis sind natürlich noch andere Balltreffpunkte zu beobachten, die besonders unter Zeitdruck und in Notsituationen vorkommen.

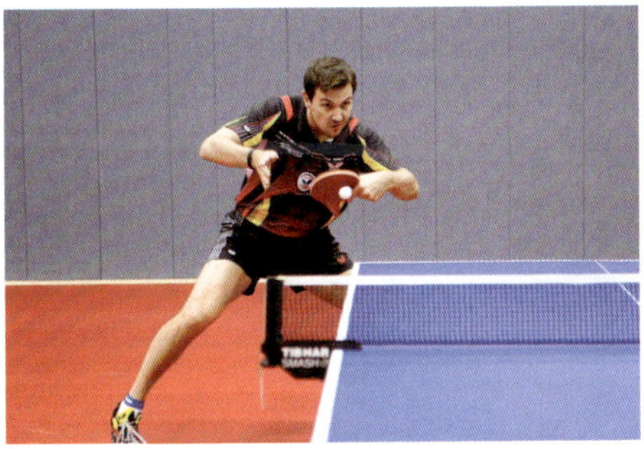

Foto 32: Vor dem Körper mit Rückhand

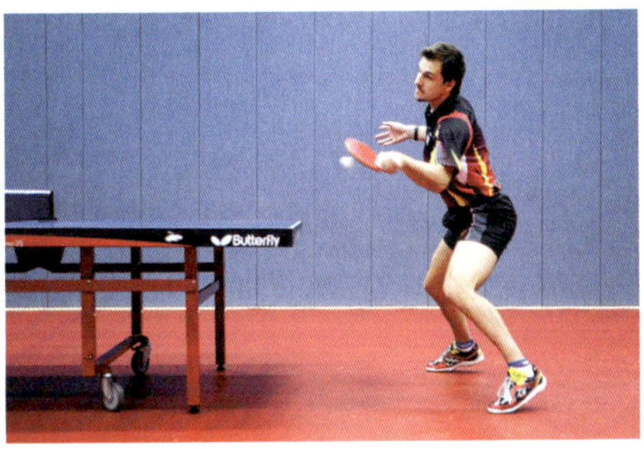

Foto 33 a: Seitlich vor dem Körper mit Vorhand

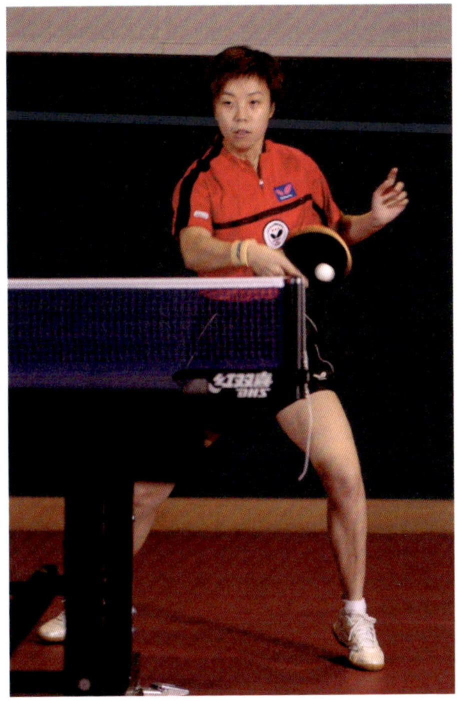

Foto 33 b: Seitlich vor dem Körper mit Rückhand

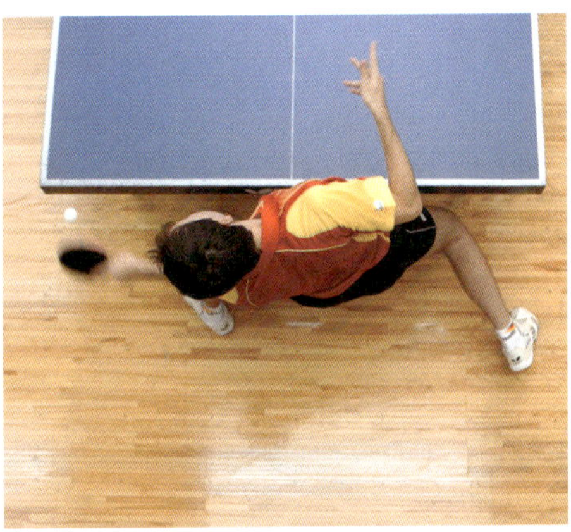

Foto 34 a: Seitlich neben dem Körper mit Vorhand

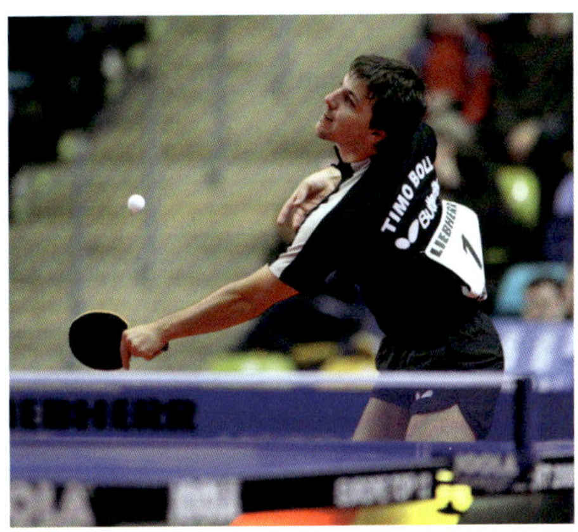

Foto 34 b: Seitlich neben dem Körper mit Rückhand

3.1.5 Schlagpositionen bezogen zum Tisch

Grundsätzlich unterscheiden wir vier Schlagpositionen:

- Frontale Rückhand-Spielposition: Der Spieler steht mit paralleler Fußstellung und trifft den Ball in der Rückhand vor dem Körper (Fotos a, b).
- Frontale Vorhand-Spielposition: Der Spieler (vorne) steht mit paralleler Fußstellung und trifft den Ball seitlich vor dem Körper (Fotos c, d).
- Leicht geöffnet zur Vorhand: Der Spieler steht leicht schräg zum Tisch. (Foto e, Spieler vorne)
- Stark geöffnet zur Vorhand: Der Spieler steht schräg zum Tisch zur Vorhand geöffnet (Foto e, Spieler hinten) trifft den Ball mit der Vorhand seitlich neben dem Körper.

a

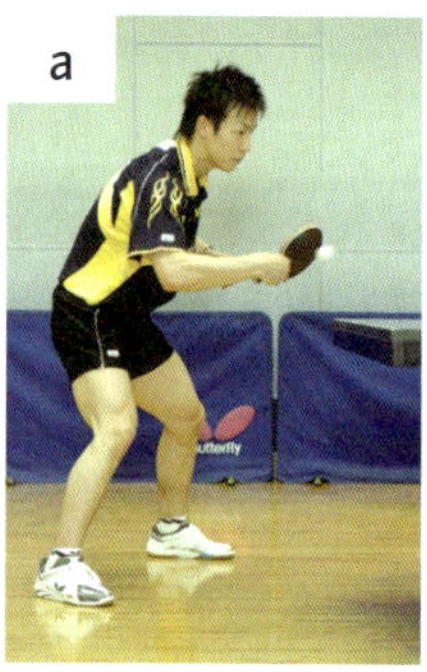

Frontale Rückhand-Spielposition

b

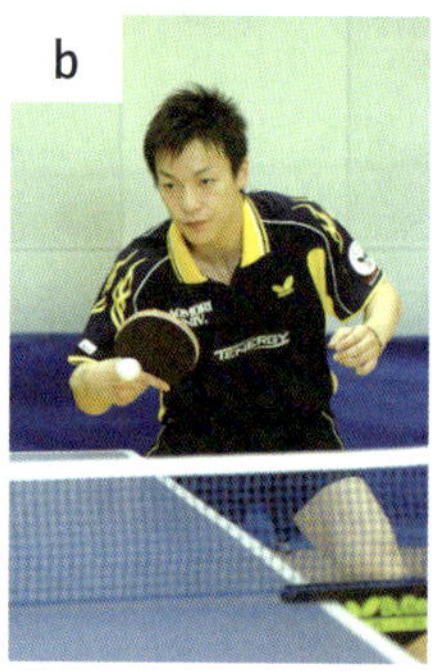

Rückhand vor dem Körper

c

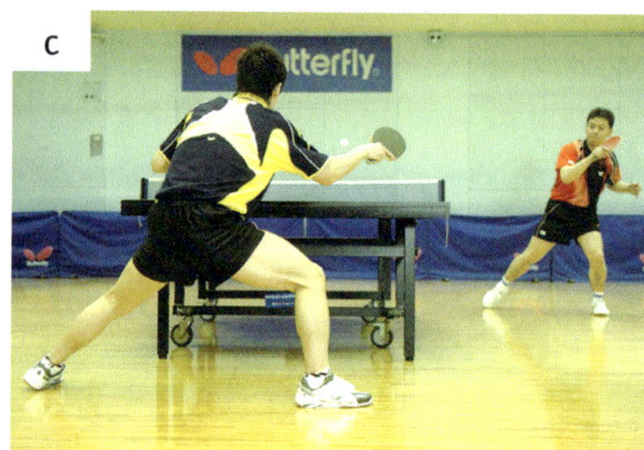

Frontal stark geöffnet

d

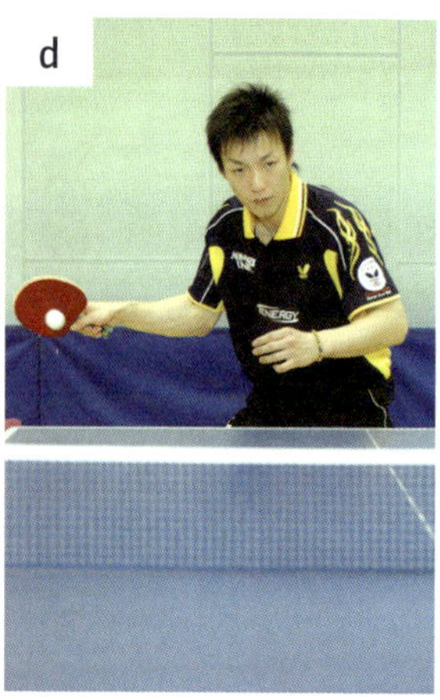

Leicht geöffnet zur Vorhand

e

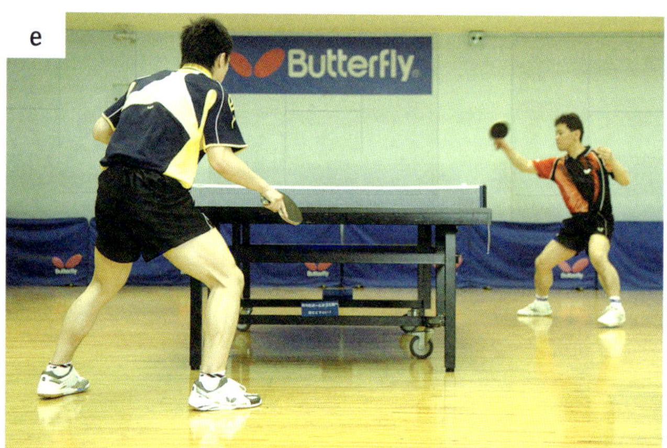

Vorhand seitlich neben dem Körper

Fotos 35 a-e: Schlagpositionen bezogen zum Tisch

3.2 Wir schupfen

Der Schupfball ist ein sogenannter *Sicherheits-* oder *Kontrollball.* Beim Schupfen erzeugen wir mehr oder weniger Unterschnitt. Ohne allzu großes Risiko wird der Ball im Spiel gehalten. Wir brauchen den Schupfball, um Unterschnitt-Aufschläge oder kurze oder lange Schupfbälle zu beantworten. Doch mit dem Schupfschlag lassen sich nicht nur Fehler vermeiden, sondern auch erfolgreich Punkte holen. Zwei Ziele verfolgen wir dann:

- Wir wollen den Gegner ausplatzieren!
- Wir wollen den Gegner mit unserem Unterschnitt zu einem Schlagfehler verleiten!

Das Verflixte beim Schupfen sind die Schnittvariationen. Je nachdem, mit welcher Schlägerblattstellung und mit welcher Schlagrichtung ich den Ball treffe, kann ich ihm nämlich unterschiedlich starken Unterschnitt mitgeben. Wir sprechen in diesem Zusammenhang vom „Schneiden", „Schieben" und „Heben" (s. Fotos 36 a-f). Besonders beim unterschnittenen Schupfball kommt es auf einen feinfühligen und präzisen Handgelenkeinsatz an („Hackbewegung"). Außerdem muss ich den Ball zu unterschiedlichen Treffzeitpunkten spielen können: früh, im höchsten Punkt und natürlich auch spät.

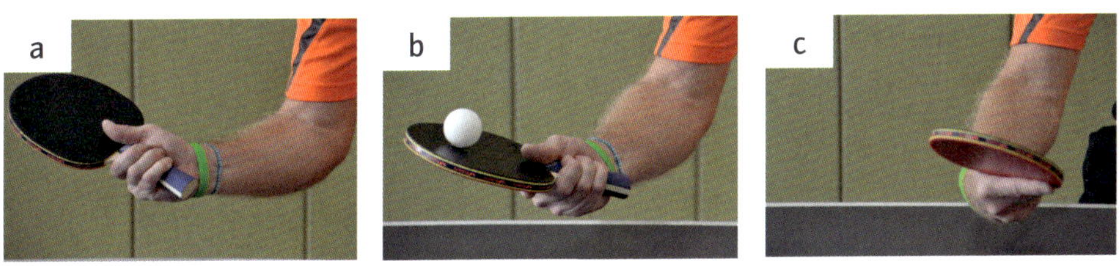

Schneiden

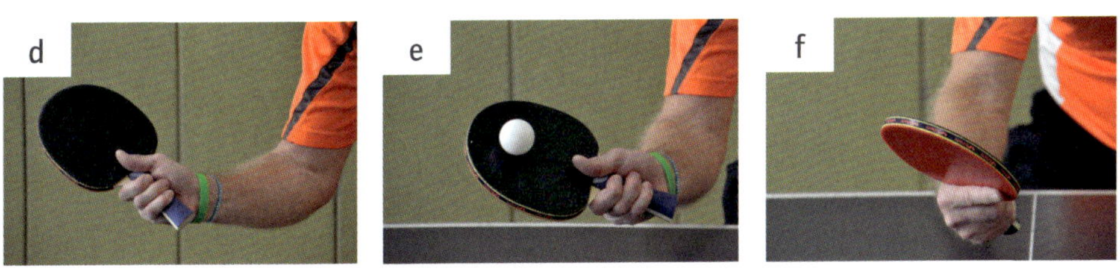

Schieben

Fotos 36 a-f: Schnittvariationen beim Schupfen: gleiche Aushol- und Ausschwungbewegung aber unterschiedlicher Balltreffpunkt. Beim Schneiden wird starker, beim Schieben weniger starker Unterschnitt erzeugt.

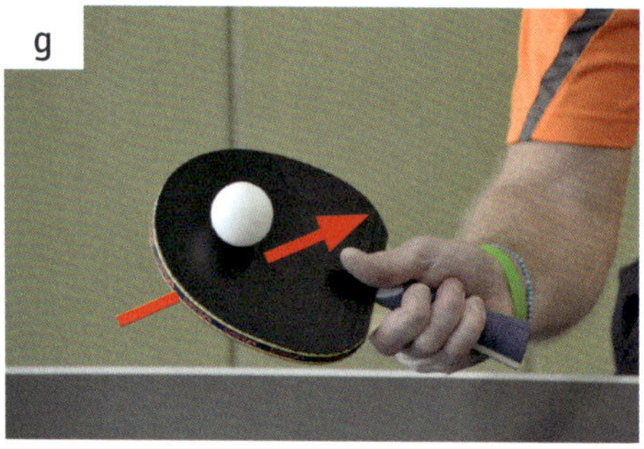

Foto 36 g: Hebe-Schupf: Mit dem Schläger unter den Ball gehen und ihn dann „heben" Der Hebe-Schupf bietet sich an, um Unterschnitt aus dem entkommenden Ball zu neutralisieren, eventuell sogar in Oberschnitt umzukehren.

Heben

3.2.1 Der Rückhand-Schupf

Die ehemalige Nummer eins der Welt und heutige Profitrainerin, die Chinesin Zhang Yining, war nicht nur wegen ihres spektakulären Angriffsspiels gefürchtet, sie beherrschte auch das sogenannte *kleine* Spiel über dem Tisch. Dazu gehört die Kunst des Schupfens. Ihr Rückhand-Schupf ist ungemein präzise in der Platzierung und äußerst variabel in der Schnittdosierung. Die unglaublich sichere Chinesin ist der beste Beweis dafür, dass dieser Schlag perfekt sitzen muss, um ganz vorne mitzumischen, gleichgültig auf welchem Niveau. An der Basis hingegen wird das Schupfen häufig im Training vernachlässigt. Dabei werden aber viele wichtige Punkte gerade mit dem Schupf erzielt. Natürlich steigt der prozentuale Anteil der Schupfpunkte mit sinkendem Spielniveau – in der Kreisklasse wird also mehr geschupft als bei den Profis, aber auch in der Weltspitze wird dieser Schlag immer wieder gewinnbringend angewendet, sei es als kurze Aufschlagrückgabe oder aber auch als offensiver Angriffsschupf, der den Gegner ganz schön aus dem Konzept bringen kann. Im Spiel gegen Abwehr ist er unverzichtbar.

Schauen wir uns nun Zhang Yinings Rückhand-Schupf genauer an.

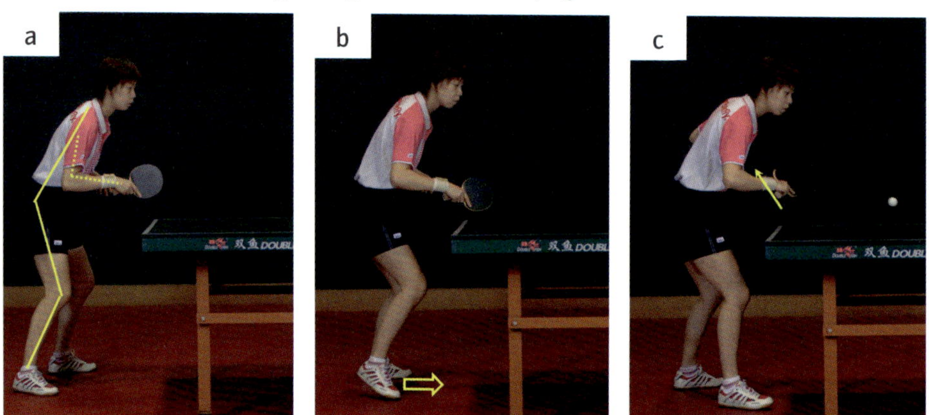

Ausholphase – Fotos a-c: Yining ist in der Grundstellung: parallele Beinstellung, Oberkörper leicht nach vorne gebeugt, der Schläger in der Neutralposition vor dem Oberkörper. Einfach perfekt und dabei wirkt sie sehr locker in den Beinen.

Yining löst sich zum Beginn der Ausholphase aus der Grundstellung und bringt den rechten Fuß leicht nach vorne. Sie bewegt sich auf den Ball zu. Genau das ist das Geheimnis des Schupfens. Geschupft wird keinesfalls nur aus dem Unterarm, vielmehr gehört eine ausgezeichnete Beinarbeit dazu, sodass du immer in einer optimalen Schlagstellung bist. Gleichzeitig beugt Yining den Unterarm im Ellbogengelenk nach hinten und leicht nach oben an. Der Schläger ist geöffnet.

d

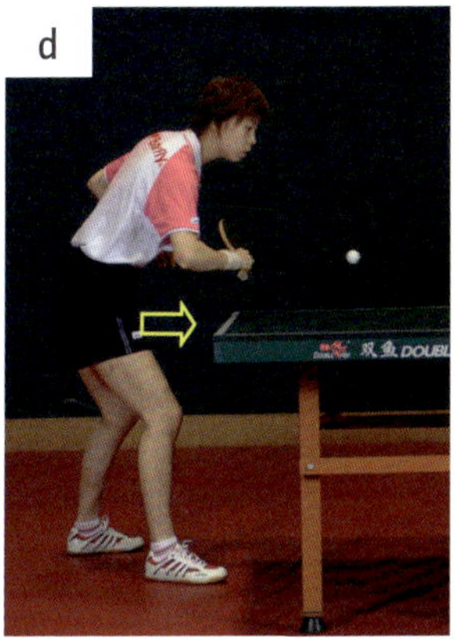

e

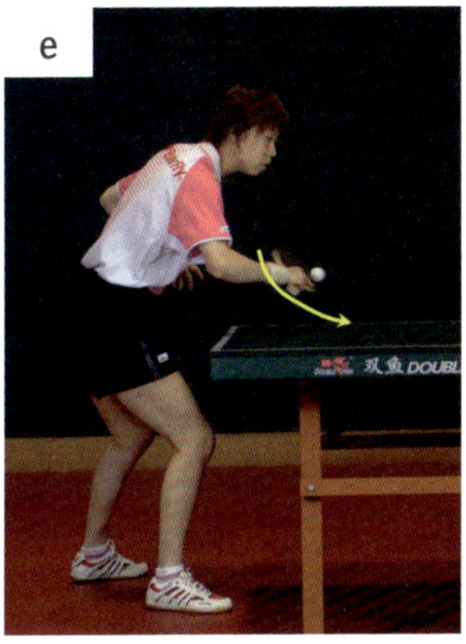

f

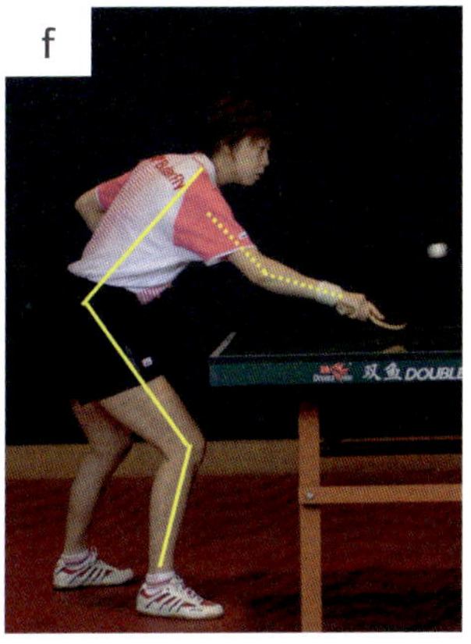

Schlagphase – Fotos d, e: Yining geht in den Ball und senkt dabei den Oberkörper leicht nach vorne unten ab. Dazu brauchst du nur Foto d mit c zu vergleichen, um dieses „In-den-Ball-gehen" zu verstehen. Im Moment des Balltreffpunkts wird der Unterarm nach vorne gestreckt. Auch das Handgelenk unterstützt diese Bewegung und wird im Moment des Balltreffpunkts nach vorne bewegt. Die Schnelligkeit der Handgelenk- und Unterambewegung entscheidet über die Stärke des Unterschnitts: je schneller, umso mehr Unterschnitt. Deswegen wird auch beim Unterschnitt von „hacken" gesprochen. Denn diese blitzschnelle Bewegung aus dem Handgelenk verbildlicht den Einsatz des Handgelenks und Unterarms beim Schupfen. Wenn wir die Schlagstrecke genau verfolgen, erkennen wir, dass sie eine ganz leicht gekrümmte Bahn verfolgt. Dies wird auch sehr einprägsam auf der Zeichnung (Abb. 5) deutlich.

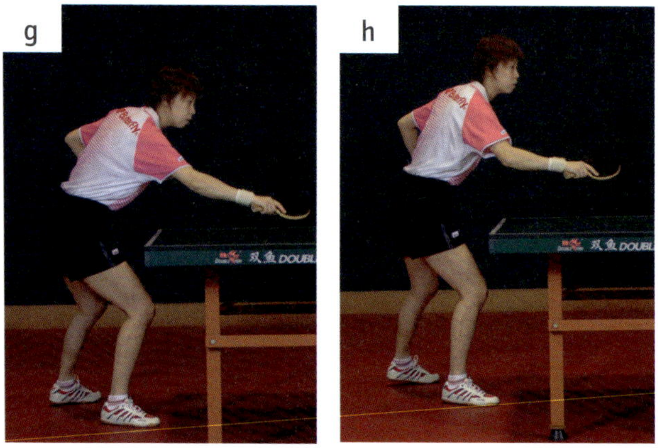

Bildreihe 18 a-h: Rückhand-Schupf

Ausschwungphase Fotos f-h: Yining zeigt sehr anschaulich, wie sehr sie nach vorne in den Ball geht und ihr Körpergewicht mit dem nach vorne gebrachten rechten Bein abfängt. Der hintere linke Fuß hebt sogar wegen der Entlastung leicht vom Boden ab. (Foto g) Auch die Streckung des Unterarms schräg nach vorne unten wird sehr schön deutlich. Auf Foto h sehen wir, wie Yining sich wieder aufrichtet und in ihre Grundstellung zurückkehren will.

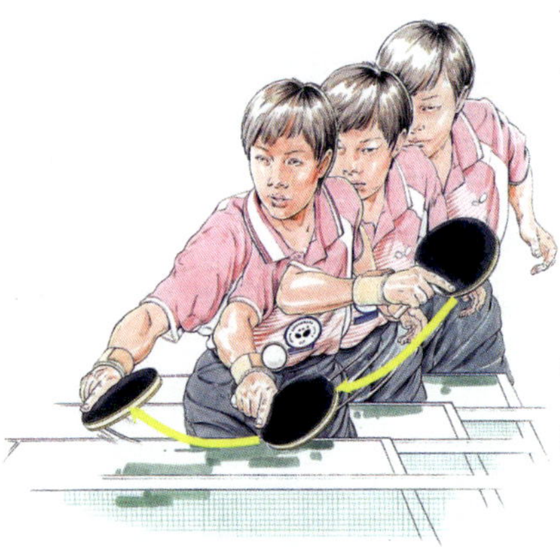

Abb. 5: Die Zeichnung zeigt Zhang Yining aus der Frontalperspektive. Dabei wird sehr gut erkennbar, wie sie in den Ball geht und ihr Schläger eine leicht gekrümmte Kurve verfolgt.

3.2.2 Der aggressive Rückhand-Schupf auf kurze Bälle

Die japanische Nationalspielerin Mikie Tasei demonstriert uns nun einen aggressiven Schupf mit der Rückhand aus dem kurzen Anspiel heraus. Diese Variante kann auf einen kurzen Unterschnitt-Aufschlag oder aus dem Kurz-kurz-Schupfspiel heraus gespielt werden. Gerade diese Schupfvariante ist äußerst gefährlich, wenn du den Ball von der Länge, dem Tempo und dem Unterschnitt her optimal dosieren kannst. Mit dem aggressiv gespielten „Offensiv-Schupf" eröffnen sich dir Möglichkeiten, den Gegner unter Druck zu setzen und ihn zu einem direkten Fehler oder einem schlecht gespielten Angriffsball zu verleiten, den du dann zu einem Punkt verwandeln kannst. Solche Punkte gelten gemeinhin als sogenannte *kleine* Punkte. Und gerade sie sind gar nicht so selten die entscheidenden. Viele Experten attestieren den Chinesen gerade auch wegen ihres herausragenden Schupfspiels ihre Ausnahmestellung. Aber Schupfen will gelernt und trainiert sein, insbesondere die hier dargestellte Variante des aggressiven Schupfs.

Schauen wir uns nun gemeinsam den aggressiven Schupf mit der Rückhand aus dem Kurzspiel bei Mikie Tasei an.

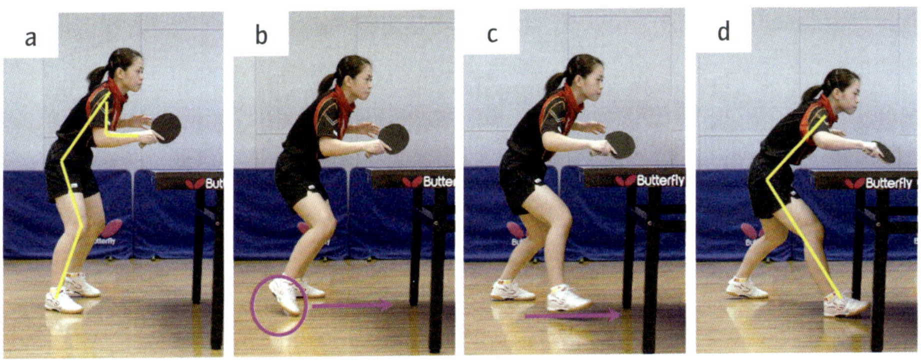

Grundstellung und Ausholphase – Fotos a-d: Auf Foto a sehen wir die japanische Rechtshänderin in der Grundstellung: Beine mehr als schulterbreit auseinander, Füße parallel, Oberkörper in leichter Vorlage, Schläger in Neutralposition mittig vor dem Körper. Mit einem Ausfallschritt des rechten Beins (Fotos b-d) bringt sich die Japanerin in die Schlagposition. Sie bringt den Oberkörper über das rechte Bein nach vorne und den Schlagarm in Schlagposition. Sehr interessant ist auch ihre Fußbewegung. Über die Hacke rollt sie den Fuß ab und fängt das Körpergewicht mit dem rechten Fußballen ab.

e

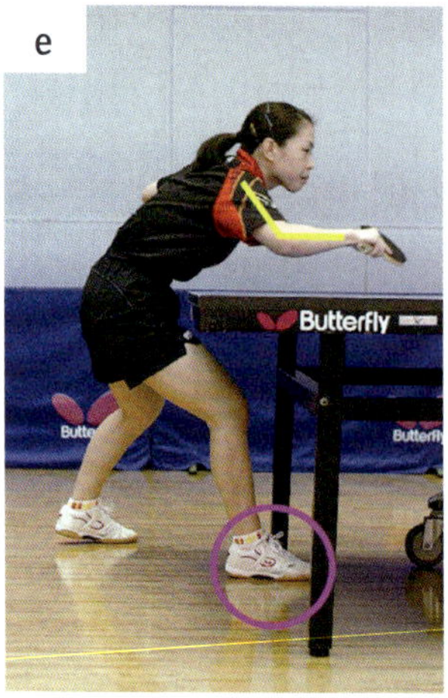

f

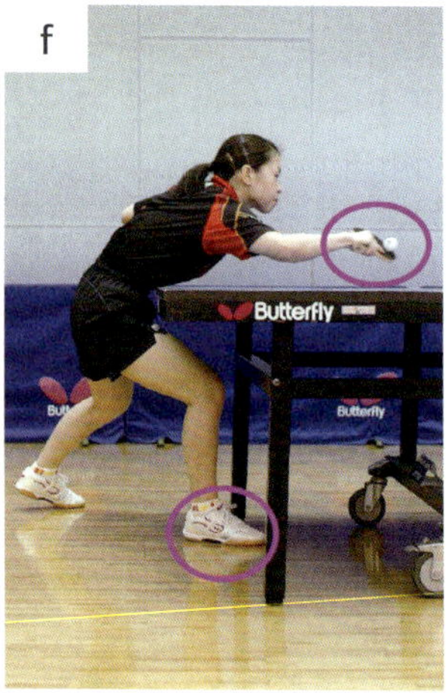

g

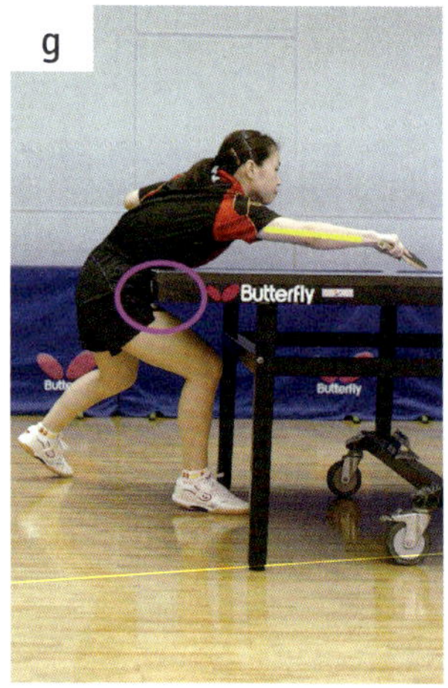

Schlag- und Ausschwungphase – Fotos e-g: Mit dem Oberkörper beugt sie sich weit über den Tisch, um den kurzen Ball erreichen zu können. Dies verlangt ein Höchstmaß an Körperbalance, denn der Tisch darf ja nicht verrückt werden. Der Schlagarm bleibt nach wie vor leicht im Ellbogengelenk gebeugt. Erst im Moment des Balltreffpunkts erfolgt die blitzschnelle Streckung des Unterarms nach vorne, die mit einer ganz kurzen Handgelenkbewegung koordiniert werden muss (Foto f). Der Schläger ist dabei stark geöffnet, sodass Mikie unter den Ball gehen kann und so auch gegen starken Unterschnitt aggressiv schupfen kann. Dies wird sehr schön auf Foto g der Ausschwungphase deutlich. Der Schläger ist am Ende der Schlagbewegung extrem geöffnet. Die tiefste Position erreicht Mikie am Ende der Ausschwungphase (Foto g). Dieses Foto verdeutlicht noch einmal, wie die Spielerin in den Ball „hineingeht" und den Ball, bildlich gesprochen, „absticht".

h

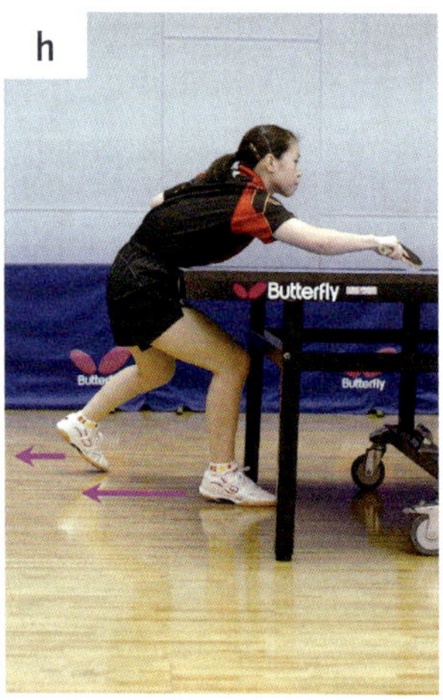

Auf **Foto h** erkennen wir gut, dass sich die Japanerin blitzschnell vom vorderen rechten Fuß nach hinten vom Tisch weg abstößt, um in die Spielposition für den nächsten Ball zu kommen.

Bildreihe 19 a-h: Aggressives Schupfspiel

Fehlerbilder beim Schupfen.

Tipp: Aus Fehlern (NO) lernst du (YES),wenn du die Fotos genau miteinander vergleichst.

NO a

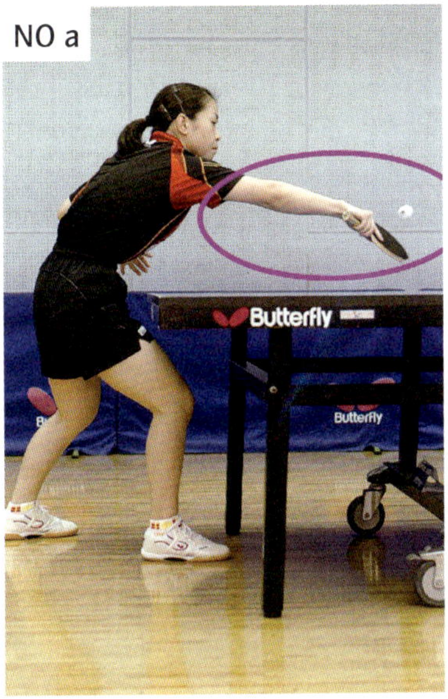

YES a

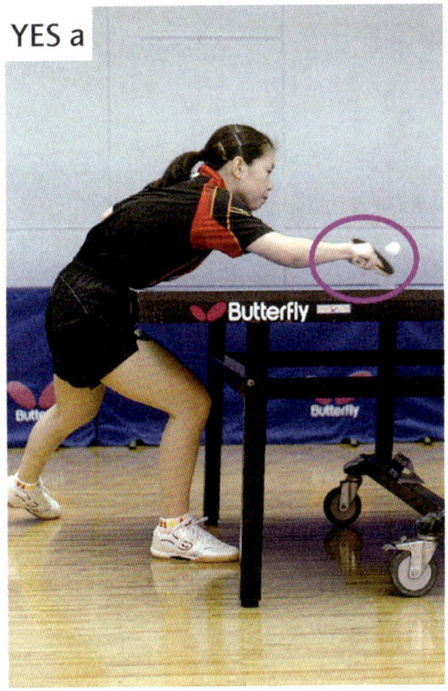

Fotos 37: NO a und YES a

a) Das linke Bild NO zeigt, dass der Ball zu spät getroffen wird, der Schlagarm zu hoch und das Schlägerblatt nicht unter dem Ball ist. YES zeigt dir, wie es richtig geht.

NO b

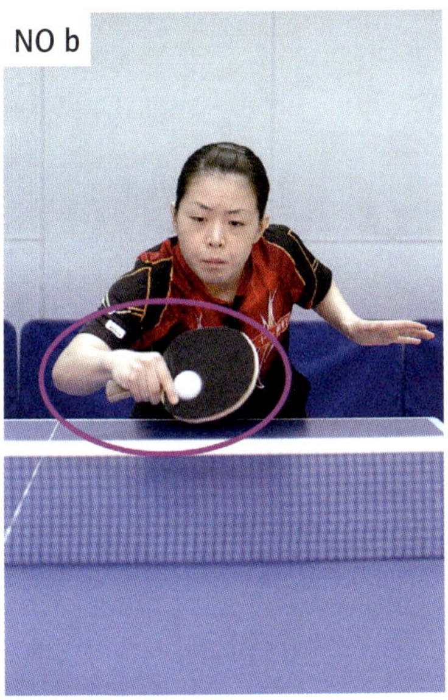

YES b

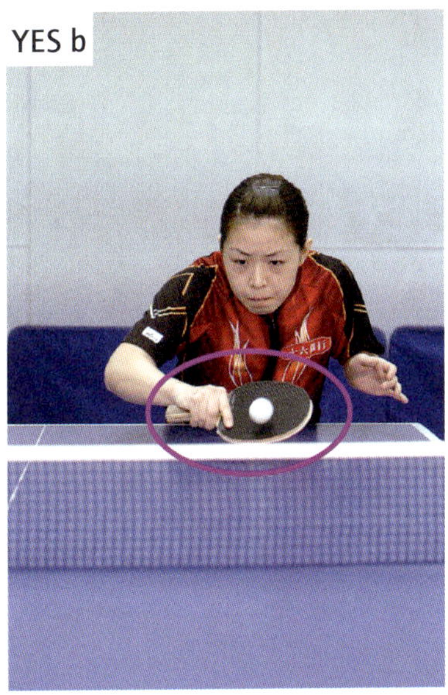

Fotos 38: NO b und YES b

b) Das linke Bild NO zeigt, dass der Schläger nicht unter dem Ball ist und der Schläger nicht weit genug geöffnet ist, so wie es bei YES sein sollte.

3.2.3 Der Vorhand-Schupf

Der südkoreanische Defensivspezialist und Vizeweltmeister von 2003, Joo Se Hyuk, zeigt uns hier den Vorhand-Schupf auf mittellange Bälle über dem Tisch gespielt.

Ausholphase (Fotos a-c): Aus einer parallelen Grundstellung geht Joo zum Ball und setzt das rechte Bein etwas nach vorne auf, um das nötige Gleichgewicht für den Schlag zu haben. Wir sehen eine minimale Ausholbewegung aus dem Unterarm nach hinten oben (vgl. Foto a mit c).

Schlagphase (Fotos d-f): Zum Balltreffpunkt hin senkt Joo den Körper leicht zum Ball hin ab. Er „geht in den Ball". Dabei trifft er den Ball im höchsten Punkt mit stark geöffnetem Schlägerblatt und einer ganz leicht nach vorne unten gerichteten Schlagarmbewegung. Dadurch erzeugt er starken Unterschnitt.

Ausschwungphase (Fotos f-h): Nach dem Balltreffpunkt geht er mit dem Schläger dem Ball nach, fängt die Bewegung auf dem vorderen rechten Bein ab und richtet sich dabei wieder leicht auf (vgl. Foto h).

Die **Zeichnungen Z1 und Z2** zeigen uns Variationsmöglichkeiten durch eine veränderte Schlägerblattstellung und eine etwas andere Schlagbewegungsrichtung. Bei Z1 ist der Schläger sehr stark geöffnet. Damit kannst du unter den Ball gehen, was sich bei stark unterschnittenen und sehr flachen Bällen anbietet. Bei Z2 ist die Schlagrichtung mehr nach unten gerichtet und das Schlägerblatt nicht ganz so stark geöffnet. Das empfiehlt sich bei längeren Bällen, die nicht so stark unterschnitten sind, denen du aber starken Unterschnitt mitgeben willst.

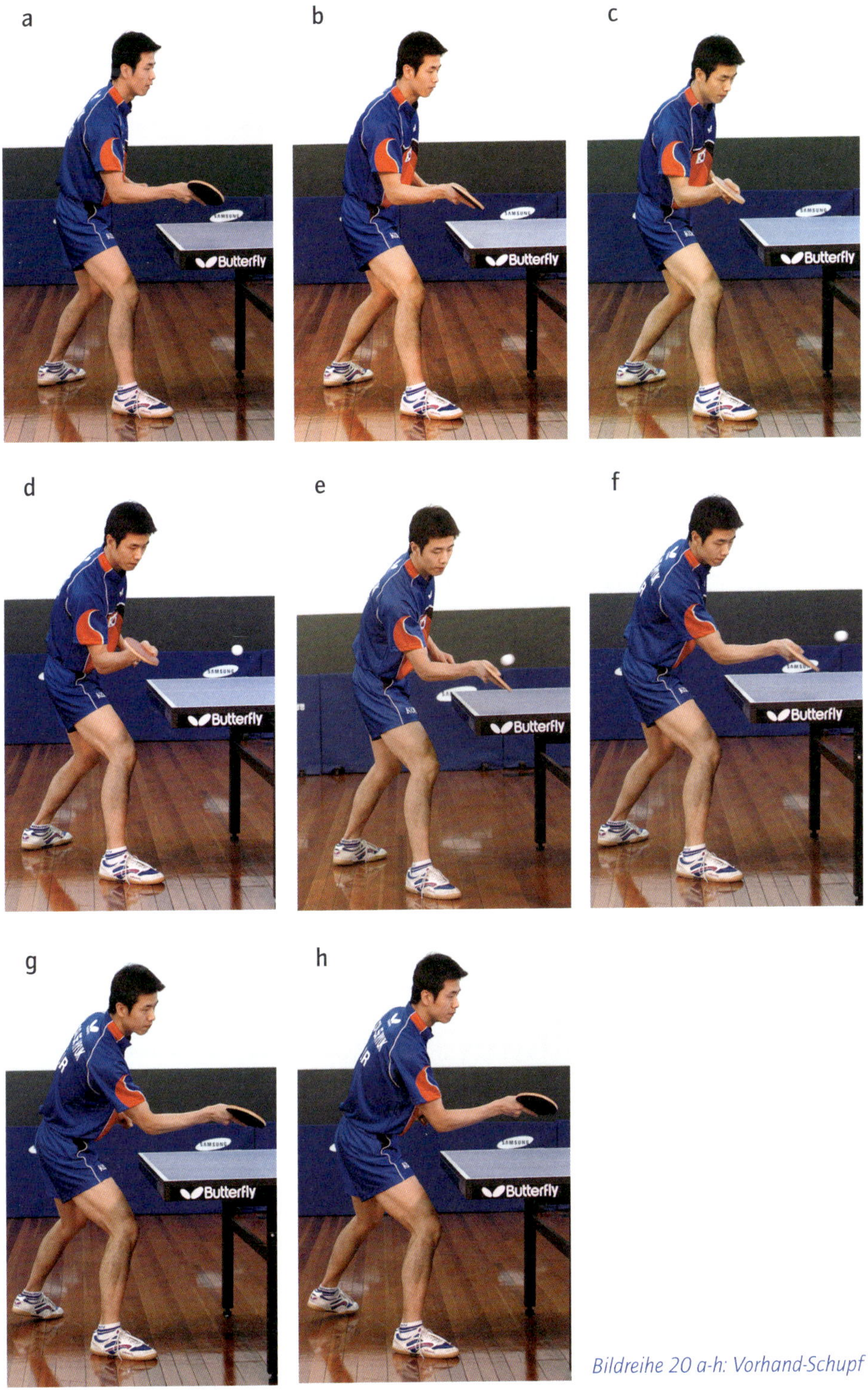

Bildreihe 20 a-h: Vorhand-Schupf

Z1 Z2

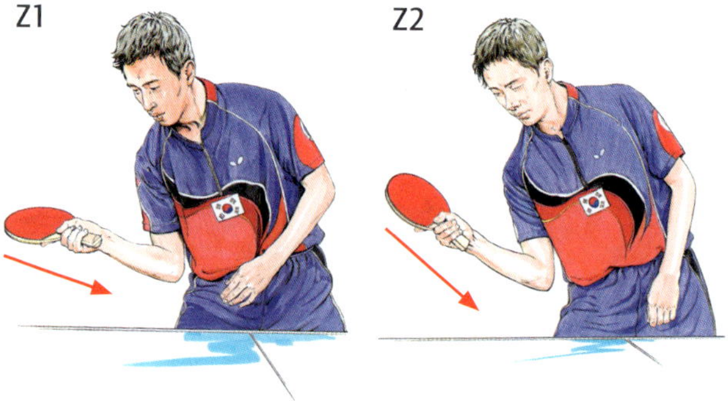

Abb. 6: Joos Vorhand-Schupf

3.2.4 Der aggressive Vorhand-Schupf auf kurze Bälle

Der langjährige japanische Spitzenspieler Toshio Tasaki zeigt uns die aggressiv gespielte Variante des Schupfs mit der Vorhand auf einen kurz gespielten, unterschnittenen Ball. Gerade diese Variante ist auch auf höchstem Niveau von besonderer Bedeutung, da der Gegner häufig auf der weiten Vorhand, der weiten Rückhand oder auf dem „Bauch" mit einem Offensiv-Schupf „erwischt" werden kann. Dabei bedeutet aggressiv: lang platziert, schnell gespielt und mit viel Unterschnitt versehen. Toshio spielt mit der Penholderschlägerhaltung, die aber auf die Durchführung der Schlagtechnik im Vergleich zur Shakehand-Schlägerhaltung keinen erkennbar unterschiedlichen Einfluss hat.

a

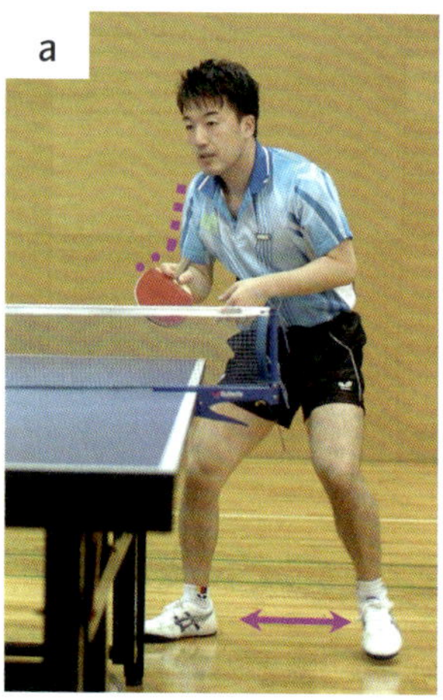

b

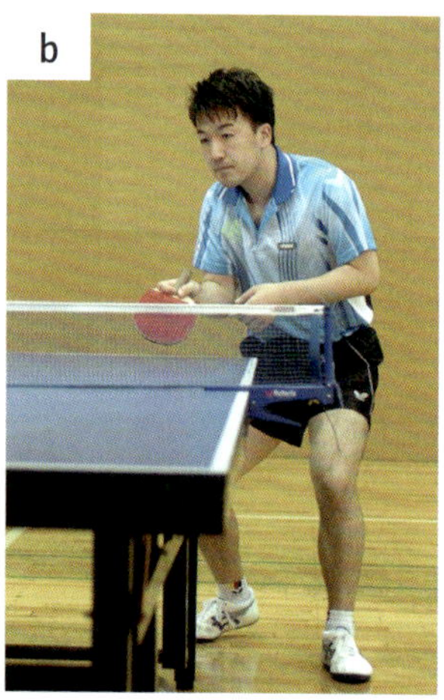

Fotos a-b: Aus der parallelfüßigen Grundstellung geht Toshio auf den ankommenden Ball mit dem rechten Bein nach vorne zu. Dabei senkt er den Oberkörper zunehmend leicht nach vorne ab. Er geht „in" den Ball. Der Schlagarm verbleibt in der natürlichen Beuge auf Hüfthöhe und wird nicht besonders angehoben. Dies ist ein häufig zu beobachtender Fehler, der auf dem Fehlerbild a zu sehen ist.

Schlagpase – Fotos c-e: Der Schläger ist deutlich geöffnet. Je mehr Unterschnitt der ankommende Ball hat, umso stärker muss er geöffnet werden. Über das rechte Bein geht Toshio auf den Ball zu (Fotos d, e).

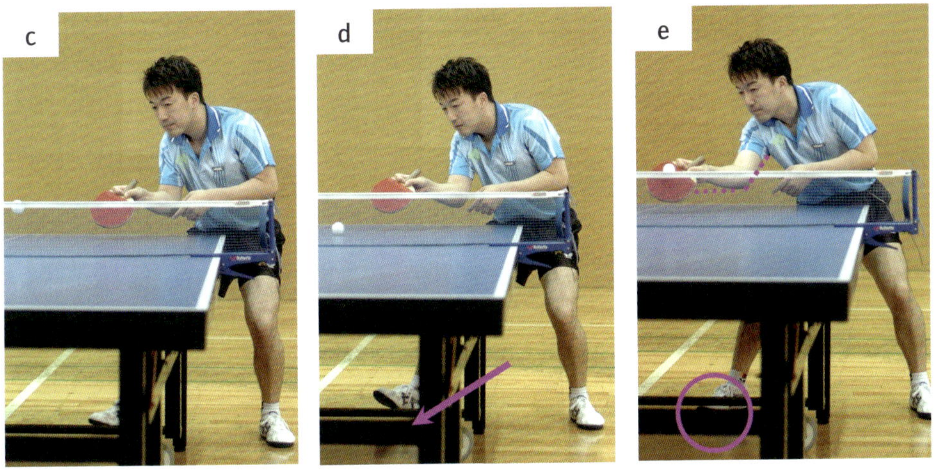

Im Moment des Balltreffpunkts **(Foto e)** setzt der vordere rechte Fuß auf. Manche Spieler stampfen förmlich mit dem Fuß auf, was sich lautstark bemerkbar macht, ähnlich wie beim Aufschlag. Der Schlagarm ist immer noch leicht gebeugt. Das Körpergewicht lastet auf dem vorderen, stark gebeugten Bein, der Oberkörper ist über den Tisch gebeugt, natürlich ohne den Tisch zu berühren. Der Schläger ist stark geöffnet und geht unter den Ball. Ein Handgelenkeinsatz („Hacken") ist auf den Fotos nicht direkt zu beobachten, er ist aber bei vielen Topspielern von der Bewegungsamplitude her so kurz und von der Bewegungsgeschwindigkeit her so schnell, dass man ihn auch im Spiel kaum erkennen kann. Die Zeichnung auf S. 89 zeigt den Moment des Balltreffpunkts noch einmal aus der Seitenperspektive, wodurch die Beinstellung und die leichte Beugung des Schlagarms nochmal sehr gut erkennbar werden.

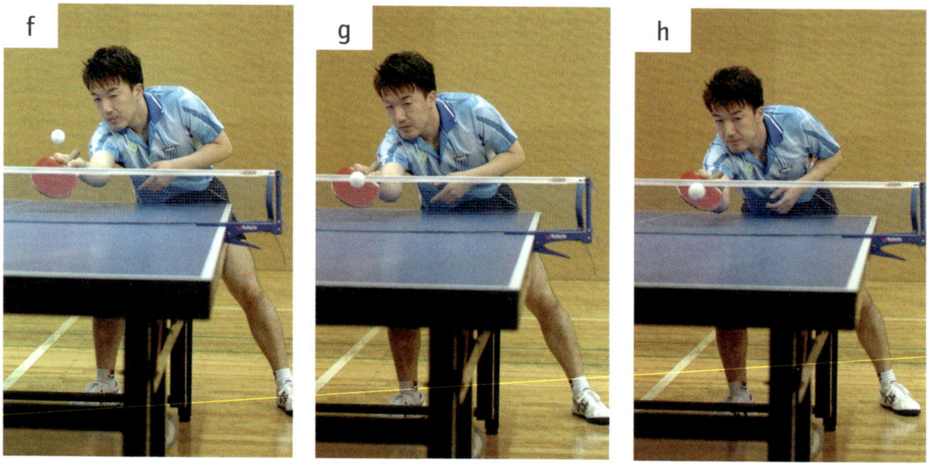

Bildreihe 21 a-h: Der aggressive Vorhand-Schupf

Ausschwungphase – Fotos f-h: Der Ausschwung der Bewegung macht deutlich, wie aggressiv der Schupf, des Japaners ist. Interessant ist nämlich, wie Toshio dem Ball mit Schlagarm und Oberkörper nachgeht. Auf Foto h erreicht er am Ende der Ausschwungphase den tiefsten Punkt. Sein Körpergewicht lastet jetzt fast ausschließlich auf dem vorderen rechten Bein, von dem er sich danach blitzschnell abstoßen wird, um wieder in eine günstige Schlagposition zu gelangen.

Die Fehlerbilder F1 und F2 zeigen zwei oft auftretende Fehler: Zum einen (F1) ist der Schlagarm in der Ausholphase zu weit oben und zu stark im Ellbogengelenk gebeugt. Dadurch wird es unmöglich, rechtzeitig unter den Ball zu kommen. Zum anderen wird das vordere Bein, das das Körpergewicht abfangen soll, durchgestreckt (F2). Dadurch kann sich der Spieler nicht schnellkräftig nach Schlagausführung nach hinten abdrücken. Er kann aber auch nicht geschmeidig in den Ball gehen. Zum anderen wird der Schlagarm im Ellbogengelenk durchgestreckt. Dies erschwert die optimale Schlägerblattstellung, den gefühlvollen Kontakt mit dem Ball und den Handgelenkeinsatz, der vom Unterarm unterstützt wird. Mit durchgestrecktem Arm ist dies fast ein Ding der Unmöglichkeit.

F1

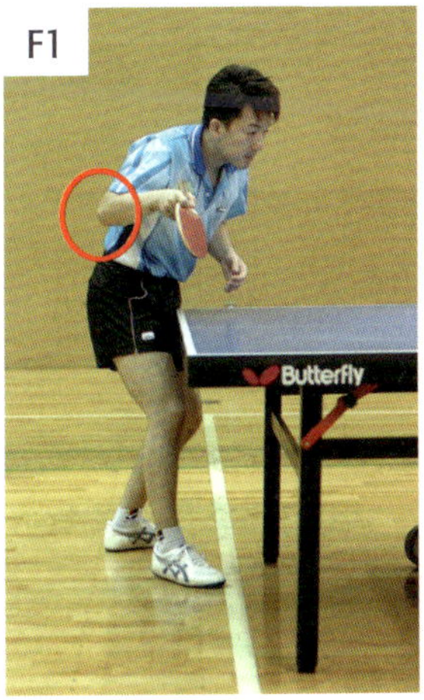

F2

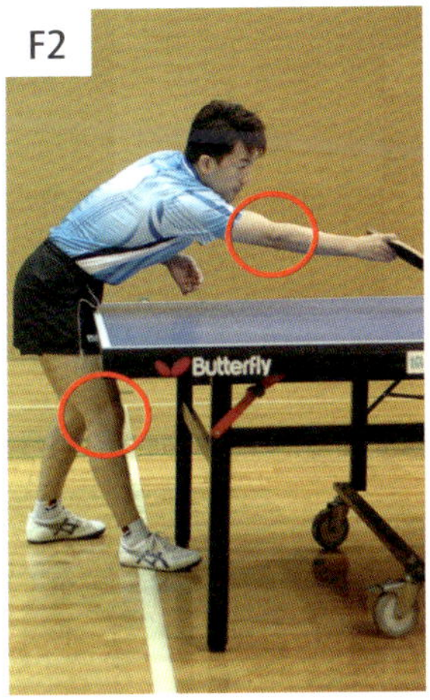

Fotos 39: Fehlerbilder F1 und F2

YES

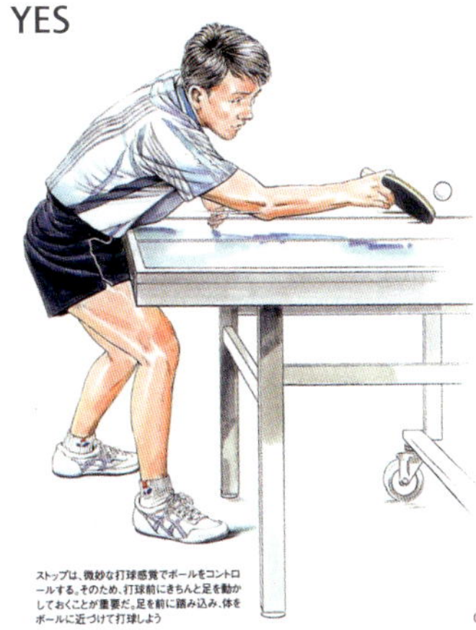

Abb. 7: Balltreffpunkt

Fehlerbild F1: „zu hoher Schlagarm und damit zu stark gebeugter und verkrampfter Schlagarm".

Fehlerbild F2: „durchgestrecktes vorderes Bein" und „durchgestreckter Schlagarm".

Die **Zeichnung YES (Abb. 7)** zeigt nochmal die optimale Bewegungsausführung im Moment des Balltreffpunkts.

Tipps zu den Schnittvariationen:

Das Schupfen ist eine sehr feinfühlige Bewegung, die auf den ersten Blick kompliziert erscheint. Ist sie aber im Grunde nicht.

- Beim „Hebe-Schupf" gehst du mit geöffnetem Schläger richtig unter den Ball und hebst ihn übers Netz. Das funktioniert aber nur, wenn auf dich ein stark unterschnittener Ball (z. B. ein kurz platzierter Unterschnittabwehrball oder eine kurze Unterschnittaufschlagrückgabe) zukommt, sonst wird dein gehobener Ball natürlich zu hoch.
- Beim „Schiebe-Schupf" schiebst du den Ball im wahrsten Sinne des Wortes mit leicht geöffnetem Schlägerblatt ziemlich geradlinig von hinten nach vorne. Wie beim „Heber" setzt du dein Handgelenk nicht ein, sodass der Ball auch nur leicht unterschnitten oder sogar „leer" – also ohne Schnitt – ist.

- **Beim „Schneide-Schupf" schneidest du den Ball förmlich mit deinem Schläger an. Dein Handgelenk unterstützt deinen Schlagarm mit einer „hackenden" Bewegung. Je nachdem, wie schnell diese Hackbewegung ausfällt, erzeugst du mehr oder minder viel Unterschnitt. Je schneller, umso mehr Unterschnitt, lautet die Faustregel.**
- **Wenn du alle drei Schupfvarianten beherrschst, wirst du auch mit dem vermeintlich harmlosen Schupfschlag wertvolle Punkte holen können, denn für deinen Gegner wird es sehr schwer werden, immer den richtigen Schnitt zu erkennen.**

Übungstipps zum Schupfen und zur Unterschnittabwehr

- Konzentriere dich zunächst ganz auf den Balltreffpunkt, indem du den Ball zunächst 1 x auf deiner Tischhälfte aufspringen lässt und ihn dann übers Netz spielst. Kontrolliere dabei genau deine Schlägerblattstellung und den Ballflug. Wenn du dabei viele Bälle einsetzt, kannst du so auch sehr gut alleine üben.
- Übe das Schupfen auf einer verkleinerten Spielfläche, sei es, dass du bestimmte Flächen des Tischs abdeckst oder, dass du quer über einen Tisch spielst. Dabei lernst du, den Ball dosiert zu schlagen.
- Versuche, gerade beim Schupfen, möglichst lange fehlerfrei zu spielen, sei es auf Kontrollpunkte (z. B. 20, 30, 50 x ohne Fehler) oder auch auf Zeit (0,5 min, 1 min. usw.).
- Probiere die „Schneide-", „Hebe-" und „Schiebe-"Varianten des Schupfens zunächst alleine am hochgestellten Tisch, im Kniestand an der Wand oder wie oben beschrieben.
- Du kannst dann sehr gut beobachten, wie der Schnitt des Balls ihn von der hochgestellten Tischhälfte oder von der Wand unterschiedlich abspringen lässt.
- Versuche, bewusst den Treffzeitpunkt zu verändern: mal früh in der steigenden Phase, mal im höchsten Punkt, mal spät in der fallenden Phase.
- Übe das Schupfen spielnah, d. h., wenn du mit deinem Partner schupfst und einer von euch beiden spielt einen zu hohen Schupf, dann muss es erlaubt sein, – wie im freien Spiel auch –, diesen Ball zu schmettern.

- Der Schritt vom Schupfen zur Unterschnittabwehr ist nicht weit, da beide Techniken direkt miteinander verwandt sind. Wenn du dich erst 1 m, dann 2 m und mehr hinter den Tisch stellst, um den Ball nach Anwerfen auf dem Boden von da mit Unterschnitt auf die andere Tischhälfte zu spielen, erkennst du diese unmittelbare Verwandtschaft. Danach probiere die Bälle direkt, alle ohne Anwerfen, einzuspielen.
- Probiere immer wieder aus, die Hackbewegung deines Abwehrschlags zu variieren: mal sehr schnell, mal langsamer, um dafür ein Gefühl zu entwickeln. Lasse dir die Bälle auch mal mit unterschiedlichem Tempo und Effet zuspielen.

3.3 Wir kontern und schmettern

Wenn wir kontern und schmettern, verfolgen wir andere taktische Ziele als beim Schupfen. Wir wollen den Gegner nun mit temporeichen Bällen unter Druck setzen. Unter Umständen so, dass er gar nicht mehr reagieren kann. Wir kombinieren diese temporeichen Bälle immer mit einer guten Platzierung. Im Gegensatz zum Schupfen können wir den Spin des Balls beim Kontern und Schmettern kaum variieren. Denn beim Schmetter treffen wir den Ball zentral. Beim Konter treffen wir durch die leicht aufwärts gerichtete Bewegung den Ball sowohl zentral als auch tangential (Mischform). Dadurch erhält er leichten Oberschnitt. Die Variationsmöglichkeiten beim Konterspiel liegen vielmehr in der Tempogestaltung, immer in Verbindung mit einer guten, d. h. für den Gegner möglichst überraschenden Platzierung. Wenn wir einen normalen Konter mit ganzem Körpereinsatz voll „durchschlagen", haben wir nichts anderes vorliegen als den sogenannten *„Schmetter"*. Die beiden Schläge sind also unmittelbar „verwandt". Beim Konter ist die Schlagarmbewegung kürzer, beim Schmetter durch den hohen Bewegungsimpuls wesentlich länger.

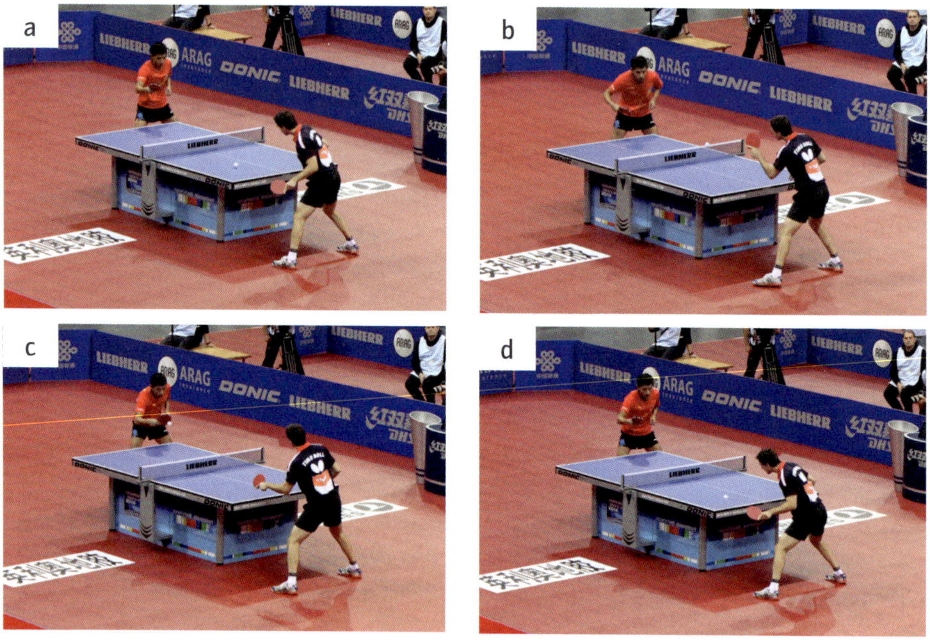

Bildreihe 22: Einkontern Zhang – Boll

Während der Vorhand-Konter im Spitzentischtennis eigentlich nur noch als Blockvariante oder Notschlag existiert, hat der Rückhand-Konter nach wie vor eine große Bedeutung, bei den Frauen noch mehr als bei den Männern.

Darüber hinaus hat der Konter eine besondere Bedeutung beim Einspielen. Selbst Weltklassespieler beginnen zunächst mit Konterbällen, um dann auf Spinbälle umzustellen. Die Bildheihe zeigt, wie sich der beste Chinese, Zhang Jike mit dem besten Europäer, Timo Boll, einspielt. Rechtshänder Zhang kontert mit der Rückhand, Linkshänder Boll mit der Vorhand diagonal. Der Konter ist ideal für die schnelle Rhythmusschulung:

- Beinarbeit mit Belastungswechsel der Beine,
- Rumpf-Schlagarm-Koordination,
- Reaktion und Timing.

Da der Konter nur wenig Vorwärtsrotation erzeugt, ist er auch der ideale Einstiegsschlag für Anfänger, um ihre Schlagsicherheit und ihre Gesamtkörperkoordination zu verbessern. Außerdem kann aus dem Konter sehr schnell der Topspin auf Block bzw. Oberschnitt entwickelt werden.

3.3.1 Der Rückhand-Konter

Der Rückhand-Konter gilt als der offensive Grundschlag auf der Rückhandseite, mit dem jeder Anfänger zu Beginn seiner Ausbildung konfrontiert wird. Da beim Konter, im Gegensatz zum Topspin, nicht allzu viel Vorwärtsrotation oder Spin erzeugt wird, ist er als erster Lernschlag für Anfänger sehr zu empfehlen.

Schauen wir uns nun an, wie die ehemalige Nr. 1 der Welt, die Chinesin Zhang Yining mit der Rückhand kontert.

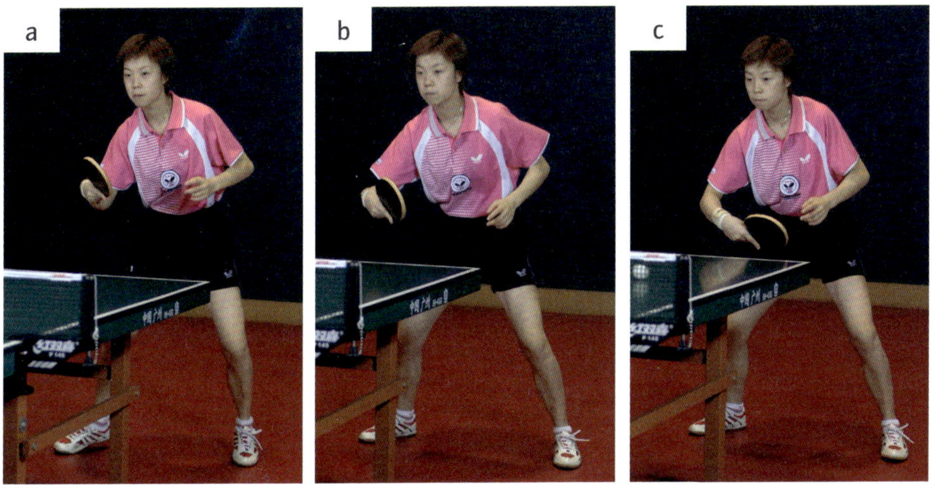

Fotos a-c – Ausholphase: Aus der Neutralposition (a) führt Yining den Schläger nach unten zur Körpermitte, senkt dabei den Körperschwerpunkt leicht ab und nimmt eine mehr als schulterbreite Grundstellung ein (b). Die Füße sind parallel (s. hierzu auch Foto h). Am Ende der Ausholphase (c) ist der Schläger in Hüfthöhe genau vor dem Körper. Das Schlägerblatt ist leicht geschlossen. Der Oberkörper ist leicht nach vorne gebeugt. Auch die Knie sind leicht gebeugt. Die Schlagarmschulter zeigt leicht nach vorne und der Schlagarm ist zu etwa 90° angewinkelt.

d

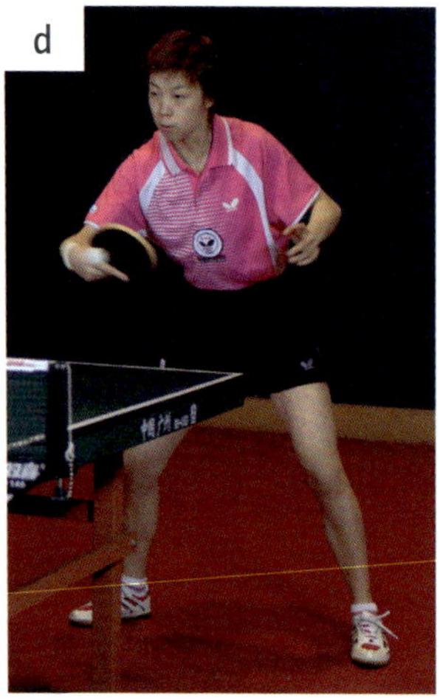

e

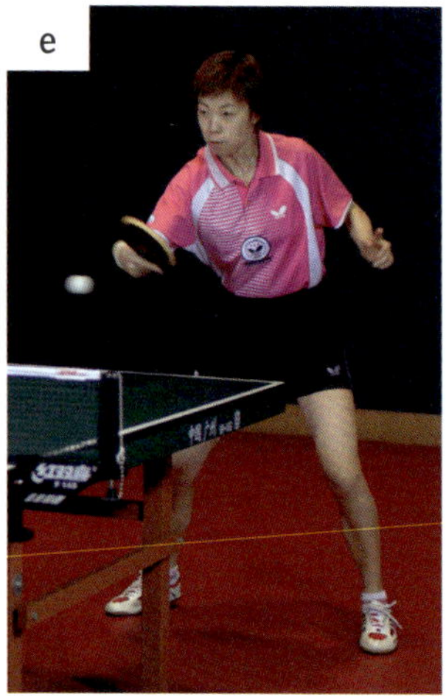

Fotos d und e – Schlagphase: In der Schlagphase richtet sie sich leicht auf und führt den Schlagarm schräg nach vorne oben. Im Balltreffpunkt (d) ist der Schläger leicht geschlossen. Sehr anschaulich ist der Handgelenkeinsatz zu beobachten. Wenn wir die Fotos d-f und g vergleichen, erkennen wir, dass Yining den Schläger parallel zur Armbewegung aus dem Handgelenk nach vorne oben führt. Dazu schauen wir nochmals ganz genau auf den Schlägerkopf. Auf Foto c zeigt der Schlägerkopf zur Seite und das Handgelenk ist leicht nach innen angewinkelt. Im **Balltreffpunkt** (d) und kurz danach (e) zeigt der Schlägerkopf schon leicht nach vorne, am Ende der Ausholphase (f) zeigt er ganz vorne und das Handgelenk ist in der Ausgangsposition. Wenn wir auf den Schlagarm schauen, zeigt sich, dass der Unterarm eine Auswärtsdrehbewegung bei gleichzeitiger Streckung vornimmt. Vergleichen wir hierzu wieder die Fotos c-e und f.

f

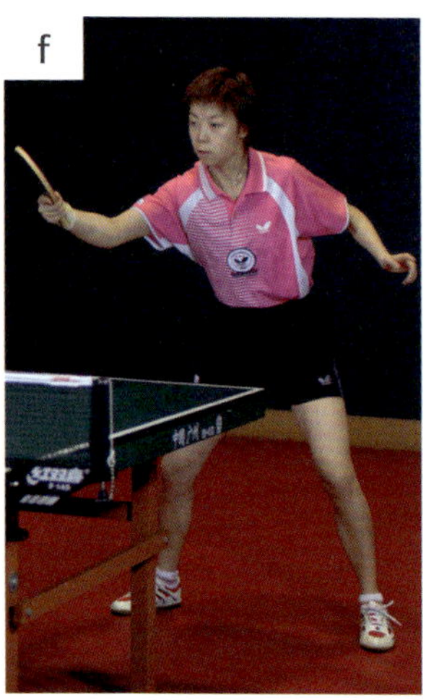

g

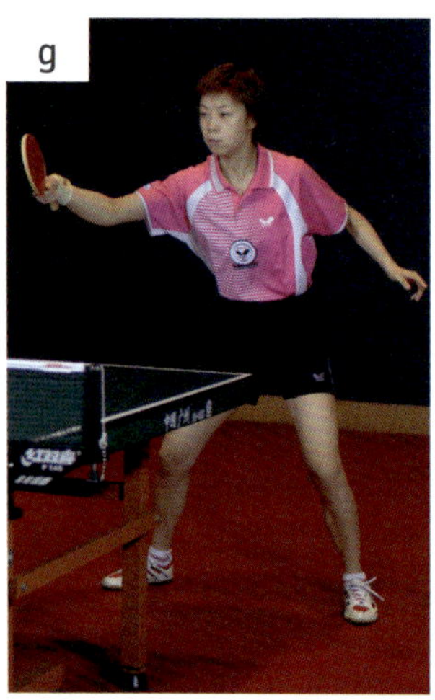

Fotos f und g – Ausschwungphase: Am Ende der Ausschwungphase (f) ist der Schlagarm fast gestreckt, aber nicht durchgestreckt. Der Oberkörper hat sich im Vergleich zur Ausholphase (c) aufgerichtet. Auf Foto g beginnt bereits die Phase der Rückführung des Schlägers in die Neutralposition.

Fazit: Wenn es auch auf den Fotos nur schwer zu erkennen ist, so hat Yining in der Schlagphase einen leichte Verlagerung des Körpergewichts vom linken auf das rechte Bein vorgenommen, denn die Schlagarmschulter ist vorne und der Schlagarm befindet sich über dem rechten Fuß. Dieser Links-rechts-Impuls ist wesentlich für den Rückhand-Konter und beim Einkontern guter Spieler häufig zu beobachten. In jedem Falle wird aber deutlich, dass auch der Rückhand-Konter eine Ganzkörperbewegung ist, an der alle Körperteile beteiligt sind und die entsprechend koordiniert werden müssen. Für das Gelingen des Rückhand-Konters ist es überdies sehr wichtig, dass die Schlagbewegung schräg nach oben gerichtet ist.

Die Fotos i und j zeigen uns zwei unterschiedliche Schlagansätze. Beim höheren Schlagansatz (i) wird der Ball mehr gedrückt und die Schlagrichtung ist gerade nach vorne. Dies ist gegen starke Oberschnittbälle angeraten. Beim tieferen Schlagansatz (j), geht die Schlagrichtung schräg nach vorne oben. Dies empfiehlt sich bei Konterbällen mit leichtem Oberschnitt.

Die Seitenperspektive (Foto h) zeigt uns nochmals sehr genau die optimale parallele Fußstellung, und die Drei-Winkel-Stellung (Hüfte, Knie, Schlagarm), die dazu führt, dass das Körpergewicht nach vorne auf die vorderen Fußballen verlagert wird und der Spieler im Balltreffpunkt über dem Ball ist und nicht in die Rückenlage gerät. Außerdem ist auch gut zu erkennen, wie Yining das Handgelenk leicht nach unten abgewinkelt hat.

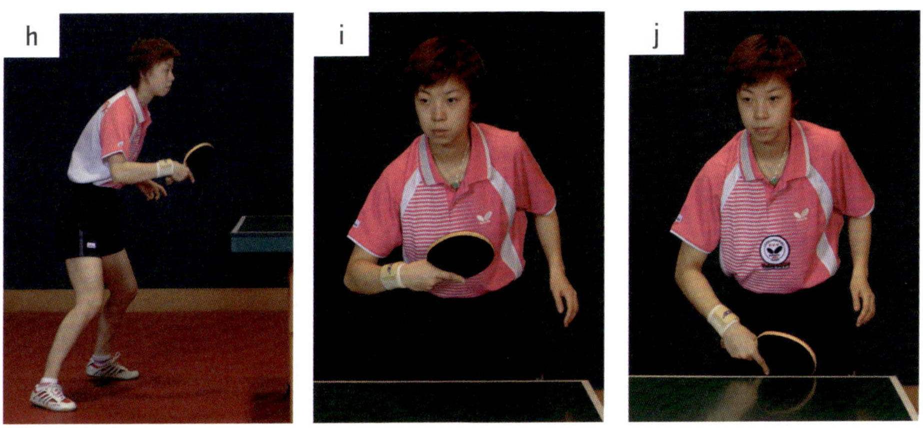

Bildreihe 23 a-j: Zhang Yining beim Rückhand-Konter

3.3.2 Der Vorhand-Konter

Schauen wir uns nun an, wie die mehrfache Weltmeisterin und Olympiasiegerin Zhang Yining mit der Vorhand kontert.

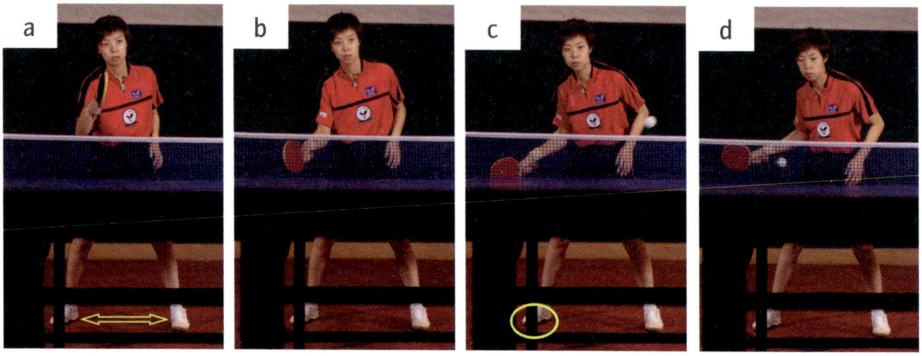

Fotos a-c + A - Ausholphase: In der Ausgangsposition (Foto a) steht Yining leicht schräg zum Tisch. Die Beine sind mehr als schulterbreit geöffnet, das rechte Bein ein wenig nach hinten versetzt (s. auch Foto A aus der Seitenperspektive). Der Oberkörper zeigt frontal zum Tisch und ist im Hüftgelenk leicht nach vorne gebeugt. Auch die Knie sind leicht gebeugt. Der Schläger befindet sich in der Neutralposition vor dem Körper (Foto a + A). Der Schlagarm ist beinahe rechtwinklig gebeugt und das Handgelenk leicht nach unten abgewinkelt. Foto b zeigt Yining beim Einleiten der Ausholbewegung. Sie führt den Schlagarm nach hinten unten, aber nicht hinter den Körper bzw. dessen gedachte Achse (!) wie beim Topspin. Am Ende der Ausholphase (Foto c) ist der Schläger über Tischniveau und nicht hinter dem Körper. Den Oberkörper hat Yining leicht nach rechts zur Schlägerseite im Hüftgelenk gedreht. Das Körpergewicht lastet eine Idee mehr auf dem hinteren rechten Bein.

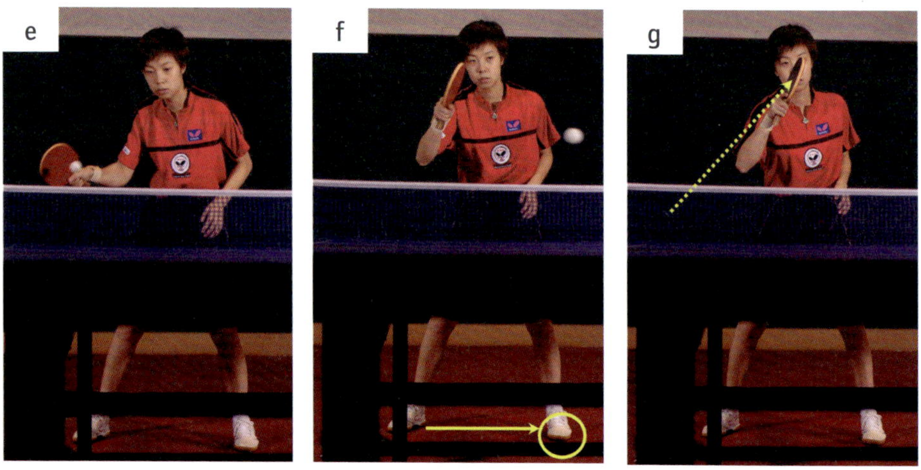

Fotos d, e, f + B – Schlagphase: Bei Einleitung der Schlagphase (Foto d) ist diese Hüftverwringung noch deutlicher zu erkennen. Ein Vergleich von Foto d mit Foto f zeigt den rotierenden Oberkörpereinsatz hervorragend. Im Balltreffunkt (Foto e) trifft Yining den Ball mit leicht geschlossenem Schlägerblatt (s. auch Foto B) schräg vor dem Körper. Dabei wird der Ball aber mehr im Zentrum getroffen, also geschlagen, als seitlich tangiert oder gerissen wie beim Topspin (Mischform). Ausgelöst durch die Einwärtsdrehung des nach hinten verwrungenen Oberkörpers, wird im Balltreffpunkt das Körpergewicht vom hinteren rechten auf das vordere linke Bein verlagert. Der Schlagarm wird von hinten unten nach vorne oben geführt. Schlägerblattstellung und Schlagarmbewegung geben dem Ball in Abhängigkeit von der Belaggriffigkeit mehr oder minder Vorwärtsrotation mit, aber bei Weitem nicht so viel wie beim Topspin.

A

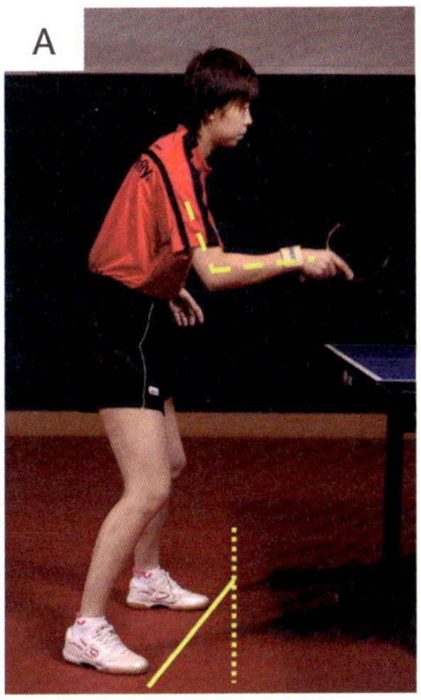

B

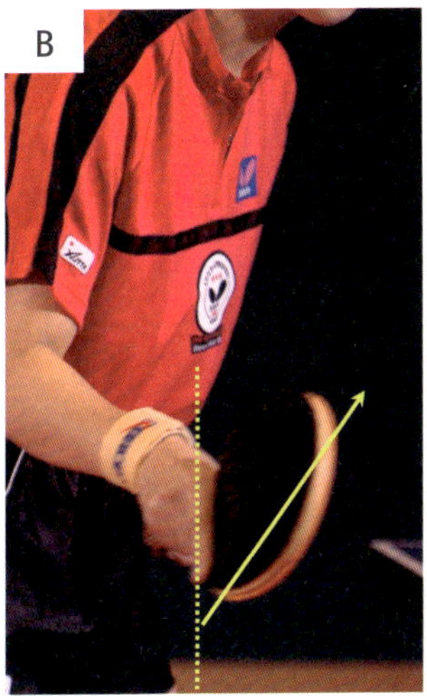

Fotos f und g – Ausschwungphase: Die Schlagbewegung Yinings endet praktisch in Kopfhöhe, und zwar vor dem Kopf. Daran lässt sich die Perfektion des Schlags erkennen. Denn gerade bei fehlerhaftem Kontern zeigt die Ausschwungphase die Fehlerursache sehr deutlich. Wenn die Schlagarmbewegung zum Beispiel zu flach ausfällt, ist der Balltreffpunkt zu tief. Wird mit fast gestrecktem Arm gekontert, fehlt meistens die Rotationsbewegung des Oberkörpers usw. Würde Yining die hier abgebildete Konterbewegung mit maximalem Tempo durchführen, hätten wir einen klassischen Vorhand-Schmetter vor Augen. Insofern kann der Konter in der Tat auch als temporeduzierter „Kontroll-Schmetter" angesehen werden.

h

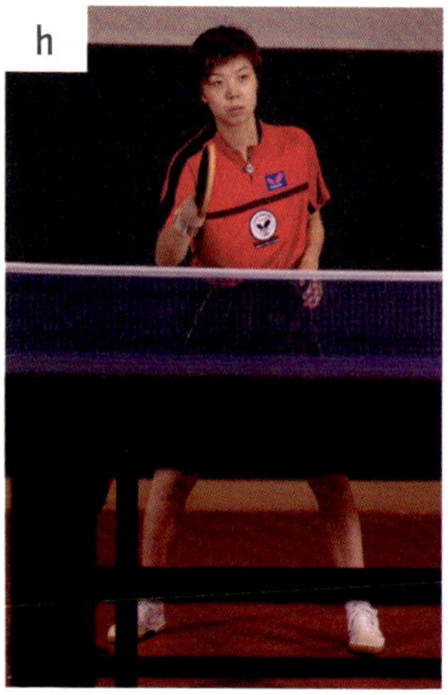

i

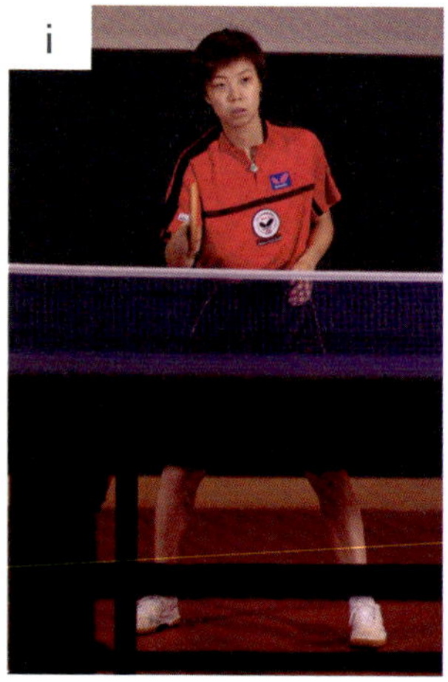

Fotos h und i – Rückführung: Nach Schlagende bringt Yining ihren Schläger wieder in die Ausgangsposition (s. Foto a).

Bildreihe 24 a-i: Zhang Yining beim Vorhand-Konter

3.3.3 Der Rückhand-Schmetter

Im Gegensatz zum Vorhand-Schmetter wird der Rückhand-Schmetter nicht auf hohe Bälle gespielt. Hier hat die Vorhand wegen des deutlich höheren Bewegungsumfangs eindeutig Priorität. Aber auf kurze oder mittellang platzierte Bälle, die ein wenig zu hoch geraten sind, solltest du mit der Rückhand schmettern können. Dies ist z. B. bei zu hohen Aufschlagreturns (Flipps oder Schupfs), zu hohen Schupfs aus dem Kurz-kurz-Spiel oder zu hohen Stoppbällen auf Unterschnitt- oder Ballonabwehrbälle der Fall. Gerade für Defensivspieler hat die „Rückhandpeitsche" deswegen eine besondere Bedeutung. Und so ist es auch kein Zufall, dass uns der koreanische Abwehrspezialist und Ex-Vizeweltmeister Joo Se Hyuk diese Schlagtechnik präsentiert. Natürlich kann der Rückhand-Schmetter auch aus dem Konterspiel oder auf einen Topspin gespielt werden. Aber das Risiko, einen Rückhand-Schmetter auf einen Topspinball zu verschlagen, ist deutlich höher, als einen aggressiven Gegentopspin zu ziehen. Schauen wir uns nun Joos Rückhand-Schmetter auf einen recht flachen und mittellangen, vermutlich mit Oberschnitt gespielten Ball an.

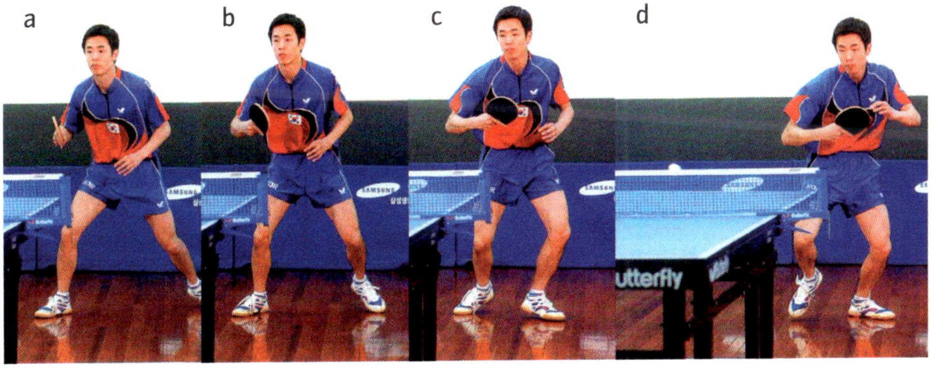

Ausholphase (Fotos a-d): Aus einer Laufbewegung von hinten nach vorne zum Tisch (Fotos a-c) bringt Joo das rechte Bein nach vorne, um eine Schrittstellung einzunehmen. Dabei lastet das Körpergewicht am Ende der Ausschwungphase noch auf dem hinteren rechten Bein. Wir sehen dies sehr gut daran, dass der vordere rechte Fuß noch nicht aufgesetzt hat (Foto d).

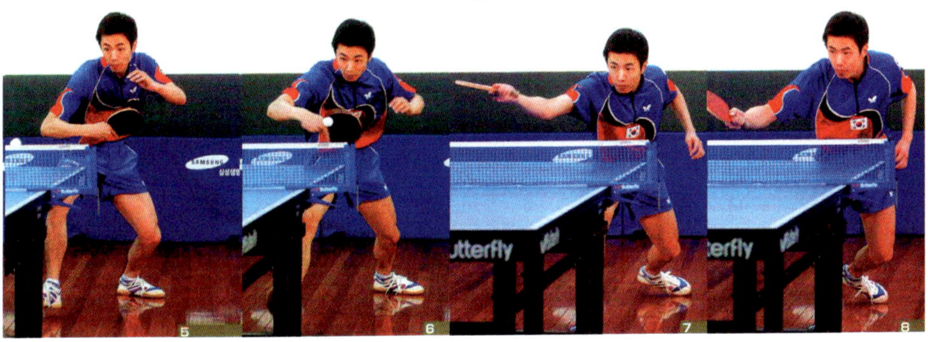

Bildreihe 25 a-h: Rückhand-Schmetter

Schlagphase (Fotos e und f): Im Moment des Balltreffpunkts bringt Joo sein ganzes Körpergewicht nach vorne auf den vorderen rechten Fuß Er stampft mit dem Fuß auf wie Jun Mizani beim Vorhand-Aufschlag (s. S. 65 f., Fotos c und d).

Vergleichen wir Foto c mit Foto f, so erkennen wir klar, wie der ganze Körper an dem Rückhand-Schmetterschlag beteiligt ist und der Spieler in den Ball geht. Foto g verdeutlicht die starke Schrittstellung im Moment des Balltreffpunkts. Natürlich spielen Schlagarm und Handgelenk eine besondere Rolle für das Gelingen des Schlags. Blitzschnell wird der Unterarm im Ellbogengelenk nach vorne gestreckt und im Balltreffpunkt klappt das Handgelenk peitschenartig nach vorne um (vgl. Foto f mit g). Der Ball wird zentral getroffen. Dadurch kommt es zu einem „Knall" beim Treffen des Balls. Die Schlagbewegung ist nach vorne, bei etwas höheren Bällen leicht nach vorne unten gerichtet. Auf Unterschnittbälle ist Schlagrichtung schräg nach vorne oben.

Würde die Schlagbewegung insgesamt langsamer und kontrollierter ausgeführt und damit der Bewegungsumfang kleiner, so erkennen wir den Rückhand-Konter wieder.

3.3.4 Der Vorhand-Schmetter auf flache Bälle

Der langjährige japanische Spitzenspieler Toshio Tasaki zeigt dir den Vorhand-Schmetter aus der umlaufenen Rückhandseite auf einen flach gespielten Konter- oder Spinball. Dass Toshio den Schläger mit dem Penholdergriff hält, spielt für die Ausführung des Vorhand-Schmetterschlags keine Rolle. Mit der Shakehand-Schlägerhaltung wird er genauso ausgeführt. Die Flughöhe des ankommenden Balls spielt dagegen bei der Ausführung des Schmetters eine besondere Rolle, da der Spieler den Schlag der Höhe des Balltreffpunkts anpassen muss. Bei flach (einige Zentimeter über Netzhöhe) bis halbhoch (Schulter- bis Kopfhöhe) ankommenden Bällen ist die Schlagbewegung sehr ähnlich. Bei sehr hoch aus der Ballonabwehr retournierten Bällen (manchmal mehrere Meter) verändert sich die Bewegung deutlich. Das wirst du auf Seite 107 f. schnell erkennen.

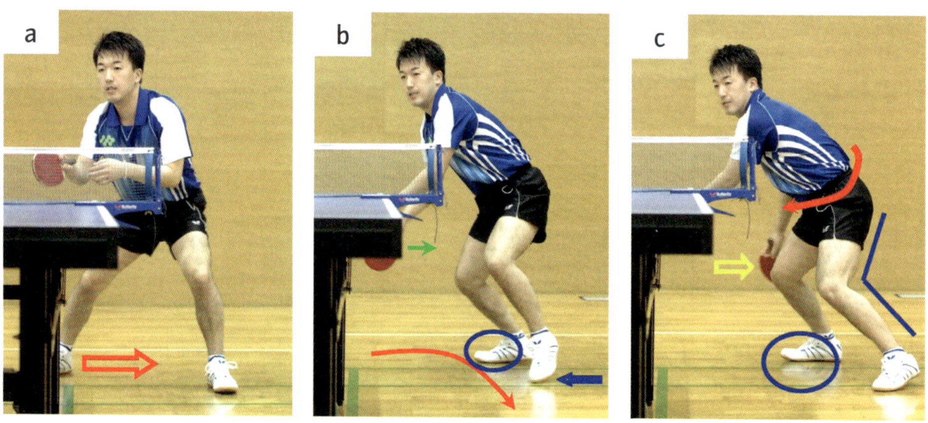

Fotos a-c – Ausholphase: Aus der Grundstellung drückt sich Toshio explosiv mit dem rechten Fuß ab, um die Rückhandseite mit einem Sidestep zu umlaufen, damit er in eine seitliche Schlagposition gelangt. Im Sprung vollzieht er eine Halbkreisbewegung, um eben aus der frontalen Rückhand (bezogen auf die Grundlinie des Tischs) in eine seitliche

Vorhand-Spielposition zu kommen. Dieser blitzschnelle Sidestep ist die Voraussetzung für das Gelingen des Schlags. Da Schmetter nicht nur auf relativ langsame Schupfbälle, sondern auch im schnellen Ballwechsel auf flache Konter- oder Spinbälle geschlagen werden, ist diese explosive Umsprungtechnik für das Gelingen des Schlags die absolute Voraussetzung. Das gilt im Übrigen genauso für Vorhand-Topspinschläge aus der umlaufenen Rückhandseite (s. S. 67, Fotos o-p). Im Umsprung bringt Toshio die linke Schulter und die linke Hüfte nach vorne. Er landet mit dem hinteren rechten Bein und fängt dort das Körpergewicht ab (Foto b). Das vordere linke Bein hat noch gar nicht aufgesetzt. Dadurch verlagert er sein Körpergewicht auf das hintere Bein. Gleichzeitig verwringt er jetzt im Hüftgelenk den Oberkörper nach hinten (Foto c) und senkt den Körperschwerpunkt durch Beugen im Kniegelenk weiter ab. Dadurch erzeugt er noch mehr Belastung auf dem hinteren rechten Bein sowie eine optimale Vorspannung in der Rumpfmuskulatur, insbesondere in der schrägen Bauch- und Rückenmuskulatur, die für die Oberkörperrotation im Hüftgelenk verantwortlich ist. Den Schläger hat Toshio zwischenzeitlich nach hinten unten geführt.

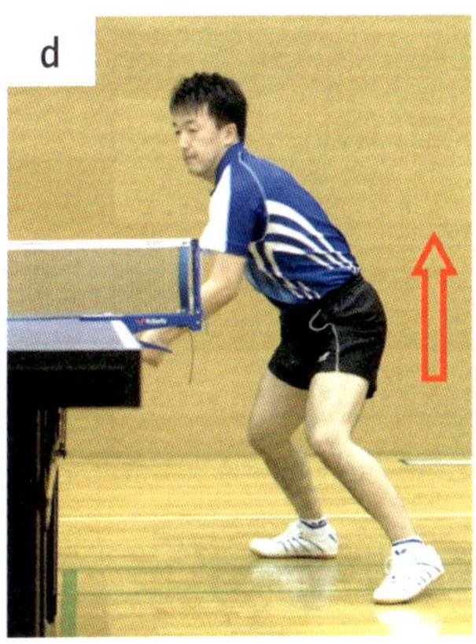

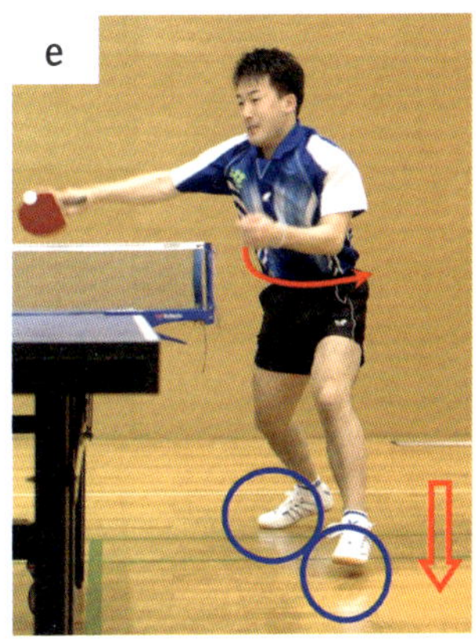

Fotos d und e – Schlagphase: Aus der tiefen Position am Ende der Ausholphase richtet sich Toshio jetzt deutlich auf. Das Körpergewicht liegt immer noch auf dem hinteren rechten Fuß (Foto d). Dann löst er seine Oberkörperverwringung schlagartig auf (Foto e). Gleichzeitig verlagert er das Körpergewicht zum Balltreffpunkt hin nach vorne. Er springt nach vorne, seine Füße haben kaum Bodenkontakt. Der Schlagarm wird blitzschnell von hinten unten zum Balltreffpunkt geführt und ist im Balltreffpunkt fast gestreckt (aber nicht durchgestreckt!). Der Schläger ist in Abhängigkeit von der Rotation des ankommenden Balls mehr oder minder geschlossen.

Fotos f und g – Ausschwungphase: Beide Fotos veranschaulichen sehr eindrucksvoll, welche Kraft und Schnelligkeit in der Schmetterbewegung liegt. Ein Blick auf die Beine verrät, welch enorme Körpergewichtsverlagerung in der Schlagphase zum Balltreffpunkt stattgefunden hat. Denn wie bei einem Schlagball- oder Speerwurf kann Toshio die ganze Körperkraft und Masse nur durch einen Sprung auf das vordere linke Bein abfangen (Foto f). Dieser Impuls der explosiven Körpergewichtsverlagerung vom hinteren auf das vordere Bein ist enorm wichtig für die Härte des Schlages. Natürlich spielen die Armzuggeschwindigkeit und das Handgelenk, sofern es vom Spieler eingesetzt wird, eine entscheidende Rolle, aber ohne die Beine hat ein Schmetter nie die absolute Härte. Und eine dritte Komponente wird auf Foto g sehr schön deutlich: die Oberkörperrotationsbewegung. Dabei lohnt ein Vergleich von Foto c mit Foto g. Denn die zunächst nach hinten gerichtete Oberkörperrotation bzw. -verwringung wird zum Balltreffpunkt blitzschnell aufgelöst und mit einer entsprechend nach vorne gerichteten Rotationsbewegung des Rumpfes abgefangen. Diese Rotationsbewegung wird im Übrigen durch die halbkreisförmige Schlagarmbewegung unterstützt.

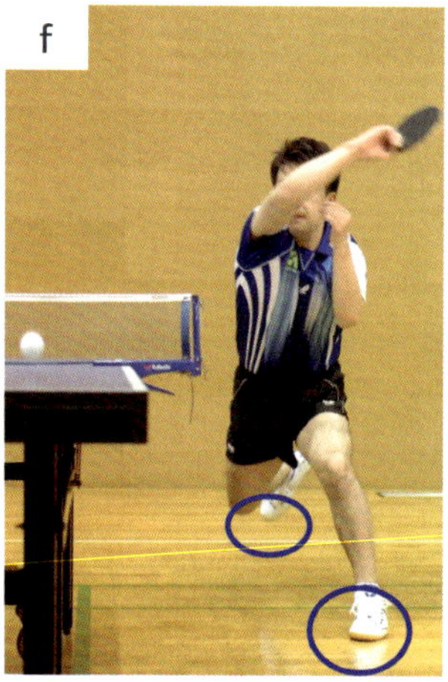

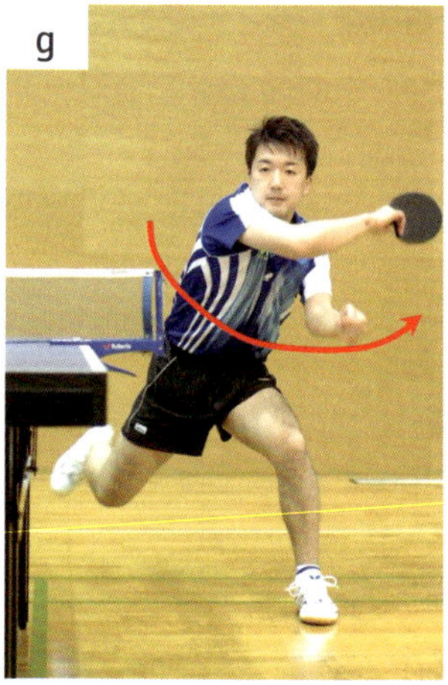

Bildreihe 26 a-g: Vorhand-Schmetter auf flache Bälle

Die Zeichnung aus der Seitenperspektive (Abb. 8) unterstreicht noch einmal klar die drei entscheidenden Komponenten des Vorhand-Schmetters, die alle im Moment des Balltreffpunkts koordiniert sein und in puncto Tempo ihr Maximium erreichen müssen:

- extreme Körpergewichtsverlagerung vom hinteren auf das vordere Bein;
- gleichzeitige Rotationsbewegung des Oberkörpers im Hüftgelenk;
- halbkreisförmige, extrem lange Schlagarmbewegung

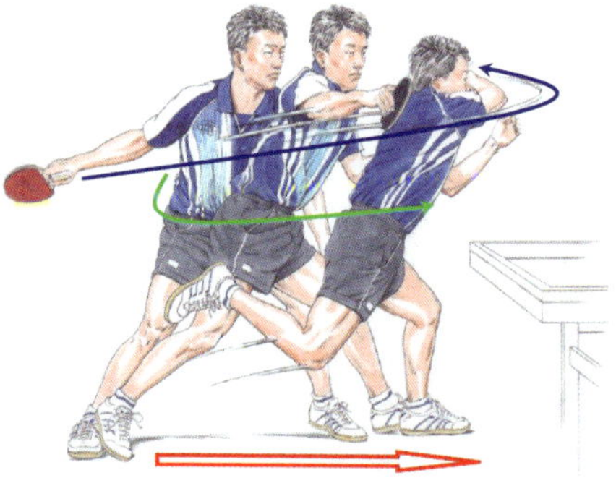

Abb. 8: Vorhand-Schmetter, Seitenperspektive

Typische Fehler zeigt uns Toshio auf den **Fotos F1 und F2**. Beide Fotos zeigen das Ende der Ausschwungphase eines Schmetters. Gerade an den Ausschwungphasen einer Schlagtechnik kann man sehr gut den eigentlichen Schlagbewegungsfehler erkennen.

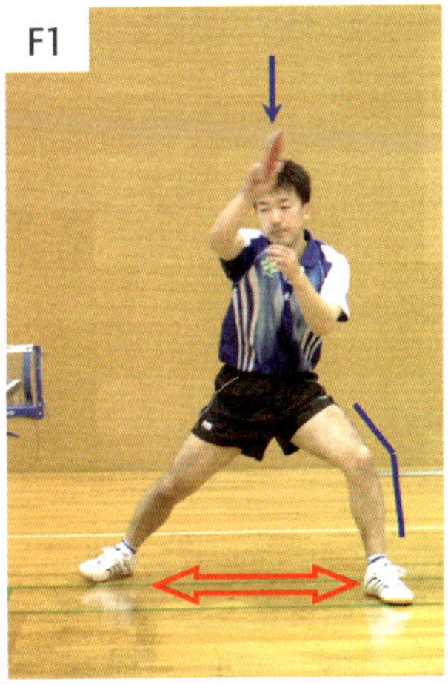

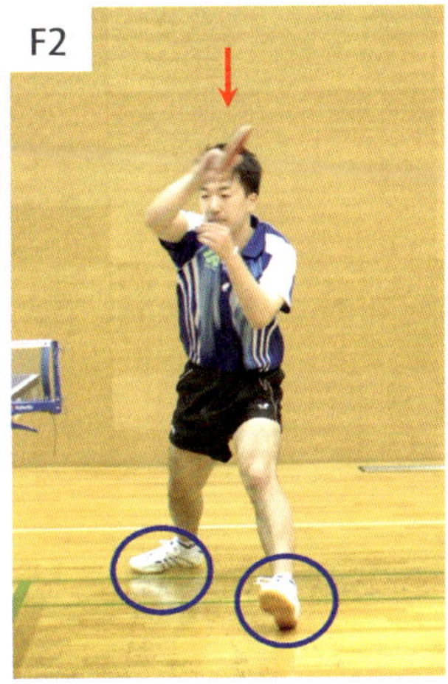

Fotos 40: Fehlerbilder F1 und F2

Auf **Foto F1** erkennen wir drei Hauptfehler:

- eine fast parallele Beinstellung,
- eine Schlagbewegung, die über dem Kopf aufhört,
- ein kaum gebeugtes linkes Knie.

Das deutet darauf hin,

- dass der Spieler nur eine unzureichende bis gar keine Körpergewichtsverlagerung vorgenommen hat;
- dass die Schlagarmgeschwindigkeit zu langsam und die Schlagstrecke insgesamt zu kurz war;
- dass die Schlagbewegung nicht nach vorne, sondern zur Seite gerichtet war.

Auf **Foto F2** wird deutlich,

- dass der Spieler weitgehend ohne Oberkörperrotation geschlagen hat;
- dass sein Timing zum Balltreffpunkt nicht stimmte, denn am Ende der Ausschwungphase hat er den Schlag noch nicht auf dem vorderen linken Bein abgefangen;
- dass wie bei F1 der Schläger in Kopfhöhe ist.

Daraus lässt sich ableiten, dass der Spieler zwar die Komponenten des Schmetters kennt, sie aber auf den Balltreffpunkt hin noch nicht optimal koordinieren kann (Timing). Insgesamt ist der Schlagimpuls nach vorne zu gering ausgeprägt. Das wird auch daran deutlich, dass das hintere Bein noch Bodenkontakt hat und das vordere kaum gebeugt ist.

3.3.5 Der Vorhand-Schmetter auf hohe Bälle

Im vorausgegangenen Kapitel hast du den Vorhand-Schmetter auf flache bis halbhohe Bälle kennengelernt. Diesmal geht es um die Frage: Wie schmettert man mit der Vorhand hohe Ballonbälle? Auch diesmal demonstriert dir der Japaner Toshio Tasaki diese besondere Variante des Vorhand-Schmetters.

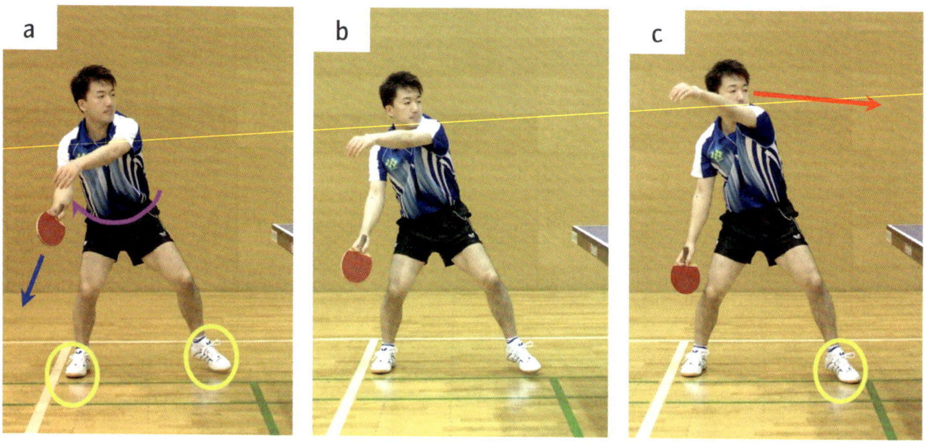

Ausholphase (Fotos a-c): Toshio beobachtet die Flugbahn des ankommenden Balls ganz genau. Er verlagert sein Körpergewicht auf das rechte hintere Bein und steht seitlich zum Tisch. Den Oberkörper verwringt er im Hüftgelenk leicht nach hinten und erzeugt so eine optimal Vorspannung der Rumpfmuskulatur. Gleichzeitig senkt er den Körperschwerpunkt durch Beugung der Knie nach unten. Der Schlagarm ist fast gestreckt. Den freien linken hebt er etwas über Schulterhöhe, aber so, dass er den ankommenden Ball jederzeit im Blick und eine optimale Körperbalance hat.

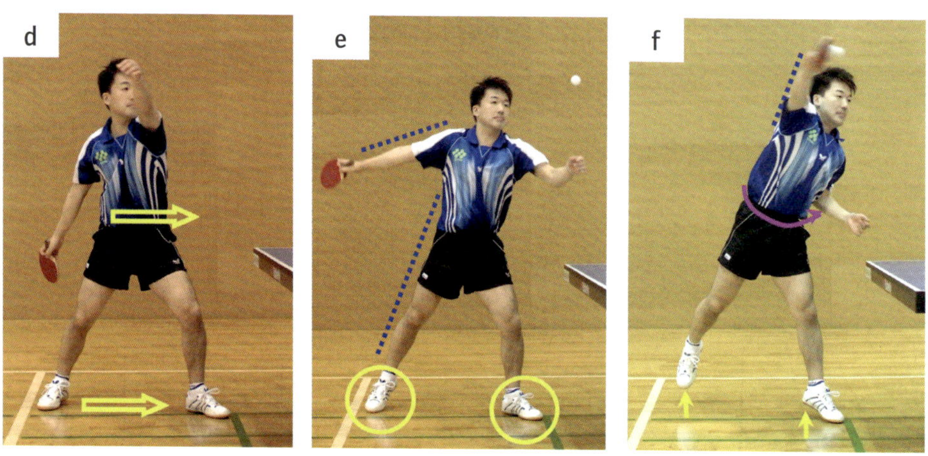

Schlagphase (Fotos d-f): Die eigentliche Schlagphase leitet Toshio durch einen nach oben gerichteten Sprung vom hinteren rechten auf das vordere linke Bein ein (vgl. Fotos e und f). Gleichzeitig wird der Körper nach vorne eingedreht, sodass das Körpergewicht im Balltreffpunkt auf dem vorderen rechten Bein lastet (Foto d). Toshio springt also in der Schlagphase vom hinteren rechten auf das vordere linke Bein um. Dabei streckt sich Toshio dem Ball entgegen, richtet sich also auf, um den Ball im höchsten Punkt zu treffen (Foto e). Auf S. 241 zeigt dir Timo Boll einen extremen Sprung-Schmetter. Das ist sehr schön am hinteren durchgestreckten rechten Bein zu erkennen, das auch vom Boden abhebt. Auch der Schlagarm ist fast gestreckt und wird weiter nach hinten oben geführt. Bei noch höheren Ballonbällen springen die Spieler sogar richtig hoch, um den Ball im höchsten Punkt zu treffen. Der Schlagarm ist dann gestreckt und der Ball wird in Verlängerung des vorderen linken Beins über dem Kopf getroffen. Würde er weiter hinten getroffen, bekäme der Spieler Rückenlage und könnte weder den optimalen Druck auf den Ball bekommen, noch ihn optimal platzieren. Das Schlägerblatt ist in Abhängigkeit von der Rotation des ankommenden Balls mehr oder weniger geschlossen.

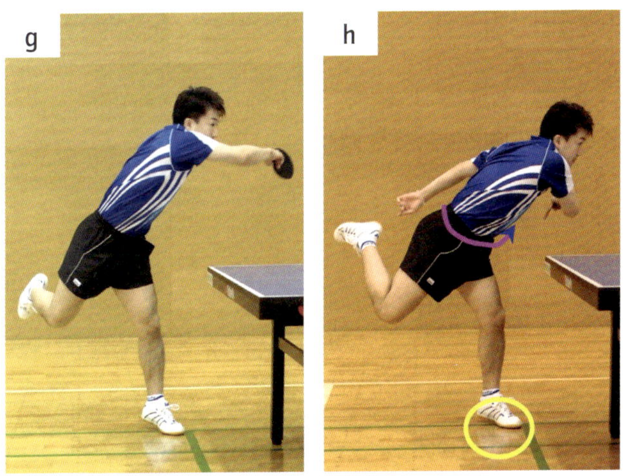

Bildreihe 27 a-h: Vorhand-Schmetter auf hohe Bälle

Ausschwungphase – Fotos g und h: Die ganze Explosivität des Vorhand-Schmetterschlags wird in der Ausschwungphase deutlich. Denn der Zeitraum zwischen Foto e und f ist winzig. Mit anderen Worten: Der Spieler erzeugt mit seinem ganzen Körper eine extrem hohe Schlägergeschwindigkeit zum Balltreffpunkt hin. Diesen Gesamtschlagimpuls, verbunden mit einer Sprungbewegung, gilt es nun abzufangen. Und zwar gelingt dies allein durch das vordere Bein, das hintere ist abgehoben. Der Rumpf ist nun weit nach links gedreht. Der Schlagarm befindet sich ebenfalls über der linken Schulter. Diese Rotationsbewegung des Oberkörpers in Verbindung mit der Sprungbewegung der Beine ist unabdingbar für einen gelungenen Schmetterschlag.

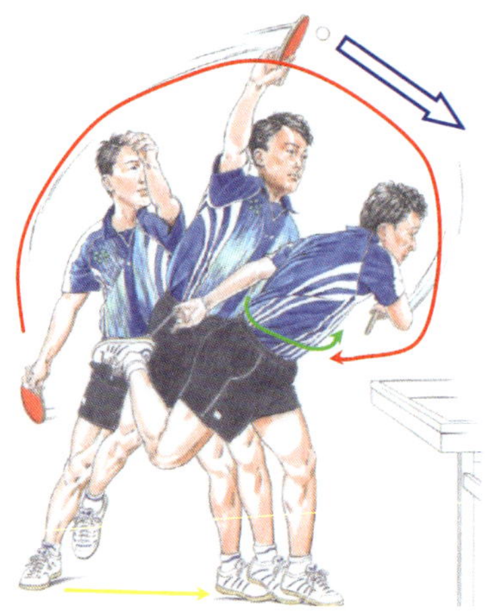

Abb. 9

Gesamtbewertung: Die **Zeichnung** (Abb. 9) unterstreicht sehr genau die wesentlichen Punkte dieser Schmettervariante:

- kreisförmige Schlägerbewegung bei gestrecktem Schlagarm bis zum Balltreffpunkt (rot);
- Rotationsbewegung des Oberkörpers im Hüftgelenk (grün);
- Sprungbewegung vom hinteren auf das vordere Bein (gelb);
- Schlagbewegung von hinten oben nach vorne unten (blau);

Fehlerbilder F1 und F2: F1 zeigt dir, dass der Spieler allein aus dem Arm schlägt, er hat keine Oberkörperverwringung und kann damit keine Rumpfunterstützung für den Schlag leisten. Bei F2 liegt ein ähnliches Fehlerbild vor, nur dass der Spieler hier noch frontaler zum Ball steht. Außerdem hat der Spieler den Schläger offen nach hinten aufgemacht, um ihn im Moment des Balltreffpunkts mit dem Handgelenk nach vorne zu klappen. Dieser Fehler ist sehr häufig bei Anfängern und schlecht ausgebildeten Spielern zu beobachten und hat zur Folge, dass der Ball ganz woanders landet als auf dem gegnerischen Feld. Das Handgelenk kann, muss aber beim Schmetter nicht eingesetzt werden. Wenn es eingesetzt wird, muss der Schläger dabei stets geschlossen bleiben.

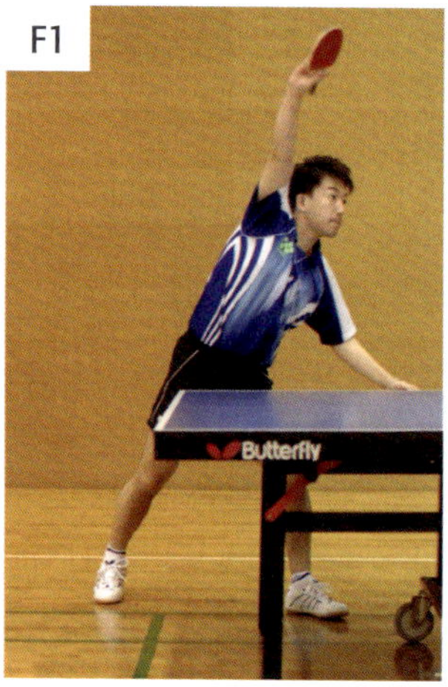

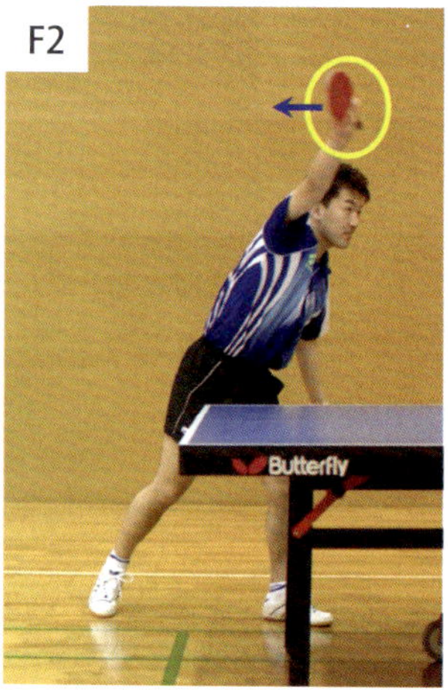

Fotos 41: Fehlerbilder F1 und F2

Tipps zum Kontern und Schmettern

- Um das richtige Gefühl für das fast volle Treffen des Balls beim Kontern zu entwickeln, lasse, wie schon beim Schupfen auch, den Ball zunächst 1 x auf deiner eigenen Tischhälfte aufspringen, um ihn dann rüberzuschlagen.
- Versuche, beim Kontern schnell Kontrolle ins Spiel zu bringen: also in den einfachen Ballwegen etwa 15-20 x ohne Fehler, mit Rückhand und Vorhand. Danach kannst du dich dann an kombinierte und unregelmäßige Übungen „wagen".
- Verändere immer wieder bewusst den Balltreffpunkt, mal in der steigenden Phase, mal im höchsten Punkt.
- Variiere mit deinem Partner immer auch mal bewusst das Tempo des Konterns.
- Mache dir immer wieder die Bewegungsverwandtschaft von Konter und Schmetter bewusst: Im Grunde ist der Konter ja ein „kontrollierter" Schmetterschlag, der nicht „durchgeschlagen" wird. Dies lässt sich z. B. gut in einer „Temposteigerungsballfolge" üben: 1. Konter langsam, 2. schneller, 3. fast geschmettert, 4. voll geschmettert.
- Gerade beim Üben des Schmetters bietet sich die Methode des Balleimer- oder Robotertrainings an (S. 234 ff.).
- Durch die vielen, hintereinander vom Partner oder Ballmaschine zugespielten Bälle kannst du sehr schnell zur richtigen Bewegung finden.

3.4 Wir ziehen Topspin

Wenn ein Tischtennisspieler vom „Ziehen" spricht, meint er damit nichts anderes als den berühmt-berüchtigten *Topspin*. Wie das „Hacken" oder „Schneiden" beim Schupf, so drückt das Wort „Ziehen" eigentlich schon das ganze Geheimnis der Topspintechnik und seiner vielen Variationen aus. Der Ball wird im Gegensatz zum Konter und Schmetter nicht zentral oder fast zentral getroffen, sondern er wird „gezogen", und zwar tangential von unten nach oben „gestriffen".

Der Topspin ist eine offensive Schlagtechnik, die durch ihre Vielseitigkeit besticht. Du kannst den Punkt durch

- Tempo (= „schneller", früh getroffener, nach vorne gezogener Topspin),
- Spin (= „langsamer", spät getroffener, nach oben gezogener Topspin),
- kombiniert mit einer guten Platzierung machen.

Mit dem Topspin bist du in der Lage, stark unterschnittene, flache Bälle mit Oberschnitt „anzuziehen" und damit in die Offensive zu gehen, was du mit dem Konter und Schmetter nicht kannst. Damit kannst du aus dem Schupfspiel heraus (natürlich auch auf unterschnittene Aufschläge) die Initiative ergreifen. Timo Boll zeigt dir gleich, worauf es beim Vorhand-Topspin auf Unterschnitt ankommt.

Du kannst darüber hinaus aber auch überschnittene Bälle (Konter, Topspins, Flipps, Oberschnitt-Aufschläge) an- bzw. gegenziehen und das Spiel druckvoller und variantenreicher gestalten. Im Übrigen kannst du natürlich auch mit der Rückhand „ziehen". Das ist zwar nicht ganz so einfach, aber probieren kostet nichts.

Grundsätzlich unterscheiden wir den

- Topspin auf Unterschnittbälle vom
- Topspin auf Oberschnittbälle,

da sich einige Bewegungsmerkmale bei diesen beiden Grundvarianten verändern.

3.4.1 Der Vorhand-Topspin auf Unterschnittbälle

Timo Boll gilt weltweit als einer der besten Topspinspieler überhaupt, sowohl mit Rückhand als auch mit Vorhand. Er zeigt dir hier einen seiner gefürchteten Schläge: den Vorhand-Topspin auf unterschnittene Bälle. Denn Timo ist nicht nur wegen seines hohen Tempos gefürchtet, sondern fast noch mehr wegen seines enormen Spins, den er in seine Topspins bringt. Wir sehen einen perfekten Vorhand-Topspin auf einen Unterschnittball, der durch die tiefe Ausholbewegung, die schnurgerade und sehr lange Schlagstrecke und eine traumhafte Körperkoordination besticht. Aber schaue selbst ganz genau hin und lasse die Bilder auf dich einwirken.

a

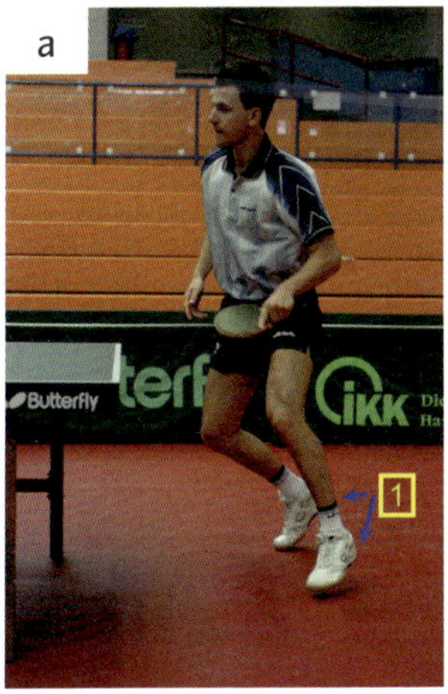

Ausholphase – Fotos a-d:

Timo erkennt die Platzierung des ankommenden Balls und leitet seinen Topspinschlag ein. Vom rechten Fuß stößt er sich zum Sidestep (1) nach links in die Vorhand ab. Gleichzeitig führt er den Schläger schon leicht zum Ausholen zurück.

b

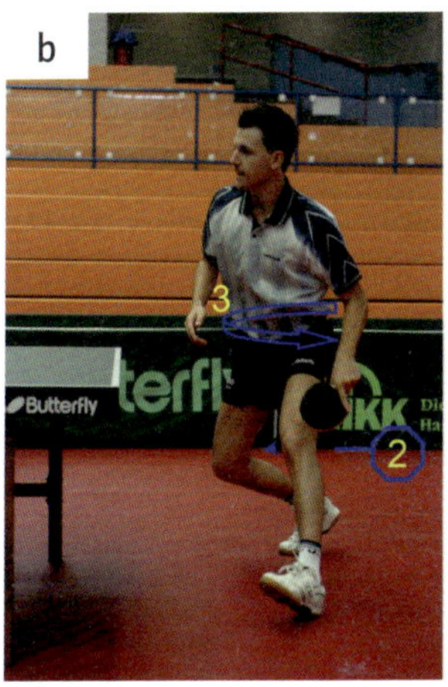

Timo hat sich in Stellung gebracht und senkt den Körperschwerpunkt durch starkes Beugen der Kniegelenke ab (2). Außerdem verwringt er den Oberkörper im Hüftgelenk als Linkshänder nach links (3).

c

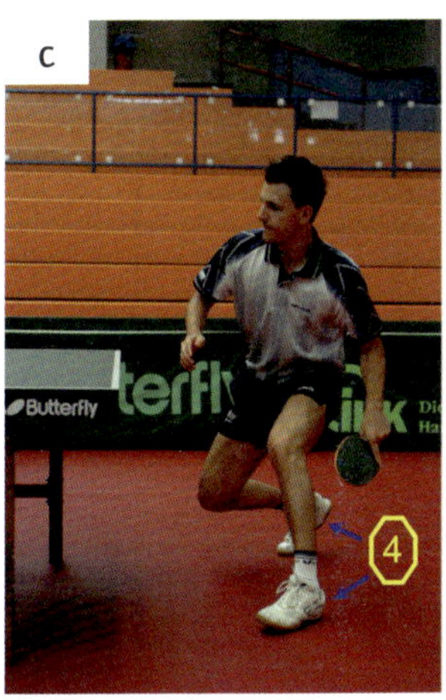

Timo geht immer tiefer hinunter und fixiert den Ball mit seinen Augen. Dabei liegt der Körperschwerpunkt eindeutig der auf seinem linken Bein (er ist Linkshänder!). Der linke Fuß hat vollen Bodenkontakt, während der rechte nur mit der Fußspitze den Boden berührt (4).

d

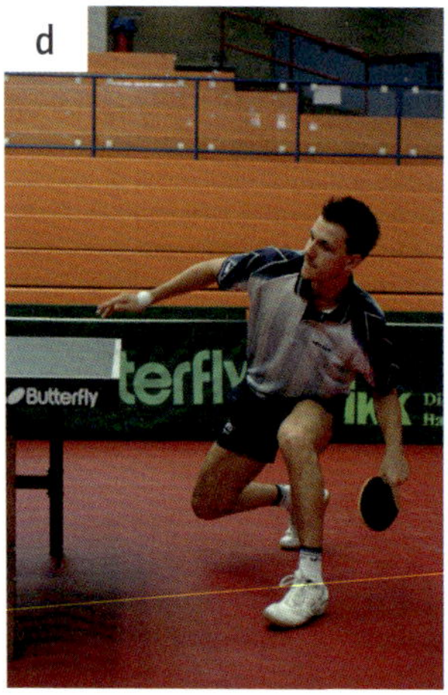

Timo hat nun den tiefsten Punkt der Ausholphase erreicht und erzeugt eine extreme Vorspannung der gesamten Muskulatur, die er für den folgenden Topspin benötigt. Sein Schlagarm ist leicht gebeugt. Sein Blick fixiert den ankommenden Ball.

e

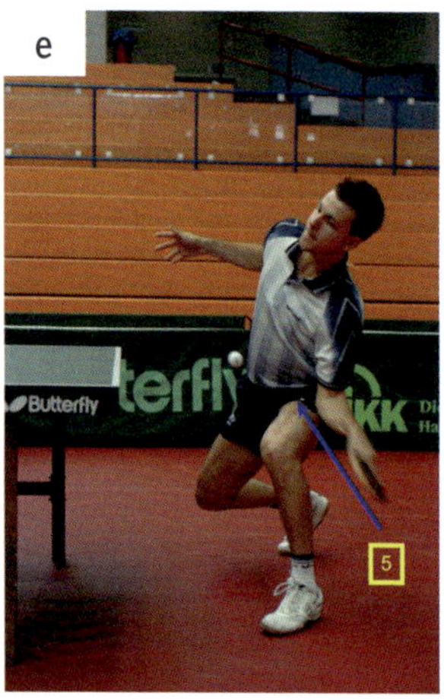

Schlagphase – Fotos e-g:

Explosiv leitet Timo die Schlagphase (5) ein und beschleunigt den Schläger zum Balltreffpunkt hin.

f

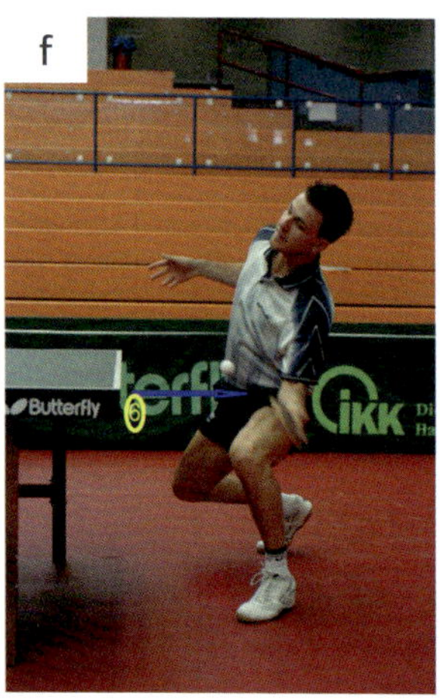

Der **Balltreffpunkt** (6) ist in der fallenden Flugphase des Balls, in Tischhöhe und in Verlängerung des linken Beins. Das Schlägerblatt ist leicht geschlossen. Das deutet darauf hin, dass Timo einen stark unterschnittenen Ball anzieht.

g

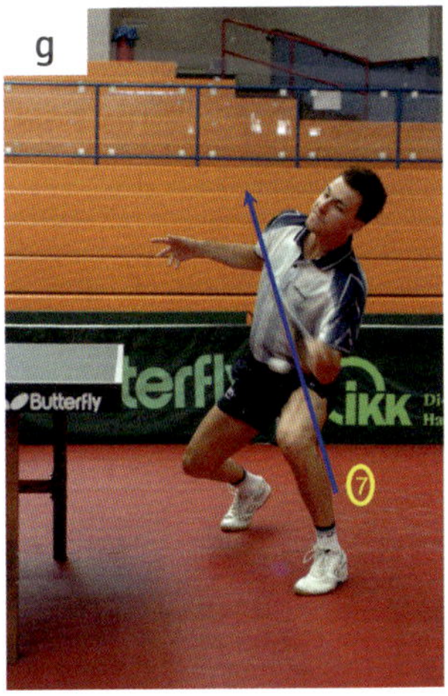

Der Ball hat gerade den Schläger verlassen. Die extreme Beschleunigung des Schlagarms kann man nur durch das „verwischte" Schlägerblatt erahnen. Perfekt ist die Schlagstrecke, die bei Timo wie am Lineal gezogen ist (7).

h

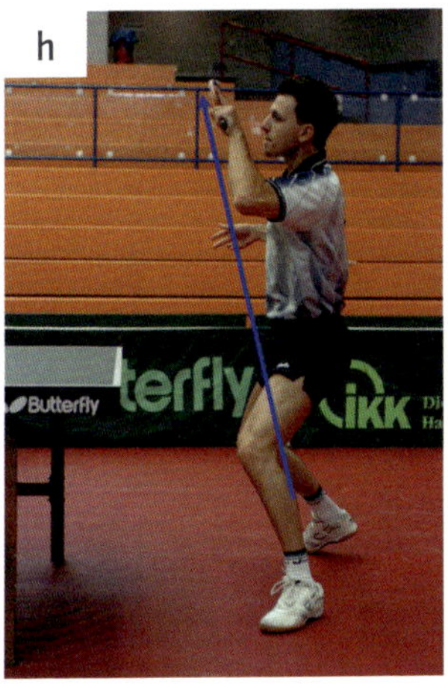

Ausschwungphase – Foto h:

Timos Schlagarmbewegung endet in Kopfhöhe und zwar vor dem Kopf. Er steht frontal zum Tisch mit paralleler Fußstellung und bleibt in den Knien leicht gebeugt, um für den nächsten Schlag bereit zu sein.

Bildreihe 28 a-h: Vorhand-Topspin auf Unterschnittbälle

Tipps:

Je mehr Unterschnitt in einem Ball ist, umso schneller und umso steiler musst du den Arm hochziehen!

Die beiden häufigsten Fehler beim Topspin auf Unterschnitt sind:

- **dass die Armzug- und damit die Schlägergeschwindigkeit bezogen auf den Balltreffpunkt zu gering sind,**
- **das die Schlagrichtung zu flach, also nicht steil hoch zum Kopf, ist.**

3.4.2 Der Vorhand-Topspin auf Oberschnittbälle

Die mehrfach Weltmeisterin und zweifache Olympiasiegerin Guo Yue aus China zeigt uns nun sehr anschaulich den Vorhand-Topspin auf Oberschnitt, und zwar mit einer parallelen Fußstellung. Tischtennis ist im Laufe der beiden letzten Jahrzehnte immer schneller geworden. Die Spielerinnen und Spieler haben immer weniger Zeit, den nächsten Schlag vorzubereiten. So nimmt es nicht Wunder, dass die schräg geöffnete Beinstellung beim Vorhand-Topspin, wie sie in älteren Tischtennis-Lehrbüchern gefordert wird, in der Weltspitze häufig nicht zu beobachten ist und von Beginn an erlernt werden sollte. Das bedeutet natürlich nicht, dass eine leicht zur Vorhand geöffnete Schlagposition, wie sie uns Ye auf Foto 42 02, S. 118, zeigt „falsch" wäre. Es kommt immer auf die Spielsituation an.

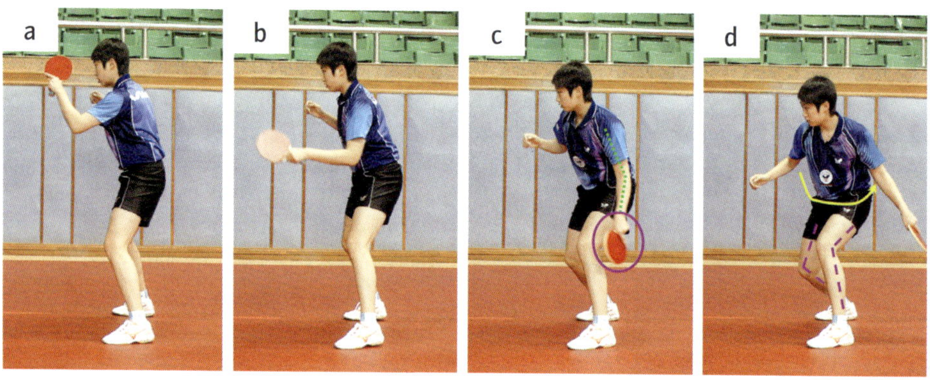

Ausholphase - Fotos a-d: Auf Foto a sehen wir Ye am Ende der Ausschwungphase eines Vorhand-Topspins. Sie führt den Schläger direkt zurück (b) und holt zum nächsten Topspin mit der Vorhand aus (c und d). Dabei verharren ihre Beine in einer eindeutig parallelen Position. Die Vorspannung erzeugt die Linkshänderin duch eine nach links gerichtete Oberkörperverwringung im Hüftgelenk. Parallel dazu beugt sie stark in den Knien. Dabei bleibt ihr Oberkörper gerade - keine gekrümmte Buckelbildung ab den Brustwirbeln. Der Schlagarm ist am Ende der Ausholphase fast gestreckt - aber nicht durchgestreckt. Auf Foto d hat Ye ein Maximum an Vorspannung und seitlicher Öffnung erreicht. Erst durch diese Öffnung ist sie in der Lage, den Ball optimal zu treffen. Sonst wäre ihre Hüfte im Weg und der Schlag könnte kaum gelingen.

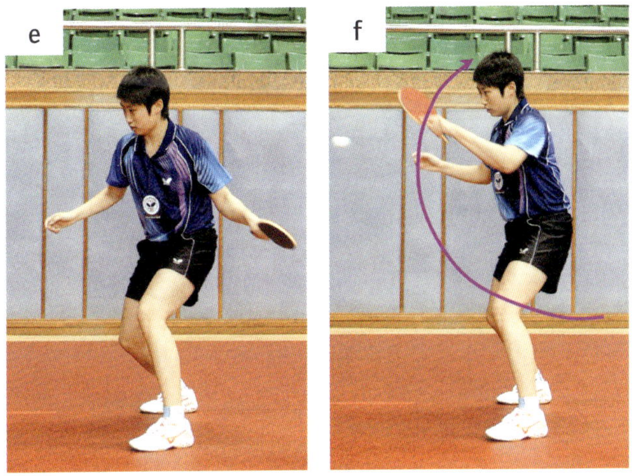

Schlagphase – Fotos e und f: Auf Foto g hat Ye den Umkehrpunkt der Ausholphase gerade überschritten, der Schläger ist bezogen zum Balltreffpunkt, bereits deutlich höher als auf Foto 42 d. Wie mit dem gedachten Lineal gezogen, zieht sie nun den Schläger mit geschlossener Schlägerblattstellung dem Ball entgegen und trifft ihn in Verlängerung des linken Knies schräg vor dem Körper (s. hierzu Foto 42, 01, das einen Balltreffpunkt Yes aus einer anderen Bildreihe zeigt). Foto f zeigt Ye kurz nach dem Balltreffpunkt: Ihre Öberkörperverwringung ist aufgelöst, aus der tiefen, gebeugten Beinposition ist sie nach oben geschnellt (vgl. Foto e und f). Beide Bewegungselemente müssen, bezogen auf den Balltreffpunkt, exakt getimt werden. Denn im Moment des Balltreffpunkts muss eine ganz bestimmte Schlägerbeschleunigung erzielt werden, an der Oberkörper (Seitwärtsverwringung), Beine (Hochkommen aus der Beuge), Schlagarm (Unterarmbeschleunigung) und Hand (eventueller Handgelenkeinsatz) beteiligt sind. Dazu muss in Abhängigkeit von der Rotation des ankommenden Balls die Schlägerblattstellung optimal angepasst werden. Was hier bei Ye so spielerisch leicht aussieht, ist vielmehr das Produkt eines langjährigen Lern- und Trainingsprozesses.

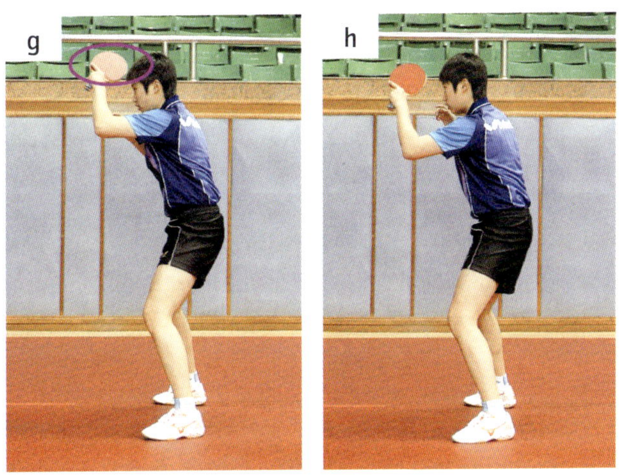

Bildreihe 29 a-h: Vorhand-Topspin auf Oberschnittbälle

Ausschwungphase – Fotos g und h: Yes Schlagbewegung endet vorbildlich über der Stirn. Der Schlagarm ist etwa im rechten Winkel gebeugt. Wenn man diesen Ellbogenwinkel mit dem von Foto c vergleicht, wird sehr schön deulich, wie die schnelle Unterarmbeugung im Moment des Balltreffpunkts die Schlägerbeschleunigung mit unterstützt.

Nicht nur der gesamte Schlagarm erzeugt die Schlägerbeschleunigung, sondern auch die zusätzliche Beschleunigung des Unterarms durch Beugen im Ellbogengelenk liefert diesen Effekt. In unteren und mittleren Spielklassen ist häufig zu beobachten, dass ohne Unterarmeinsatz gezogen wird.

Zum Abschluss sollen dir die Fotos 42, 01 und 02 nochmals die alte und die neue Schule bei der Fußstellung beim Vorhand-Topspin auf Oberschnitt zeigen.

Auf Foto 01 zeigt Ye den Vorhand-Topspin aus der leichten Schrittstellung, auf Foto 02 die moderne parallele Fußstellung.

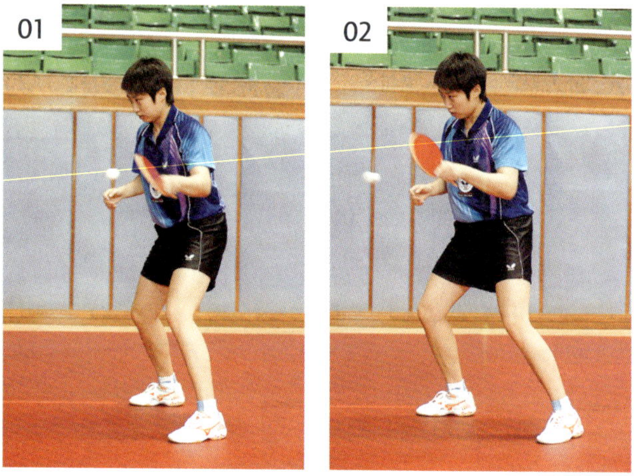

Neu: parallele Fußstellung Alt: schräge Fußstellung

Fotos 42: Alte und neue Schule beim Vorhand-Topspin

3.4.3 Der Vorhand-Topspin aus der Halbdistanz auf Oberschnittbälle

Die Topspinduelle aus der Halbdistanz sind im aktuellen Spitzentischtennis so attraktiv wie nie zuvor. Nicht selten geht der Ball 10 x und mehr über den ganzen Tisch hin und her. Sehr zur Freude der begeisterten Zuschauer.

Der Vorhand-Topspin aus der Halbdistanz unterscheidet sich vom Vorhand-Topspin auf Oberschnittbälle eigentlich nur durch seinen späteren Balltreffpunkt und damit durch seine tischfernere Spielposition. Vergleichst du die vorausgegangene Topspin-Bildreihe von Guo Yue mit der vorliegenden, die uns der japanische Topstar Kenji Matsudaira präsentiert, so erkennst du folgende Unterschiede:

- **Ausholphase – Fotos a-c:** Längere und tiefere Ausholbewegung.

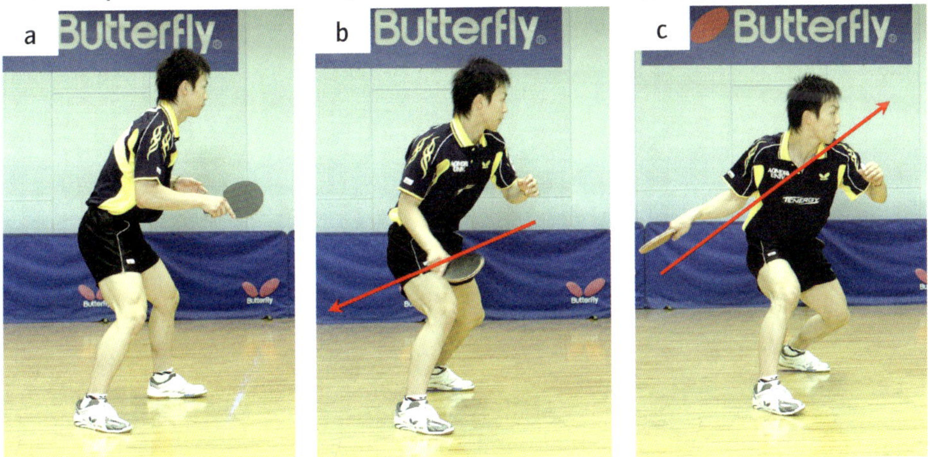

- **Schlagphase – Foto d:** Längere Schlagstrecke, verstärkter Körpereinsatz (Beine, Oberkörper), späterer Balltreffpunkt, bedingt durch die tischfernere Position im höchsten Punkt oder der fallenden Phase, aber nicht tiefer als Tischniveau.

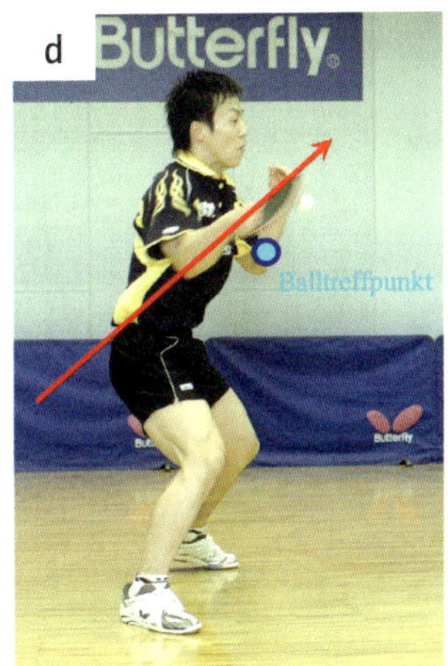

- **Ausschwungphase – Foto e:** Deutliche Gewichtsverlagerung auf das linke Bein und Auswärtsdrehen des Oberkörpers im Hüftgelenk nach links.

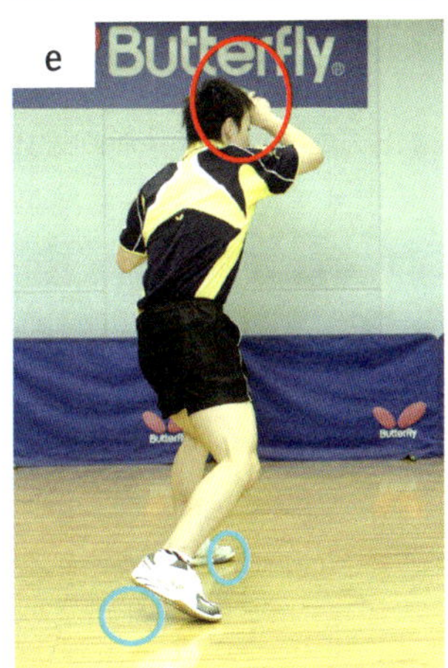

Bildreihe 30 a-c: Vorhand-Topspin aus der Halbdistenz

3.4.4 Der Vorhand-Sidespin

Der *Vorhand-Sidespin* gewinnt immer mehr an Bedeutung sowohl über dem Tisch, als auch aus der Halbdistanz. Der Unterschied zum „normalen" Topspin besteht eigentlich nur darin, dass der Ball seitlich nach oben gezogen wird. Du kannst dies gut an der kurvenförmig verlaufenden Schlägerbewegung und dem dementsprechend ein- bzw. ausgewinkelten Schlägerblatt erkennen.

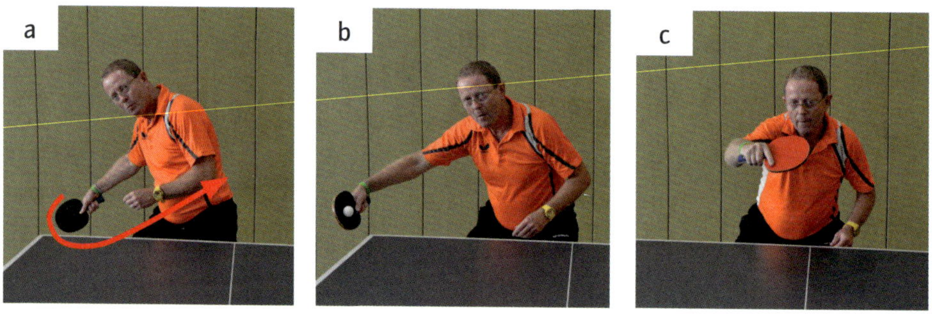

Sidespin nach innen

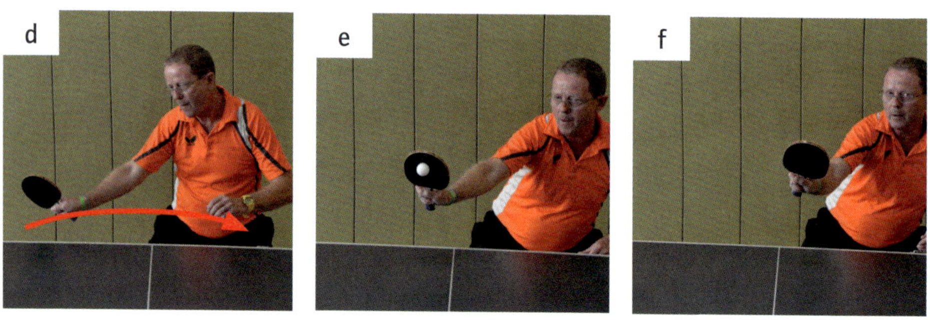

Sidespin nach außen

Bildreihe 31 a-f: Vorhand-Sidespin

Tipp:

Wenn du den Vorhand-Topspin in der Grundform beherrschst, probiere einfach mal die hier dargestellten Innen- und Außensidespins aus. Ganz nach dem Motto „Ausprobieren". Topspieler diesbezüglich zu „studieren", ist auch sehr hilfreich.

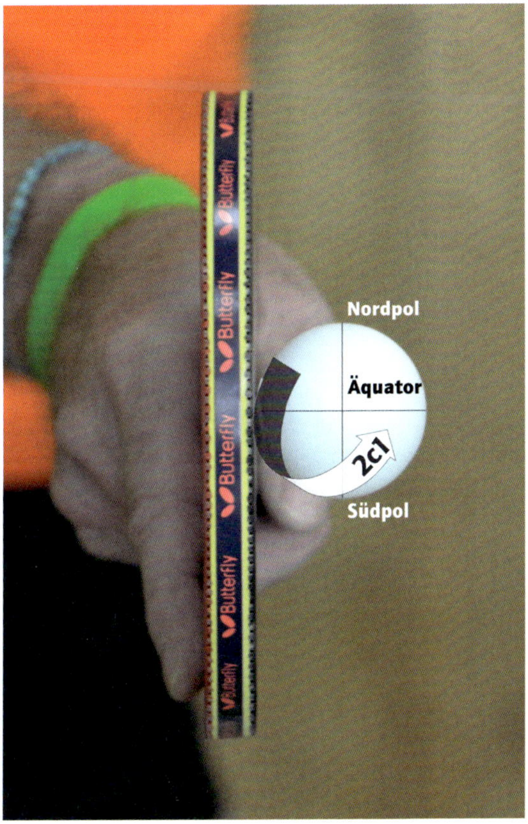

Foto 43: Der Ball wird seitlich tangential unter dem Äquator nach oben gezogen. Dadurch entsteht Seiten-Oberschnitt (Bildreihe 31 a-c). Bei Bildreihe 31 d-f wird der Ball in entgegengesetzter Richtung oberhalb des Äquators getroffen.

3.4.5 Der Rückhand-Topspin auf Unterschnittbälle (Zhang Jike)

Der aktuelle Weltmeister und Olympiasieger Zhang Jike ist für sein äußerst druckvolles und präzises Angriffsspiel bekannt und gefürchtet. Besonders mit der Rückhand kann der Rechtshänder aus allen Lagen enormen Druck entwickeln. In den Bildreihen zeigt er uns eine seiner Spezialitäten: den *frühen* Rückhand-Topspin auf Unterschnittbälle. Das können auch Seiten- oder Seitenunterschnittbälle sein. Zhang ist in der Lage, kurz und mittellang gespielte Bälle über dem Tisch mit der Rückhand anzuziehen und so die Initiative zu ergreifen.

Die drei Bildreihen zeigen ihn aus drei Perspektiven von der rechten Seite (A1-5), von der linken Seite (B1-5) und von vorne (C1-5). Durch diese verschiedenen Perspektiven wird dir die Rückhand-Topspinbewegung, die vom Handgelenkeinsatz her sehr schwierig ist, anschaulich dargestellt.

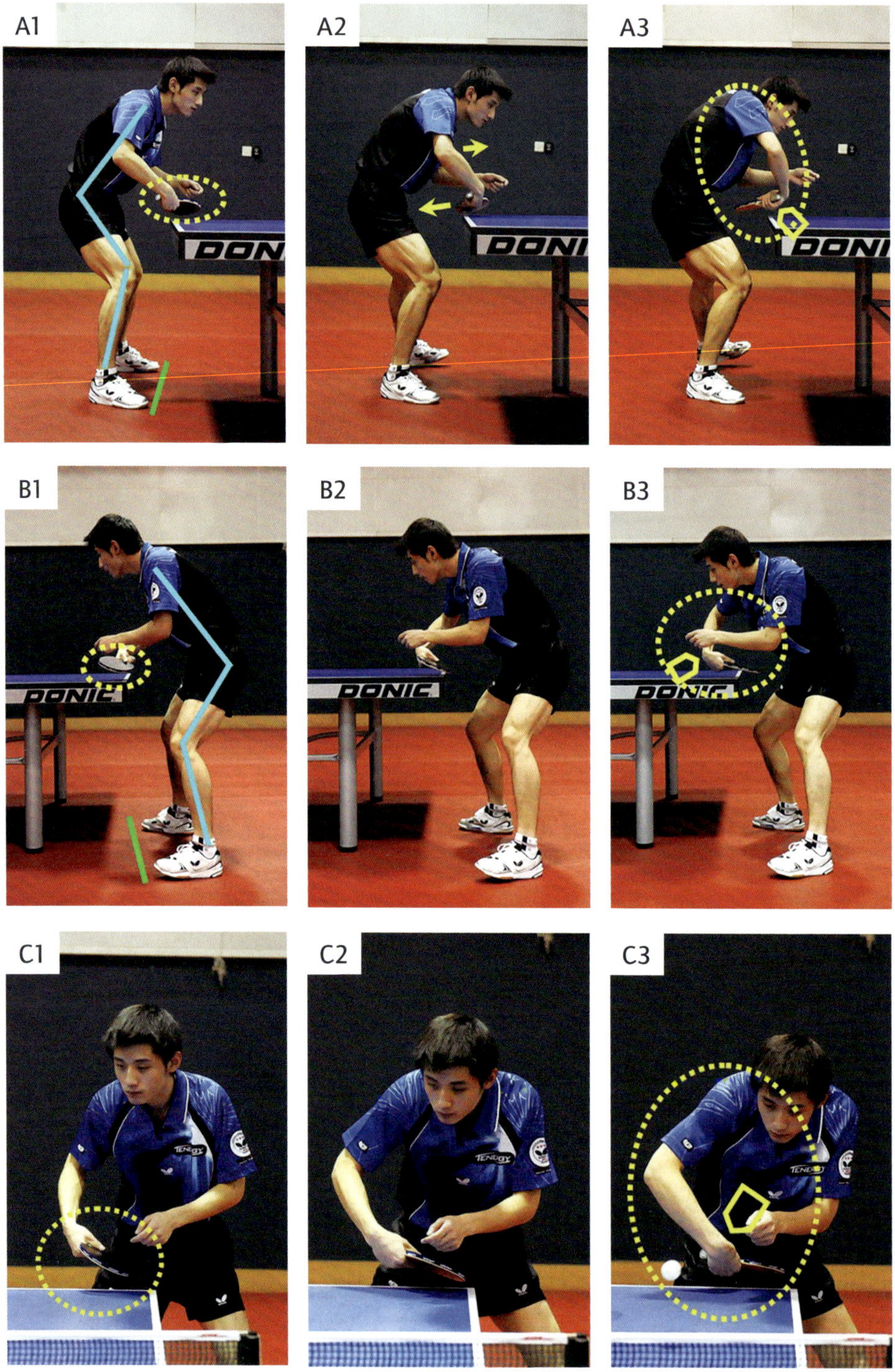

Bildreihe 32: Früher Rückhand-Topspin

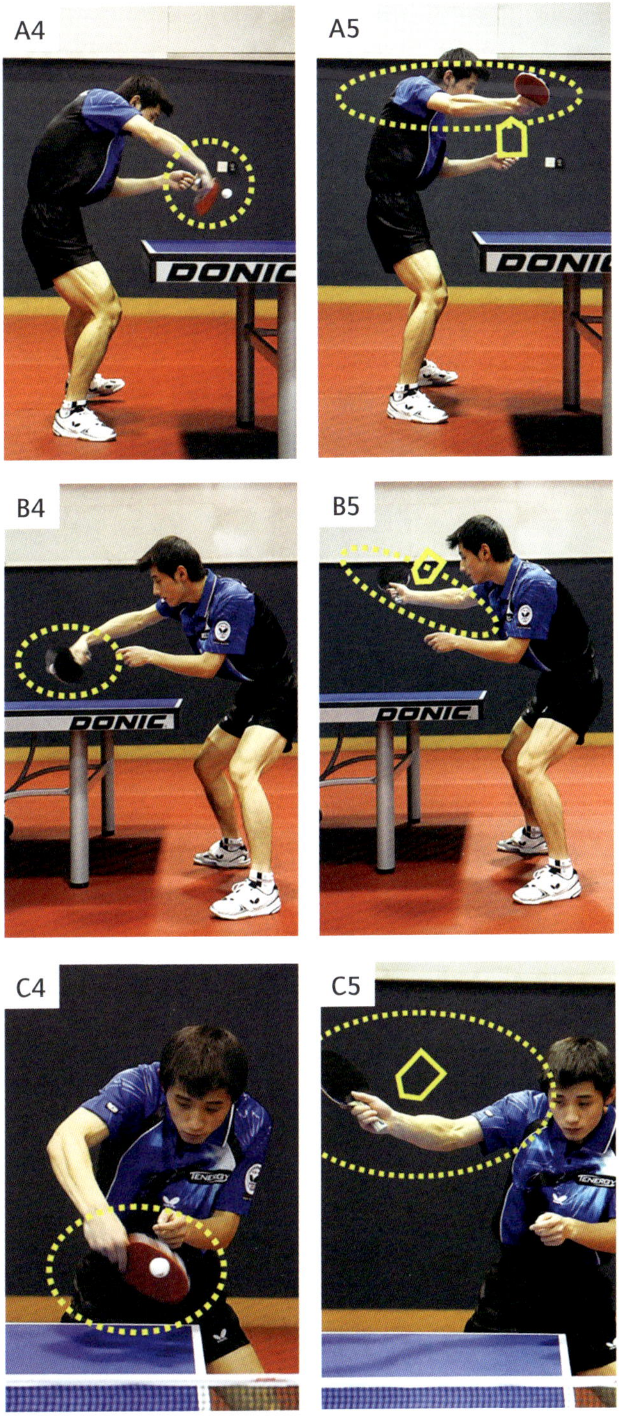

Einnahme der Schlagposition (A1-3, B1-3, C1-3)
Zhang begibt sich in eine parallele Ausgangsstellung und beugt den Oberkörper zunehmend über den Tisch (**A, B, C3**). Gleichzeitig hebt er den Ellbogen und bringt den Schläger über den Tisch. Das Schlägerblatt ist stark geschlossen (**A, B, C3**). Nun beginnt die eigentliche Schlagbewegung.

Ausholbewegung (A1-3, B1-3, C1-3)
Aus einer parallelen Grundstellung (**A, B, C 1**) beugt Zhang sich in den Knien noch weiter runter und schiebt den Oberkörper weiter nach vorne. Gleichzeitig beginnt er, den Schläger nach hinten zu führen und den Ellbogen nach vorne zu schieben (**A, B, C2**). Auf den Fotos **A, B, C3** hat er die optimale Ausholposition erreicht. Dabei befindet sich der Schläger über dem Tisch. Durch das Nach-vorne-Drehen von Ellbogen und Schlagschulter und das gleichzeitige Nach-hinten-

Ausholen des Schlägers erzielt er eine ideale Vorspannung der Schulter- und Armmuskulatur. Ganz wichtig ist ein Blick auf sein Handgelenk. Auf den Fotos **A, B, C5** ist nämlich zu erkennen, wie extrem es nach hinten abgewinkelt ist und dadurch in der Unterarmmuskulatur eine zusätzliche Spannung erzeugt. Das musst du dir wie beim Bogenschießen vorstellen. Dadurch, dass der Pfeil nach hinten gezogen wird, entsteht sowohl im flexiblen Bogen als auch in der elastischen Sehne eine extreme Spannung, die im Moment des Loslassens explosiv freigesetzt wird. Genau das passiert auch bei der Rückhand-Topspinbewegung. Handgelenk-, Unterarm- und Schulterstellung sowie Rumpf- und Beinbeugung erzeugen eine extreme Vorspannung der entsprechenden Muskelpartien, die sich dann im Moment der eigentlichen Schlagbewegung blitzschnell entlädt, um im Balltreffpunkt eine optimale Schlägergeschwindigkeit zu erzeugen. Das ist Timing, und das ist gerade beim Rückhand-Topspin besonders schwer, weil der Handgelenkeinsatz eine viel größere Rolle als beim Vorhand-Topspin spielt.

Schlagbewegung (A, B, C4) und Ausschwungbewegung (A, B, C5)

Zhang trifft den Ball über dem Tisch mit stark geschlossener Schlägerblattstellung (4). Dass neben dem Schlagarm der ganze Körper an dieser Rückhand-Topspinbewegung beteiligt ist, wird sehr schön deutlich, wenn du die Fotos **A, B, C3-5** miteinander vergleichst. Du kannst dabei sehr gut erkennen, wie sich Zhang durch den nach oben gerichteten Schlagimpuls mit aufrichtet. Die ganze Wucht dieses Schlags wird durch die Fotos **A, B, C5** unterstrichen. Auch die Schlägerstellung in Verbindung mit der Handgelenkstellung am Ende der Schlagbewegung unterstreicht die halbkreisförmige Schlägerbewegung. Die Fotos aus der Frontalperspektive zeigen **(C2, 3, 4, 5)** hervorragend den extremen Handgelenkeinsatz und die halbkreisförmige Schlagbewegung des Schlagarms.

Fazit: Zhang zeigt uns hier meisterhaft die wesentlichen Merkmale des Rückhand-Topspins. Ob früh über dem Tisch, wie hier von ihm demonstriert, oder hinter dem Tisch oder aus der Halbdistanz, die Hauptbewegungsmerkmale bleiben gleich: Handgelenkeinsatz, Ellbogen und Schlagschulter vorne, Unterstützung durch Rumpf und Beine. Je nach Schlagziel verändern sich Schlagtempo, Balltreffpunkt, Schlagstrecke und Schlagrichtung sowie Schlägerblattstellung. Daraus ergeben sich die vielen Varianten des Rückhand-Topspins bzw. sein variabler Einsatz.

3.4.6 Der Rückhand-Topspin auf Oberschnittbälle

Der österreichische Ex-Weltmeister Werner Schlagers zeigt uns hier einen kontrollierten Rückhand-Topspin auf Oberschnittbälle. Werfen wir einen genaueren Blick auf seine Technik.

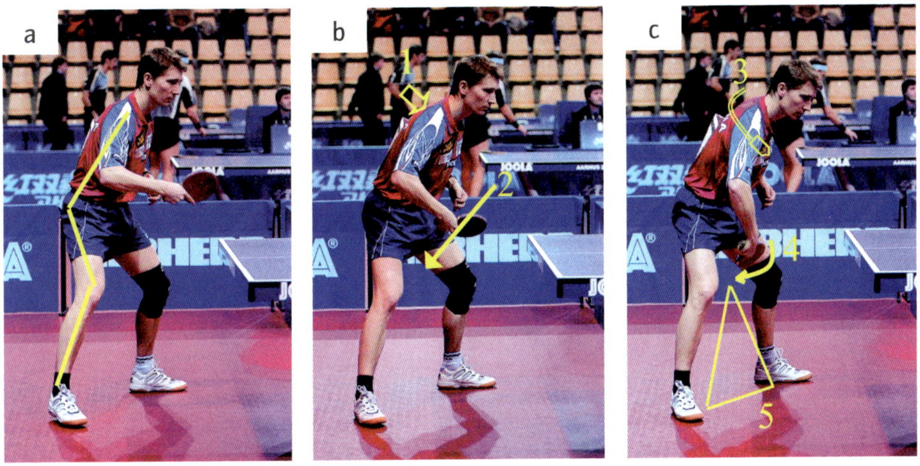

Ausholphase – Fotos a-c: Aus einer optimale Grundstellung mit paralleler Fußstellung (Foto a) leitet Werner nun die Ausholphase ein, indem er den Schläger nach hinten unten führt. Dabei senkt er den Oberkörper leicht nach vorne unten ab (Foto b). Auf Foto c erreicht er den tiefsten Punkt der Ausholphase. Sein Schläger ist mittig zwischen den Beinen kurz über Kniehöhe. Sein Köper ist nun über dem Ball und seine rechte Schlagarmschulter leicht nach vorne gedreht (Foto c). Dadurch ist der Ellbogen des Schlagarms vor dem Schläger, wodurch eine optimale Vorspannung der Oberarmmuskulatur erreicht wird. In diesem Fall nicht ganz so stark wie bei Zhang Jikes Rückhand-Topspin auf Unterschnitt. Die ideale Vorspannung der Unterarmmuskulatur wird durch den extremen Handgelenkeinsatz unterstützt. Werner winkelt den Schläger nach hinten unten ein, so als wolle er den Schläger wie eine Frisbee-Scheibe loswerfen (s. hierzu auch die Bildreihe zu seiner Handgelenkbewegung). Diese Vorspannung ist unbedingt nötig, um eine möglichst hohe Schlägergeschwindigkeit in der Schlagphase zu erlangen. Sehr wichtig ist auch, dass der Schläger am Ende der Ausholphase sich praktisch zwischen Beinen befindet und nicht neben dem Körper, wie es manchmal zu beobachten ist. Dadurch erhält der Spieler eine optimale Schlagkontrolle.

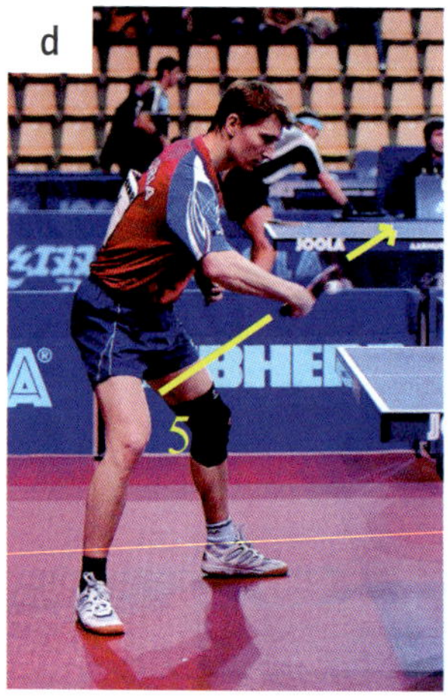

Schlagphase – Foto d: Werner trifft den Ball ideal vor dem Körper in Bauchnabelhöhe. Die Schlagstrecke verläuft wie am Lineal gezogen von hinten schräg nach vorne oben (d). Der Schläger ist geschlossen und tangiert den Ball, um ihm möglichst viel Rotation zu verleihen. Das Foto scheint wenige Millimeter vor dem Balltreffpunkt geschossen zu sein, denn noch befindet sich der Schlägerkopf seitlich hinten. Das nach hinten abgewinkelte Handgelenk zeigt dies sehr deutlich. Ein Blick auf Bild e lässt erahnen, was im nächsten Bruchteil einer Sekunde geschehen wird. Denn das Handgelenk muss genau im Balltreffpunkt blitzartig nach vorne oben schnellen. Nur dann gelingt der Schlag. Und das ist auch der Grund, warum der Rückhand-Topspin technisch gesehen ein enorm anspruchsvoller Schlag ist, der dem Spieler ein optimales Timing und feinstkoordinative Anforderungen abverlangt. Mit den Spielern, die ein so genanntes „Händchen" haben, sind in aller Regel die gemeint, die einen hervorragenden Handgelenkeinsatz gepaart mit einem ausgeprägten Ballgefühl haben.

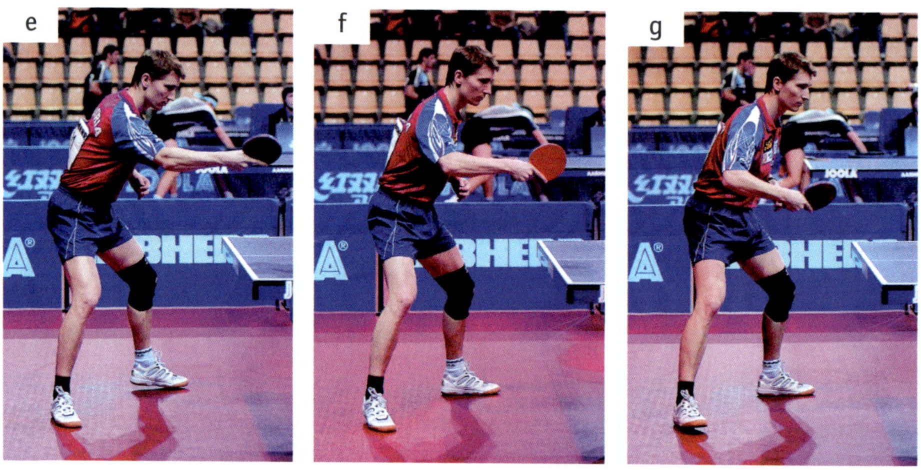

Bildreihe 33 a-g

Auschwungphase und Rückführung e-g: Das Ende der Ausschwungphase ist auf Foto e zu sehen. Das Handgelenk ist in der Ausgangsposition, der Schlägerkopf zeigt nach vorne oben, der Arm ist aufgrund der hohen Schlägergeschwindigkeit fast gestreckt. Der Oberkörper wird wie in der Ausgangsposition wieder aufgerichtet. Auf den Fotos f und g bereitet sich Werner auf den folgenden Schlag vor und geht zurück in seine Ausgangsposition.

Bildreihe zum Handgelenkeinsatz: Ein Vergleich der Handgelenkpositionen von Bild a, b, c und d lohnt allemal. Denn hier wird Werners Handgelenkeinsatz noch einmal sehr gut deutlich. Der optimale Handgelenkeinsatz entscheidet über den Erfolg des Rückhand-Topspins. Mit anderen Worten: alle Bewegungsmerkmale können stimmen, aber wenn der Handgelenkeinsatz zu langsam, zu spät oder mit falscher Schlägerblattstellung erfolgt, misslingt der Schlag.

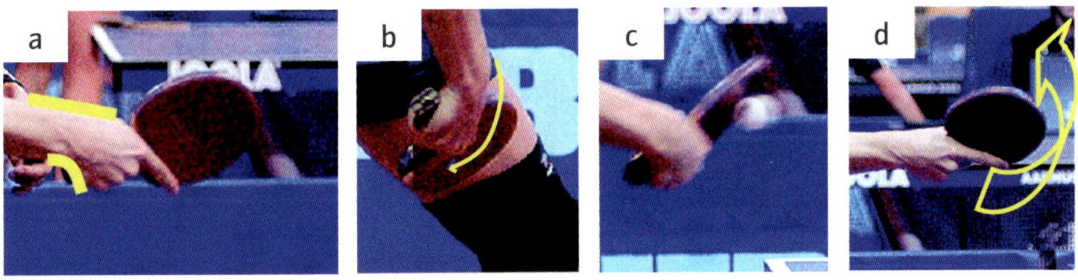

Bildreihe 34 a-d: Handgelenkbewegung beim Rückhand-Topspin

Ausgangsposition des Handgelenks (a): locker und entspannt, das Handgelenk ist leicht nach unten abgewinkelt, sodass die Daumenseite der Hand und der Unterarm eine Linie bilden. Der Schlägerkopf zeigt nach vorne.

Ausholphase (b): die Hand wird im Handgelenk nach hinten-unten gebeugt. Der Schlägerkopf zeigt schräg nach hinten unten.

Schlagphase (c): das Handgelenk wird blitzschnell nach vorne-oben gezogen.

Ausschwungphase (d): Am Ende der befindet sich das Handgelenk wieder in der Ausgangsposition

3.4.7 Der Rückhand-Topspin aus der Halbdistanz auf Oberschnittbälle

Der griechische Topspieler Kaliniko Kreanga ist ein Rückhand-Spezialist. Sein Spezialschlag ist der Rückhand-Topspin aus der Halbdistanz, den er uns im Gegensatz zu Zhang Yike oder Werner Schlager in der späten, tischfernen Variante präsentiert.

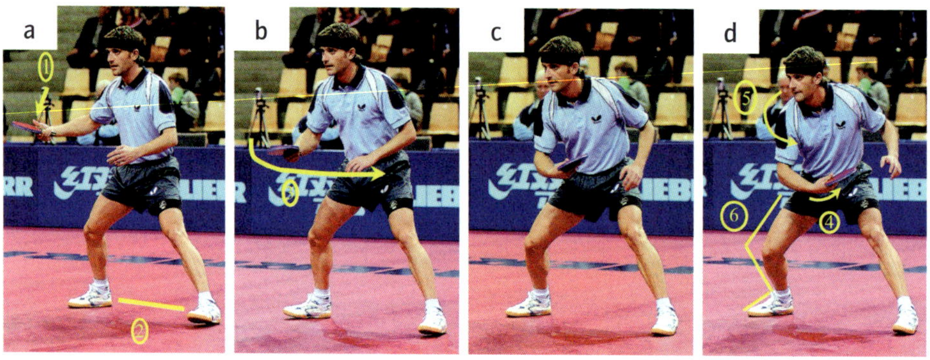

Ausholphase - Fotos a-d: Aus einer parallelen, deutlich mehr als schulterbreiten Fußstellung leitet Kalin die Schlagbewegung ein (**2, Foto a**). Dabei fällt seine lockere Schlägerhaltung zum Auftakt auf (**1, Foto a**). Der Daumen ist abgespreizt, das deutet darauf hin, dass Kalin in den Schlagübergängen den Schläger sehr locker hält, um damit seine Unterarmmuskulatur zu entspannen. Auf **Foto b** beginnt Kalin mit dem Absenken des Körpers und der Schlägerrückführung zum tiefsten Ausholpunkt hin. Bei dem hier zu beobachtenden Rückhand-Topspin handelt es sich um eine Variante auf Block, Konter oder Topspin, also Vorwärtsrotation, denn insgesamt verläuft sowohl die Ausholphase (**3, Foto b**), als auch die Schlagphase sehr flach. **Foto c** zeit nun sehr prägnant die Körperabsenkung in beiden Knien sowie das Vorbringen der rechten Schlagschulter. Am Ende der Ausholphase (**Foto d**) erzielt Kaliniko eine optimale Vorspannung der Muskulatur:

- in der Arm-, insbesondere der Unterarmmuskulatur, durch das extrem nach hinten abgewinkelte Handgelenk (**4, Foto d**);
- in der Rumpf-, Schulter- und Oberarmmuskulatur, durch das Vorbringen der Schlagschulter (**5, Foto d**);
- in der Beinmuskulatur durch einen optimalen Spannungswinkel in den Kniegelenken (**6, Foto d**).

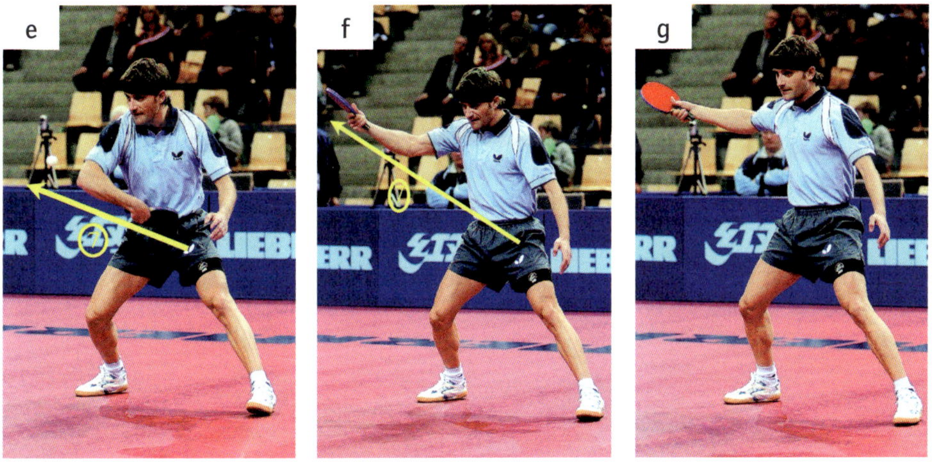

Bildreihe 35: Später Rückhand-Topspin

Schlag- und Ausschwungphase – Fotos e-g: Die eigentliche Schlagbewegung stellthöchste Anforderungen an die Bewegungskoordination, denn alle oben angeführten Muskelgruppen sind an dem Schlag beteiligt. Natürlich spielt das sogenannte *Händchen*, das gemeinhin den Handgelenkeinsatz beschreibt, eine besondere Rolle, aber Kalins Rückhand-Topspin zeigt eindrucksvoll den gesamten, optimal getimten Körpereinsatz. Die Schlagstrecke (**7, Fotos e und f**) verläuft wie am Lineal gezogen schräg nach vorne oben. Der Schläger ist im Balltreffpunkt stark geschlossen. Genau im Balltreffpunkt, den wir hier zwar nicht genau sehen, aber gut erahnen können, erlangt die Schlägerbeschleunigung, unterstützt durch alle anderen beteiligten Muskelgruppen, ihr Maximum. Der Ball – und das ist enorm wichtig – wird vor dem Körper und nicht neben dem Körper getroffen. Ungefähr in Bauchnabelhöhe. Dabei muss der Körper über dem Ball sein, darf also – was häufig bei unsicheren Rückhandspielern zu sehen ist – nicht in die instabile Rückenlage fallen. Dann würde der Ball nicht mehr zu kontrollieren sein und wahrscheinlich über den Tisch gehen. Wie sehr Kalin seinen gesamten Körper in den Schlag einbringt, zeigt das letzte **Foto g**: Der Schlagarm befindet sich am Ende der Schlagphase weit vom Oberkörper nach rechts außen weggestreckt, der nach links weggestreckte Arm stabilisiert und sorgt für das nötige Gleichgewicht. Der Oberkörper ist so aufgerichtet wie zu Beginn der Schlagbewegung (Foto a).

Alles in allem zeigt uns der Grieche eine unglaublich perfekt koordinierte Rückhand-Topspin-Schlagbewegung. Diese Bewegung ist sicher nicht kopierbar. Sie ist natürlich und irgendwo „angeboren". Dennoch lässt sich das eine oder andere Detail zur Verbesserung des eigenen Rückhand-Topspins durchaus einbringen.

3.4.8 Der Rückhand-Sidespin

Wie mit der Vorhand, so kann auch mit der Rückhand Sidespin gespielt werden. Dies geschieht schon mal aus der Halbdistanz oder als Sidespin-Flipp auf kurze Aufschläge oder Schupfs. Petr Korbel zeigt dir in Kap. 3.5.2, wie es funktioniert. Deswegen wollen wir an dieser Stelle nicht näher auf den Rückhand-Sidespin eingehen.

Tipps zum Topspin:

- Als Einstiegsübung für den Topspin ziehe den Ball zunächst aus einer Entfernung von etwa 2 m auf die gegenüberliegende Tischhälfte. Lasse den Ball dabei 1 x auf dem Boden aufspringen. Achte dabei besonders darauf, dass du den Ball richtig „mitziehst" oder „- reißt", sodass die Flugkurve sehr hoch und bogenförmig ist.
- Wenn du die Möglichkeit hast, die beiden Tischhälften deines Tischs auseinanderzuziehen, so bilde einen „Graben" von etwa 1 m und ziehe den Ball über den Graben. Man kann die Tischhälften auch seitlich versetzen und zusätzlich in der Mitte des Grabens ein Behelfsnetz in Form einer Schnur anbringen.
- Werfe dir wie beim Kontern den Ball auf dem Tisch an und schlage ihn im Wechsel als Konter bzw. „ziehe" ihn als Topspin. Dabei merkst du sehr genau, wie sich Schlägerblattstellung und Ballflugverhalten verändern. Spiele danach den Ball direkt, also ohne Auftitschen ein.
- Spiele den Topspin im Wechsel auf unterschnittene Schupf-/Abwehrbälle und auf überschnittene Konter-/Blockbälle. Du merkst dabei, dass du auf Unterschnitt viel mehr steil nach oben ziehen musst (Richtung Kopf), während du auf Oberschnitt deine Armzugbewegung mehr schräg nach oben (Schulter) richtest.
- Versuche, bei den Übungen den Topspin immer wieder zu variieren
  - mit unterschiedlichem Balltreffpunkt (früh, im höchsten Punkt),
  - mit unterschiedlichem Tempo und Effet.

3.5 Wir flippen

Zur offensiven Beantwortung kurzer Aufschläge oder kurz platzierter Schupfs hat sich eine sehr variable Schlagtechnik entwickelt, die gemeinhin als *Flipp* bezeichnet wird. Flippen ist eine Kunst, die nicht jeder Tischtennisspieler beherrscht. Warum? Weil der Flippschlag eine Filigrantechnik ist, die höchstes Ballgefühl, exaktes Timing und eine ausgewogene Balance und sehr schnellkräftige Beine verlangt. Man könnte den Flipp auch als eine Art „Mini-Topspin" aus Unterarm und Handgelenk bezeichnen, der dir dazu dient, kurz platzierte Bälle (Aufschläge oder kurze Schupfs) offensiv-druckvoll zu beantworten. Unabhängig von den hohen bewegungstechnischen Anforderungen verlangt der Flipp aber auch vom Spieler ein extrem gutes Auge. Er muss den zu flippenden Ball hinsichtlich Rotation und Platzierung genau „lesen" können, denn sonst kann der Flipp sehr schnell im Netz oder über dem Tisch im Aus landen. Ex-Weltmeister Werner Schlager ist für sein gefühlvolles und präzises Flippspiel bekannt. Er zeigt uns einen klassischen Rückhand-Flipp. Eine besondere Variante des Rückhand-Flipps, ist der „Chiquita"-Flipp, den uns der tschechische Topspieler Peter Korbl anschließend vorführt. Der südkoreanische Offensivspezialist Oh Sang Eun zeigt dir dann, wie du mit der Vorhand flippst.

3.5.1 Der Rückhand-Flipp

Nachfolgend demonstriert dir Werner Schlager, auf was es beim Flippen mit der Rückhand ankommt.

Vorbereitung und Ausholphase – Fotos C1-C2: Aus einer parallelen Grundstellung erkennt Werner schon eine kurze Platzierung des ankommenden Balls, denn er ist bereits in der Vorwärtsbewegung. Auf Foto C2 drückt er sich deutlich vom linken Fuß nach vorne ab. Das vordere rechte Bein

C1

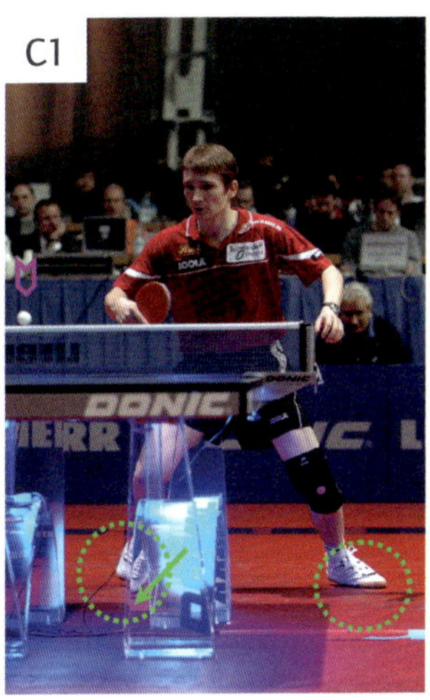

C2

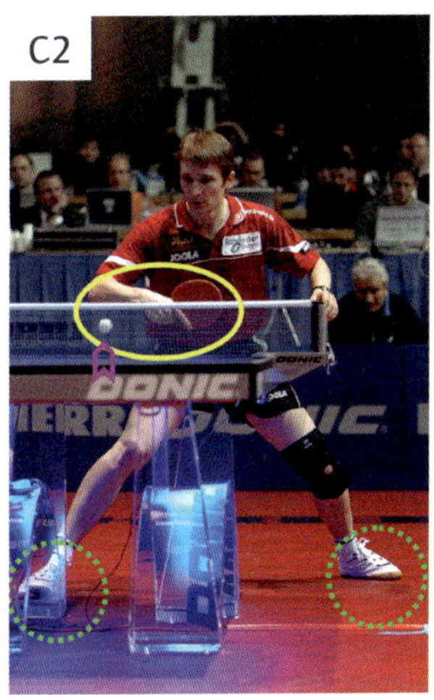

bringt er nach vorne, um in einer Schrittstellung mit dem vorderen Bein eine optimale Ausgangsstellung für den Flipp und eine gute Balance zu haben. Den Schläger führt er gleichzeitig schon zum Körper zurück, um entsprechend auszuholen. Auf Foto C2 hat Werner den vorderen Fuß aufgesetzt und das Körpergewicht abgefangen. So kann er sich mit dem Oberkörper über den Tisch beugen, um optimal zu flippen. Die Beinarbeit sieht übrigens bei Rückhand- und Vorhand-Flipp gleich aus. Bei beiden Schlägen ist das rechte Bein beim Rechtshänder bzw. das linke beim Linkshänder vorne. Sein Schlagarm bildet einen rechten Winkel. Der Schläger dürfte leicht geschlossen sein. Die eigentliche Schlagphase setzt nun ein.

Foto C3/C4: Schlagphase: Foto C3 zeigt Werner kurz vor dem Balltreffpunkt. Gerade in diesem Moment braucht der Spieler ein optimales Gleichgewicht, denn auch wenn der Flipp hauptsächlich aus Unterarm und Handgelenk geschlagen wird, so ist diese Bewegung ungemein explosiv und verlangt einen optimalen Stand.

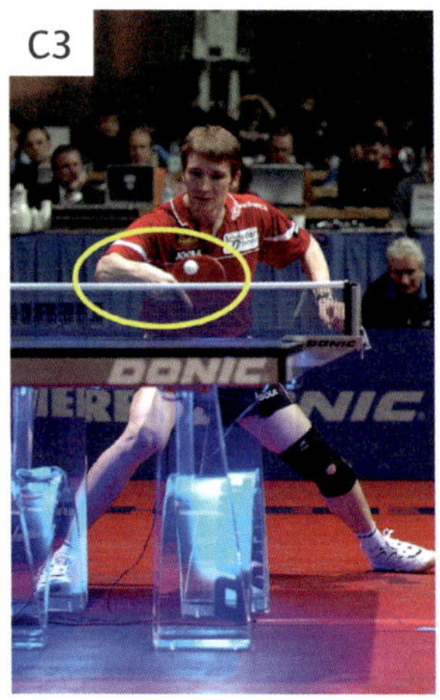

C3

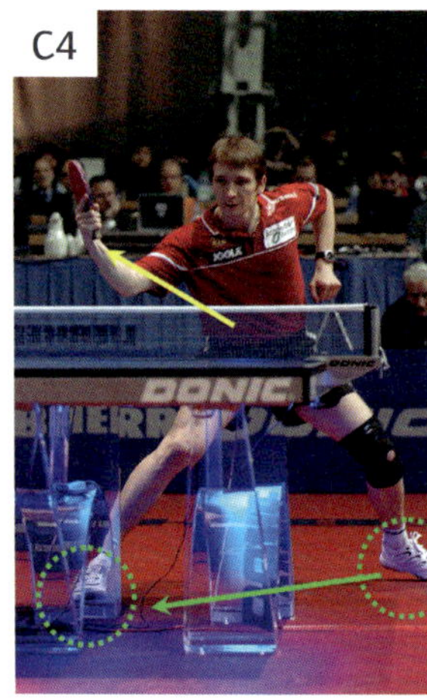

C4

Foto C5: Ausschwungphase. Das Ende der Ausschwungphase ist nun erreicht. Der Unterarm ist weit nach vorne gestreckt, aber nicht durchgestreckt. Das Schlägerblatt ist leicht geschlossen, was auf einen starken Topspin in Werners Flipp hindeutet. Die ganze Dynamik des Rückhand-Flipps spiegelt sich im Foto C4 wider. denn hierbei wird deutlich, wie groß die Bewegungsamplitude des Schlagarms beim Rückhand-Flipp tatsächlich ist.

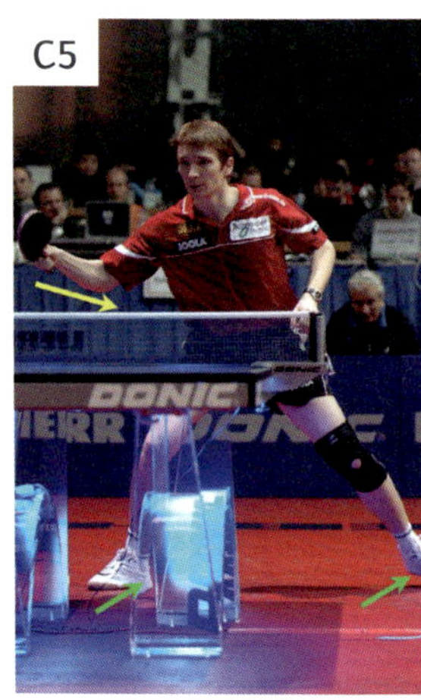

C5

Fotos C6: Rückführung. Werner will nun den Schläger zurück in seine Neutralposition führen und drückt sich vom Tisch über das rechte vordere Bein wieder ab.

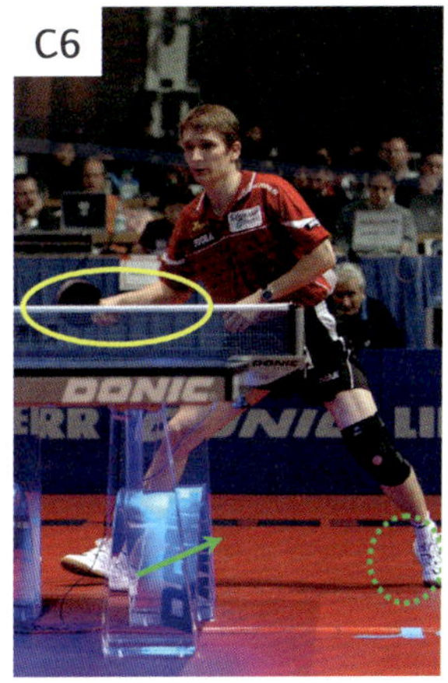

Bildreihe 36 C1-C6: Der Rückhand-Flipp

3.5.2 Der „Chiquita"-Rückhand-Flipp mit Sidespin

Petr Korbels „Chiquita"-Flipp mit der Rückhand ist sicher nicht neu, aber in dieser Perfektion hat ihn der tschechische Spitzenspieler hoffähig gemacht. Um was geht es? Im Vergleich zum klassischen Rückhand-Flipp, wie ihn dir Werner Schlager demonstriert hat, wird der Ball nicht vor dem Körper getroffen, sondern seitlich neben dem Körper. Der Name „Chiquita" - wer kennt nicht die berühmte Banane - rührt einerseits daher, dass der Ball bei einem „Chiquita"-Flipp eine bananenförmige Flugbahn verfolgt, und andererseits daher, dass der Schläger, und damit Handgelenk und Unterarm, ebenfalls eine leicht gekrümmte Kurvenbewegung verfolgen. So wird der Ball seitlich-tangential getroffen und damit zum Teil extremer Sidespin bzw. Seitenschnitt erzeugt. Wir kennen diese Bananen-Flugbahn und -Schlägerbewegung vom klassischen Vorhand-Topspin mit Sidespin, kurz *Sidespin* genannt.

Im Grunde ist der Rückhand-„Chiquita"-Flipp eine Rückhand-Topspin-Variante, die

a) vorwiegend über dem Tisch und
b) mit Sidespineffet

gespielt wird. Auf sehr kurz platzierte Aufschläge bzw. Rückschläge ist der „Chiquita"-Flipp eine ausgezeichnete Antwortmöglichkeit, da du mit ihm auch starken Unterschnitt überwinden kannst. Mittlerweile spielen viele Topspieler diese Rückhand-Sidespin-Variante auch aus der Halbdistanz. Dann vergrößert sich nur die Schlagbewegungslänge und -dynamik.

Analysieren wir den Schlag zunächst aus der seitlichen Perspektive (Fotos a-h).

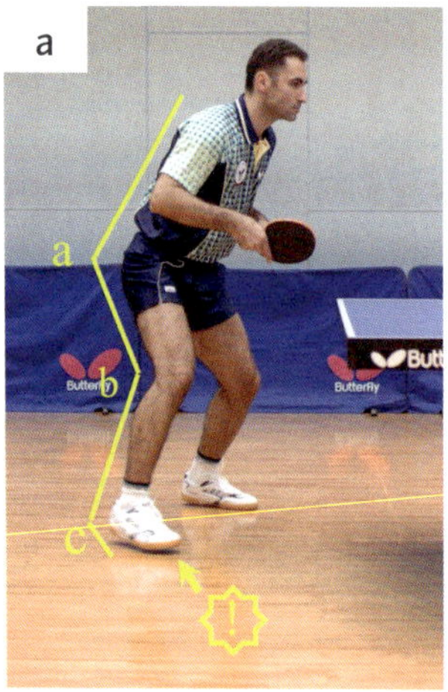

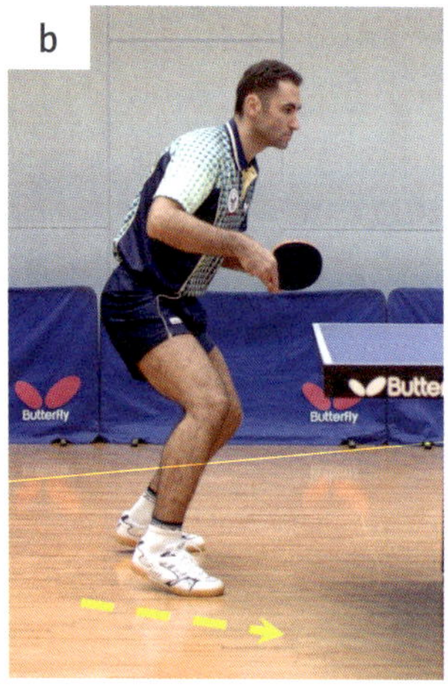

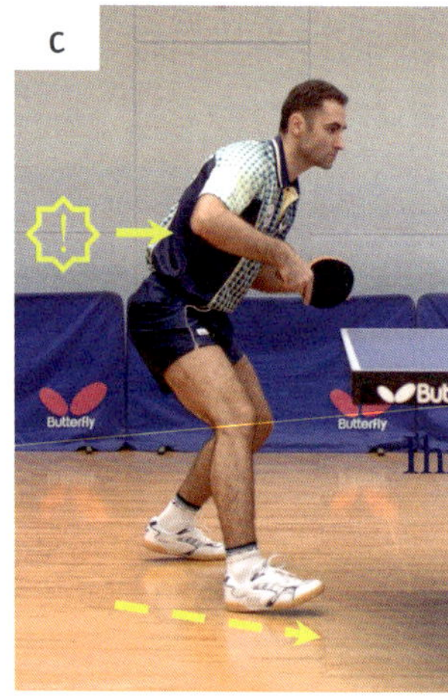

Grundstellung und Einnahme der Spielposition – Fotos a-c: Petr Korbel ist Rückschläger und nimmt die klassische Grund- oder Aufschlagerwartungsstellung ein: Drei-Winkel-Stellung a, b, c. Er hebt gerade seinen rechten Fuß leicht an, um ihn nach vorne in die Schlagposition zu bringen (!). Petr bringt das rechte Bein nach vorne (b) und setzt gerade mit der Hacke auf, um das Körpergewicht auf dem vorderen rechten Fuß abzufangen. Gleichzeitig leitet er die eigentliche Schlagbewegung ein, indem er den Ellbogen vom Körper abwinkelt und anhebt (!).

Ausholphase – Fotos d und e Die Ausholbewegung beim „Chiquita"-Rückhand-Spin ist extrem. Am Ende der Ausholbewegung (Foto e) ist der Ellbogen auf gleicher Höhe mit der gedachten horizontalen Schulterachse (x), und der Schlägerkopf befindet sich sogar deutlich hinter der gedachten vertikalen Schulterachse (y). Auch ist der Schläger im Handgelenk extrem nach hinten unten abgewinkelt, sodass der Schlägerkopf praktisch nach unten zeigt. Diese Ausholbewegung mit dem hohen Ellbogen verdeutlicht sehr anschaulich, dass dieser Schlag besonders dazu

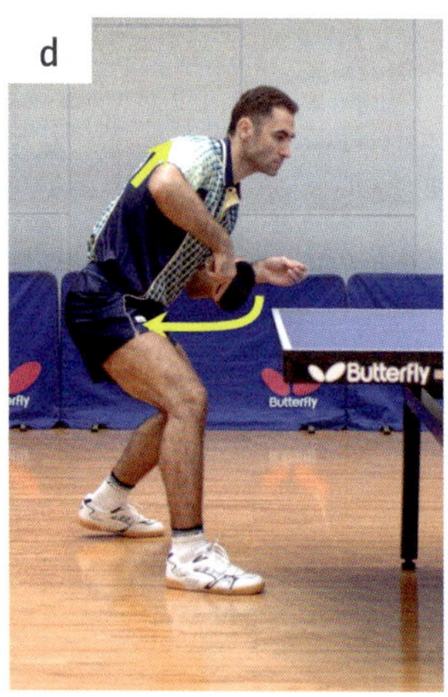

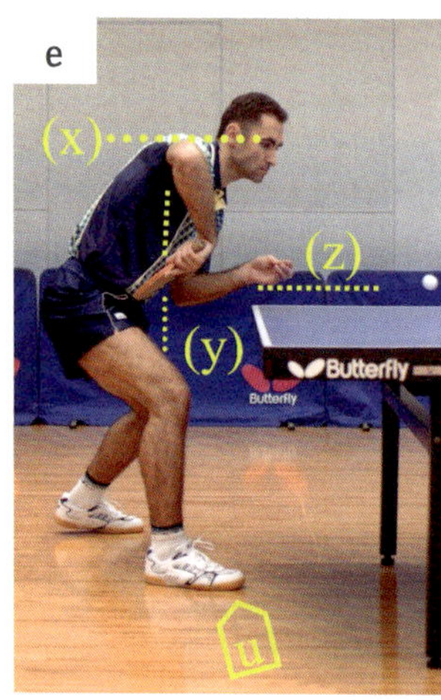

geeignet ist, auch über dem Tisch aus Tischmitte und aus der Vorhandseite auf kurz platzierte Bälle eingesetzt zu werden (u).

Das Körpergewicht lastet am Ende der Ausholbewegung eindeutig auf dem vorderen rechten Bein (u). Beim Linkshänder wäre das natürlich das linke Bein.

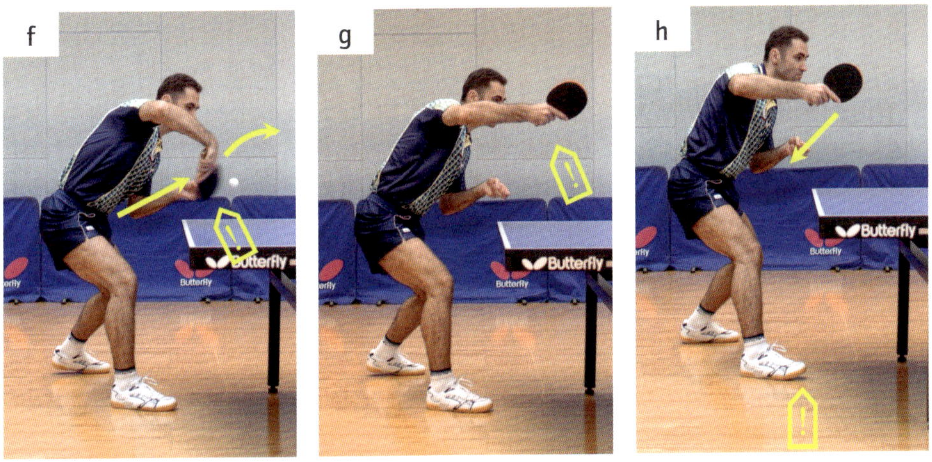

Bildreihe 37 a-h: „Chiquita"-Rückhand-Flipp

Schlagphase - Foto f: Das Foto zeigt Petr kurz vor dem Balltreffpunkt, der über dem Tisch liegt. Die extreme Unter-/Oberarmspannung, die durch das Vorbringen und Anheben des Ellbogens erzeugt wurde, ist bereits merklich aufgelöst, allein das Handgelenk ist noch extrem nach unten angewinkelt und angespannt (!). Die Handgelenkspannung wird auch erst genau im Moment des Balltreffpunkts aufgelöst, indem das Handgelenk sozusagen „explodiert" und der Schläger blitzschnell nach vorne oben bewegt wird. Hier lohnt ein Vergleich des Handgelenks mit Foto g.

Ausschwungphase und Rückführung - Fotos g und h zeigt uns das Ende der Ausschwungphase. Das Handgelenk befindet sich jetzt wieder in der entspannten Grundposition. Der Schlägerkopf erreicht etwa Kopfhöhe.

Petr leitet jetzt die Phase der Schlägerrückführung ein. Der Schläger wird zurück in die Neutralposition geführt. Gleichzeitig drückt er sich mit dem vorderen rechten Fuß nach hinten ab (!), um in seine optimale Schlagposition zurückzukommen.

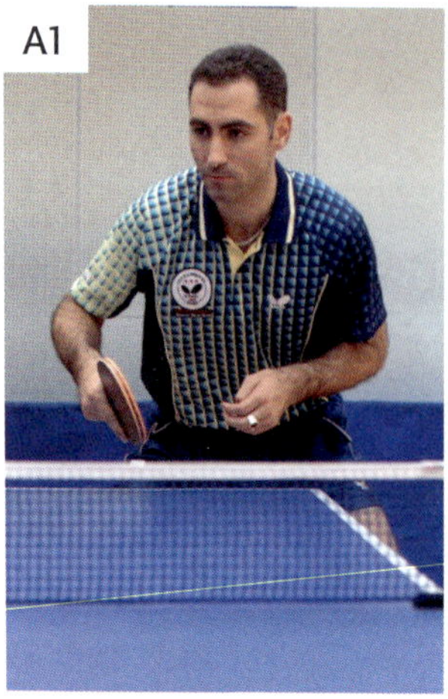
A1

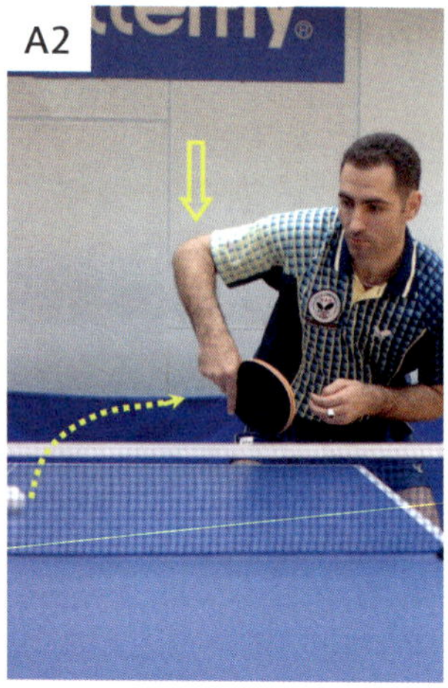
A2

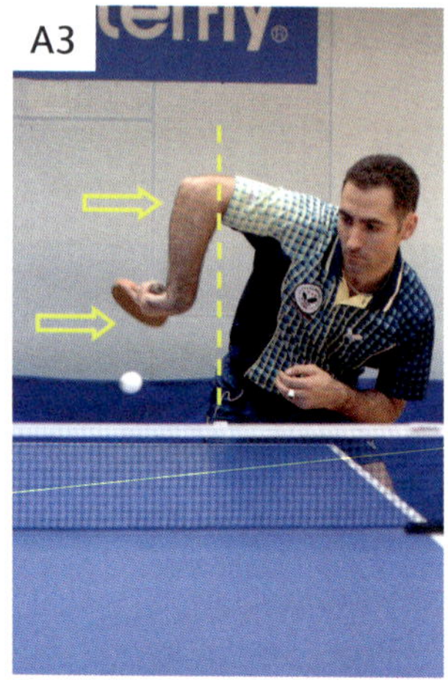
A3

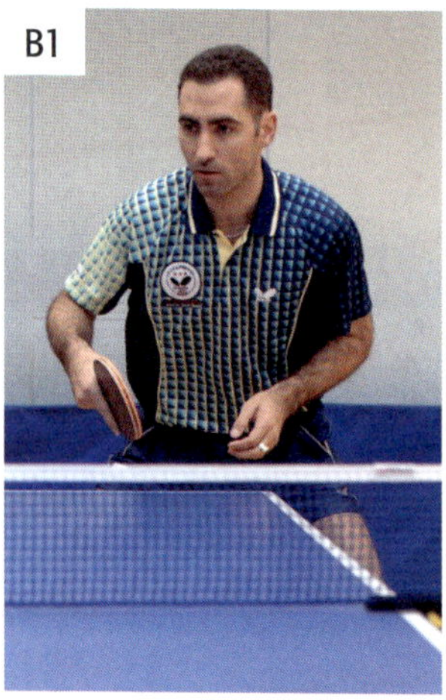
B1

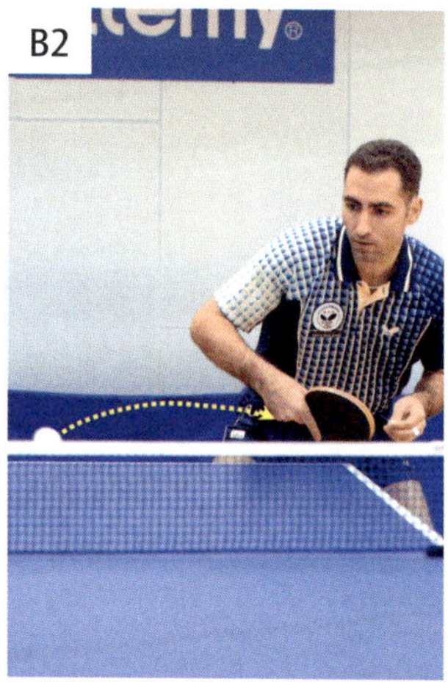
B2

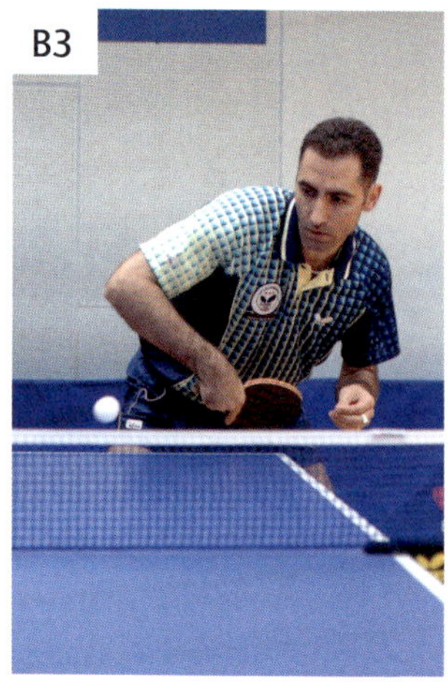
B3

Werfen wir nun einen Blick auf den „Chiquita"-Flipp aus der Frontalperspektive. Dabei können wir zwei Varianten unterscheiden:

- den seitlich neben dem Körper gezogenen „Chiquita"-Spin (Bildreihe A1-A5),
- den vor dem Körper gezogenen „Chiquita"-Spin (Bildreihe B1-B5).

Beide Varianten zu beherrschen, ist insofern wichtig, als damit besonders bei der Aufschlagannahme mehr Rückschlagmöglichkeiten bestehen.

Bilder A1/B1: Petr Korbel steht in der äußeren Rückhand. Dies ist auch die Position, die er normalerweise bei der Aufschlagannahme einnimmt. Petr ist zwar ein exzellenter Rückhandspieler, aber seine Vorhand ist genauso gefürchtet. Und da er sehr schnell auf den Beinen ist, beantwortet er lange Aufschläge in seine Rückhand auch schon mal mit Vorhand-Returns.

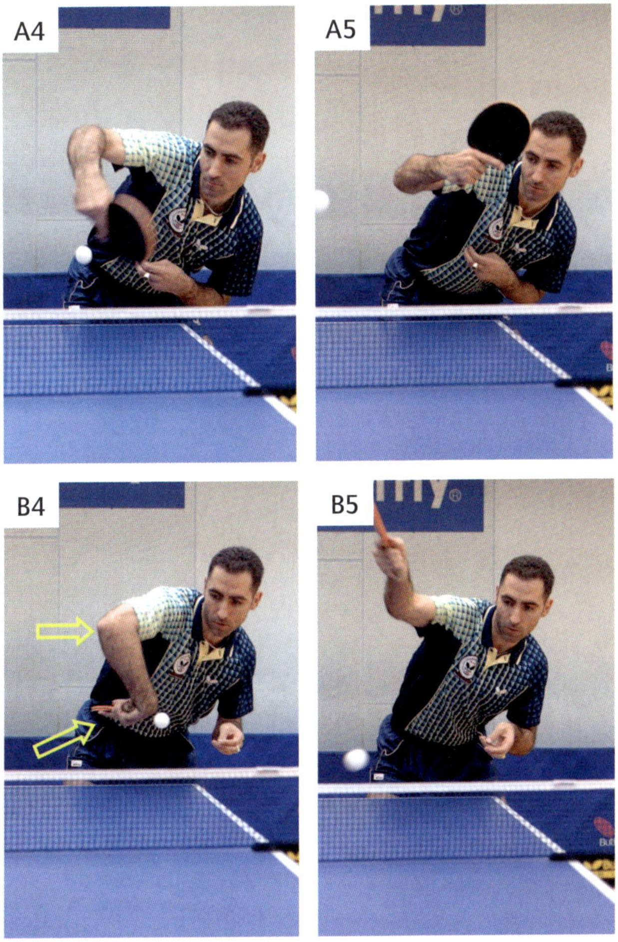

Bildreihe 38, A 1-5, B 1-5: Der „Chiquita"-Rückhand-Flipp aus der Frontalperspektive

Bilder A2/B2: Petr leitet die Ausholbewegung ein. Dabei fällt auf, dass er bei der Variante A den Ellbogen deutlich mehr anhebt als bei Variante B. Der Ball fliegt nicht in die äußere Rückhand, sonder mehr in Richtung Mitte Rückhand. Dies ist wichtig für die Beurteilung des Einsatzes dieser „Chiquita"-Variante. Dagegen ist die Platzierung des Balls in Bildreihe B wesentlich stärker in die äußere Rückhand verlagert.

Bilder A3/B3/B4: Bild A3 verdeutlicht eindrucksvoll die spektakuläre „Chiquita"-Schlagbewegung. Der Ellbogen ist fast über Schulterniveau. Der Schläger wird seitlich neben dem Körper in der Ausholphase nach hinten oben geführt. Das Handgelenk ist extrem nach hinten abgewinkelt. Der Schlägerkopf zeigt nach hinten. Dadurch wird eine extreme

Vorspannung erzeugt, die im Moment des Balltreffpunkts aufgelöst wird und dem Ball einen enormen Spin verleiht. Petr nimmt dabei eine relativ frontale Stellung zum Tisch ein. Dagegen steht er bei der Variante B deutlich seitlicher. Bei dieser Variante B trifft er den Ball vor dem Körper, da der ankommende Ball diagonal in seine äußere Rückhand platziert wird. Hier würde es keinen Sinn machen, den seitlich neben dem Körper getroffenen Bananenspin zu spielen. Dann müsste er nämlich wie beim Umlaufen der Rückhand mit der Vorhand einen Sidestep aus dem Tisch heraus machen, um eine optimale Schlagstellung einzunehmen. Bei der vor dem Körper gespielten Variante hat der Spieler beim Ausholen weniger Bewegungsfreiheit. Das gleicht er aber aus, indem er die Schlagarmschulter deutlich nach vorne bringt und den Ellbogen auch so hoch wie möglich anhebt.

A4/A5/B5: Die eigentliche Schlagbewegung und das Ausschwingen ist bei beiden Varianten ähnlich. Der Ball wird – wie für Sidespinschläge typisch – seitlich von unten nach oben tangiert.

A4

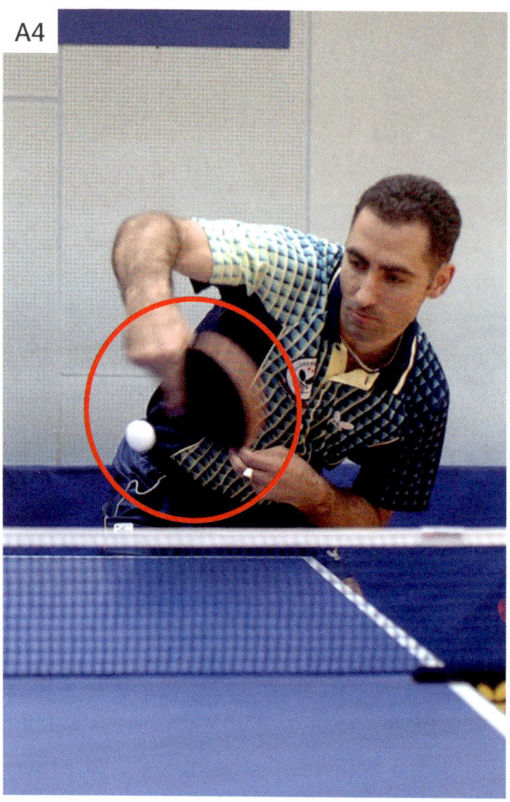

Beim Sidespin-Flipp wird der Ball seitlich von unten nach oben getroffen (s. hierzu auch Foto 43, S. 121)

Wie eingangs bereits erwähnt, eröffnet der „Chiquita"-Rückhand-Spin ein variableres Aufschlagannahmespiel. Aber auch aus dem Kurz-kurz-Spiel kann er erfolgreich angewandt werden. Mittlerweile lassen sich „Chiquita"-Sidespins mit der Rückhand auch schon bei einigen Topspielern aus der Halbdistanz beobachten. Die Bildreihe C zeigt dir, wie der „Chiquita"-Flipp aus der Vorhandseite gespielt wird. Dieser Rückhand-Flipp aus der Vorhandseite gehört zum technisch-taktischen Standardrepertoire der meisten Spitzenspieler, da sich damit hervorragend kurze Seiten- und Seitenunterschnittbälle retournieren lassen.

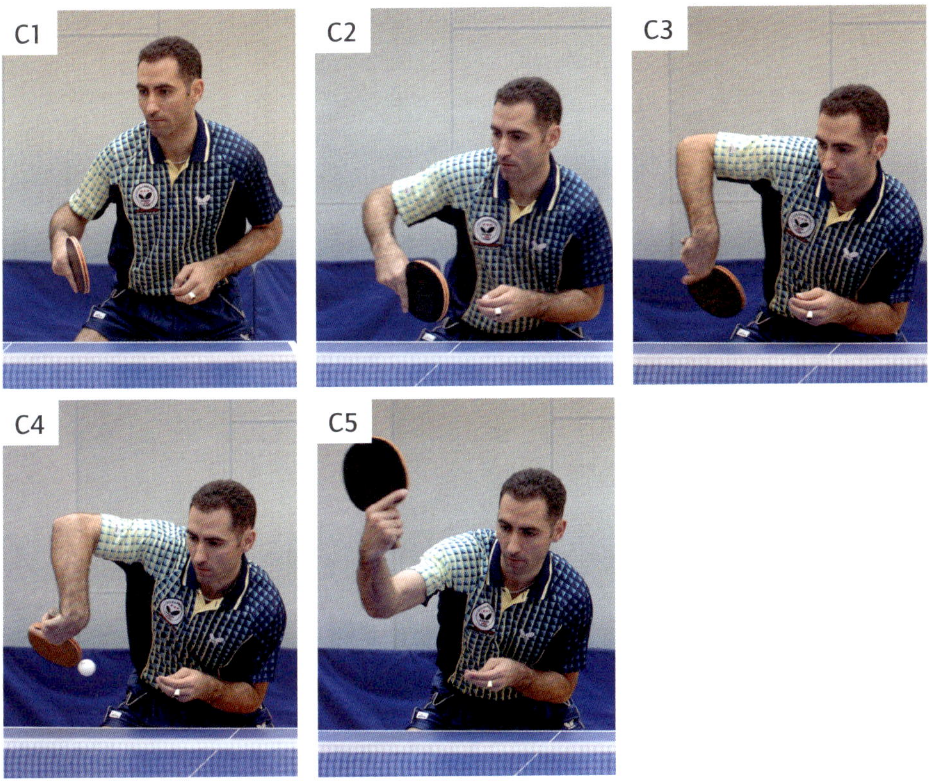

Bildreihe 39, C1-C5: „Chiquita"-Rückhand-Flipp – Perspektive aus der Vorhandseite

3.5.3 Der Vorhand-Flipp

Der südkoreanische Top-10-Spieler Oh Sang Eun ist für sein ausgezeichnetes Vorhand-Flippspiel bekannt. Deswegen ist der Rechtshänder im Aufschlagreturn sehr stark, denn er kann jederzeit aktiv antworten. Aber auch aus dem Kurz-kurz-Schupfspiel heraus vermag er die Initiative immer wieder erfolgreich zu ergreifen. Oh zeigt uns drei Varianten seines Vorhand-Flipp-Programms:

1. Den diagonal gespielten Flipp aus der Vorhand (Bildreihe A)

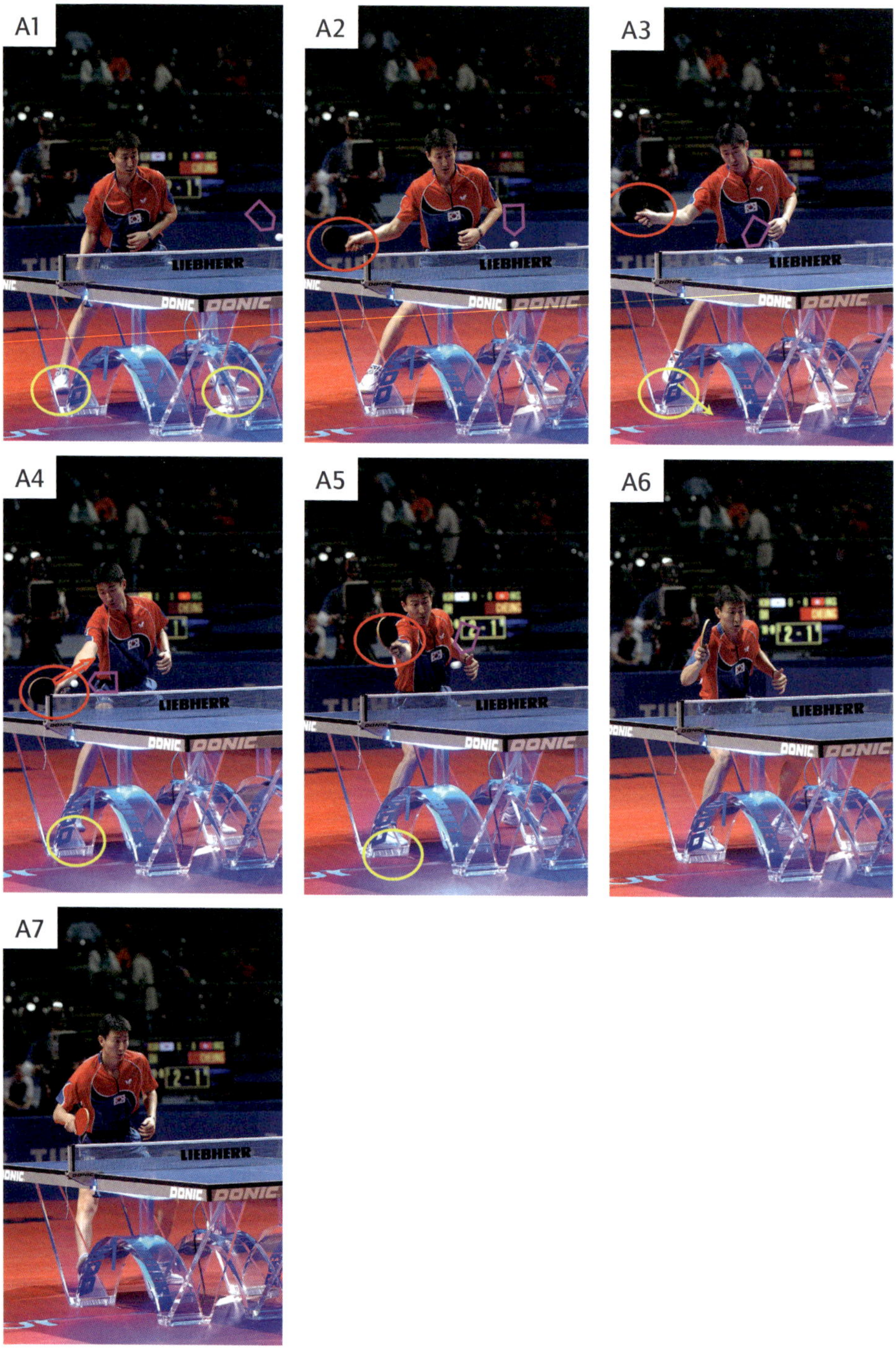

Bildreihe 40: Diagonaler Vorhand-Flipp

2. Den parallel gespielten Flipp aus der Vorhand (Bildreihe B)

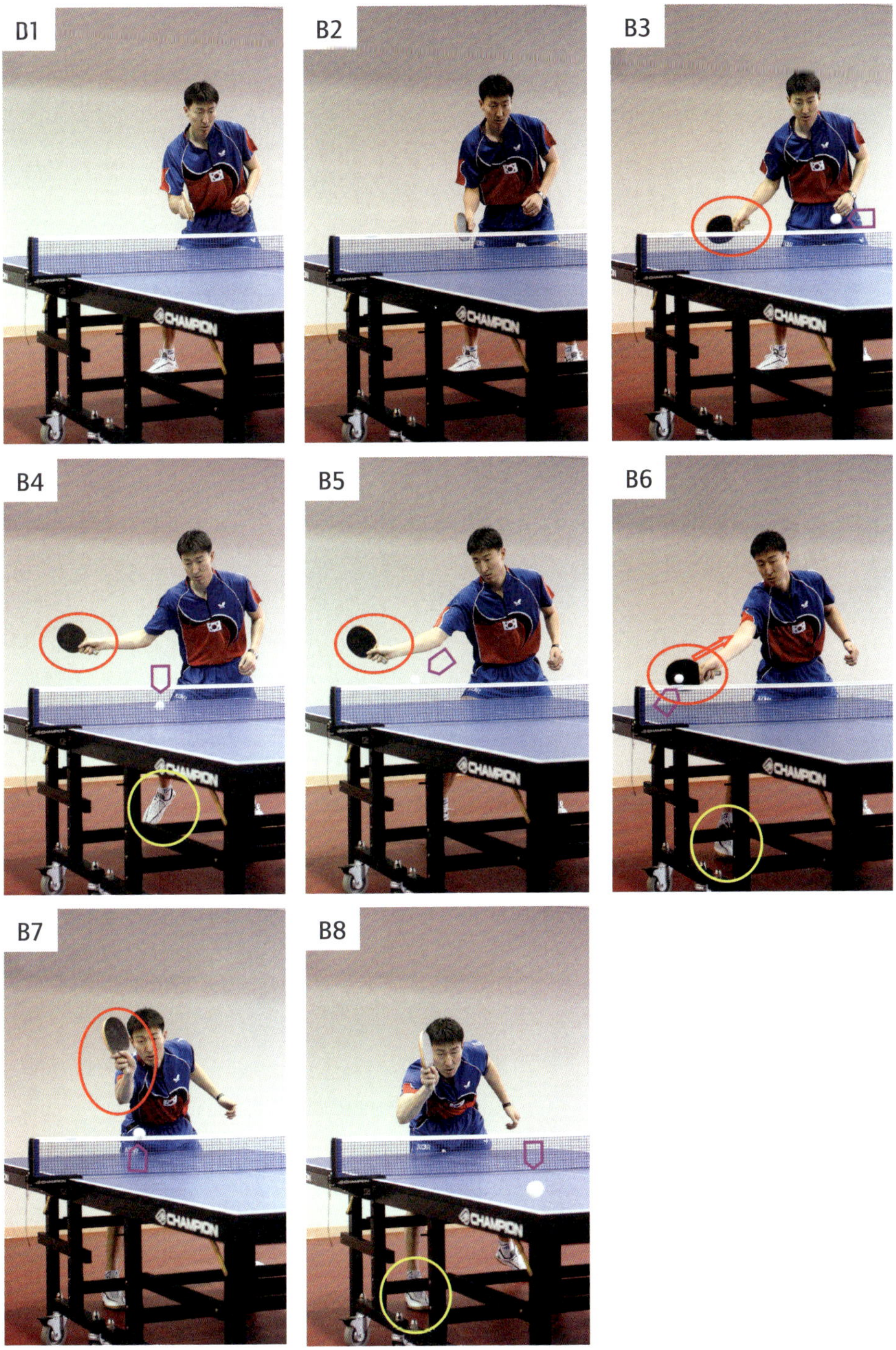

Bildreihe 41: Paralleler Flipp aus der Vorhand

3. Den Vorhand-Flipp aus der umlaufenen Rückhand in Tischmitte (Bildreihe C)

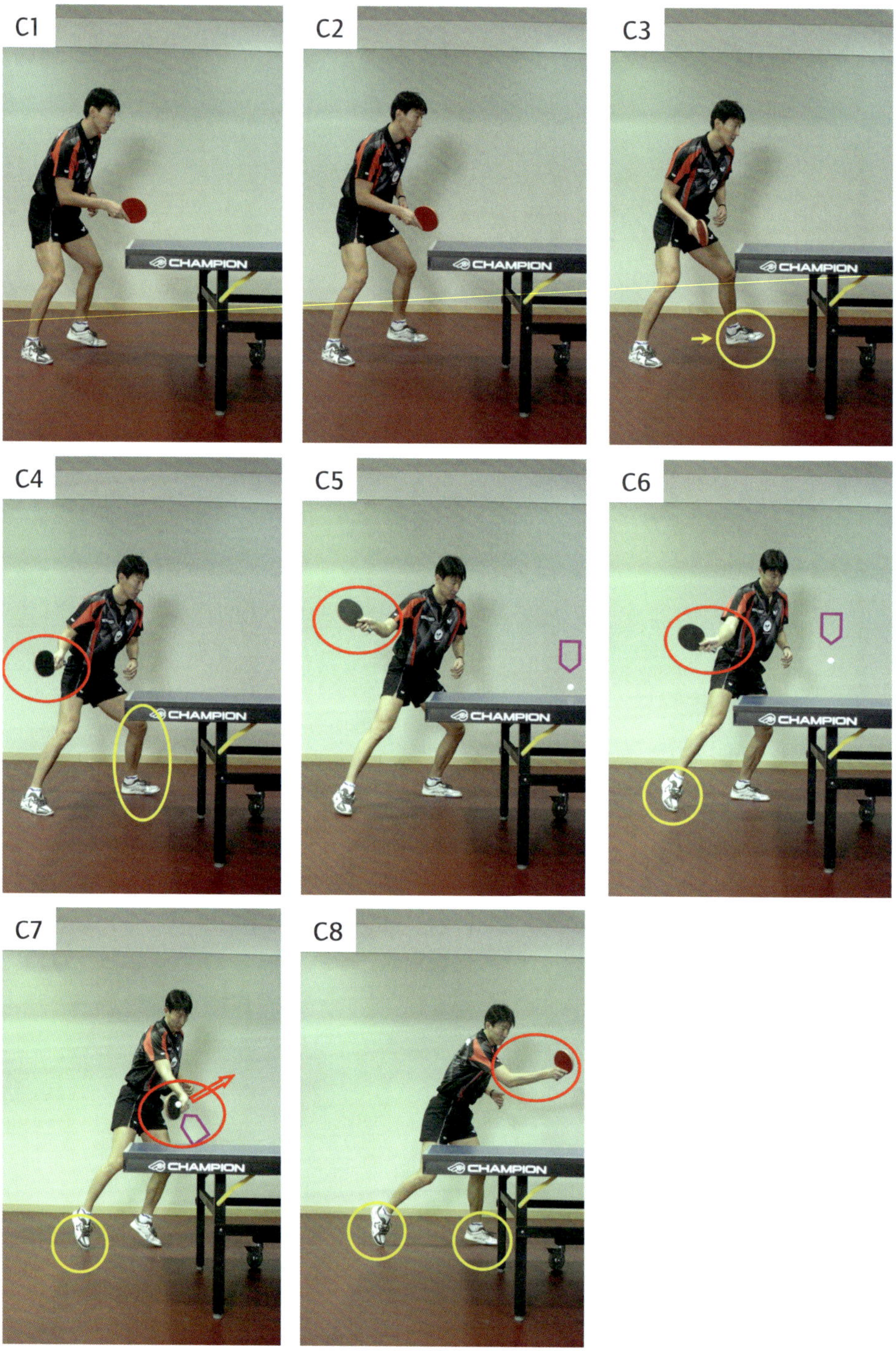

Bildreihe 42: Vorhand-Flipp mit umlaufener Rückhand

Wenn wir die drei Bildreihen miteinander vergleichen, wird schnell deutlich, dass die Grundstruktur des Flippschlags immer gleich bleibt. Letztlich verändert sich nur die Schlägerblattstellung und die Schlagrichtung in Abhängigkeit von der Rotation des ankommenden Balls leicht.

Werfen wir nun einen genauen Blick auf die für die erfolgreiche Ausführung eines Flipps wesentlichen Bewegungsmerkmale.

- **Füße/Beine/Oberkörper (gelbe Kreise/Pfeile)**
  - Beim Vorhand-Flipp aus der Vorhandseite bringt Oh aus der parallelen Grundstellung das vordere rechte Bein leicht nach vorne (s. gelbe Kreise Bildreihe A+B) und vollzieht im Balltreffpunkt einen Belastungswechsel nach vorne. Das Körpergewicht lastet am Ende der Schlagbewegung auf dem vorderen rechten Bein, von dem er sich in die Grundstellung zurück abstößt.
  - Beim Vorhand-Flipp aus der umlaufenen Rückhand (Bildreihe C) steht Oh neben dem Tisch. Daher unterscheidet sich hier die Beinarbeit deutlich. Da Oh den nötigen Raum hat und er schräg zum Tisch steht, bringt er das linke Bein nach vorne und zum Balltreffpunkt zieht er das rechte – wie bei einem Vorhand-Schmetter oder -Topspin – nach. Bei genauem Hinschauen fällt auf, dass er im Balltreffpunkt sich sogar im Sprung befindet. Dies ist nicht unbedingt notwendig, kennzeichnet aber die Dynamik dieses temporeichen Flipps, den er etwa in Tischmitte des Gegners platziert. Im Übrigen machen alle drei Bildreihen sehr schön deutlich, dass der Vorhand-Flipp ein Ganzkörperschlag ist, der ein sehr hohes Maß an Koordination, insbesondere an Balance, benötigt, denn der Spieler muss sich mit seinem Oberkörper auf kurz gespielte Bälle über den Tisch beugen, darf diesen nicht verrücken und muss sich wieder abstoßen. Kein einfaches Unterfangen.

- **Schlagarm/Schläger (rote Kreise/Pfeile)**

Bei allen drei Varianten wird das wichtigste Bewegungsmerkmal des Flipps deutlich. Der Schläger wird schräg von unten nach vorne oben geführt (roter Pfeil). Je mehr Unterschnitt der ankommende Ball hat, umso steiler muss die Schlagbewegung nach oben erfolgen, umso mehr muss das Schlägerblatt geöffnet sein. Bei Flipps auf Oberschnitt ist auch eine flachere, aber dennoch schräg nach vorne oben gerichtete Bewegung erforderlich. Dabei ist das Schlägerblatt dann aber mehr oder minder geschlossen. Oh zeigt uns zudem, dass der Flipp ein Schlag aus dem ganzen Arm ist und keineswegs nur aus dem Handgelenk erfolgt. Die Schnelligkeit der Unterarmbeugung im Ellbogengelenk und des Handgelenkeinsatzes bestimmt das Tempo des Flipps. Ein weiteres, sehr wichtiges Bewegungsmerkmal musst du beachten: Im Moment des Balltreffpunkts ist das vordere rechte Bein der Standpunkt für die Bewegung so wie der Stemmschritt beim Ball- oder Speerwurf. Wir können sehr genau in den Bildreihen A und B erkennen, wie Oh über das rechte vordere Bein in den Schlag hineingeht. Dadurch kann Oh auch den Ball vor der seitlichen Körperachse, also vor dem Körper, treffen und hat mehr Bewegungsspielraum für den Schlagarm.

3.6 Wir blocken

Der Block ist eine Schlagtechnik, die zunächst taktisch erklärt werden muss. Mit dem Block kannst du Topspins beantworten oder – wie Tischtennisspieler sagen –„blocken". Dem ankommenden Topspinball hältst du den Schläger mit mehr oder minder geschlossenem Schlägerblatt in der steigenden Flugphase über dem Tisch entgegen. Die Geschwindigkeits- und Rotationsenergie des Balls ausnutzend, wird der Ball entsprechend schnell oder langsam retourniert. Es gibt passive, aktive und Spinblocks. Diese schauen wir uns nun genauer an.

3.6.1 Der passive Rückhand-Block

Blockvariationen – Teil 1: Der passive Rückhand-Block mit Gefühl

Die Grundform des Blocks ist der passive Block. Bis heute ist er eine wichtige Variante des variantenreichen Blockspiels. Und – nicht zu vergessen – er ist auch die sicherste und von der Bewegungssteuerung her einfachste Blockvariante, die dir im Übrigen sehr viel Gefühl für Rotation vermittelt. Aber auch im Spitzenbereich wird der passive „Halte"-Block (abgeleitet von Schlägerhinhalten) immer wieder angewandt, und zwar dann, wenn dem Spieler keine Zeit mehr bleibt, einen gegnerischen Spinball aktiv zu beantworten.

Unter diesem Zeitdruck versucht er dann, den Schläger noch irgendwie an den Ball zu bringen und zu blocken. Dass dabei zum Teil schnelle und keinesfalls passive Blockbälle entstehen, hängt zum einen vom Tempo des ankommenden Spinballs und vom eigenen Schlägermaterial ab. Insofern drückt das Wort „passiv" nicht die taktische Bedeutung dieses Schlags aus, sondern den Bewegungsaspekt. Der passive Block ist keine aktive Schlagbewegung. Ganz im Gegenteil, der Schläger wird im Balltreffpunkt nur hingehalten.

Das unterscheidet den *passiven Block* von den anderen beiden Blockvarianten:

- dem aktiven Konterblock,
- dem Gegenspin-Block.
- Darüber hinaus gibt es noch den Unterschnitt-Block und den Seitenschnitt-Block, auf deren Darstellung wir hier verzichten wollen, da sie einerseits nur selten gespielt werden und andererseits ein großes Können voraussetzen.

Nun konzentrieren wir uns auf den passiven Block mit der Rückhand. Er wird uns von dem japanischen Nationalspieler Kenji Matsudaira demonstriert. Die beiden Bildreihen zeigen den passiven Block von der Seite (Fotos 1-5) und von vorne (Fotos 6-9).

Da der passive Block über keinen klassischen Drei-Phasen-Bewegungsablauf verfügt – Aushol- und Ausschwungphase fehlen –, konzentrieren wir uns auf den Balltreffpunkt und die begleitenden Bewegungsmerkmale. Die Fotos a (Seitenansicht) und f (Frontalansicht) zeigen Kenji in der Ballerwartung. Er nimmt die typische tiefe Grundstellung ein: parallele, mehr als schulterbreite Fußstellung, Drei-Winkel-Stellung in Fuß-, Knie- und Hüftgelenk. Dadurch erreicht er eine optimale Balance und kann seinen Oberkörper nach vorne bringen, um über dem Ball zu sein und nicht in Rückenlage zu geraten. Die Schlagarmschulter ist leicht nach vorne geschoben, das Schlägerblatt geschlossen.

Die Fotos b und g zeigen Kenji kurz vor dem Balltreffpunkt. Auf Foto c ist der Balltreffpunkt genau zu erkennen. Wenn wir uns nun die nachfolgenden Fotos d/e und h/i nach dem Balltreffpunkt näher anschauen und diese mit den Fotos b/c und g vergleichen, erkennen wir, dass im Moment des Balltreffpunkts, wenn überhaupt, dann nur ein winziger Bewegungsimpuls nach vorne oben erfolgt und der Schläger im Grunde nur hingehalten wird. Kenji trifft den Ball genau vor dem Körper in der steigenden Flugphase. Kenji senkt den Körperschwerpunkt zum Balltreffpunkt hin ein wenig ab, um sich danach wieder aufzurichten (vgl. Fotos a-e und Fotos f/g). Dadurch hat er im Moment des Balltreffpunkts einen noch besseren Stand.

Im Vergleich zu anderen Schlagtechniken mag der passive Block zunächst einfach erscheinen. Dieser Eindruck täuscht aber, denn neben einem optimalen Timing verlangt der passive Block die richtige Einschätzung des ankommenden Balls hinsichtlich seiner Rotation, seiner Platzierung und seines Tempos. Entsprechend muss der Spieler sein Schlägerblatt einstellen (mehr geschlossen bei starkem Spin, entsprechend weniger geschlossen bei geringerem Spin). Dieses Gefühl für die richtige Schlägerblattstellung lernt man beim passiven Block optimal: Ballgefühl pur. Deswegen ist er auch ein Grundschlag, der in bestimmten Spielsituationen, vor allem in Notsituationen, immer wieder zum Einsatz kommt.

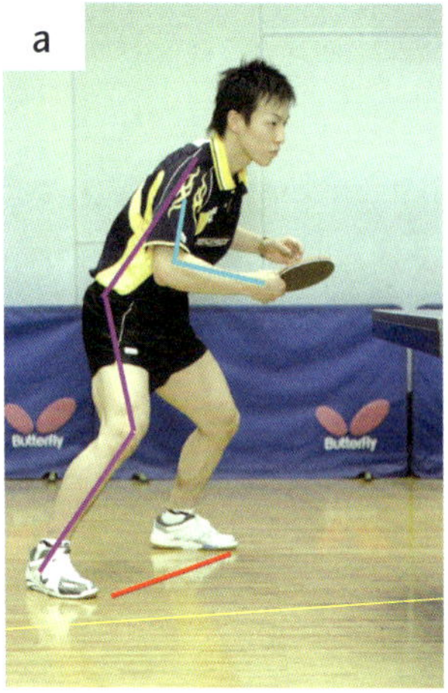
a

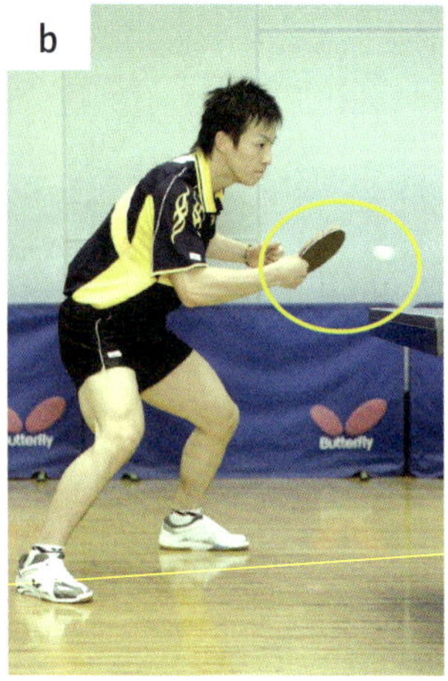
b

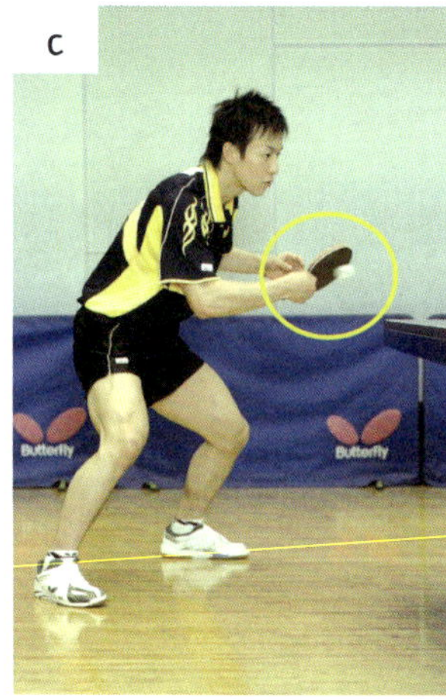
c

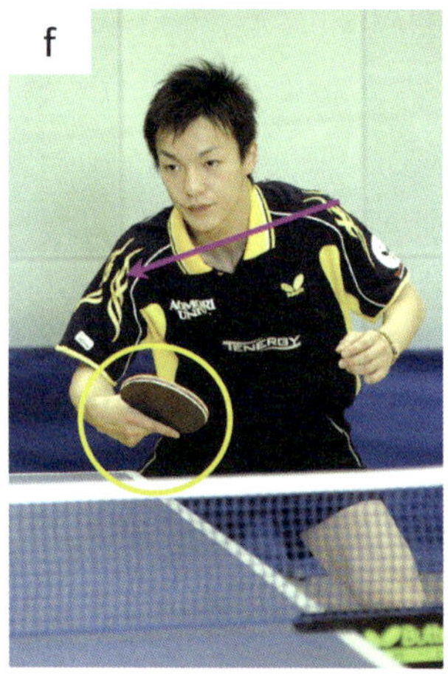
f

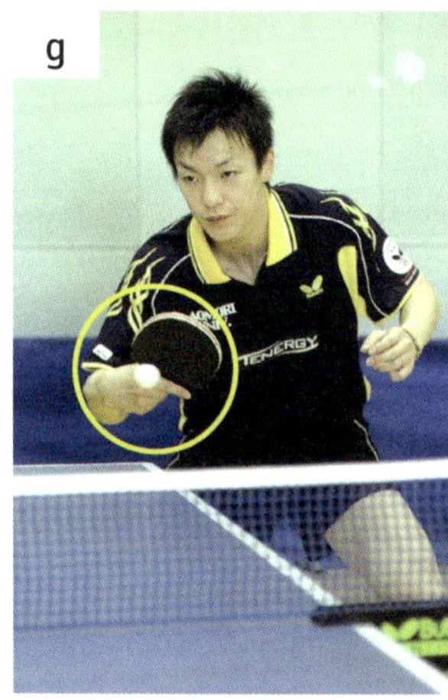
g

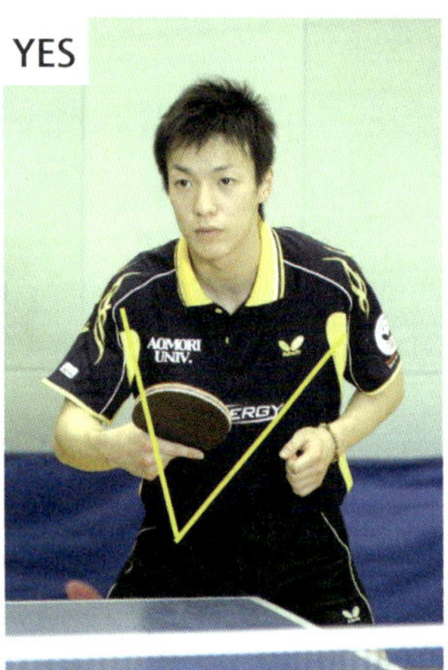
YES

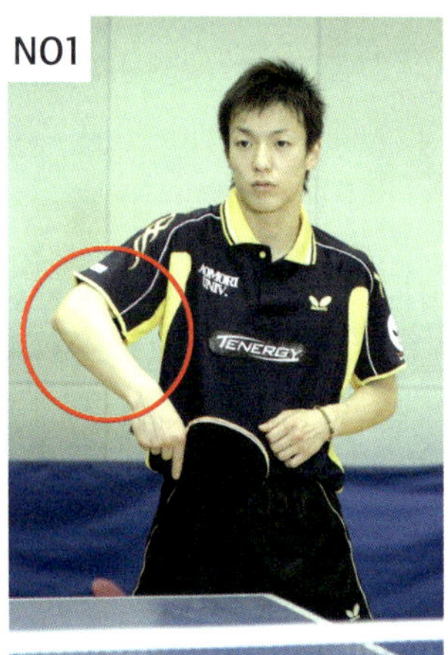
NO1

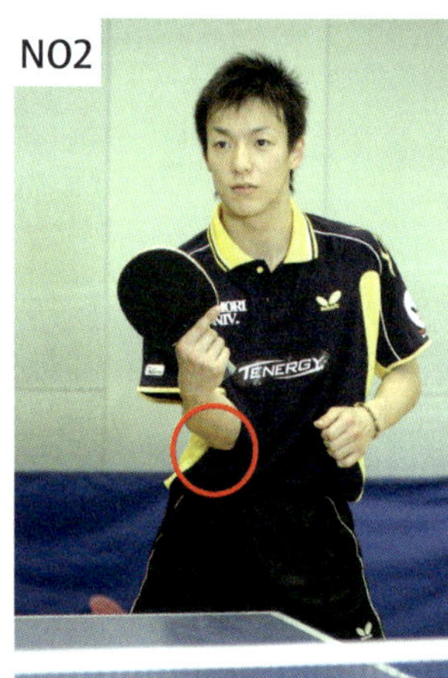
NO2

d YES e h i

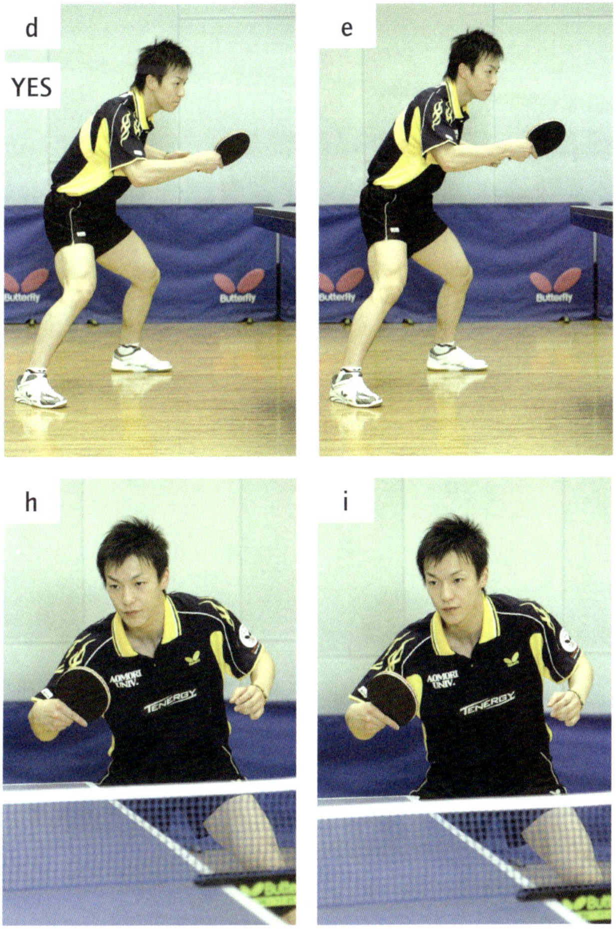

Bildreihe 43 a-i: Der passive Rückhand-Block von der Seite (a-e) und von vorne (f-i)

YES NO 1

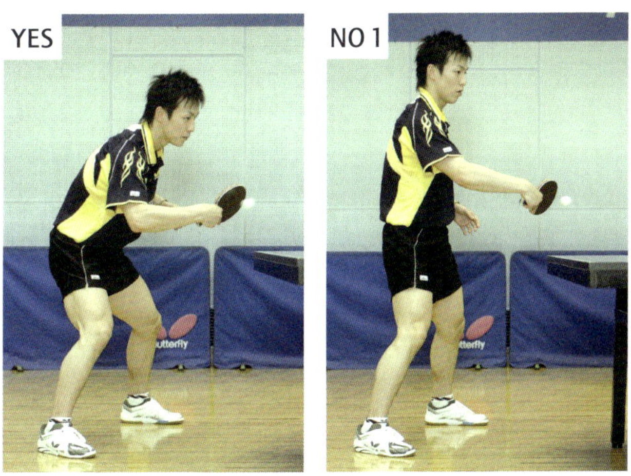

Fotos 45: Fehlerbilder

Schauen wir uns nun drei Fehlerbilder an, die in dieser oder einer abgewandelten Form immer wieder auftreten. Sie gelten übrigens auch für alle anderen Blockvariationen. Der Spieler soll den Ball optimal vor dem Körper, Mitte bis etwas zur Schlagarmschulter gerichtet, treffen (YES frontal - gelbes Dreieck). Kenji zeigt uns zwei Fehler, die von diesem Ideal abweichen. Zum einen hat er den Ellbogen zu weit oben (NO1). Dadurch wird es schwierig, den richtigen Schlägerwinkel zu finden. Beim zweiten Fehlerbild sehen wir genau das Gegenteil: Kenji hat den Ellbogen zu weit zum Körper hin angewinkelt (NO2). Dadurch dürfte es noch schwieriger werden, den Schläger richtig anzuwinkeln und die optimale Schlägerposition einzunehmen.

Das zweite YES-Foto (Seitenansicht) betont noch einmal die optimale Körperstellung im Moment des Balltreffpunkts. Der Spieler sollte nicht zu nah am Tisch stehen und den Ball auch nicht zu früh annehmen, also nicht direkt nach dem Aufspringen, sondern in der steigenden Phase. Schauen wir uns nun das dazu passende Fehlerbild an: NO1 - Seitenansicht. Wir sehen einen viel zu aufrecht stehenden Kenji, der dadurch auch keinen optimalen Ellbogenwinkel im Schlagarm hat. Auch dürfte es in dieser Position schwer werden, die optimale Schlägerblattstellung zu erreichen.

3.6.2 Der passive Vorhand-Block

Schauen wir uns nun den passiven Vorhand-Block von Kenji Matsudaira an. Die Fotos 1a-4a (Frontalansicht) und 1b-4b (Seitenansicht) verdeutlichen sehr genau, worauf es bei der Vorhand ankommt.

Auf den Fotos 1a und 1b sehen wir Kenji in der Ballerwartung. Er nimmt die typische tiefe Grundstellung ein: parallele, mehr als schulterbreite Fußstellung, 3-Winkelstellung in Fuß-, Knie und Hüftgelenk. Dadurch erreicht er eine optimale Balance und kann seinen Oberkörper nach vorne verlagern, um über dem Ball zu sein und nicht in Rückenlage zu geraten. Die Schlagarmschulter ist leicht zur Vorhandseite nach außen gestellt.

Kenji beobachtet den ankommenden Topspin-Ball genau und stellt seinen Schlägerblattwinkel entsprechend dem antizipierten Spin des Balles ein. Gleichzeitig dreht er den Oberkörper im Hüftgelenk ein wenig zur Vorhand hin, damit der Schlagarm genug Bewegungsfreiheit hat, den Ball in der steigenden Flugphase seitlich vor dem Körper zu treffen (Foto 2a). Die Seitensicht (Foto 2b) zeigt zudem, dass Kenji zum Balltreffpunkt hin den Körper noch ein wenig absenkt.

Besondere Bedeutung kommt beim passiven Block dem Balltreffpunkt zu (Fotos 3a und 3b). Zum einen darf der Ball nicht zu früh – also direkt nach dem Tischaufsprung – angenommen werden (Gefahr, dass der Ball unkontrolliert ins Netz geblockt wird), zum anderen auch nicht zu spät, denn dann ist der Ball häufig nicht mehr kontrollierbar. Der optimale Treffpunkt beim Vorhand-Block sollte in der steigenden Flugphase seitlich vor dem Körper – wie bei den meisten anderen Vorhand-Schlägen auch – in Verlängerung des rechten Knies bzw. Beins sein (gestrichelte rote Linie Foto 3a). Der Schlagarm ist rechtwinkelig im Ellbogengelenk gebeugt. Das Handgelenk ist leicht nach unten abgewinkelt (Foto 3b, roter Strich), sodass der Schlägerkopf zur Seite und nicht nach oben zeigt. Dadurch kann der Schlägerblattwinkel optimal eingestellt werden.

Wenn wir jetzt die Fotos 3a mit 4a und 3b mit 4b vergleichen, wird deutlich, dass während des Balltreffpunktes eigentlich kein Schlagimpuls erfolgt, sondern dass die ankommende Tempo- und Spinenergie des ankommenden Balles ausgenutzt wird, um ihn zu retournieren.

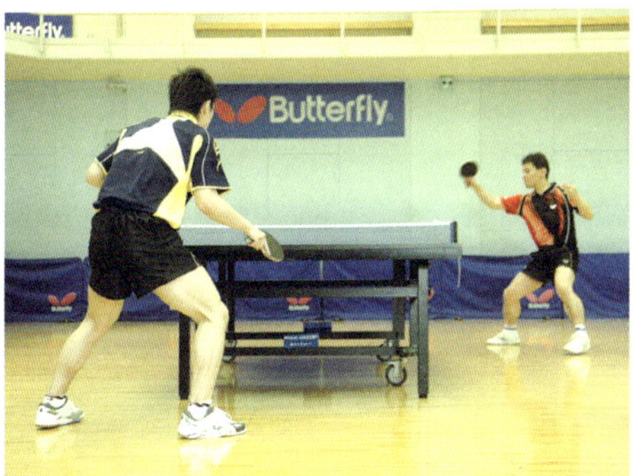

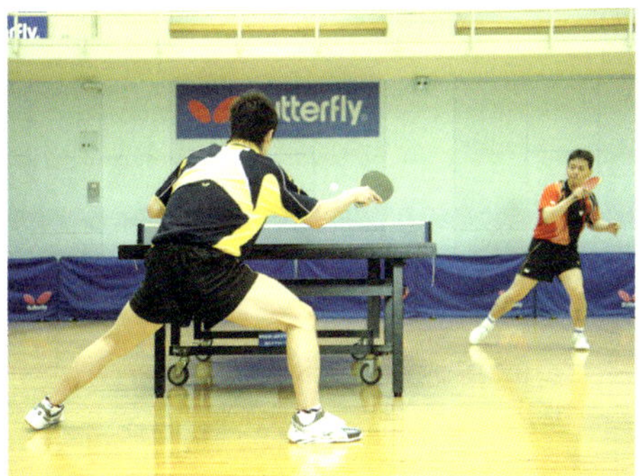

Bildreihe 44

Die Bildreihe 44 zeigt eine typische Spielsituation für den Einsatz eines passiven Blocks. Der Gegner zieht neben dem Tisch aus der Rückhand-Seite einen Vorhand-Topspin und entblößt damit seine ganze Vorhand-Seite. Warum sollte der Blockspieler jetzt ein hohes Risiko mit einem Gegenspin oder Schuss gehen, wenn es mit einem genau diagonal in die weite Vorhand platzierten passiven Block genauso effektiv geht? Kenji erkennt die Situation, bewegt sich reaktionsschnell mit einem weiten Ausfallschritt zum antizipierten Balltreffpunkt hin und platziert seinen Gegner sicher aus. An dieser Stelle wird wieder sehr schön deutlich, dass das Wort „passiv" nicht taktisch, sondern bewegungsanalytisch zu verstehen ist.

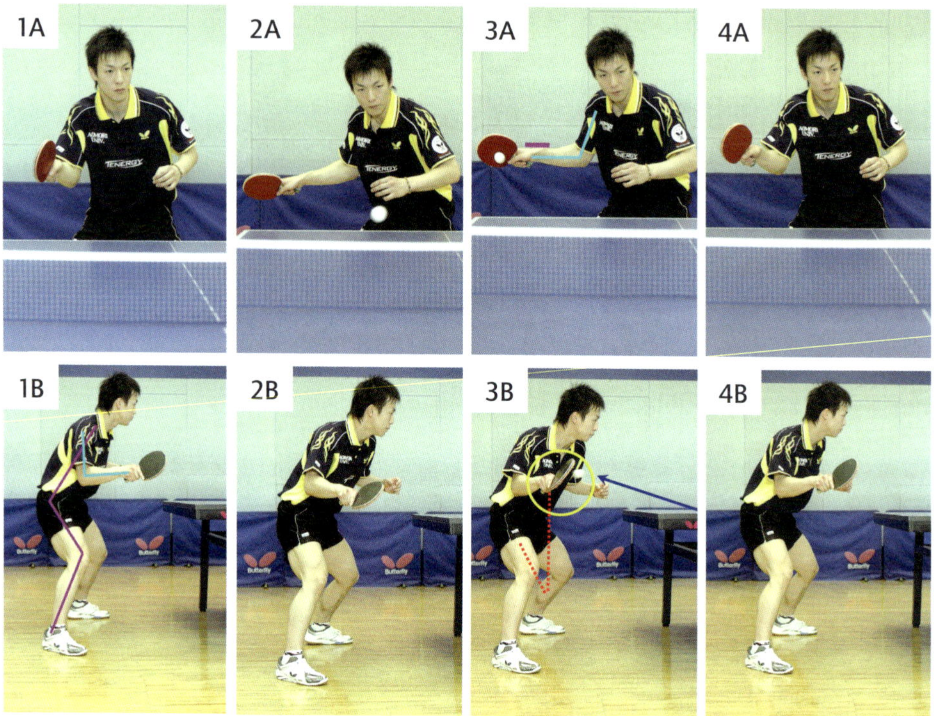

Bildreihe 45: Der passive Vorhand-Block

Schauen wir uns nun einige Fehlerbilder beim Vorhand-Block an, die uns Kenji zum Teil etwas überspitzt zeigt.

No1: Kenji steht viel zu aufrecht, ist nicht über dem Ball, trifft den Ball viel zu spät und viel zu hoch. Keine Chance, einen wirkungsvollen Block zu spielen.

No2: Kenji reagiert auf den ankommenden Topspinball nur mit ausgestrecktem Arm. Obwohl er Zeit hätte, geht er nicht zum Ball! Dadurch steht er im Balltreffpunkt nicht optimal zum Ball, hat nicht die notwendige Körperbalance für einen gut getimten Block. Dennoch gibt es Spielsituationen, in denen ein Schlägerhinhalten ohne optimale Schlagstellung noch zum Erfolg führen kann. Der Chinese Ma Lin, immerhin Olympiasieger 2008, hat einmal, nachdem er ausgerutscht war, noch im Fallen versucht den Schläger irgendwie an den Ball zu bringen und hinzuhalten und tatsächlich einen Punkt erblockt. Die Halle tobte, denn so etwas passiert nicht alle Tage.

No3: Kenji zeigt uns einen häufig zu beobachtenden Fehler: Der Spieler dreht in der Hüfte zu stark zur Vorhand hin und steht fast schon schräg zum Tisch. Dadurch trifft er den Ball viel zu spät neben dem Körper und kann ihn dort nur schwer kontrollieren.

No4: Dieser Fehler ist eher ein Anfängerfehler, aber hier sehr oft zu beobachten. Der Spieler will den Ball mit fast oder ganz gestrecktem Arm blocken. Dadurch kommt es zu Problemen mit der Schlägerblattstellung, dem Balltreffpunkt und der Schlagsicherheit. Also dringend abstellen.

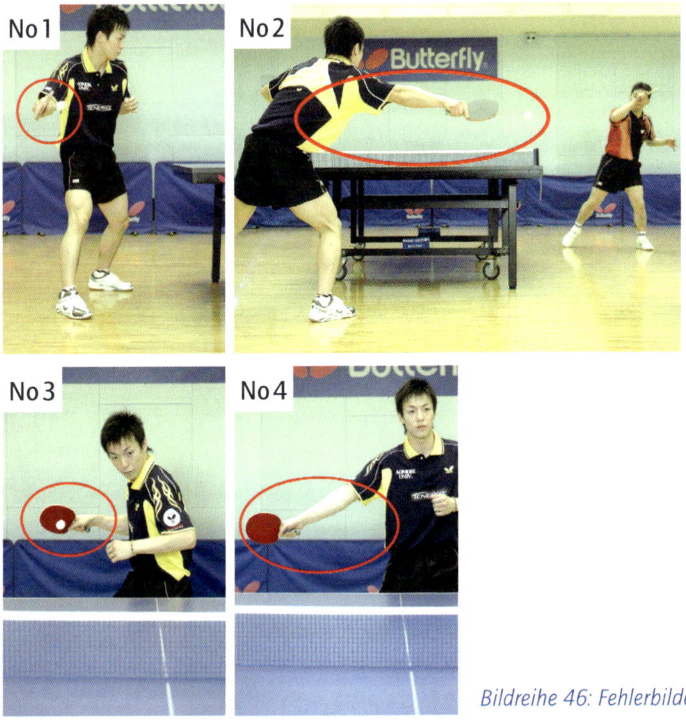

Bildreihe 46: Fehlerbilder 1-4

3.6.3 Der aktive Rückhand-Block

Der aktive Block wird als Spin- oder Kontervariante gespielt.

Nun wollen wir uns den aktiven Block genauer anschauen. Wiederum ist Kenji Matsudaira unser Technikdarsteller.

Der Hauptunterschied zwischen aktivem und passivem Blocken besteht eindeutig darin, dass der aktive Block im Gegensatz zum passiven eine aktive Schlagbewegung ist, die den Ball beschleunigen soll. Das wird durch zwei Möglichkeiten erreicht:

- durch eine Konterbewegung (= mehr zentrales als tangentiales Treffen),
- durch eine Spinbewegung (= tangentiales Treffen).

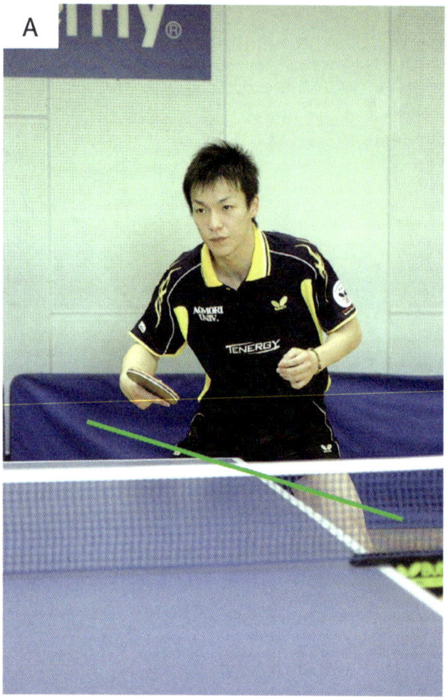
A

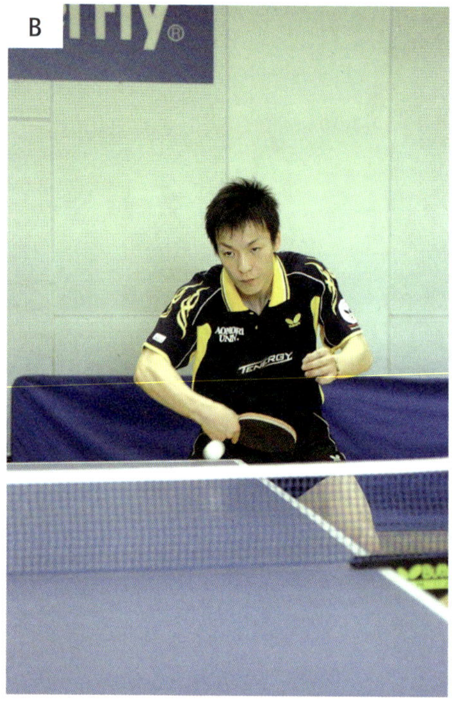
B

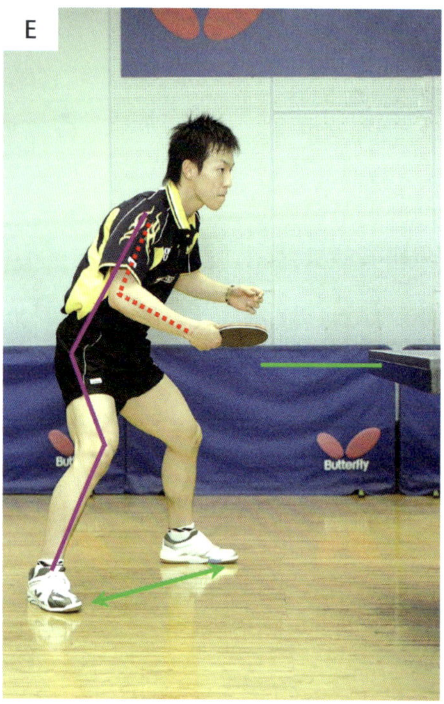
E

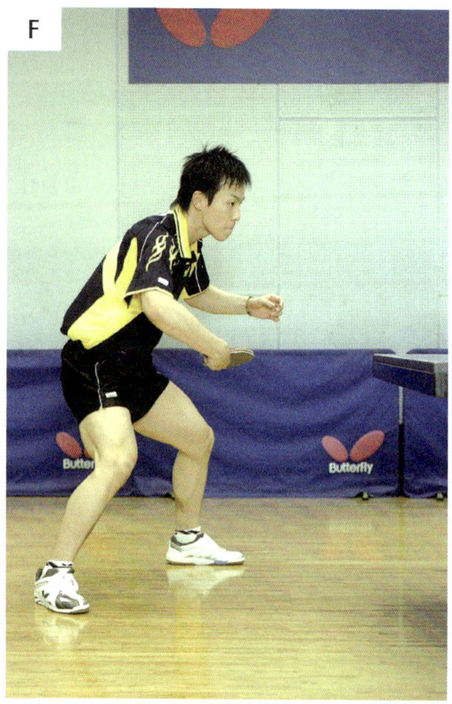
F

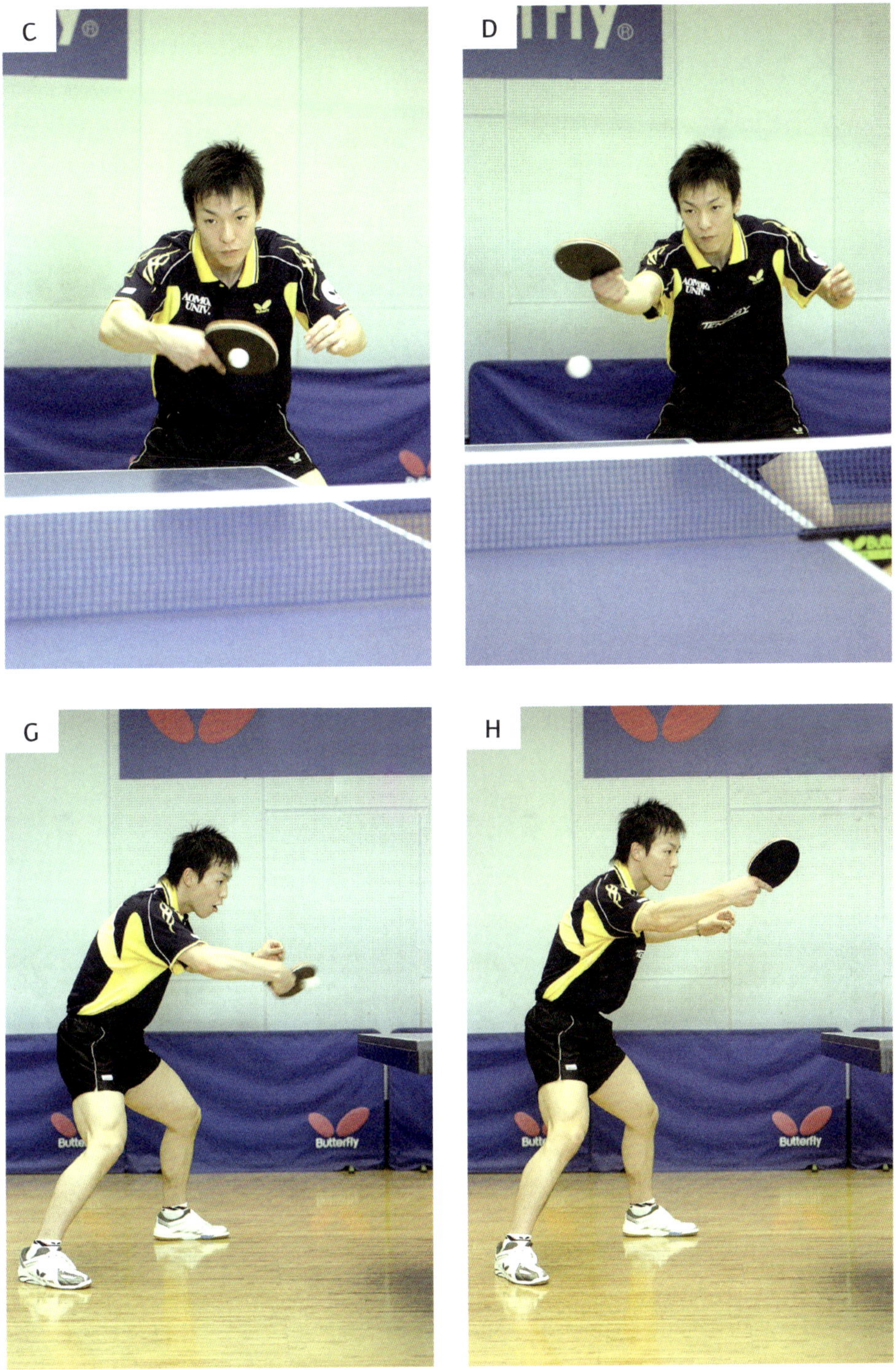

Bildreihe 47 A-H: Der aktive Rückhand-Block

Beide Varianten sind nur bei ganz genauem Hinschauen zu unterscheiden. Denn rein äußerlich ist zwischen einem aktiven Rückhand-Block und einem Rückhand-Konterschlag kein großer Unterschied zu erkennen. Das gilt in gleicher Weise für die Spinvariante. Eigentlich wird erst im Moment des Balltreffpunkts entschieden, ob die Spin- oder die Kontervariante gespielt wird (s. **Fotos C + C1 im Vergleich**). Beim Spinblock wird der Ball mehr tangential getroffen und der Spieler beschleunigt mehr aus Unterarm und Handgelenk. Dabei ist der Schläger stark geschlossen. Bei der Kontervariante wird der Ball mehr zentral getroffen und damit mehr gedrückt. Wird der Ball aus dem Handgelenk *gekickt*, so bedeutet das, dass er voll zentral getroffen, also geschlagen, wird. Das blitzschnell beschleunigte Handgelenk stoppt im Balltreffpunkt so wie du einen Peitschenhieb ausführst, damit die Peitsche knallt. Diese Variante wird häufig als Endschlag eingesetzt. Betrachten wir nun Kenji Matsudairas aktiven Rückhand-Block genauer. Die **Fotos A-D** (S. 152-153) zeigen Kenji aus der Frontal-, die **Fotos E-H** aus der Seitenperspektive.

Fotos A+E - Ausgangsstellung: Kenji steht Mitte Rückhand leicht schräg zum Tisch (Foto A, grüne Linie). Damit kann er in der Diagonalen mehr Druck auf den Ball bekommen. Seine Füße sind mehr als schulterbreit auseinander, sein Oberkörper ist leicht nach vorne gebeugt. Damit hat er er eine optimale Körperbalance. Auffällig - und entgegen mancher Lehrbuchmeinung - ist seine Position, bezogen zum Tisch. Er steht nämlich nicht zu nah am Tisch (Foto E). So ist er flexibel in der Ballannahme, da er auch noch lange Bälle druckvoll beantworten kann. Außerdem hat er durch diese Tischentfernung für seinen aktiven Block mehr Bewegungsfreiheit. Die Schlagstrecke wird länger und damit die Schlaggeschwindigkeit erhöht. Der Block kann sehr aggressiv gespielt werden.

Fotos B+F - Ausholphase: Kenji senkt den Körperschwerpunkt durch Beugen der Knie und Nach-vorne-Beugen des Oberkörpers ab (Foto E). Die Schlagarmschulter schiebt er leicht nach vorne (Foto B). Sowohl die Seiten- als auch die Frontalperspektive zeigt sehr anschaulich Kenjis Handgelenkeinsatz und seine Vorspannung im Unterarm. Das Handgelenk ist schräg nach hinten unten abgewinkelt. Der Schlägerkopf zeigt seitlich nach unten, das Schlägerblatt ist stark geschlossen.

Fotos C+G - Schlagphase: Kenji trifft den Ball vor dem Körper in der steigenden Flugphase. Die Schlagstrecke ist schräg nach oben gerichtet, also nicht zu flach. Das Schlägerblatt ist stark geschlossen. Der Topspin des ankommenden Balls wird durch die eigene Schlägerbeschleunigung, verursacht durch Handgelenk und Unterarm, neutralisiert und in Gegenspin umgekehrt. Dabei muss die Schlägergeschwindigkeit und der Winkel des Schlägerblatts genauestens eingestellt sein. Um diesen Spinblock auf Dauer mit hoher Sicherheit spielen zu können und hinsichtlich des Tempos genau variieren zu können, bedarf es eines hohen Trainingspensums.

Fotos D+H – Ausschwungphase: Kenji streckt den Arm am Ende der Ausschwungphase nach vorne oben. Der Arm ist dabei im Ellbogengelenk fast gestreckt (Foto D). Foto H macht überdies deutlich, dass sich Kenji mit der Schlagausführung leicht nach oben aufgerichtet hat, was durch den schräg nach vorne oben gerichteten Schlagimpuls ausgelöst wird (vgl. Foto E mit H).

Konter- und Spinblock im Vergleich

Dazu lohnt ein Vergleich der **Fotos C** (Spinblock) mit **C1** (Konterblock). Während beim Konterblock der Schlägerkopf im Balltreffpunkt schräg nach oben zeigt, da der Ball gedrückt bzw. geschlagen wird, steht der Schlägerkopf beim Spinblock schräg nach hinten. Außerdem ist der Ellbogen beim Konterblock unten. Dadurch wird eine schnelle Schlagbewegung nach vorne oben erst möglich. Spieler sollten sich neben dem passiven Block beide aktiven Blockvarianten unbedingt aneignen. Die Variabilität im Spiel wächst, aber auch ganz allgemein das Ballgefühl und das Timing. Wer alle drei Varianten beherrscht, ist sicher schon ein ganzes Stück weiter, um ein guter Spieler zu werden.

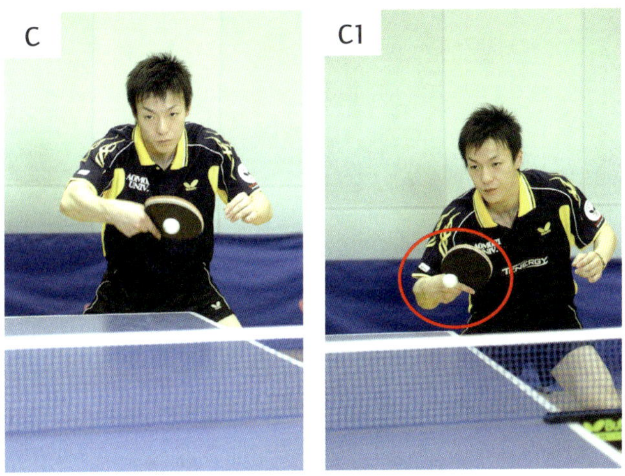

Fotos 46, C und C1: Spin- (C) und Konterblock (C1) im Vergleich

3.6.4 Der aktive Vorhand-Block

Der aktive Vorhand-Spinblock im Vergleich zum tischfernen Vorhand-Gegentopspin

Beide aktiven Blockvarianten - der Konter- und der Spinblock - ähneln sich aufgrund äußerer Schlagbewegungsmerkmale sehr. Wie bei der Rückhand ist rein äußerlich auch bei der Vorhand zwischen einem aktiven Vorhand-Konterblock und einem Vorhand-Spinblock kein großer Unterschied zu erkennen. Eigentlich entscheidet es sich erst im Moment des Balltreffpunkts, ob die Spin- oder die Kontervariante gespielt wird. Beim Spinblock wird der Ball mehr tangential getroffen und der Spieler beschleunigt mehr aus Unterarm und Handgelenk. Dabei ist der Schläger stark geschlossen. Bei der Kontervariante wird der Ball mehr zentral getroffen und damit mehr gedrückt, beim Kick-Block aus dem Handgelenk gepeitscht.

Schauen wir uns zunächst Kenjis Matsudairas aktiven Spinblock aus drei Perspektiven an. Danach zeigen wir einen tischfernen Vorhand-Gegentopspin und verdeutlichen uns damit das Topspinprinzip beim Spinblock am Tisch.

Foto 1 - Ausgangsstellung: Zu Beginn der Schlagbewegung steht Kenji leicht schräg zur Vorhandseite geöffnet zum Tisch. Die Beine sind mehr als schulterbreit auseinander. Seine Entfernung zum Tisch ist nicht zu eng und beträgt etwa 0,5 m. Sein Oberkörper ist leicht nach vorne gebeugt. Der Schlagarm ist im rechten Winkel gebeugt und befindet sich vor dem Körper. Das Handgelenk ist vorbildlich leicht nach unten abgewinkelt, sodass der Schlägerkopf nach vorne zeigt.

Fotos 2-3, 6-7, 9 - Ausholbewegung: Aus der leicht schrägen Ausgangsstellung holt Kenji durch eine seitlich nach hinten gerichtete Rotationsbewegung des Oberkörpers im Hüftgelenk zum Schlag aus. Das wird besonders aus der Vogelperspektive sehr anschaulich gezeigt (Foto 9). Gleichzeitig senkt Kenji den Körperschwerpunkt durch Beugung der Knie ab und führt den Schläger nach hinten. Ein Vergleich der Fotos 2 und 3 zeigt die Absenkung deutlich. Das Körpergewicht lastet mehr auf dem rechten Bein. Auch aus der frontalen Perspektive (vgl. Fotos 6 und 7) wird die Absenkbewegung Kenjis in der Ausholphase ersichtlich. Foto 7 macht überdies sehr einprägsam die seitliche Rotationsbewegung des Oberkörpers deutlich.

Foto 4 – Schlagphase mit Balltreffpunkt: Der Balltreffpunkt in der Schlagphase ist nur in der Seitenperspektive zu sehen. Dabei hat der Ball gerade Kenjis Schläger verlassen. Vergleichen wir die Fotos 3, 4 und 5, wird die gerade, wie am Lineal gezogene Schlagstrecke deutlich. Zudem fällt auf, dass die Schlagstrecke insgesamt recht kurz ist. In bestimmten Spielsituationen kann sie sogar noch kürzer sein. Das Schlägerblatt wird stark geschlossen, der Ball je nach Länge in der steigenden Phase bis zum höchsten Punkt getroffen. Die Armzuggeschwindigkeit ist sehr hoch, um den Topspin des ankommenden Balls umzukehren. Die Schlagbewegung wird im Balltreffpunkt nur durch ein leichtes Aufrichten des Oberkörpers sowie durch dessen Einwärtsdrehen im Hüftgelenk unterstützt. Von daher kommt es auch in der Ausschwungphase zu keiner großen Gewichtsverlagerung auf das linke Bein.

Fotos 5,8 – Ausschwungphase: Sowohl aus der Frontal- als auch aus der Seitenansicht erkennen wir, dass Kenji keine extreme Gewichtsverlagerung vom rechten aufs linke Bein vollzieht. Auch sein Schläger verbleibt am Ende rechts vom Kopf und wird, nicht wie beim Topspin, nach links ausgeschwungen. Daraus können wir ableiten, dass der Vorhand-Spinblock oder Gegenspin zu starken Anteilen aus dem Schlagarm erfolgt. Dies erfordert sehr hohe Anforderungen an Timing und Ballgefühl.

9

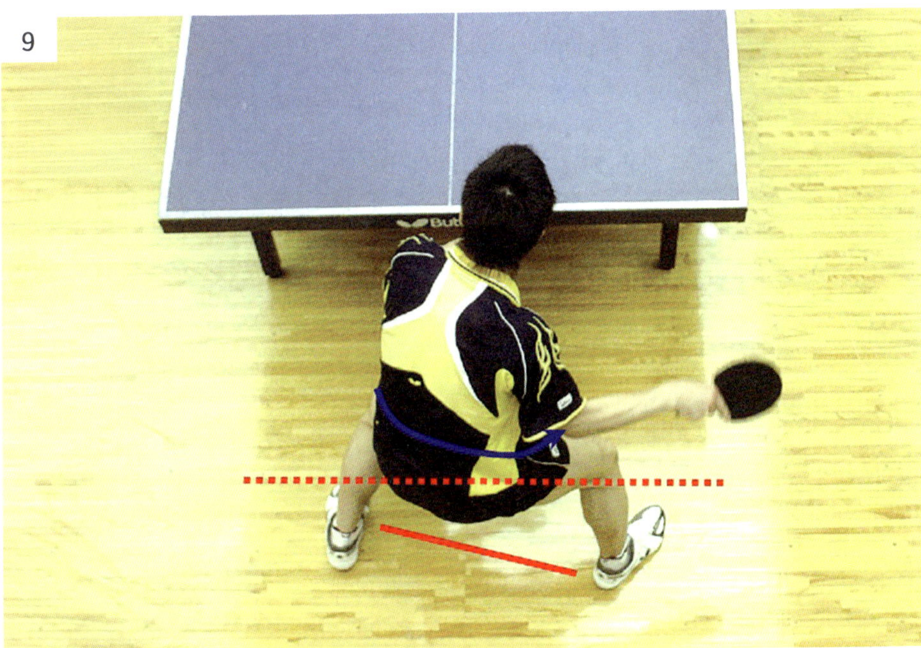

1

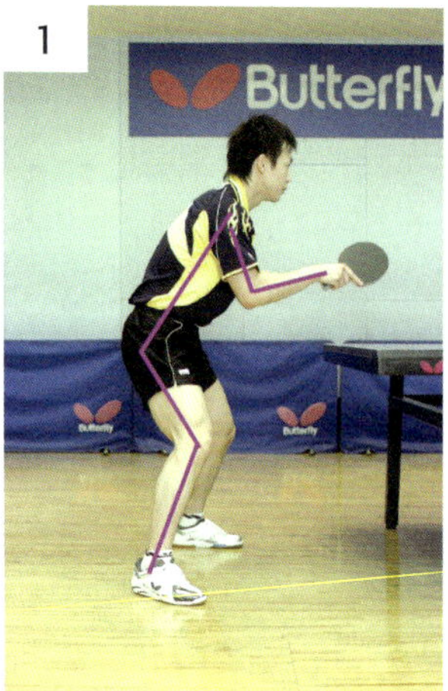

2

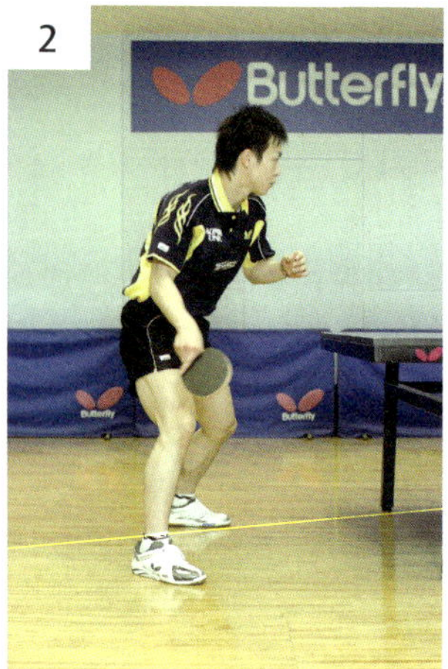

3

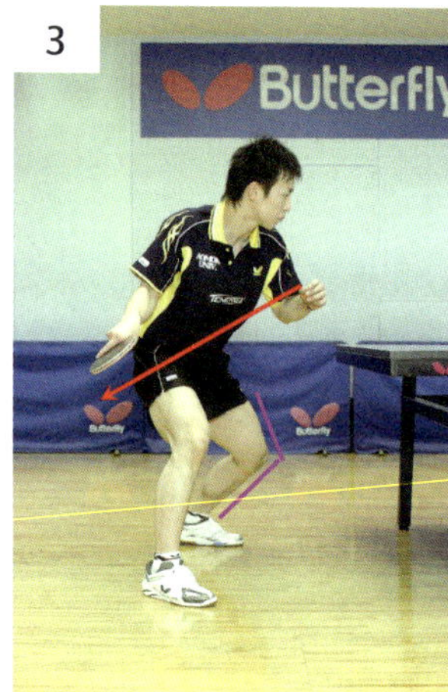

6

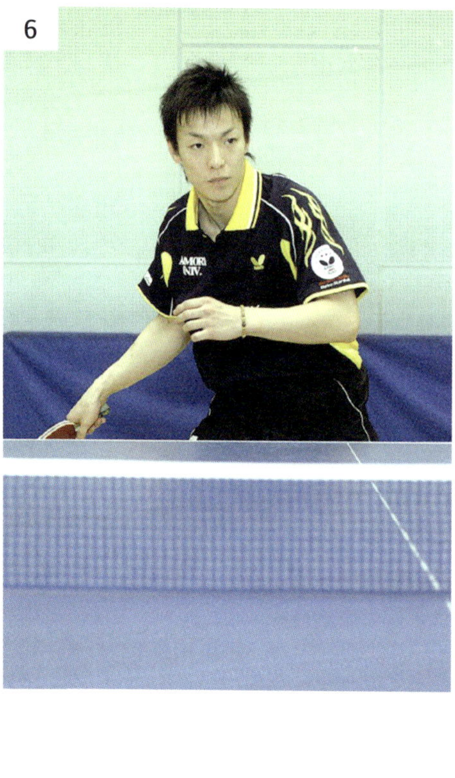

7

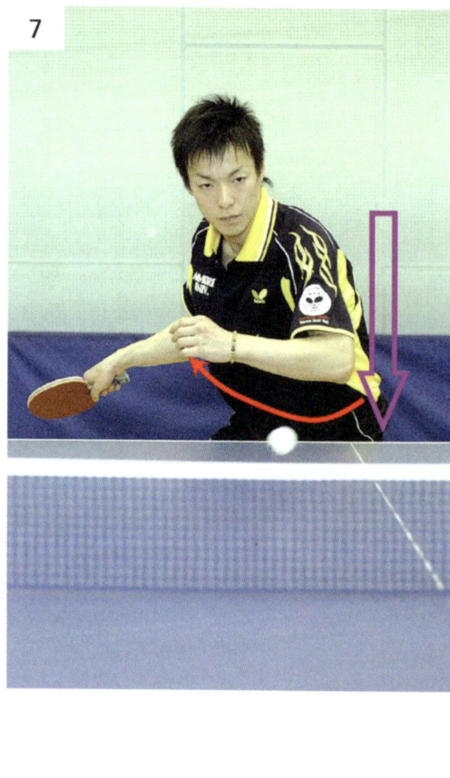

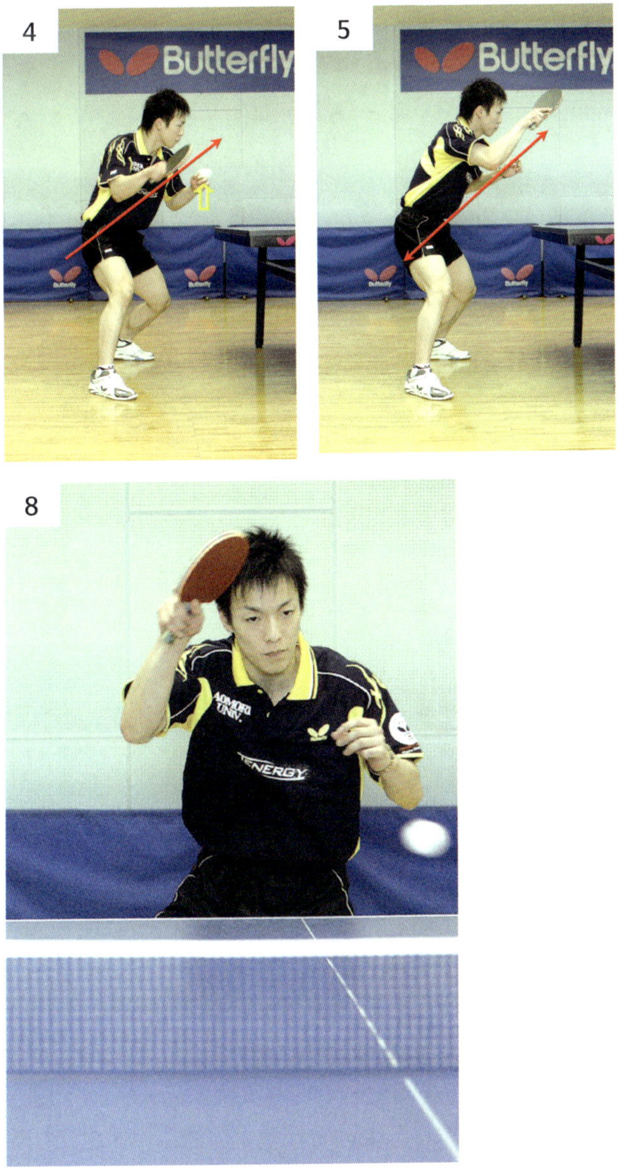

Bildreihe 48, 1-9: Der Vorhand-Spinblock

Vergleich Vorhand-Gegentopspin aud der Halbdistanz

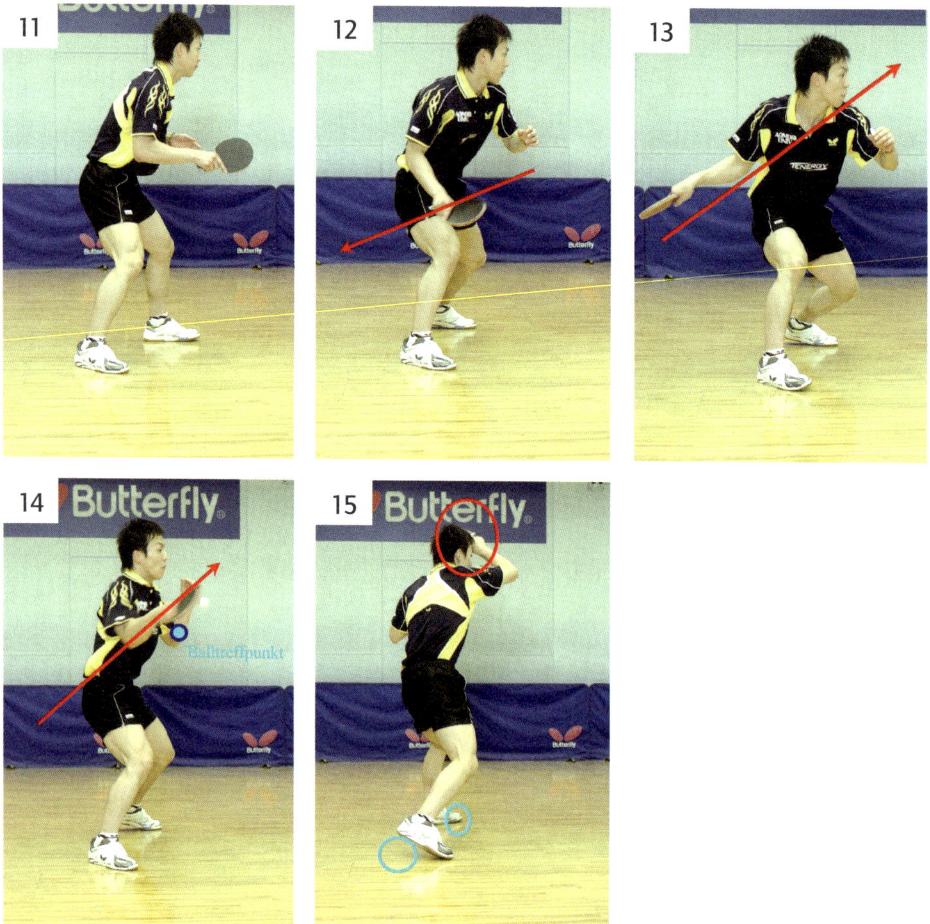

Bildreihe 49: Vergleich Vorhand-Gegentopspin aus der Halbdistanz

An dieser Stelle bietet sich ein Vergleich mit einem Vorhand-Gegentopspin aus der Halbdistanz an (**Fotos 11-15**). Dabei zeigen sich beim tischfernen Vorhand-Gegentopspin folgende Unterschiede im Vergleich zum tischnahen Gegentopspin:

- **Ausholphase – Fotos 11-13:** längere und tiefere Ausholbewegung;
- **Schlagphase – Foto 14:** längere Schlagstrecke, verstärkter Körpereinsatz (Beine, Oberkörper), späterer Balltreffpunkt, bedingt durch die tischfernere Position;
- **Ausschwungphase – Foto 15:** deutliche Gewichtserlagerung auf das linke Bein und Auswärtsdrehen des Oberkörpers im Hüftgelenk nach links.

Fazit: Wie immer wir den aktiven Spinblock bezeichnen, der früh am oder über dem Tisch gespielt wird, er ist ein Art „Mini"-Topspin, der sehr viel Gefühl verlangt. Deswegen sprechen viele auch vom frühen Gegen- oder Kontra-Topspin. Letztlich entscheidend ist, dass der Ball tangential mit hoher Armzuggeschwindigkeit getroffen werden muss. Dabei müssen Tempo und Spin des ankommenden Balls genau eingeschätzt werden, damit der Spinblock auch gelingen kann.

3.7 Wir wehren mit Unterschnittbällen ab

Hauptmerkmal des Defensivspiels ist, dass der Verteidiger gegnerische Topspinbälle mit Unterschnittabwehr tischfern aus der Halbdistanz beantwortet. Dabei benutzt er in der Rückhand häufig lange Noppen mit oder ohne Schwammunterlage, da er mit diesem Belagtyp mit deutlich mehr Kontrolle und Unterschnitt retournieren kann. Auf der Vorhandschlägerseite hat er normalerweise einen offensiven Noppen-innen-Belag, mit dem er auch Topspins spielen und damit offensiv agieren kann, denn der moderne Abwehrspieler muss natürlich auch angreifen und Topspins ziehen können. Natürlich sind Defensivkünstler „Exoten" und machen im Spitzenbereich vielleicht noch maximal 5 % aus. Ein Defensivspieler, der südkoreanische Abwehrspezialist Joo Se Hyuk, erreichte letztmals 2003 bei den Einzel-Weltmeisterschaften einen Podiumsplatz und wurde sensationell Vizeweltmeister. Er ist immer noch in der Weltspitze vertreten, wie auch der Grieche Gionis Panagotis, der Österreicher Chen Weixin oder der Deutsche Ruben Filus sowie eine Reihe von defensiven Damen in der Weltspitze. Außerdem - und das wird häufig übersehen - setzen auch offensive Topspieler in Notsituationen die Unterschnittabwehr ein. Die Unterschnittabwehr im Training zu üben, ist für Offensivspieler von daher nicht nur als spaßvolle Abwechslung zu empfehlen, sondern sollte auch zur technisch-taktischen Grundschulung gehören. Das Ballgefühl wird dabei - wie beim Schupfen auch - enorm verbessert.

3.7.1 Der Vorhand-Unterschnittabwehrschlag

Hiroshi Shibutanis Vorhand-Unterschnittabwehr

Der ehemalige japanische Nationalspieler Hiroshi Shibutani gehörte jahrelang zu den besten Defensivkünstlern auf internationalem Parkett. Schauen wir uns nun seine Vorhand-Unterschnittabwehr an, die er mit einem Noppen-innen-Belag ausführt. Auf der Rückhandseite spielt er mit langen Noppen, wie viele andere Abwehrspezialisten auch.

Foto 1: In der **Ausholphase** steht Hiroshi schräg (ca. 45°) zum Tisch, die Beine sind mehr als schulterbreit geöffnet und in den Knien leicht gebeugt. Das Körpergewicht lastet etwas mehr auf dem hinteren rechten Bein. Den Schläger hat er bis in Kopfhöhe schräg nach hinten oben geführt. Der Schlagarm ist rechtwinklig gebeugt (s. auch Foto 5).

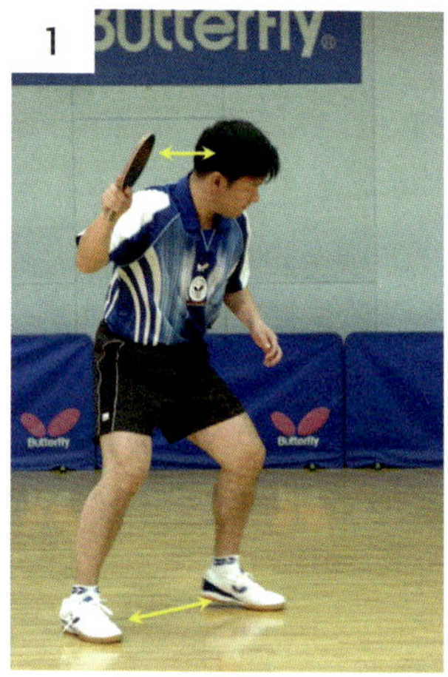

Foto 2 zeigt uns die **Schlagphase** mit dem Balltreffpunkt. Dabei werden fünf zentrale Bewegungsmerkmale deutlich:

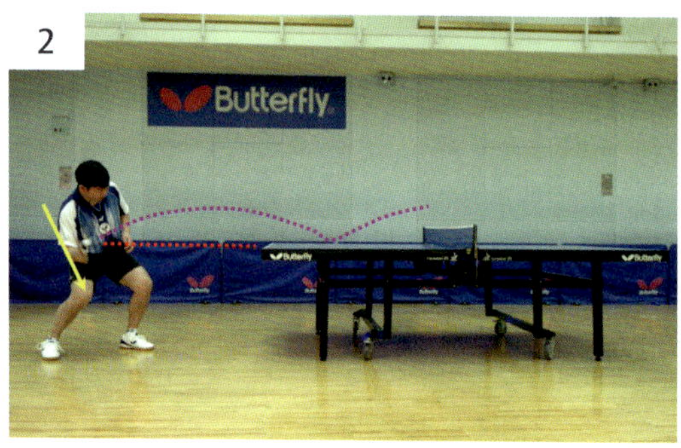

1. Der Ball wird in Tischhöhe getroffen (rote Strichlinie).
2. Der Ball wird in Verlängerung des rechten Knies seitlich in Hüfthöhe getroffen (lila Strichlinie).
3. Die Belastung liegt deutlich auf dem rechten Bein.
4. Der Spieler geht in den Ball, senkt also seinen Körperschwerpunkt deutlich nach unten ab.
5. Der Schläger ist leicht geöffnet.

In welchem Maße der Schläger geöffnet wird, hängt davon ab, wie viel Spin im ankommenden Ball ist und wie viel Schnitt ich selbst erzeugen möchte.

Fotos 3/4: In der **Ausschwungphase** wird der Schläger nach unten durchgezogen, ohne dass der Arm im Ellbogengelenk durchgestreckt wird. Das Körpergewicht lastet nun mehr auf dem vorderen linken Fuß.

3

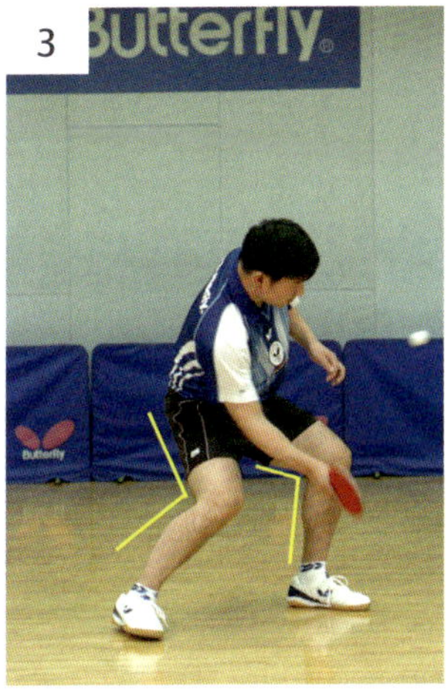

4

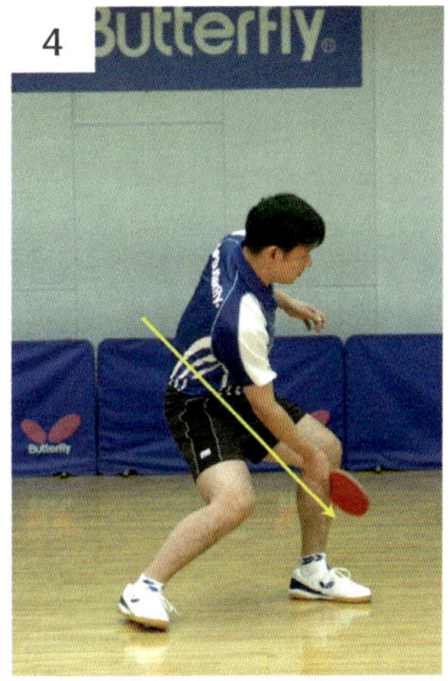

Den hier von Hiroshi demonstrierten Vorhand-Abwehrschlag könnte man auch als *Grundabwehrschlag* bezeichnen. Kennzeichnendes Merkmal ist es, den Ball in Tischhöhe zu treffen. Wir unterscheiden hiervon die späte Unterschnittabwehr, bei der der Ball deutlich unter Tischniveau getroffen wird (s. Kap. 3.7.2, Joo Se Hyuk).

5

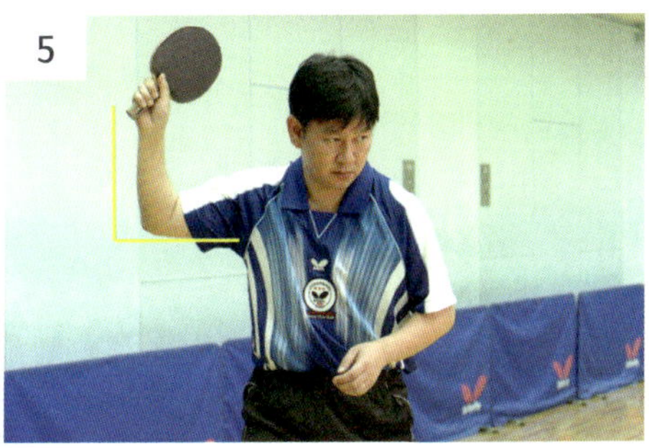

Foto 5: Der Schlagarm ist in der Ausholphase im rechten Winkel angewinkelt. Der Schläger befindet sich in Kopfhöhe.

6

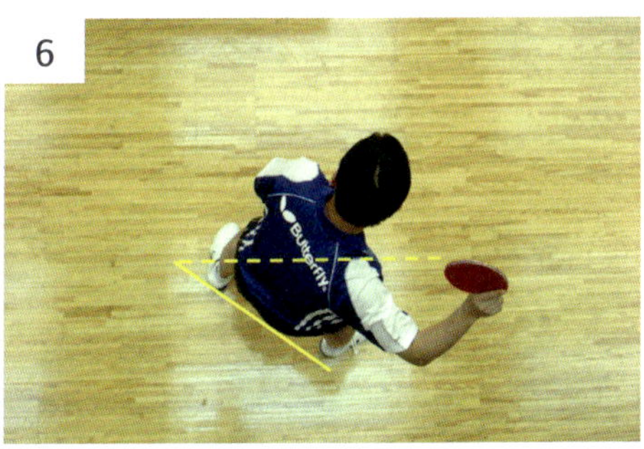

Foto 6: In der Ausholphase öffnet der Spieler mit dem rechten Fuß nach hinten, um eine schräge Schlagstellung einzunehmen (ca. 45°).

Bildreihe 50, Fotos 1-6: Vorhand-Unterschnittabwehr-Schlag

Häufig zu beobachtende Fehlerbilder

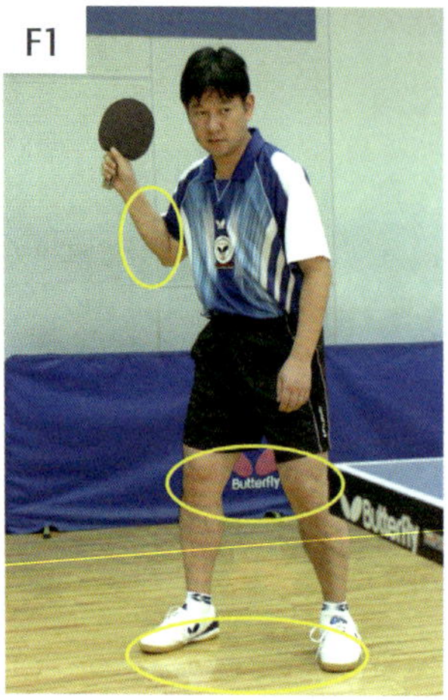

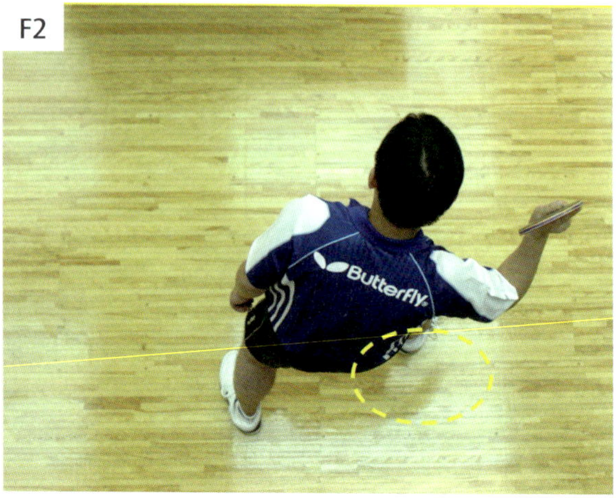

Foto F1: Der Spieler steht in der Ausholphase zu aufrecht, die Beinstellung ist zu eng, der Schlagarm zu sehr angewinkelt.

Foto F2: Der Spieler hat in der Ausholphase das rechte Bein nicht nach hinten genommen, sondern nach vorne. Dadurch kann er keine optimale Ausholbewegung mit dem Schlagarm vornehmen.

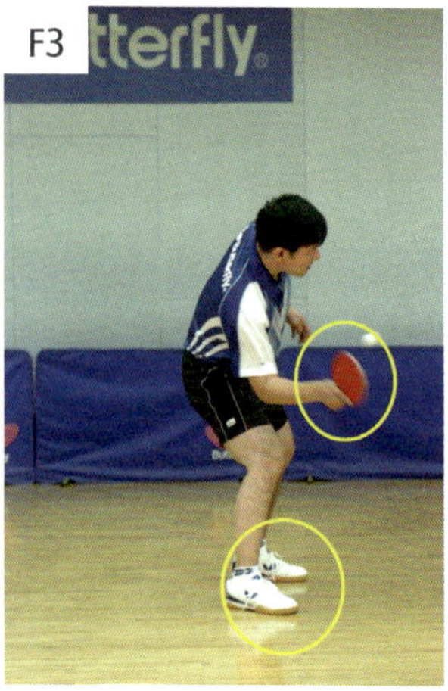

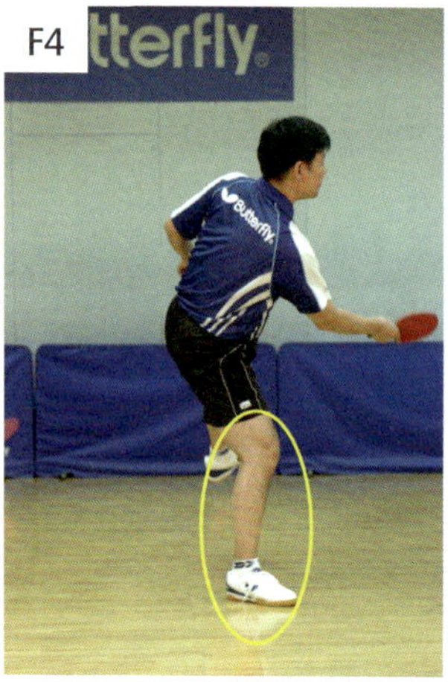

Fotos 47, F1-F4: Fehlerbilder frühe Vorhand-Unterschnittabwehr

Foto F3: Der Spieler steht im Moment des Balltreffpunkts parallel. Dadurch trifft er den Ball zu weit vor dem Körper und nicht schräg in Verlängerung des rechten Knies.

Foto F4: Der Spieler verlagert sein Körpergewicht am Ende der Ausschwungphase nicht auf das vordere linke Bein, sondern bleibt auf dem rechten Bein stehen. Dadurch gerät er oft in eine instabile Lage und hebt das linke Bein.

3.7.2 Der späte Vorhand-Unterschnittabwehrschlag

Der Südkoreaner Joo Se Hyuk zeigt uns die tiefe oder späte Unterschnittabwehr-Variante. Auch er spielt in der Vorhand einen Noppen-innen-Belag, mit dem er auch Unterschnittabwehrbälle spielen kann.

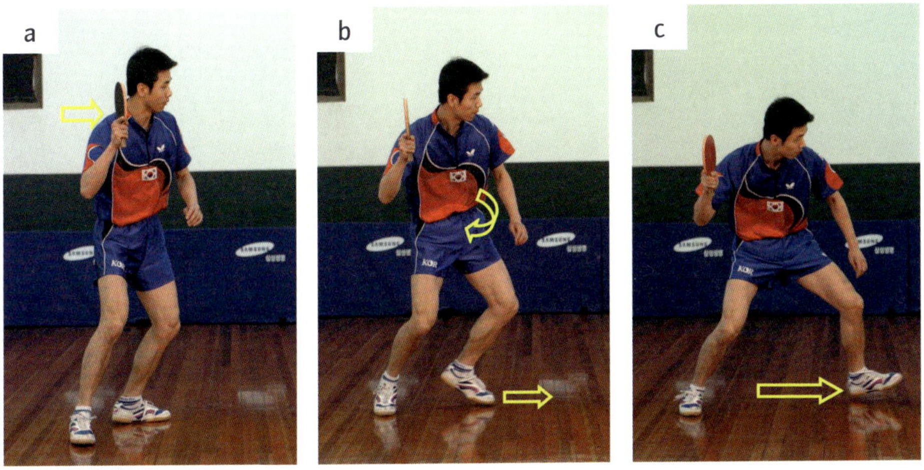

Foto a: Am Ende der **Ausholphase** steht Joo noch fast frontal zum Tisch. Er hat den Schläger seitlich neben dem Körper etwas über Schulterhöhe nach oben geführt.

Foto b: Nun beginnt die eigentliche **Schlagphase**. Joo drückt sich mit dem rechten Bein ab und leitet einen Ausfallschritt mit dem linken Bein. Dabei dreht er den Oberkörper nach rechts zur Schlagarmseite und steht nun schräg zum Tisch. Dies wird sehr schön durch Foto 64 h aus der Frontalperspektive verdeutlicht. Gleichzeitig beginnt er, den Oberkörper durch Beugung der Knie leicht nach unten zu bringen.

Foto c: Joo geht nun immer mehr runter, beugt auch zunehmend seinen Oberkörper im Hüftgelenk nach vorne. Dadurch senkt er seinen Körperschwerpunkt deutlich ab, um eine stabile Position im Balltreffpunkt zu haben.

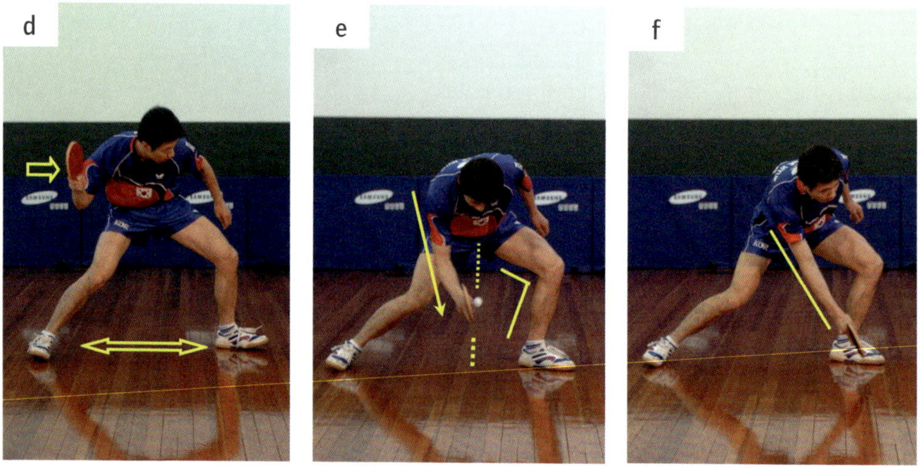

Foto d: Kurz vor dem **Balltreffpunkt** hat Joo schon eine extrem tiefe Position eingenommen, die unglaublich viel Kraft in der Beinmuskulatur und große Gewandtheit und Beweglichkeit verlangt. Ein Blick auf den Schläger zeigt aber, dass dieser immer noch in Schulterhöhe ist und die eigentliche Schlagbewegung aus dem Arm noch nicht erfolgt ist. Joo hat zwischenzeitlich den Arm nur seitlich weiter weggestreckt, ohne ihn freilich durchzustrecken.

Foto e: Der **Balltreffpunkt** liegt sehr tief, deutlich unter Tischhöhe. Deswegen sprechen wir von der „späten" oder „tiefen" Unterschnittabwehr. Beim Vergleich von Foto e mit Foto d wird deutlich, wie blitzschnell der Schlagarmeinsatz sein muss, das sogenannte *Hacken* aus dem Unteram. Der Begriff rührt daher, dass die Unterarmbewegung dieser Technik durchaus mit der des Holzhackens vergleichbar ist. Außerdem ist sehr gut erkennbar, wie sich das Körpergewicht auf das vordere linke Bein verlagert hat, wie der Spieler also förmlich in den Ball „reingeht". Das zeigt auch der Oberkörper Joos, der zumindest bei dieser Perspektive über dem Ball zu sein scheint. Die Schlägerblattstellung ist in diesem Falle leicht geöffnet. In Abhängigkeit vom Tempo und der Rotation des ankommenden Balls sowie vom eigenen Schlagziel (starker, mittlerer oder wenig Unterschnitt) kann sie aber von senkrecht bis stark geöffnet variieren.

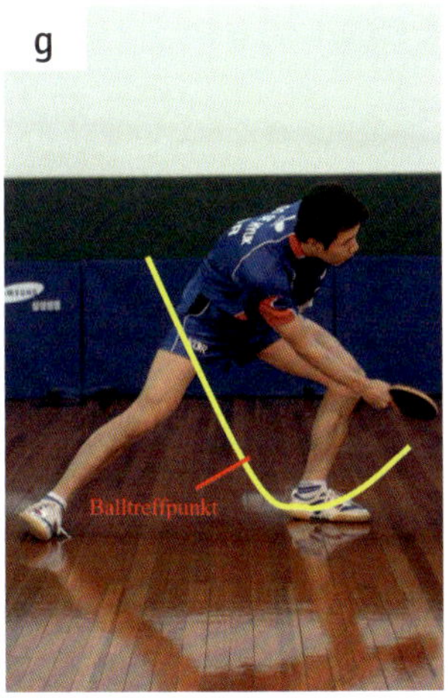

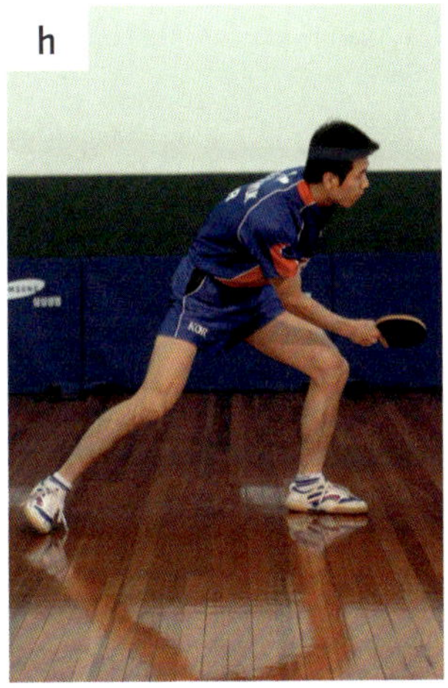

Foto f-h: In der **Ausschwungphase** streckt Joo den Schlagarm, bedingt durch den extrem schnellen Unterarmeinsatz, fast durch und lässt den Schlagarm dann wie bei einer Löffelbewegung nach vorne ausschwingen. (Foto g). Dabei beginnt er, seinen Körper wieder aufzurichten, um in seine Grundstellung zurückzukehren (Foto h).

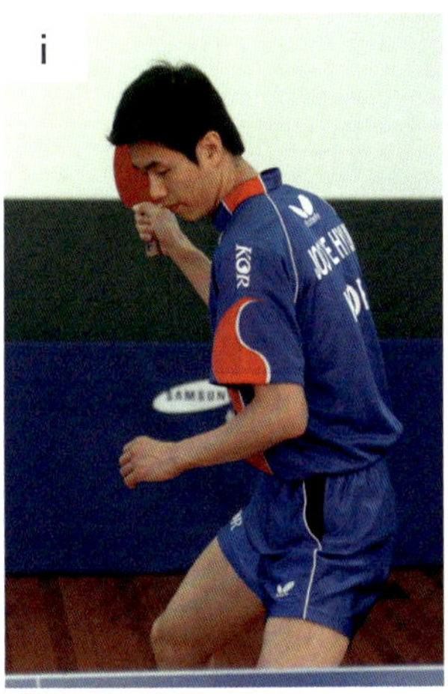

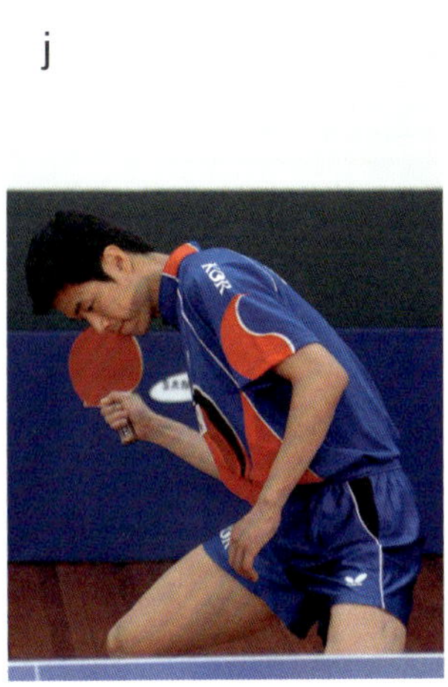

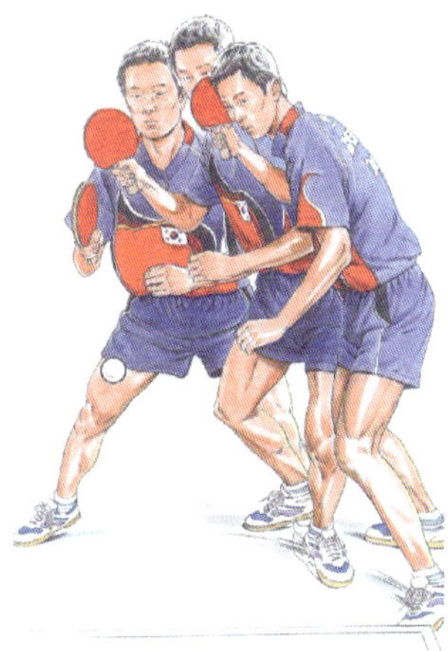

Bildreihe 51 a-j: Die späte Vorhand-Unterschnittabwehr

Abb. 10

Fotos i/j und Abb. 10: Foto i und j zeigen Joo aus der Frontalperspektive. Dabei wird sehr schön deutlich, wie schräg er zum Tisch steht. Abb. 10 - ebenfalls aus der Frontalperspektive - veranschaulicht, wie Joo aus der parallelen Grundstellung sich zum Ball hin öffnet und dabei dann schräg zum Tisch steht, um den Ball in Körpermitte (Foto e) treffen zu können.

3.7.3 Der Rückhand-Unterschnittabwehrschlag

Hiroshi Shibutani demonstriert nun seine Rückhand-Unterschnittabwehr an, die er mit einem Lange-Noppen-Belag ausführt.

1a

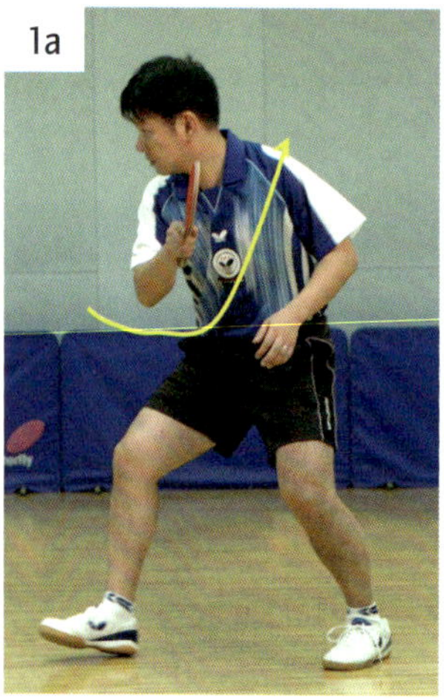

1b

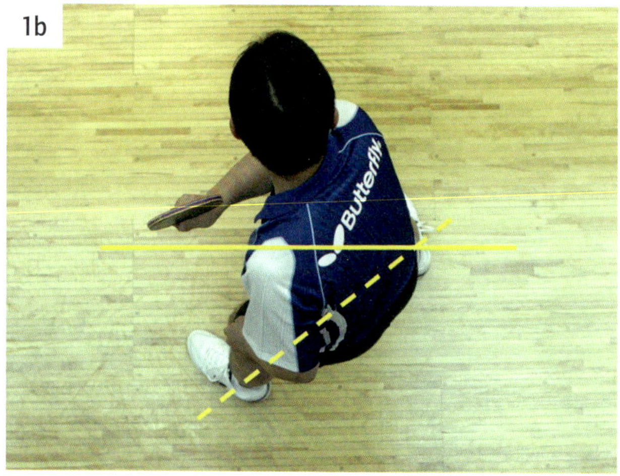

Foto 1: In der **Ausholphase** steht Hiroshi schräg (ca. 45°) zum Tisch, die Beine sind mehr als schulterbreit geöffnet und in den Knien leicht gebeugt. Das Körpergewicht lastet etwas mehr auf dem hinteren linken Bein. Den Schläger führt er nach hinten oben bis in Kopfhöhe. Der Schlagarm ist rechtwinklig gebeugt. **Foto 1a** veranschaulicht uns die Stellung des Spielers aus der Vogelperspektive.

2

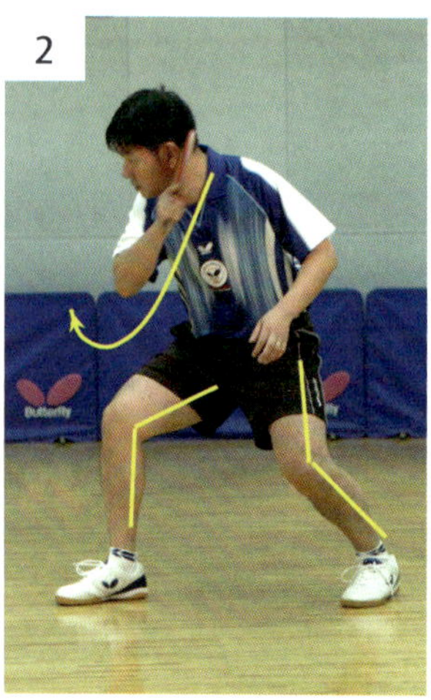

2a

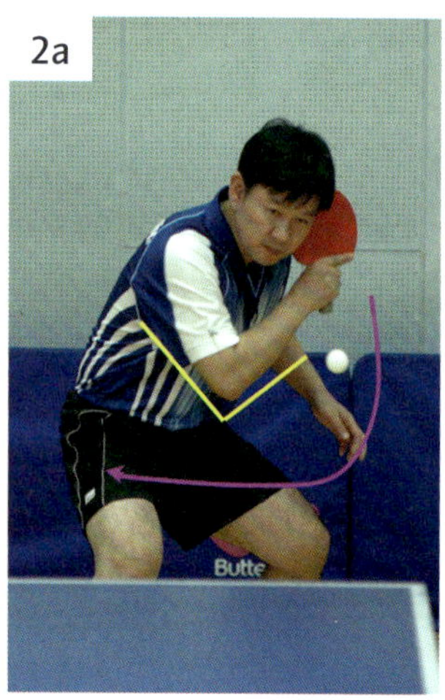

2b

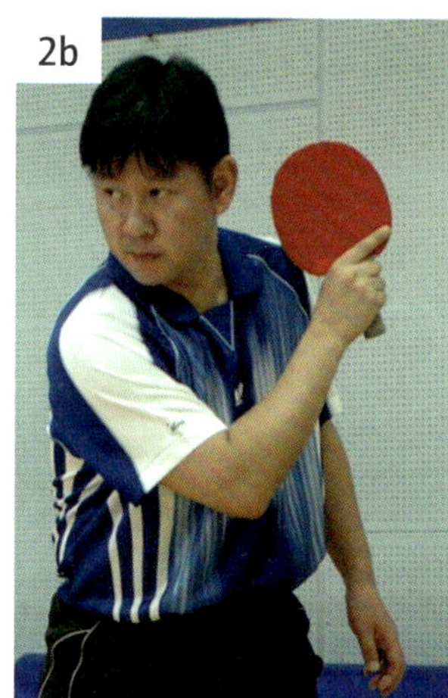

Foto 2 zeigt uns **das Ende der Ausholphase und den Beginn der Schlagphase** aus der Seitenperspektive, **Foto 2a** aus der Frontalen und **Foto 2b** aus der Halbschrägen. Dabei wird sehr schön deutlich,

- wie schräg der Spieler zum Ball steht,
- wie der Oberkörper im Hüftgelenk seitlich verwrungen ist,
- wie der Schläger in Kopfhöhe über der Schulter ist,
- wie der Schlagarm im Ellbogengelenk rechtwinklig (90°) gebeugt ist.

Foto 3 zeigt die **Schlagphase und die Ausschwungphase** nach dem Balltreffpunkt. Der Arm wird im Ellbogengelenk gestreckt. Der Schläger beschreibt dabei eine natürliche, kurvenförmige Bewegung. Die wird auch sehr schön in der Frontalperspektive deutlich (**Foto 3a**). Der Balltreffpunkt ist leider nicht zu sehen, aber sehr gut zu erahnen.

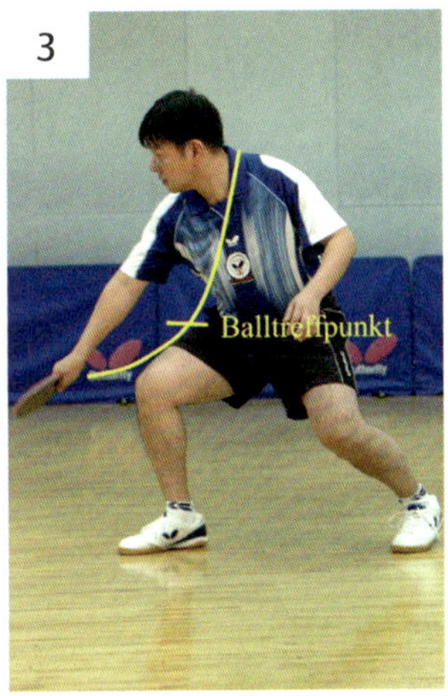

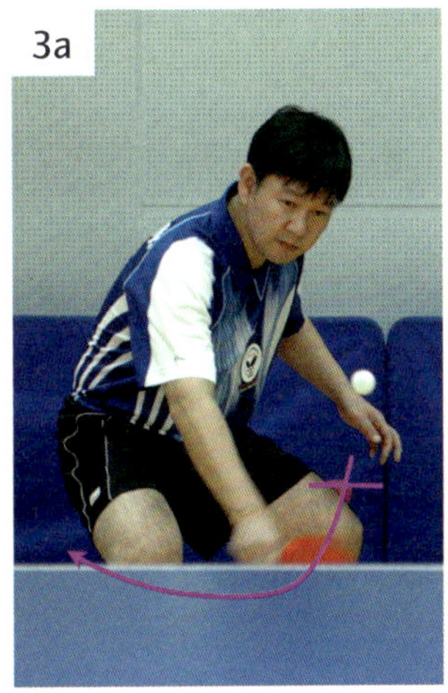

Foto 4 und 4a zeigen das **Ende der Ausschwungphase**. Der Schläger hat eine kreisförmige Bewegung beschrieben und befindet sich nun rechts vom Körper. Das Handgelenk ist nach rechts abgewinkelt. Das ganze Körpergewicht lastet auf dem vorderen rechten Fuß.

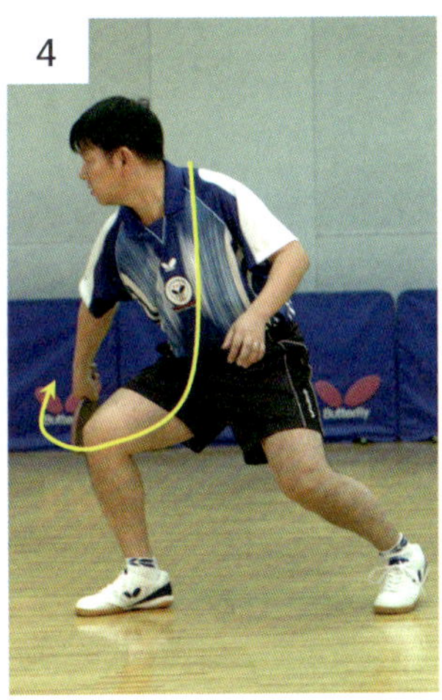

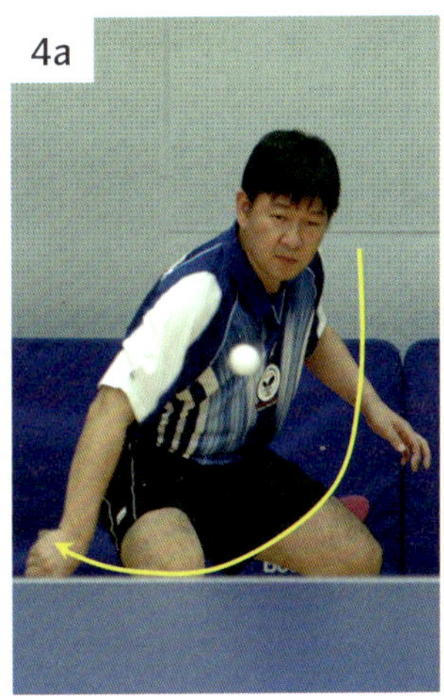

Foto 5 zeigt den **Balltreffpunkt** in Bezug auf die Tischhöhe und die Entfernung zum Tisch. Der Ball wird in Tischhöhe getroffen (rote Strichlinie).

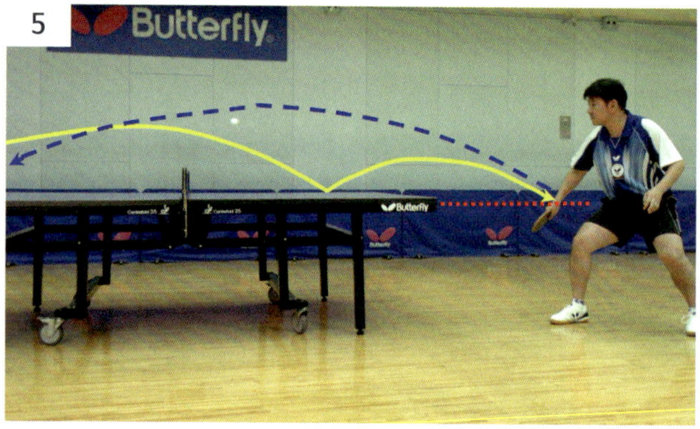

Bildreihe 52: Rückhand-Unterschnittabwehrschlag

1. Der Ball wird in Verlängerung des rechten Knies vor dem Körper in Hüfthöhe in Verlängerung des rechten vorderen Knies getroffen.
2. Die Belastung liegt im Balltreffpunkt auf beiden Beinen bzw. schon ein wenig auf dem rechten vorderen Bein.
3. Der Spieler geht in den Ball hinein, senkt also seinen Körperschwerpunkt extrem nach unten ab.
4. Der Schläger ist leicht geöffnet. In welchem Maße der Schläger geöffnet bzw. geschlossen wird, hängt aber letztlich davon ab, wie viel Spin im ankommenden Ball ist und wie viel Schnitt ich selbst erzeugen möchte.

Fehlerbilder

Der Spieler öffnet sich nicht seitlich, sondern bleibt frontal stehen **(C01)**. Dadurch führt er den Schläger gerade nach vorne und geht nicht einer halbkreisförmigen Unterarmstreckbewegung in den Ball hinein **(C02)**.

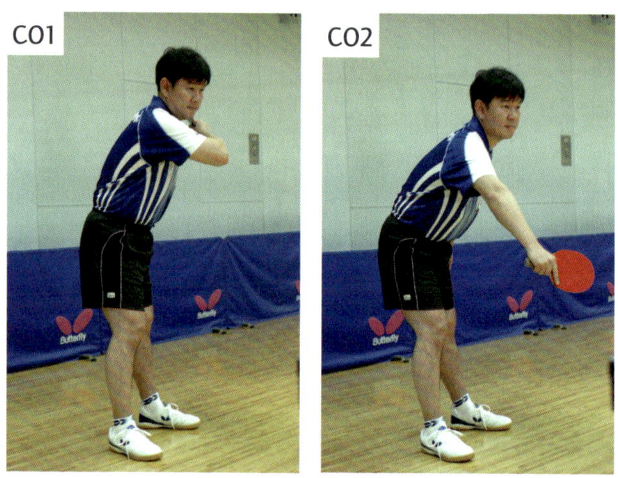

Fotos 48: Fehlerbilder C01 und C02: Rückhand-Unterschnittabwehr

3.8 Wir wehren mit hohen Oberschnittbällen ab (Ballonabwehr)

Zur Ballonabwehr findest du keine Bildreihe. Dafür gibt es zwei ganz einfache Gründe:

1. Die Ballonabwehr-Schlagtechniken sind zu variantenreich und variabel, als dass sie in einer einzigen Bildreihe dargestellt werden können.
2. Zum Glück gibt es das Internet, wo du unter dem Suchbegriff „best table tennis points 2012, 13, ever ..." die spektakulärsten Ballon-Schmetterballwechsel im wahrsten Sinne des Wortes studieren und „bestaunen" kannst.

Die Ballonabwehrschläge werden vorwiegend von Offensivspielern eingesetzt, wenn sie vom Tisch gedrängt werden und keine Möglichkeit mehr haben, aktiv mit Topspin gegenzuziehen. Zwei typische Spielsituationen sollen dies verdeutlichen:
Situation 1: Spieler A wird von Spieler B so massiv mit Power-Topspins unter Druck gesetzt, dass er vom Tisch weg nach hinten in die Halbdistanz ausweichen muss. Hier treibt ihn Spieler B durch diagonale Bälle weit aus dem Tisch heraus, sodass Spieler A keine andere Möglichkeit mehr hat, als die Bälle möglichst hoch mit Ballonabwehr zurückzuspielen, um damit den Gegner vielleicht doch noch zu einem Schlagfehler zu verleiten.
Situation 2: Spieler A umläuft nach eigenem Aufschlag die Rückhand, um mit der Vorhand diagonal Topspin zu ziehen. Spieler B blockt ihn in die weite Vorhand aus. Spieler A kann den Ball nicht mehr aus einer optimalen Spielposition heraus zurückspielen und hebt ihn nur noch, um ihn irgendwie zurückzuspielen.

Beide Situationen zeigen, dass die Ballonabwehr eigentlich immer aus einer Notsituation heraus angewandt wird. Da du den Ball aus Zeitnot nicht mehr optimal retournieren kannst, spielst du einen Ballonball in der Hoffnung, dass dein Gegner diesen hohen Ball beim Schmettern verschlägt. Gerade diese Schmetterfehler haben aber eine besondere psychologische Wirkung, ähnlich wie bei verschossenen Elfmetern im Fußball. Derjenige, der einen Schmetterball verschlägt – vielleicht sogar bei einem spielentscheidenden Punktestand –, ärgert sich in aller Regel sehr, da er einen vermeintlich einfachen, nämlich hohen Ball nicht zum Punktgewinn „verwandeln" kann. Häufig verliert er die Konzentration und die Selbstdisziplin. Passiert dies 2-3 x hintereinander, bekommt er Angst vor hohen Ballonbällen, was seine Treffsicherheit und sein Selbstbewusstsein bestimmt nicht steigert.

Natürlich ist die Ballonabwehr kein Spielsystem wie die Unterschnittabwehr, deswegen findest du in Kap. 4 auch explizit kein Ballonabwehrsystem. Aber es gibt schon eine Reihe von Spielern, die die Ballonabwehr perfekt in bestimmten Spielsituationen und bei bestimmten Gegnern beherrschen. Jemand, der immer wieder das Publikum zu Beifallstürmen mit seiner Ballonabwehr bis zum heutigen Tag hinreißt, ist aktuell die japanische Nummer eins, Jun Mizutani (Foto 50), der seine Gegner manchmal mit seinen Rückhand- und Vorhand-Ballonbällen zur Verzweiflung bringt. Aber eigentlich beherrschen alle offensiven Topspieler die Ballonabwehr, um sich aus vermeintlich aussichtslosen Situationen doch noch retten zu können. Legendär - und im Internet gut zu beobachten - sind die Ballonabwehrbälle vom schwedischen Tischtennisgenie Jan-Ove Waldner (Foto 51), vom belgischen Ex-Europameister Jean-Michel Saive (Foto 49) und vom leider schon verstorbenen polnischen Weltklasse-Akteur Andrzej Grubba. In sogenannten *Tischtennisshows* haben die Franzosen Jacques Secretin und Vincent Purkart die Ballonabwehr weltberühmt gemacht. Und auch heute sind diese Ballonabwehrbälle fürs Publikum immer noch extrem spektakulär, weil sie etwas Magisches haben, genauso wie die gewaltigen Schmetterschläge, die darauf gespielt werden müssen.

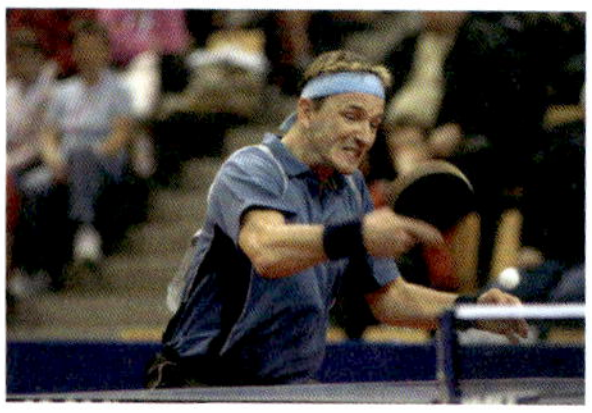

Foto 49: Jean-Michel Saive

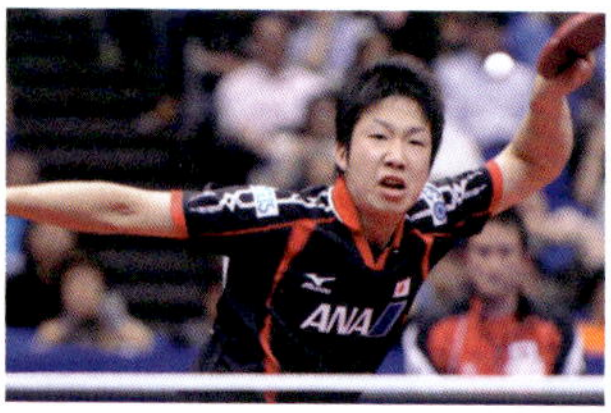

Foto 50: Jun Mizutani

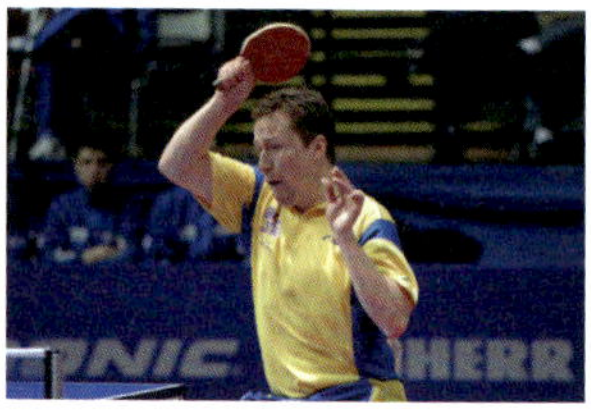

Foto 51: Jan-Ove Waldner

52a

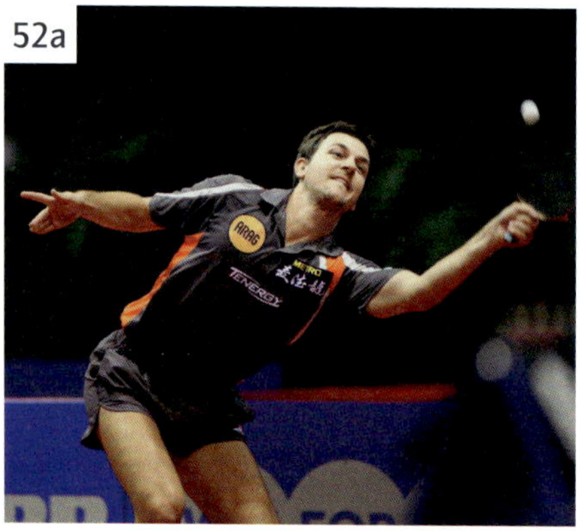

52b

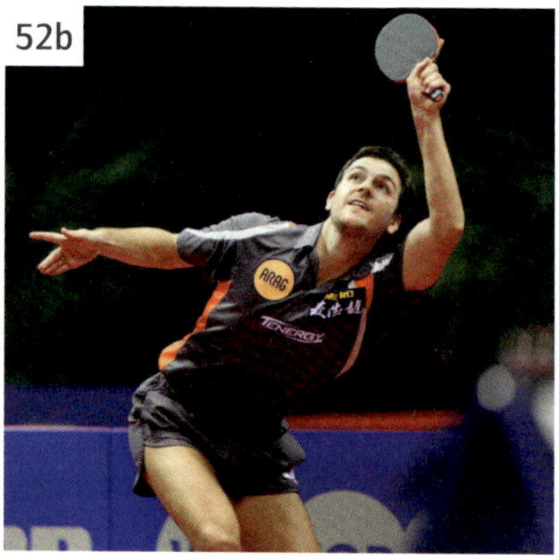

Fotos 52 a+b: Timo Boll mit einer spektakulären Vorhand-Ballonabwehr

Worauf kommt es nun technisch gesehen an?

Der typische Ballonabwehrschlag ist vom Vorhand- und Rückhand-Topspin abgeleitet. Der Bewegungsumfang ist dabei viel größer und die Armbewegung geht steil nach oben. Im optimalen Fall wird der Ball mit extrem viel Vorwärtsrotation oder Sidespin – sowohl mit Seitenober- als auch Seitenunterschnitt – gespielt. Je mehr Spin in den Bällen ist, umso schwieriger ist es für den schmetternden Angreifer, das Absprungverhalten auf dem Tisch richtig einzusetzen. In manchen extremen Notsituationen, in denen der Spieler nur noch den Ball irgendwie zu erreichen versucht, wird der Ballonball einfach nur gehoben, ohne viel Spin vorzuweisen. Wichtig ist es, in jedem Falle, die Ballonbälle möglichst weit in den Grundlinienbereich des Tischs zu platzieren. Dies erschwert dem Angreifer das Schmettern enorm. Wenn dann noch Flughöhe und Spin stimmen, kann der Ballonball zu einem echten Problem werden.

Die Ballonabwehr gehört zum Grundschlagrepertoire jeden Offensivspielers – auch Defensivspieler beherrschen sie in nicht mehr anders lösbaren Situationen – und muss von daher intensiv geübt und trainiert werden. Außerdem schult das Training der Ballonabwehr die richtige Beurteilung des Ballflug- und Ballabsprungverhaltens auf dem Tisch. Nicht zuletzt gehört zum Training der Ballonabwehr der Schmetterspieler. Oft wird aber das Üben des Schmetterns auf hohe Bälle im Training vernachlässigt. Last, but not least hat die Spielsituation Ballon-Schmetter einen hohen Spaß- und Unterhaltungsfaktor für die Übenden, sowohl in der Schmetter-, als auch in der Ballonrolle.

53

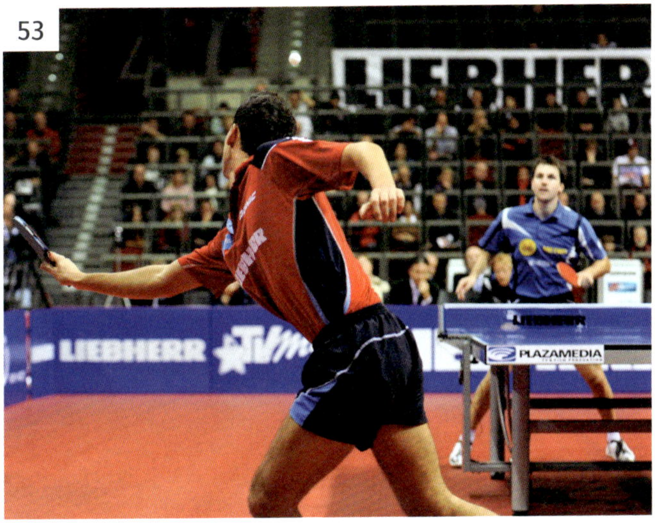

Foto 53: Tiago Apolonia (Portugal) bei einer Rückhand-Ballonabwehr gegen Timo Boll

3.9 Wir schlagen auf

Die Palette der Aufschlagvariationen ist fast unbegrenzt. Ebenso variantenreich sind die verschiedenen Rotationsmöglichkeiten beim Aufschlag.

Bevor wir uns konkret Aufschläge von Spitzenspielern anschauen, soll dir die nachfolgende Aufschlag-Rotationsgrammatik einen Überblick über die verschiedenen Rotationsvrianten beim Aufschlag geben. Wie bei der Rotationsgrammatik der Grundschlagtechniken (s. S. 34 ff.) kannst du hier erkennen, welche Balltreffmöglichkeiten zu welchen Rotationsvarianten führen. Dies zu verstehen, ist nicht nur ungemein wichtig für die eigene Aufschlagausführung, sondern auch für das richtige „Lesen" der Aufschläge deines Gegners. Nur wenn du die Rotation des ankommenden Aufschlagballs richtig entschlüsselst, kannst du auch den optimalen Rückschlag wählen. Bevor du dir die folgenden Fotos anschaust, soll dir die Abb. 11, zeigen, welche verschiedenen Rotationsarten beim Aufschlag und welche Aufschlagfinten es gibt.

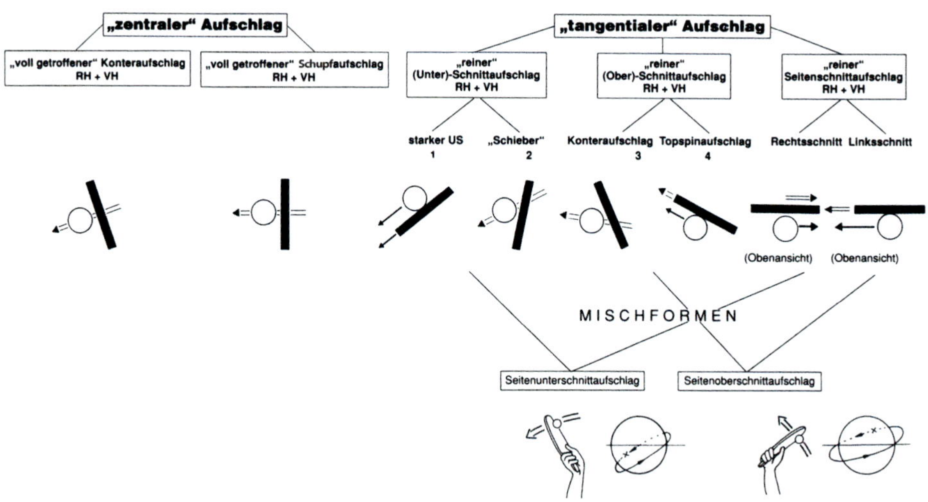

Abb. 11: Die Aufschlagvarianten im Überblick

1	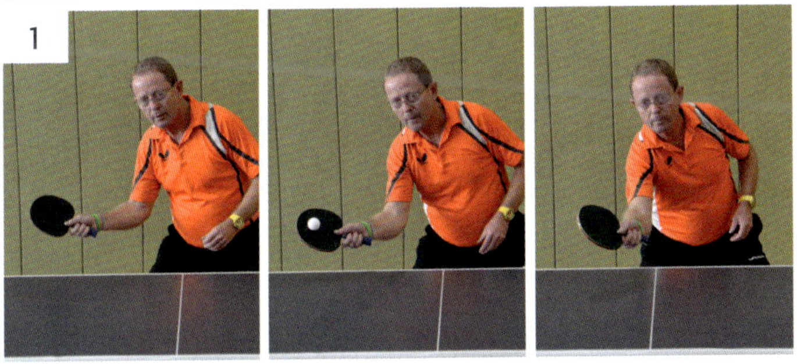	*Reiner Unterschnittaufschlag* tangentialer Balltreffpunkt, gerade nach unten mit geöffneter Schlägerblattstellung
2	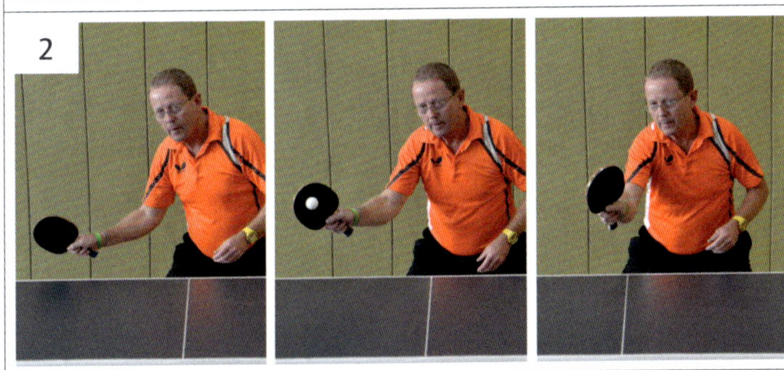	*Oberschnittaufschlag* tangentialer Balltreffpunkt, leicht nach vorne oben mit geschlossener Schlägerblattstellung
3	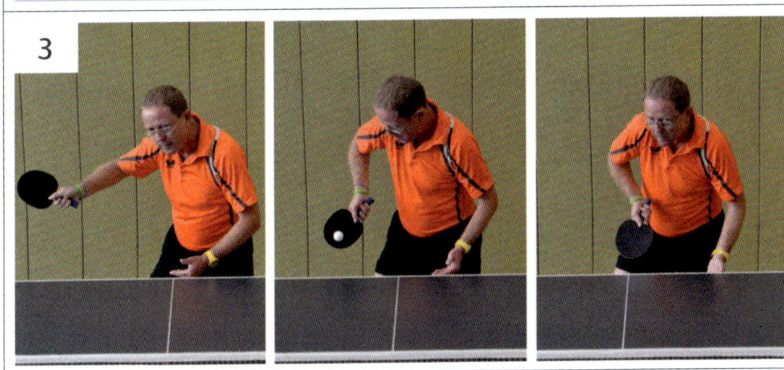	*Reiner Seitenschnittaufschlag* von rechts nach links mit senkrechter Schlägerblattstellung
4	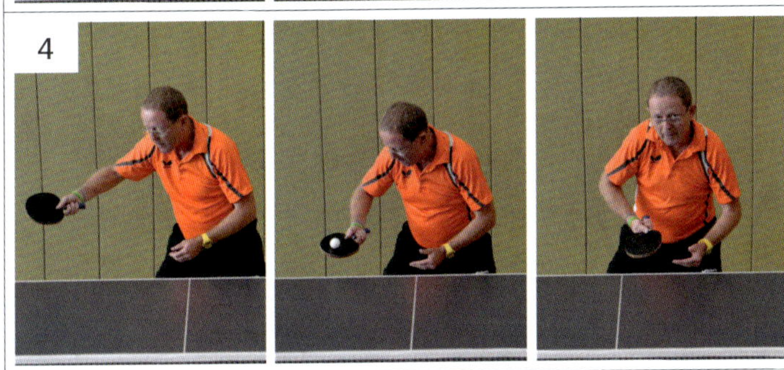	*Seitenunterschnittaufschlag* von rechts nach links mit geöffneter Schlägerblattstellung

5 a b c 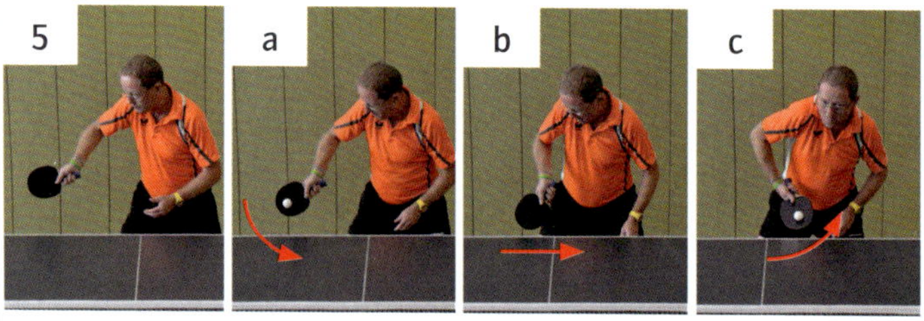	*Halbkreis Seitenunter- (a). Seiten- (b), und Seitenoberschnittaufschlag (c)* mit senkrechter Schlägerblattstellung
6a b c d e 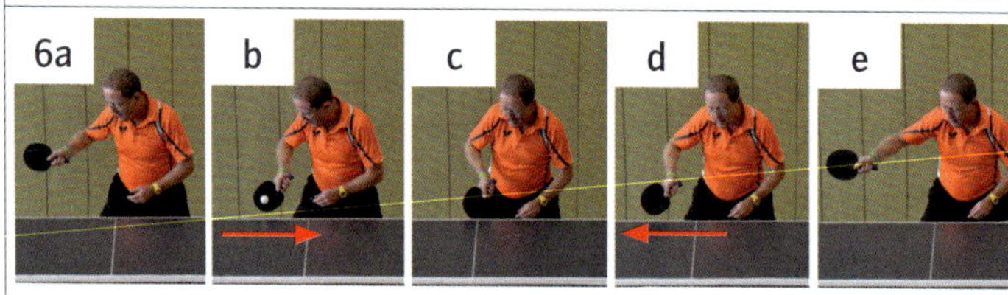 Das Zurückführen des Schlägers in die entgegengesetzte Richtung ist eine Finte	*Seitenunterschnittaufschlag* mit geöffneter Schlägerblattstellung von rechts nach links (a-c) mit fintierter Gegenläuferausschwungbewegung
7 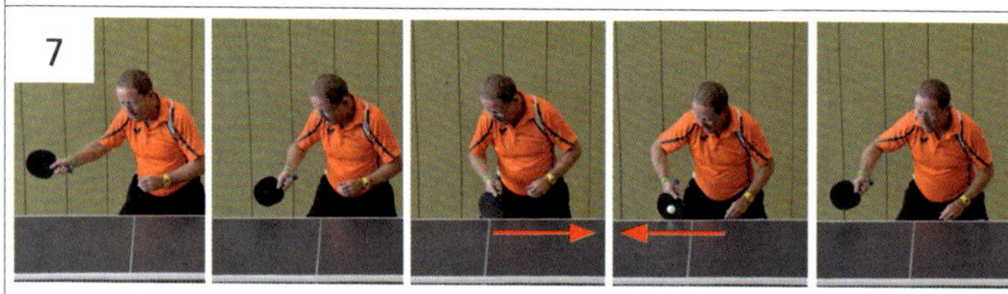 Der Ball wird erst in der Gegenläuferbewegung getroffen und erhält dadurch eine links-rechts-Rotation	*Gegenläufer – Seitenunterschnittaufschlag* mit geöffneter Schlägerblattstellung von rechts nach links
8 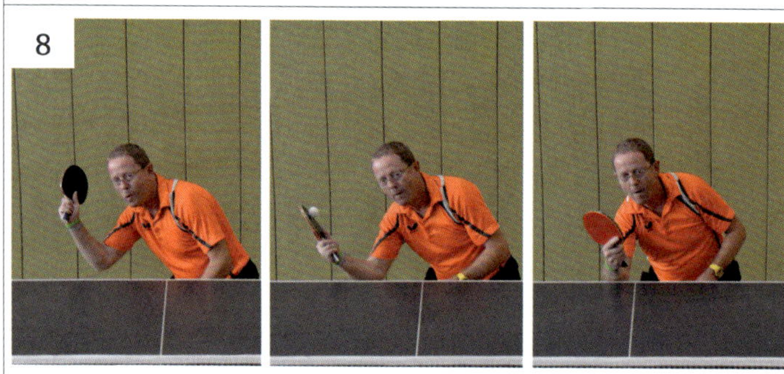	*Stip Seitenunterschnittaufschlag* mit geöffneter Schlägerblattstellung
9 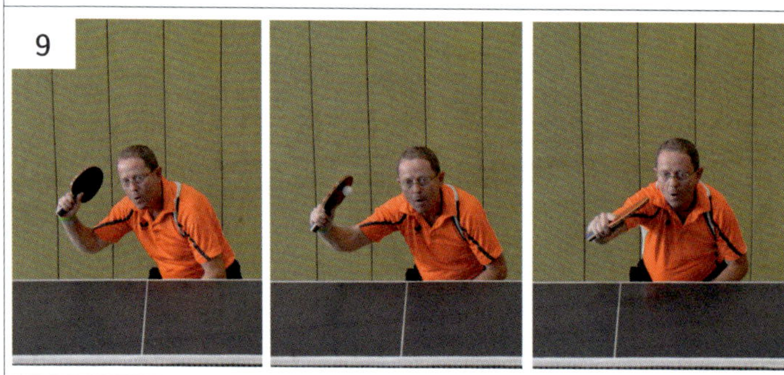	*Stip Seitenoberschnittaufschlag* mit geschlossener Schlägerblattstellung

10	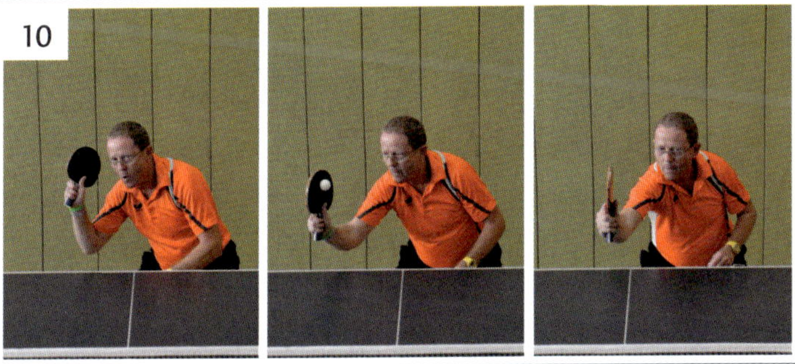	*Reiner Seitenschnittaufschlag* mit senkrechter Schlägerblattstellung
11	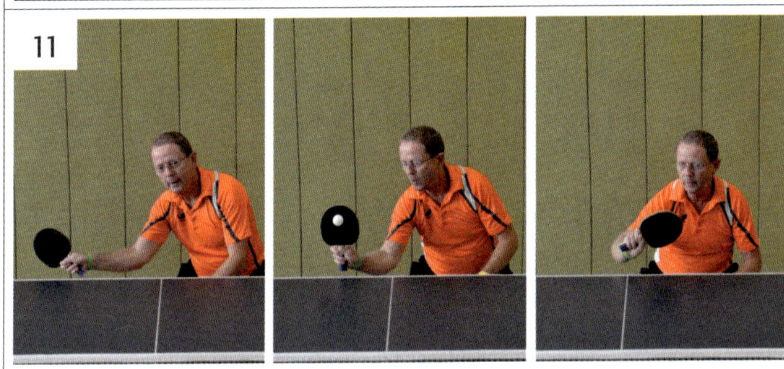	*Scheibenwischer-Seitenschnittaufschlag*, „Halbkreisprinzip" (S. 181), je nach Schlägerblattstellung und Balltreffpunkt unterschiedliche Seitenschnittvarianten
12	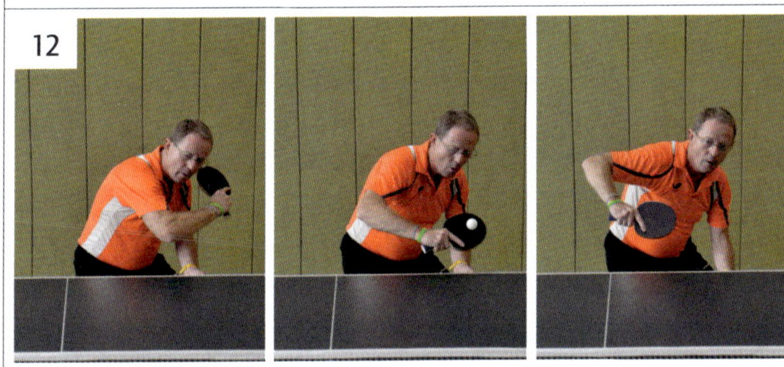	*Rückhand - Seitenunterschnittaufschlag* mit geöffneter Schlägerblattstellung von links nach rechts
13	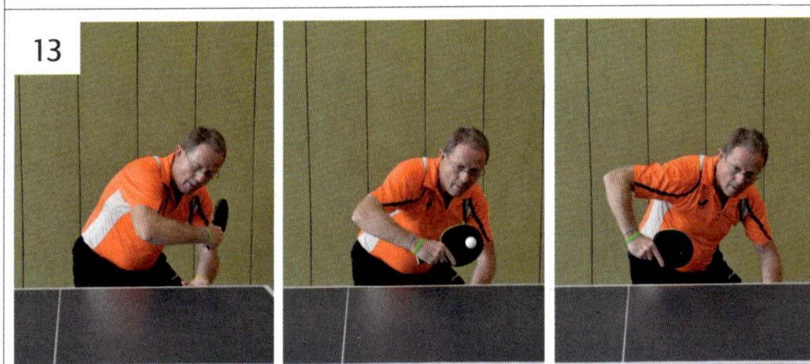	*Rückhand - reiner Seitenschnittaufschlag* mit senkrechter Schlägerblattstellung von links nach rechts

Bildreihe 53: Aufschlaggrammatik - Aufschläge im Tischtennis

3.9.1 Der Rückhand-Aufschlag

Ohne Frage, die Rückhand-Aufschläge gehören in der Weltspitze heutzutage eher zu den Ausnahmen. Aber dennoch sind sie nicht ganz verschwunden. Der kroatische Butterfly-Spieler Zoran Primorac ist wohl der markanteste Vertreter, denn er spielt Rückhand-Aufschläge fast mehr als solche mit der Vorhand. Auch der Weltranglistenfünfte Wladimir Samsonov aus Weißrussland und der belgische Ex-Europameister Jean-Michel Saive greifen gegen bestimmte Gegner in bestimmten Situationen gerne auf die Rückhand-Variante zurück, um nur einige Spieler zu nennen. Bestes Beispiel für einen extrem guten Aufschläger mit der Rückhand ist in jüngster Zeit der deutsche Europameister Dimitrij Ovtcharov. Selbst Chinas Asse fürchten seinen Rückhand-Service.

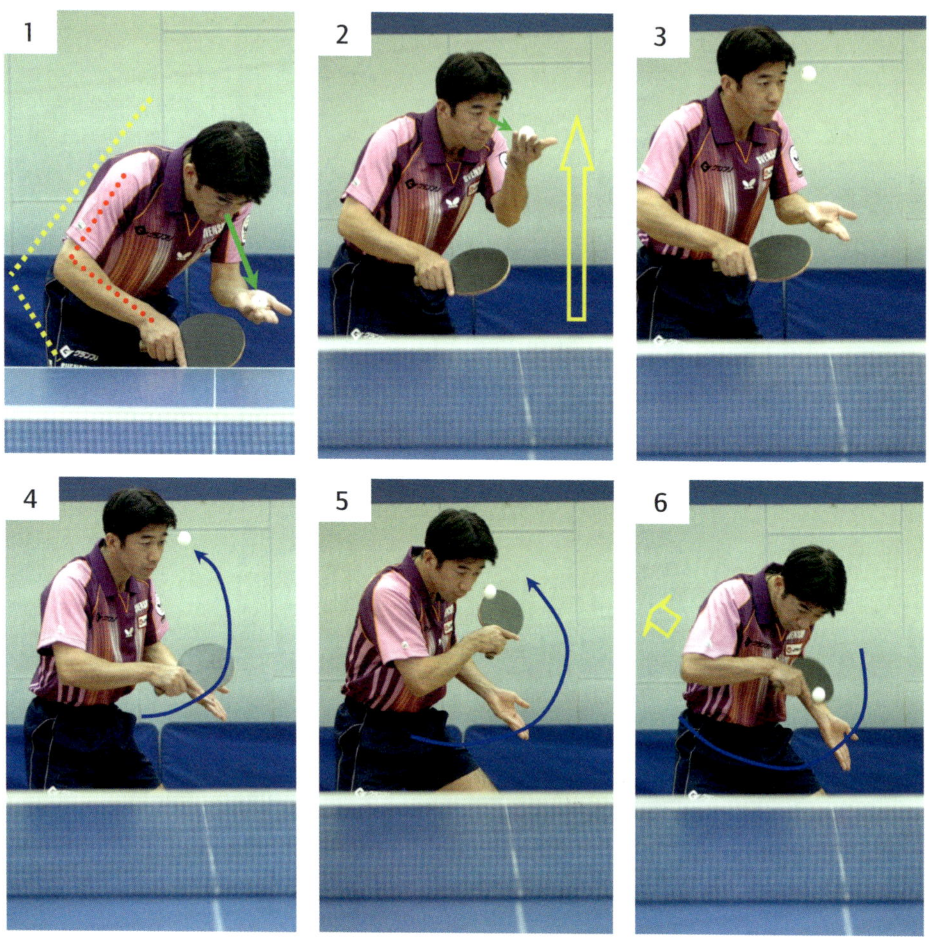

Bei einer Spielergruppe spielt der Rückhand-Aufschlag aber nach wie vor sogar eine dominante Rolle. Die Densivspieler wenden ihn sehr häufig an, weil sie nach seiner Ausführung eine bessere Position zum Tisch haben. Koji Matsushita, ehemaliger Defensivkünstler aus Japan, führt uns nun den Rückhand-Seitenschnitt-Aufschlag vor.

Grundstellung und Ausholphase - Fotos 1-5: Koji steht in der Vorhandseite leicht schräg zur Grundlinie (s. auch Foto S1). Schläger und Ball sind etwa in Tischmitte (Foto 1). Der Oberkörper ist im Hüftgelenk nach vorne gebeugt. Der Ball liegt im angespannten, leicht nach innen gewölbten Handteller. Der Blick ist auf den Ball fixiert. Dadurch wird die Konzentration auf die Bewegungsausführung und den nachfolgend antizipierten Spielzug gelenkt. Insgesamt ist der Körper auch durch Beugen der Kniegelenke nach unten abgesenkt. Das Körpergewicht liegt eindeutig auf dem vorderen rechten Bein beim Rechtshänder (Foto S1). Beim Linkshänder wäre es anders herum. Der Schläger in der rechten Hand ist es etwas tiefer als der Ball in der linken.

Die eigentliche Ausholphase wird durch den Ballhochwurf eingeleitet (Foto 2 und Foto S1). Mit dem Hochwerfen des Balles richtet sich Koji aus der gebeugten tiefen Position auf. Dabei lastet sein Körpergewicht allein auf dem vorderen Fuß, denn das linke hebt Koji mit dem Hochwerfen an. Dies ist nicht zwingend notwendig, aber häufig zu beobachten, da durch den Stand auf einem Bein eine bessere Drehbewegung des Oberkörpers gewährleistet wird. Nach wie vor beobachtet er den Ball ganz genau. Interessant auch wie sich der Handteller aufstreckt und dem Ball einen zusätzlichen Wurfimpuls gibt. Der Schlagarm verbleibt in der alten Position.

Koji wirft den Ball bis etwa auf Augenhöhe an und hat ihn dabei immer noch ganz fest im Blick (Foto 3). Den ballhochwerfenden linken Arm zieht er dabei nach hinten unten zurück.

Im höchsten Punkt des Ballhochwurfs, dem Umkehrpunkt, beginnt Koji den Schlagarm vor dem Köper leicht nach oben zu bewegen (Foto 4). Er setzt diese Schlagarmbewegung in Richtung linker Schulter fort. Auf Foto 5 dürfte er den Endpunkt der Ausholbewegung erreicht haben, während der Ball sich schon nach unten bewegt. Hier setzt nun die eigentliche Schlagphase ein.

Schlagphase und Balltreffpunkt - Fotos 6,7: Blitzschnell zieht Koji den Schläger nun in einer kreisförmigen Bewegungen mit schräg gestelltem Schlägerblatt nach vorne unten. Die Schlagarmbewegung ist fast identisch mit der Ausholbewegung, nur dass sie nun wesentlich schneller ausgeführt wird, um den nötigen Schnitt zu erzeugen (Foto 6) Interessant ist dabei, dass Koji den Unterarm nicht aus der Beuge nach vorne streckt, sondern durch Anheben der linken Schulter noch mehr beugt. Diese ruckartige Bewegung im Schultergelenk - möglicherweise in Verbindung mit einer winzigen Handgelenkbewegung - kann enorm viel Schnitt produzieren. Da der Handgelenkeinsatz aus den Bildern 5-7 nicht erkennbar ist, können wir auch nur aufgrund der Schlägerkurve und der -blattstellung vermuten, dass es sich hier um einen lang platzierten Auifschlag mit Seitenunterschnitt handelt.

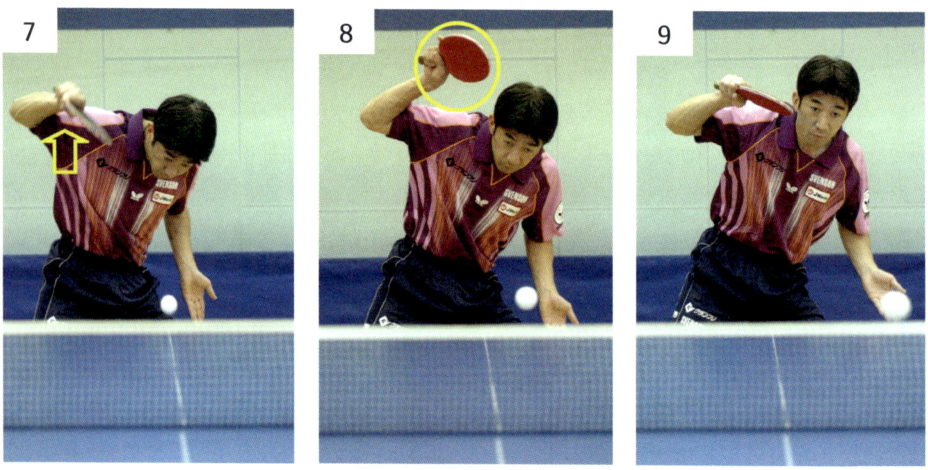

Ausschwungphase Fotos 7-9:

Nach dem Balltreffpunkt zieht Koji den stark gebeugten Schlagarm bis auf Schulterebene, der Schläger befindet sich sogar über Kopfhöhe. Dies belegt, wie schnell, ja explosiv er seine Aufschlag-Armzugbewegung nach dem Überschreiten des Umkehrpunktes des Balles ausgeführt hat. Dies zeigt, dass der Rückhand-Aufschlag eine extrem gut koordinierte Ganzkörperbewegung ist, die ein genaues Timing verlangt. Foto S2 beweist zudem, dass das Körpergewicht vom vorderen rechten Bein in der Schlagphase auf das hintere rechte Bein verlagert wird.

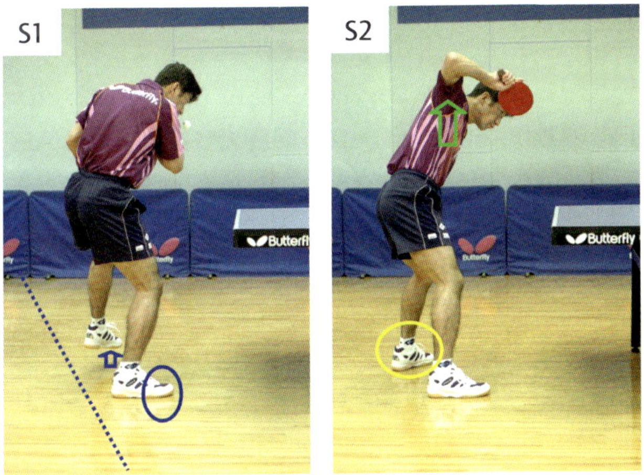

Bildreihe 54, 1-9, S1+S2: Der Rückhand-Aufschlag

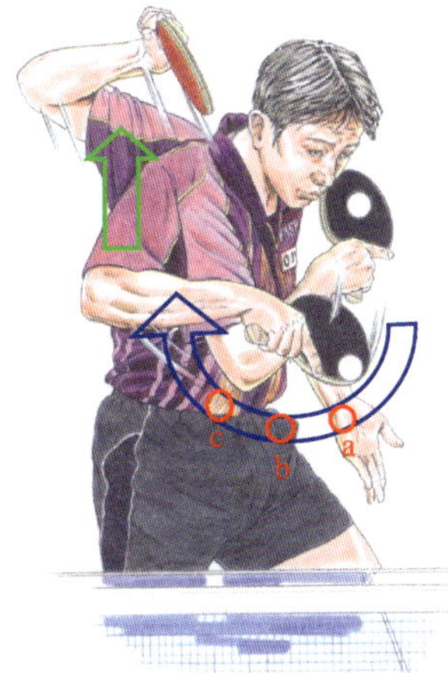

Abb. 12

Prinzip Halbkreis und Fazit

Die Zeichnung (Abb. 12) verdeutlicht sehr anschaulich die kreisförmige Bewegung ders Rückhand-Aufschlags. Trifft man den Ball in der Phase der nach unten gerichteten kreisförmigen Bewegung, erhält der Ball mehr Unterschnitt. Trifft man den Ball genau in dem Punkt der waagerechten Bewegung, so erhält er Seitenschnitt. Trifft man den Ball in der Phase des Hochziehens des Schlägers, bekommt er Seitenoberschnitt. Wenn dies nun noch mit unterschiedlichen Schlägerwinkeln (stark geöffnet bis senkrecht) und unterschiedlichen Handgelenkeinsätzen geschieht, kann man sich die große Zahl an Rotationsvariationen vorstellen (vgl. Aufschlaggrammatik S. 175 f.). Deswegen wird es auch immer wieder Spieler auf Weltklasseniveau geben, die auf den Rückhand-Aufschlag zurückgreifen. Und so sollte der Rückhand-Seitenschnitt-Aufschlag auch keinesfalls im Repertoire der Tischtennis-Grundschulung fehlen.

3.9.2 Der Vorhand-Aufschlag – Grundform

Timo Boll ist nicht nur wegen seiner exzellenten Angriffsschläge gefürchtet. Nein, insbesondere sind es auch seine variantenreichen Aufschläge mit der Vorhand, deren Schnittwechsel von seinen Gegnern gefürchtet werden. Timos Geheimnis: eine optimal koordinierte Gesamtkörperbewegung mit maximalem Handgelenkeinsatz, der für den Gegner kaum zu erkennen ist. Aber nicht, weil er nicht regelkonform wäre – Timo schlägt nämlich absolut sauber ohne Tricks auf –, nein, weil seine Bewegungen blitzschnell und ständig wechselnd sind. Natürlich nimmt Timo eine spezielle Aufschlag-Schlägerhaltung ein (s. S. 47 f. Fotos 18 a-c): Der Schläger ist eingeklemmt zwischen Daumen und leicht gekrümmtem Zeigefinger. Die übrigen drei Finger liegen stark gebeugt fächerartig übereinander und stabilisieren die Schlägerführung.

a

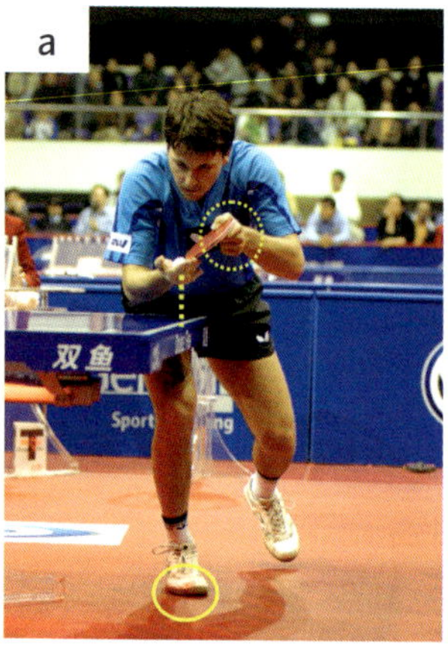

Bild a

Timo nimmt gerade die Ausgangsposition für seinen Vorhand-Aufschlag ein. Er senkt den Körper durch starkes Beugen der Knie und Vorbeugen des Oberkörpers ab. Das Gewicht liegt deutlich auf seinem vorderen rechten Bein. Er steht seitlich neben dem Tisch. Der Ball ist exakt hinter der Grundlinie des Tischs. Der Ball ruht in der gestreckten vorderen Handfläche. Der Schläger ist etwas oberhalb der Ballhand. Timo schaut den Ball an und wirkt dabei äußerst konzentriert.

b

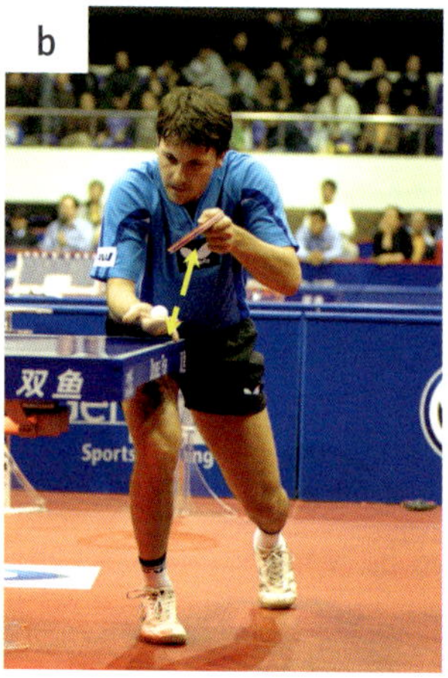

Bild b

Timo leitet die Aufschlagbewegung ein. Die Ballhand geht runter zum Tisch, der Schläger gleichzeitig hoch zur Brust. Das hintere linke Bein hat nun Bodenkontakt und stabilisiert die Gesamtkörperbewegung mit, wobei das Körpergewicht aber weiter eindeutig auf dem vorderen rechten Bein lastet.

Bild c

Timos Ballhand geht nach oben und überholt den Schläger. Damit einhergehend richtet sich Timo ein wenig auf und gibt die starke Vorbeuge auf. Timo beobachtet den Ball total konzentriert.

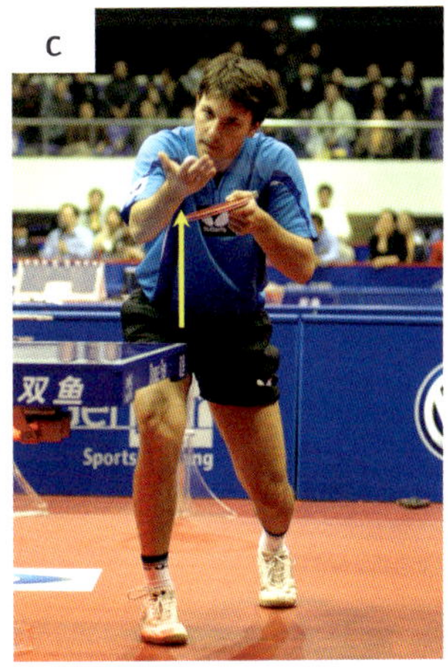
c

Bild d

Timo wirft den Ball auf etwa Augenhöhe hoch und hat ihn nach wie vor genau im Blick. Gleichzeitig führt er den etwas geöffneten Schläger zu seiner Brustmitte. Sein Körpergewicht wechselt in dieser Phase des Aufschlags auf das hintere linke Bein.

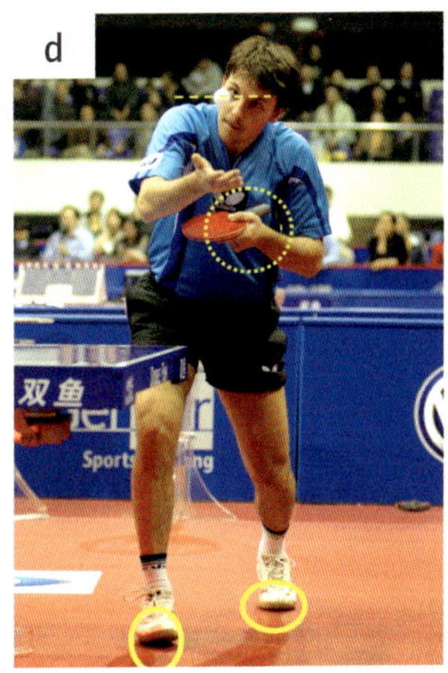
d

Bild e

Der Ball hat den höchsten Punkt nach dem Hochwerfen erreicht. Timo zieht die Ballhand nach unten, gleichzeitig führt er den Schläger ein wenig weiter nach unten zur Brust. Der Schläger berührt sein Trikot. Immer noch schaut Timo den Ball genau an.

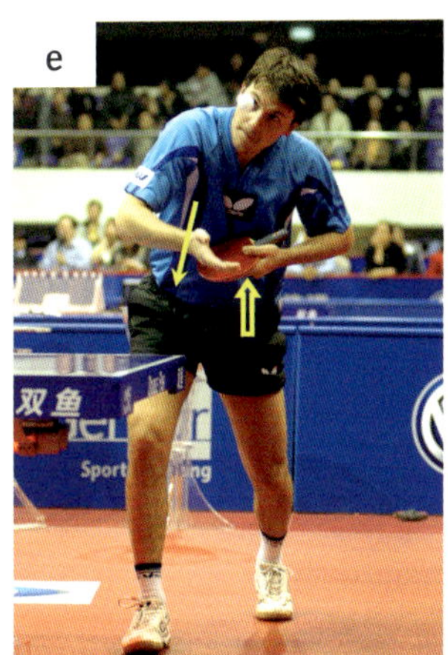
e

Bild f

Der Ball hat den Scheitelpunkt überschritten und ist nun in der fallenden Phase. Timo zieht den im Ellbogengelenk stark gebeugten Schlagarm nach hinten links. Das Körpergewicht lastet nun auf beiden Beinen. Der Oberkörper ist zwar immer noch vorgebeugt, aber vom Gesamtbewegungsablauf her in der aufgerichtetsten Position. Er ist in der Hüfte leicht nach hinten links gedreht, die rechte Schulter ist vorne. Timos Augen kleben weiterhin am Ball.

f

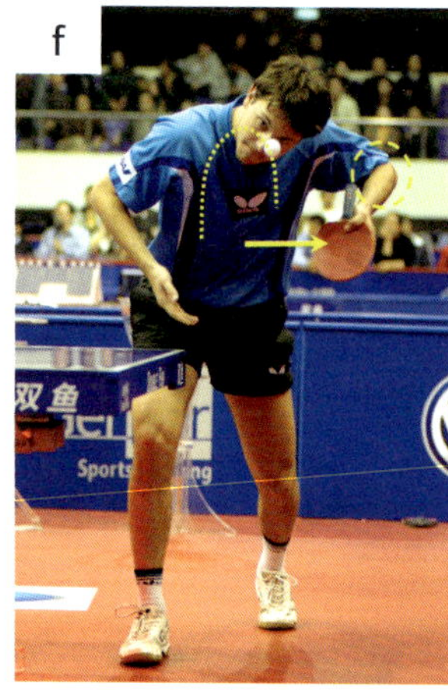

Bild g

ist unmittelbar nach dem Balltreffpunkt aufgenommen. Der Ellbogen ist nun der höchste Punkt von Timos Körper, so sehr geht Timo nun nach unten in den Ball. Das Foto unterstreicht wunderbar, dass der Aufschlag eine extrem anspruchsvolle Gesamtkörperkoordination von den Zehen bis zum Handgelenk verlangt. Die fast senkrechte Schlägerblattstellung und die von rechts nach links gezogene Arm- und Handgelenkbewegung deuten auf einen Seitenschnittaufschlag ohne große Unterschnittkomponente hin.

g

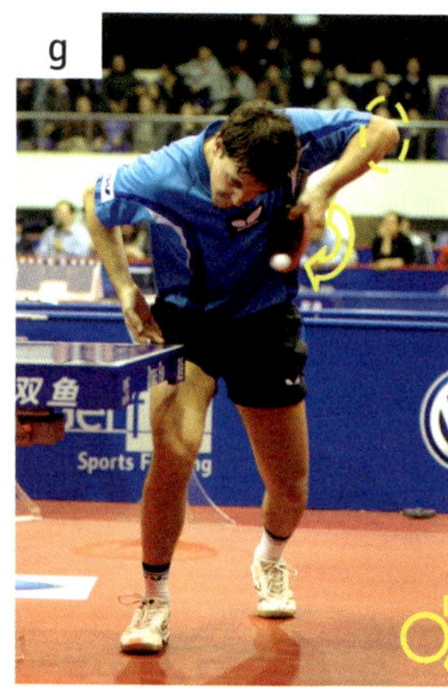

Bild h

Wie sehr der ganze Körper am Aufschlag beteiligt ist, zeigt sehr anschaulich dieses Bild. Das volle Körpergewicht lastet nun wieder auf dem vorderen rechten Bein und belegt den vorwärts gerichteten Bewegungsimpuls dieser Aufschlagvariante. Vergleicht man zudem Bild h mit dem davor, g, wird der extreme Einsatz des Oberkörpers offensichtlich. Das Verwringen des Oberkörpers wird bei anderen Vorhandschlagtechniken auch im Moment des Balltreffpunkts aufgelöst und dadurch zusätzliche Bewegungsenergie gewonnen.

h

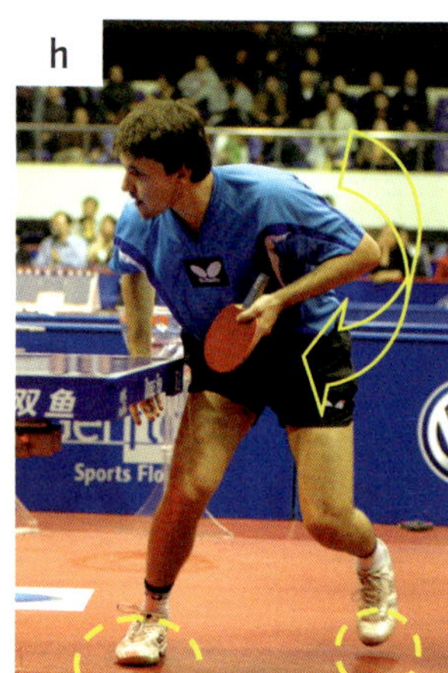

Bild i

Timo drückt sich nun mit dem vorderen Bein nach hinten ab, um möglichst schnell in eine günstige Schlagposition für den Aufschlagreturn zu kommen. Dabei hat er seine Aufschlag-Schlägerhaltung noch nicht aufgegeben. Dies geschieht erst kurz danach, wie uns **Bild j** zeigt.

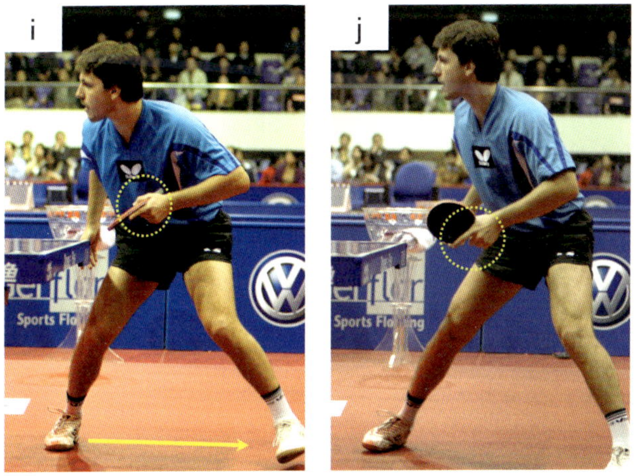

Bildreihe 55 a-j: Die Vorhand-Aufschlaggrundform

3.9.3 Der Vorhand-Aufschlag – mit Gegenläufer

Zuvor haben wir Timos Vorhand-Aufschlag insgesamt studiert und die Hauptbewegungsmerkmale kennengelernt. Jetzt wollen wir uns auf den Balltreffpunkt konzentrieren. Denn hier entscheidet sich, welchen und wie viel Schnitt der Ball erhält. Dabei ist es wichtig, die Bewegung schnell und so äußerlich gleich durchzuführen, dass der Gegner nicht oder nur schwer erkennen kann, welchen Schnitt der Ball hat. Und gerade das ist Timos Stärke. Wie kein Zweiter kann er den Schnitt bei seinem Vorhand-Aufschlag variieren. Natürlich nicht nur den Schnitt, sondern auch das Tempo und die Platzierung, aber darauf können wir an dieser Stelle nicht eingehen. Timo ist einer der besten Aufschläger, die den Seitenschnitt sowohl von rechts nach links als auch von links nach rechts geben können. Und dies in Kombination mit mehr oder weniger Unterschnitt, mit variablem Oberschnitt oder auch als reiner Seitenschnitt. Diese ursprünglich chinesische Spezialität wurde in Europa von Jan-Ove Waldner verfeinert und hat in Timo heute ihren Perfektionisten.

Wir sehen vier Sequenzen à drei Fotos von Timos Vorhand-Aufschlägen, einmal aus der Seitenperspektive und einmal aus der Halbschrägen aufgenommen. Dabei zeigt uns Timo einmal seine Links-rechts-Seitenschnittvariante (Fotos a-f) und seine Rechts-links-Ausführung (Fotos g-l).

Die Links-rechts-Variante (a-f) ist die allgemein bei Linkshändern gebräuchliche Grundform. Beim Rechtshänder ist es natürlich die Rechts-links-Variante. Nachdem der Schläger in der Ausholphase vom Körper weggeführt wurde, wird er in der Schlagphase wieder zum Körper hingeführt und der Ball auf dieser Schlagstrecke getroffen. Diese Aufschlagbewegung ist von der Koordination her die einfachere und deswegen auch die häufig zu beobachtende Variante.

Die von der Koordination her bedeutend schwierigere Variante ist die Rechts-links-Version (g-l). Denn bei gleicher Ausholbewegung wird der Ball erst nach einem Umkehrpunkt vom Körper weg getroffen. Diese Variante heißt Gegenläufer. Wir können sie sehr gut auf den Fotos g-l erkennen. Erkennt der Gegner nicht die Rotationsvariante, wird sein Rückschlag sicher ins Aus gehen.

Auf allen vier Sequenzen ist Timos perfekter Handgelenkeinsatz zu sehen. Je nach Schlägerblattstellung und Bewegungsrichtung des Schlägerblatts erhält der Ball unterschiedlichen Seitenschnitt. Eine senkrechte Schlägerblattstellung deutet auf reinen Seitenschnitt hin (Foto h, l), eine schräge auf mehr Seitenunterschnitt (Foto e). Wird der Schläger nach unten geführt, kann auch bei senkrechter Schlägerblattstellung Unterschnitt erzeugt werden (Foto b). Wird der Ball mehr seitlich-horizontal getroffen, nimmt die Seitenschnittkomponente zu. Wie stark der Schnitt letztlich ist, hängt vom Handgelenkeinsatz und der damit erzeugten Schlägergeschwindigkeit im Balltreffpunkt ab. Viel Handgelenk erzeugt viel Schnitt, wenig eben wenig. Deswegen können Aufschläge auch mit sehr wenig oder fast ohne Schnitt produziert werden, wenn man das Handgelenk im Moment des Balltreffpunkts blockiert bzw. fixiert. Und eine „Ohne"-Variante hat schon manchen Gegner überrascht.

Wenn ein Tischtennislaie Timo beim Aufschlag beobachtet, würde er sicher sagen: „Der schlägt ja immer gleich auf!" Und genau das ist Timos Geheimnis. Rein äußerlich sehen seine Aufschläge in der Tat fast immer gleich aus, nur im Balltreffpunkt unterscheiden sie sich, manchmal so, dass nicht nur seine Gegner, sondern auch seine Beobachter nur erahnen können, was er jetzt „reingetan" hat.

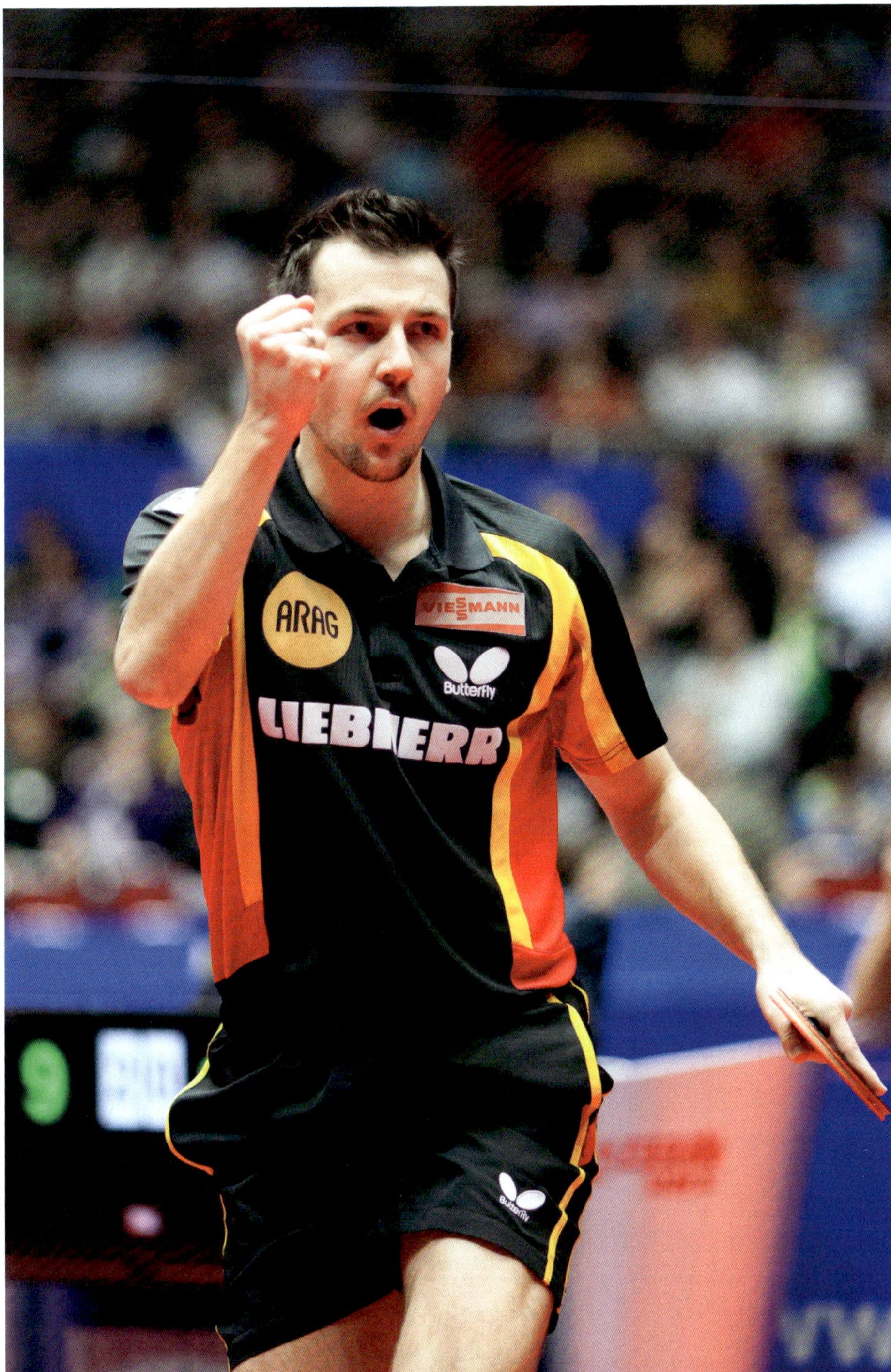

Foto 54: Timo Boll, seit zwei Jahrzehnten der beste Europäer

Fotos a-f: Links-rechts-Seitenschnittvariante

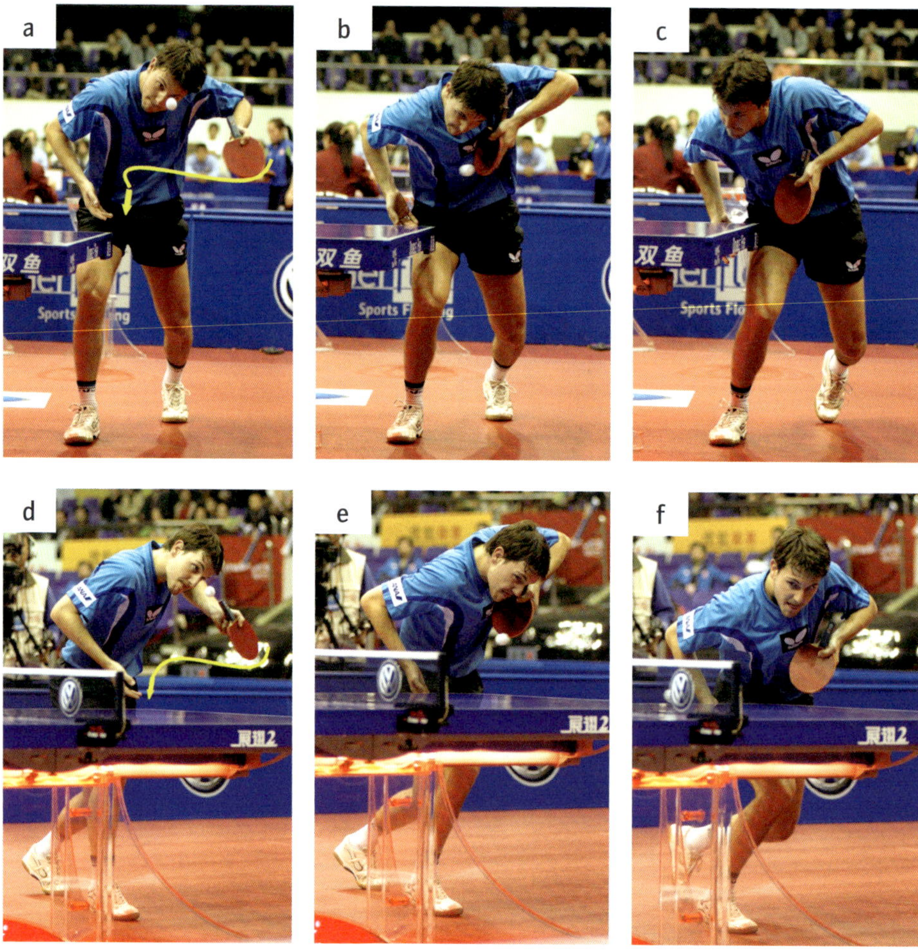

Bildreihe 56 a-f: Links-rechts-Seitenschnittvariante in der Grundform

Für Rechtshänder: „normaler" Rechts-links Aufschlag

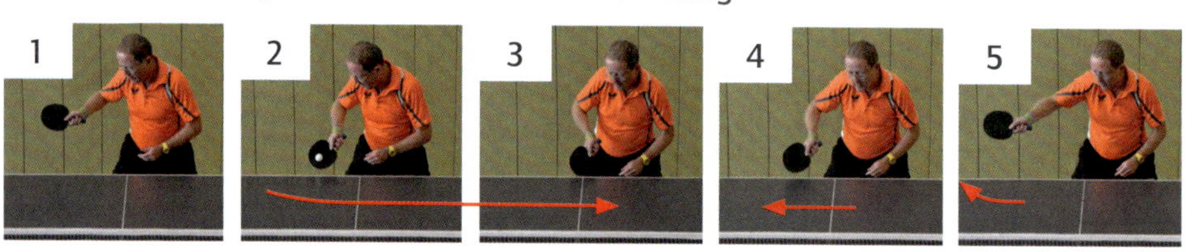

Bildreihe 57: Der Ball wird vor dem Umkehrpunkt von rechts nach links getroffen (3), die Gegenläufer-Ausschwungbewegung ist eine Finte und soll den Gegner täuschen.

Fotos g-l: Rechts-links-Seitenschnittvariante

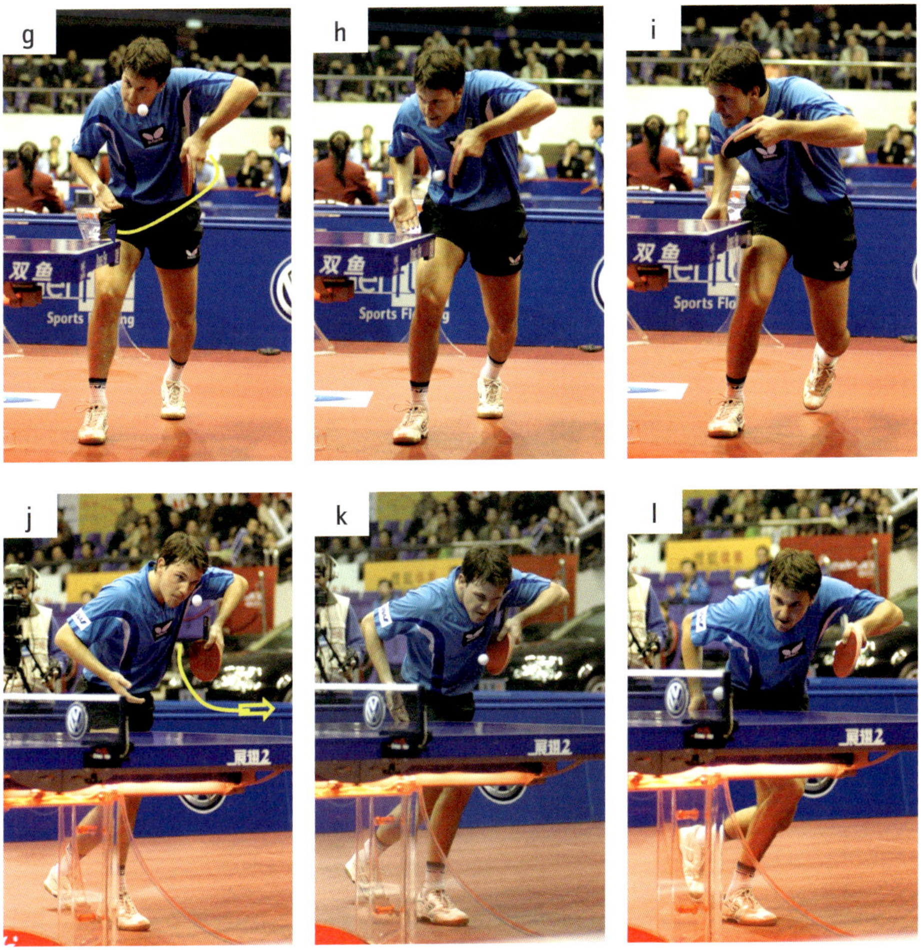

Bildreihe 58 g-l: Rechts-links-Gegenläufer-Seitenschnittvariante (g, h, i vorne, j, k, i seitlich von vorne)

Für Rechtshänder: „fintierter" Links-rechts Aufschlag

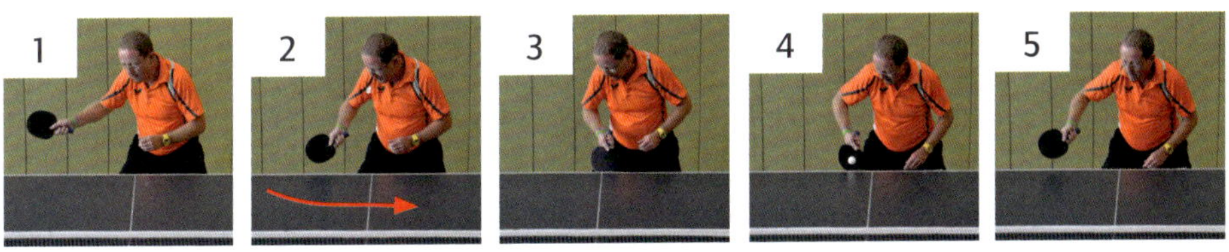

Bildreihe 59: Der Ball wird nach dem Umkehrpunkt als Gegenläufer von links nach rechts getroffen (4) und erhält im Gegensatz zu Bildreihe 57 den umgekehrten Seitenschnitt.

Übungstipps zum Aufschlag:

- Übe das Hochwerfen des Balls gesondert, da davon das Gelingen des Aufschlags abhängt. Werfe den Ball aus dem gestreckten Handteller möglichst senkrecht nach oben und fange ihn in der fallenden Phase mit der freien Hand auf.
- Wie zuvor, nur lasse den Ball auf deinem Schläger auftippen.
- Wenn du diese Vorübungen beherrschst, versuche nun, die richtigen Aufschläge auszuführen. Treffe den Ball dabei nie zu früh, sondern immer erst kurz über dem Tischniveau.
- Übe deinen Aufschlag nach Möglichkeit mit vielen Bällen. Das kannst du auch ohne Partner machen: z. B. 50, 100 Aufschläge. Wenn du dabei bestimmte Platzierungsziele (wie Bierdeckel usw.) anvisierst, kann das sogar sehr viel Spaß machen.
- Wenn du alleine Aufschläge übst, ist es für dich auch sehr hilfreich, wenn du den Tisch an eine Wand schiebst, damit du den Absprung des Balls von der Wand beobachten und damit seinen Schnitt beurteilen kannst.

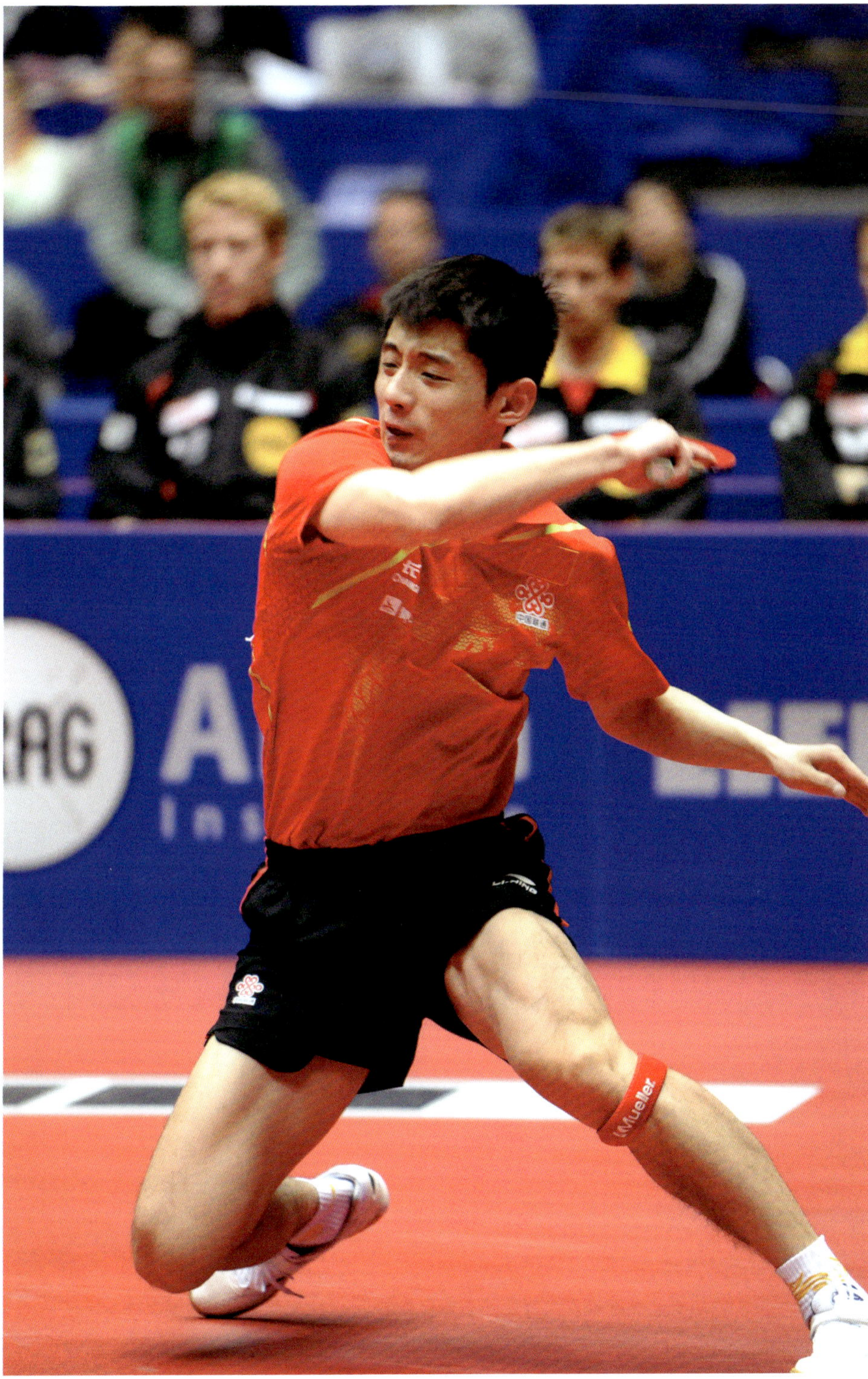

Foto 55: Zhang Jike, der zweifache Weltmeister und Olympiasieger aus China

KAPITEL

SPIELSYSTEME UND SPEZIALISIERUNG: WELCHE SPIEL-STRATEGIE IST FÜR MICH RICHTIG?

4

4 SPIELSYSTEME UND SPEZIALISIERUNG: WELCHE SPIELSTRATEGIE IST FÜR MICH RICHTIG?

Der besondere Reiz des Tischtennisspiels liegt in seiner Vielfalt und individuellen Ausprägung. Namen wie Timo Boll, Dimitrij Ovtcharov oder Zhang Jike, Wladimir Samsonov, Kalinikos Kreanga, Werner Schlager, Wang Hao oder Ma Long verdeutlichen dies sehr eindrucksvoll: Alle Spitzenspieler haben ihr eigenes Spielsystem, das sich nur schwer in bestimmte Kategorien einordnen lässt. Alle haben vor allem auch ihre Spezialschläge, die ihnen keiner nachmacht: Bolls Topspins, Mizutanis Gegentopspins, Zhangs „Wahnsinns"-Rückhand. Dennoch lassen sich bei dieser Vielfalt und Individualität, um nicht Genialität zu sagen, bestimmte Spielanlagen grob voneinander unterscheiden. Heutzutage schwerer als früher. Denn damals war ein Angriffsspieler von einem Abwehrspieler insofern klar zu unterscheiden, als beide nur bestimmte Schläge beherrschten. Doch diese Zeiten sind vorbei. Heute muss ein Spitzenspieler im Grunde alle Schläge können. Die „Allround"-Spielfähigkeit ist mehr denn je gefragt. Der defensiv orientierte Spieler wird dabei mehr Unterschnitttechniken einsetzen, der offensiv orientierte Oberschnitttechniken. Grundsätzlich müssen aber beide Spieler sowohl Offensiv- als auch Defensivtechniken für bestimmte Spielsituationen anwenden können.

Tipp:

Das bisher Gesagte bedeutet für dich als Einsteiger oder Fortgeschrittener schon eine ganze Menge. Wichtig ist, dass du dich nicht nur auf eine oder zwei Grundtechniken konzentrierst (z. B. Topspin und Konter) und das ganze Spektrum der Unterschnitttechniken vernachlässigst. Interessiere dich für alle Schlagtechniken und probiere sie aus! Dann wird sich ganz von alleine herausstellen, in welche Richtung du besondere Stärken entwickeln kannst. Du musst halt die Grundschläge im Tischtennis einstudieren.

Nun wollen wir einen Blick auf aktuelle Spielsysteme werfen, wie sie bei Weltklassespielern zu beobachten sind. Zum besseren Verständnis möchte ich aber zuerst einige Begriffe erläutern, die schnell zu Missverständnissen führen können. Zunächst müssen wir auf das Begriffspaar *offensiv/defensiv* eingehen:

Diese Unterscheidung ist nämlich im Tischtennis gar nicht so einfach wie beispielsweise im Fußball. Vereinfachend lässt sich sagen, dass man mit *offensiven Techniken* alle *Oberschnitttechniken* zusammenfasst: Topspin, Konter, Schmetter, Flipp. *Defensivtechniken* sind hingegen alle *Unterschnitttechniken* wie Schupf, Unterschnittabwehr oder Block. Diese Unterscheidung ist aber nur oberflächlich. Wir müssen sie durch das folgende Begriffspaar erweitern: *aktiv/passiv.* Denn im Prinzip kann jeder Schlag *aktiv-offensiv* oder *passiv-defensiv* gespielt werden. Am Beispiel des zunächst „offensiv" einzuordnenden Topspins möchte ich dies verdeutlichen. *Aktiv* heißt in diesem Zusammenhang, dass wir einen Topspin mit Spin, Tempo und bewusster Platzierung spielen, sodass der Gegner nur noch reagieren kann und unter Druck gesetzt wird. *Passiv* wäre ein Topspin, wenn ein Spieler vom Tisch zurückgedrängt wird, und versucht, den gegnerischen Spinangriff nur noch irgendwie mit schlecht platzierten, tempo- und spinarmen Gegentopspins zu beantworten oder gar in die Oberschnittballonabwehr gehen würde.

Ein weiteres Beispiel: Auch beim Schupf lässt sich diese Unterscheidung sehr gut aufzeigen. Ein schlecht platzierter, langer, nicht bewusst geschnittener, langsamer und halbhoher Schupf lädt den Gegner förmlich zum Angriff ein und ist insofern „passiv". Dagegen kann ein stark geschnittener, temporeicher, bewusst lang-aggressiv auf die Grundlinie platzierter Schnittball durchaus offensiven Charakter haben. Es kommt also immer auf die Spielsituation an. Die unterscheidet sich im Tischtennis in *Aktion* und *Reaktion.* Ein weiteres Begriffspaar, das ich erklären möchte. Zunächst ist der Aufschläger immer in der Rolle des spielbestimmenden *Akteurs*, der Rückschläger hingegen in der des reagierenden *Reakteurs.* Ein schlechter Aufschlag - zu lang, zu hoch, zu wenig Schnitt - kann jedoch diese Rollenverteilung gleich umkehren. Der Rückschläger kann die Initiative auf diesen schlechten Aufschlag ergreifen und mit einem Angriffsschlag den Aufschläger unter Druck setzen. Aus dem „Reakteur" wird der „Akteur".

Tipp:

Es kommt also immer darauf an, das Spiel zu bestimmen, die Initiative zu ergreifen, den Gegner unter Druck zu setzen, ihn in die reagierende Rolle zu zwingen. Dies kannst du durch verschiedene taktische Handlungsmöglichkeiten erreichen: Tempo, Platzierung, Rotation, Flughöhe und Finten.

Nun wollen wir versuchen, die Spielsysteme voneinander abzugrenzen. Dabei werde ich auch immer auf die besonderen Voraussetzungen eingehen, die du nach meiner Überzeugung mitbringen musst, um dieses Spielsystem zu meistern.

4.1 Der beidseitige aggressive Spinangriffsspieler

Typische Vertreter: Timo Boll (Deutschland), Dimitrij Ovtcharov (Deutschland), Dang Qiu (Deutschland) Patrick Franziska (Deutschland), Zhang Jike (China), Ma Long (China), Fan Zhedong (China), aktueller Weltmeister.

Spielkonzeption:
Er will den Punkt mit aggressiven, beidseitigen, d. h. mit Vorhand und Rückhand gezogenen Topspinbällen selbst machen und nichts dem Gegner überlassen. Dabei versucht er, eigentlich jede Angriffsmöglichkeit auszunutzen. Auch bei 10:10. Entscheidend ist, dass er nah am Tisch agieren und sich nicht in die Halbdistanz zurückdrängen lassen will.

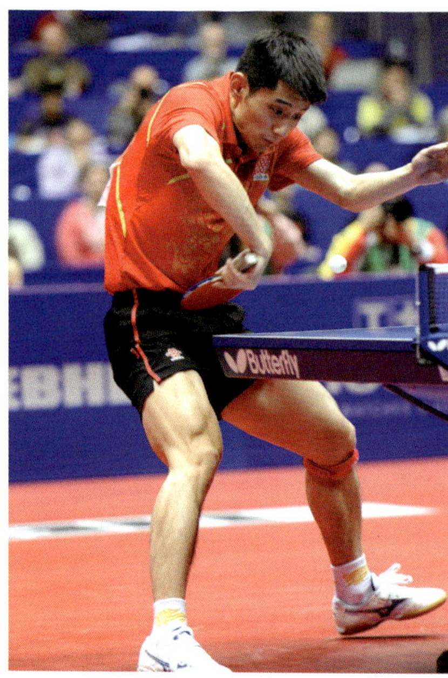

Foto 56: Zhang Jike

Hauptaktionsraum: 1-2 m hinter dem Tisch

Material: *Holz:* sehr direkt und tempooffensiv
Belag: Spin- und ultraoffensiv, bis 2,1 mm max.

Besondere technische Stärken:

Alle Offensivtechniken, insbesondere Rückhand- und Vorhand-Topspins, aggressive Block- und Schmetterbälle.

Risiko gehört dazu. Aber auch intelligente Variationen im Spin- und Platzierungsspiel.

Was du mitbringen solltest:

Wenn du jemand bist, der das aktive und offensive Spinspiel liebt, auch bei 10:10, und sich nicht ärgert, wenn das auch mal schiefgeht, dann bist du für diese Spielanlage geeignet. Wer aber seinen verschlagenen Spins nachtrauert, wird mit dieser Spielanlage nicht glücklich.

4.2 Der einseitige aggressive Spinangriffsspieler

Typische Vertreter: Christophe Legout (Frankreich), Chuan Chih-Yuan (Taipei). Im Spitzenbereich kaum mehr anzutreffen. Im Amateurbereich dagegen oft, da das Rückhand-Topspinspiel nicht von allen Spielern beherrscht wird.

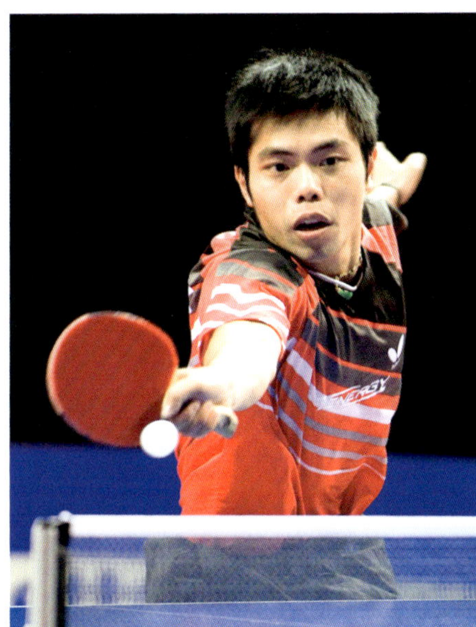

Foto 57: Chuan Chih-Yuan

Spielkonzeption:

Im Prinzip unterscheidet sich dieser Spielertyp nur von dem unter 4.1 genannten durch die Tatsache, dass er kein Rückhand-Topspin-Spezialist ist. Er versucht, seine Vorhand zum Spinangriff einzusetzen. Also umläuft er mehr die Rückhand. Die Rückhand setzt er vorwiegend zum Konter, Block und Schmetter ein. Für Spieler dieser Richtung sind auf der Rückhand auch kurze Angriffsnoppen denkbar. Im Vergleich zum ersten System muss dieser Spieler wesentlich mehr Laufarbeit leisten, da er aus der Rückhandtischseite vorwiegend die Vorhand einsetzen will (Material und andere Anmerkungen: s. unter 4.1.).

4.3 Der beidseitige tischferne Spinangriffsspieler

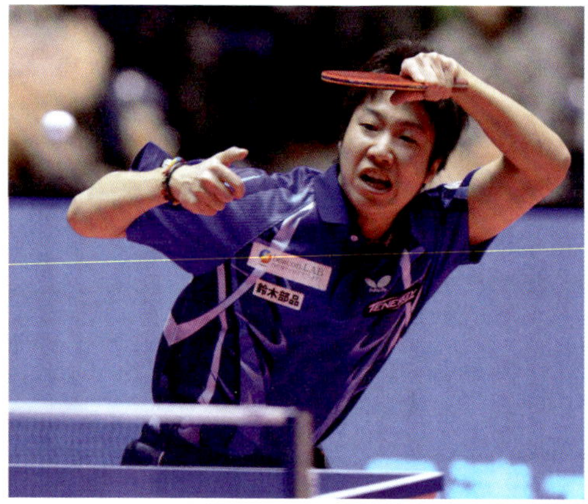

Foto 58: Jun Mizutani

Typische Vertreter: Jun Mizutani (Japan), Tiago Apolonia (Portugal).

Spielkonzeption:

Im Verhältnis zum aggressiven Spinangreifer ist sein Spinangriff etwas weicher, da er die Bälle später nimmt und sich häufiger in die Halbdistanz zurückfallen lässt. Gegnerische Spinangriffe beantwortet er meistens aus dieser Distanz mit Gegentopspins, die er sehr stark variieren kann, hart - weich - platziert. Er liebt die Bewegung, längere Ballwechsel, kämpft und spielt.

Aktionsraum: 1-4 m hinter dem Tisch

Material: *Holz:* Allround bis spinoffensiv
Belag: Spinoffensiv und ultraoffensiv 1,8 mm max.

Besondere technische Stärken:

Alle Offensivtechniken, insbesondere alle Topspinvariationen mit Rückhand und Vorhand, vor allem tischfern.

Was du mitbringen solltest:

Wenn du besonderen Spaß am Topspin aus allen Lagen hast, dich dazu gerne bewegst und läufst, dann bist du der richtige Mann für dieses spektakuläre Spiel.

4.4 Der offensive Allroundspieler

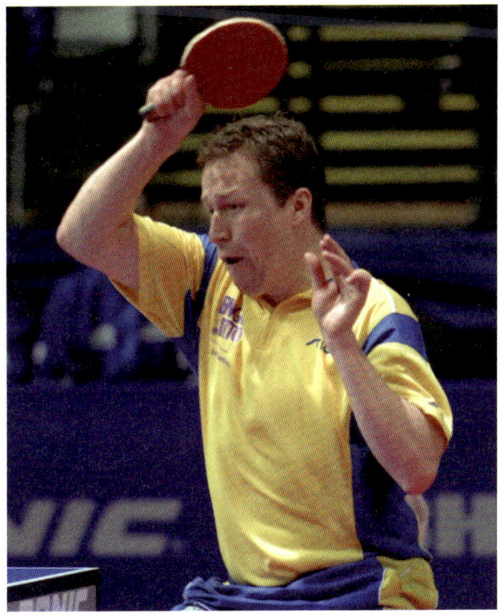

Foto 59: Jan-Ove Waldner.

Typische Vertreter: Jan-Ove Waldner (Schweden), Vladimir Samsonov (Weißrussland) und Kong Linghui (China).

Spielkonzeption:

Der Spieler, der eigentlich alles kann (Allroundkönner), war lange Zeit verschwunden, bis dieser „Tischtennis-Mozart" aus Schweden, der Weltmeister von 1989 und 1997, Jan-Ove Waldner, auftauchte. Ein Mann mit den verschiedensten Gesichtern, der aggressiv angreifen, aber auch seine Gegner laufen lassen, mit ihnen spielen konnte. Ein Mann, der im richtigen Moment von Angriff auf Abwehr umschalten, d. h. der aus dem Block- oder Ballonspiel heraus die Initiative zurückergreifen konnte. Ein Mann, der alles konnte: ein „Allroundmann". Ihn zu kopieren, wird kaum gelingen. Dazu war er zu genial. Dennoch sollten Spieler, die gerne auch mit Ball und Gegner spielen, sich Elemente bei ihm abschauen (s. YouTube®). Heutzutage hätte der schwedische Jahrhundertspieler seine Probleme, da das Spiel deutlich schneller und aggressiver geworden ist.

Aktionsraum: 1-4 m

Material: *Belag:* Spin- und ultraoffensiv 1,5 mm max
Holz: Allround-spinoffensiv.

Technische Stärken:

Beidseitige Topspinvariationen, variables Blockspiel, Ballonabwehr- und Unterschnittvarianten.

Was du mitbringen solltest:

Wenn du ein gutes Ballgefühl mitbringst, gerne experimentierst und neue Schläge ausprobierst, im richtigen Moment vom Spielen aufs Gewinnen umschalten kannst, Spaß an der Bewegung hast und eine Menge Kaltschnäuzigkeit und Gelassenheit mitbringst, dann bist du für diese Spielanlage geeignet.

4.5 Der tischnahe Konter- und Blockspieler

Typische Vertreter: im Spitzenbereich nur bei einigen europäischen und asiatischen Damen anzutreffen, wie z. B. bei der Rumänin Daniela Dodean.

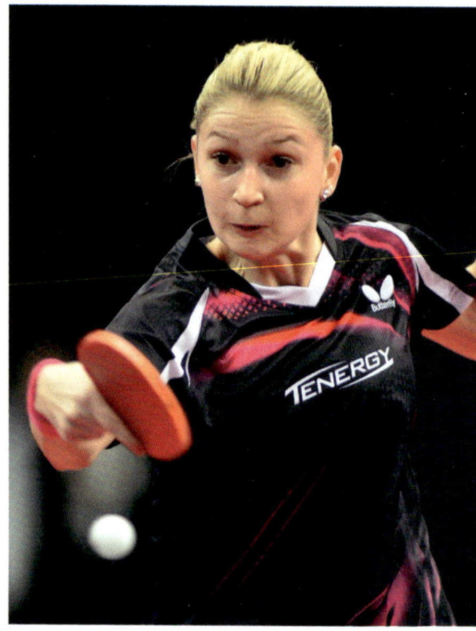

Foto 60: Daniela Dodean

Spielkonzeption:

Der klassische Konterblockspieler wartet eigentlich mehr auf den gegnerischen Spinangriff, um ihn dann auszukontern oder auszublocken. Er versucht, den Gegner durch sehr platziertes Schupf- und Konterspiel zu schlechten Angriffsaktionen zu verleiten, um ihn dann aggressiv auszukontern. Natürlich streut er immer wieder unregelmäßig eigene Topspin-Angriffsbälle ein, um den Rhythmus des Gegners vollends zu stören. Aktuell gibt es nur noch sehr wenige Spitzenspieler – vorwiegend bei den Damen – dieses Systems, da es starke Nerven, ein klares taktisches Auge und sehr viel technische Filigranarbeit verlangt, insbesondere hinsichtlich des Punktes Platzierung.

Material: *Holz:* Tempo- und ultraoffensiv

Belag: Noppen-innen-tempooffensiv (1,5 mm max) oder Noppen-außen-kurz (1,5-2,5 mm)

Besondere technische Stärken:

Alle Block-, Konter- und Schmettervariationen sowie ein sehr gutes Schupfspiel über dem Tisch.

Was du mitbringen solltest:

Wenn du ein Gespür und Auge dafür hast, frühzeitig zu erkennen, ob du deinen Gegner auf dem falschen Fuß erwischst, wenn du darüber hinaus die Kaltblütigkeit hast, deinem Gegner auch bei 10:10 einen Schupf in die Vorhand anzubieten, um seinen Angriff eiskalt auszukontern, dann bist du für dieses Spiel geeignet. Vorausgesetzt, du bringst auch noch die nötigen Reflexe mit, um blitzschnell aktiv auf Angriffe reagieren zu können. Im Prinzip musst du deine Chance immer eiskalt ausnutzen, wenn sie sich bietet, aber auch in der Lage sein, den Gegner zu Fehlern zu verleiten.

4.6 Der aktive Unterschnitt-Abwehrspieler

Typische Vertreter: Joo Se Hyuk (Südkorea), Chen Weixing (Österreich), Ruwen Filus (Deutschland).

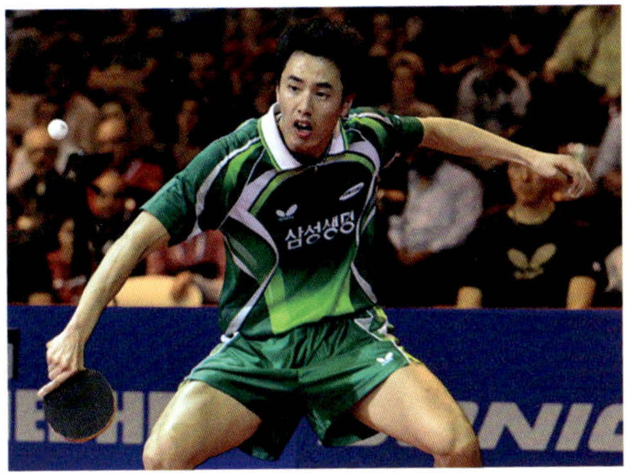

Foto 61: Joo Se Hyuk

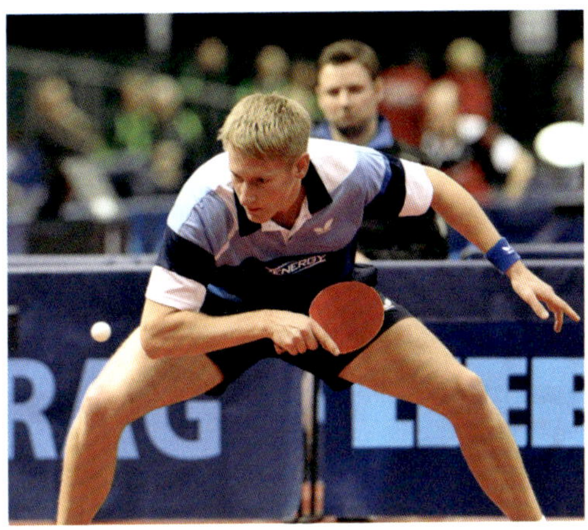

Foto 62: Ruwen Filus

Spielkonzeption:

Natürlich liegt der Schwerpunkt des Abwehrspielers auf der Unterschnittverteidigung und auf dem bewussten Schupfspiel über dem Tisch. Dazu benötigt er einen Kombischläger mit einer Seite Noppen-innen, damit er variabel spielen kann. Darüber hinaus muss der Abwehrer heutzutage aber auch in der Lage sein, aus der Halbdistanz gegenzuziehen, passive Bälle des Gegners mit Rückhand- und Vorhand-Angriffsschlägen auszunutzen und vor allem nach eigenem Aufschlag den Angriff zu suchen. Dazu muss der Abwehrspieler über eine ausgeprägte Beinarbeit verfügen, da er häufig von hinten nach vorne und zurück laufen muss. Seine ausgeprägteste Fähigkeit liegt jedoch in seinem nie verzagenden Kampfgeist, da er immer versuchen muss, jeden Ball irgendwie noch zurückzubringen. Darüber hinaus muss er ein gutes taktisches Auge und Gefühl haben, damit er im richtigen Moment angreift bzw. seinen Gegner mit klugen Platzierungen überrascht.

Aktionsraum: 1-5 m

Material: *Holz:* Defensiv bis offensiv

Belag: Auf der einen Seite: lange Noppen mit/ohne Schwammunterlage. Auf der anderen Seite: Noppen-innen-Beläge 1,5-2,2 mm, um für Schnittwechsel und Angriffsschläge zu sorgen. Bei den weltbesten Abwehrspielern überwiegt heute diese Kombination.

Besondere Stärken:
Schlägerdrehen, Unterschnittabwehrschläge, Angriffsschläge, insbesondere VH-Topspins nach eigenem Aufschlag.

Was du mitbringen solltest:
Wenn du ein nie aufgebender Kämpfer mit taktischen Qualitäten bist, der sich jeden Ball erlaufen und „erfighten" will, dann bist du für dieses System der richtige Spieler. Wenn du darüber hinaus darauf vertraust, dass der andere mehr Fehler macht als du, dann wirst du die nötige Ausdauer mitbringen, auch dem aussichtslosesten Ball nachzulaufen.

4.7 Der passive Unterschnitt-Abwehrspieler

Der Vollständigkeit halber sei auch dieses Spielsystem genannt. Im Spitzenbereich findest du es nicht mehr, aber im Amateurbereich gibt es immer noch Spieler, die es praktizieren. Der passive Abwehrspieler ergreift eigentlich nie oder nur selten die Initiative, sondern will mit seinem sicheren Schupf- und Unterschnittabwehrspiel den Angreifer zu Fehlern verleiten. Dieses System verlangt Geduld und Ausdauer. Dennoch, wer keinen Drang zum Angriff, Spaß an der Abwehr und Laufarbeit hat, kann damit durchaus erfolgreich spielen. Weltmeister kann man damit natürlich nicht mehr werden.

Aktivraum: 1-5 m

Material: *Holz:* Defensiv
Beläge: Klassisches Noppengummi, oder lange Noppen ohne/mit dünnem Schwamm oder Antitopspinbeläge

Tipp:

Mit diesen Ausführungen hast du nun eine Orientierung, was es an Spielsystemen gibt. Dir nun an dieser Stelle ein bestimmtes System als das Erfolg versprechendste anzupreisen, ist unmöglich und wäre unredlich. Natürlich dominiert im Spitzentischtennis der beidseitige Spinangriff à la Boll oder Ovtcharov. Jeder Spieler muss aber sein eigenes System, seinen eigenen Stil finden. Dabei solltest du dir sicher immer wieder Spitzenspieler anschauen, um gute technische Elemente abzuschauen und auszuprobieren. Einen Spitzenspieler zu kopieren, wird dir aber sicher nicht gelingen. Deswegen mein Rat:

Alle Techniken ausprobieren und studieren! Dabei zeigt sich häufig ganz von alleine, welche Schläge du schnell erlernst und besser kannst und welche weniger gut. Frühestens nach 1-2 Jahren solltest du, am besten nach Absprache mit einem Trainer, eine Spezialisierung eingehen. Aber auch dann gilt immer das Motto:

Alle Schläge weiter zu verfeinern, die einen mehr, die anderen weniger. Eine völlig überraschende Antwort in einer bestimmten Spielsituation kann manchmal spielentscheidend sein.

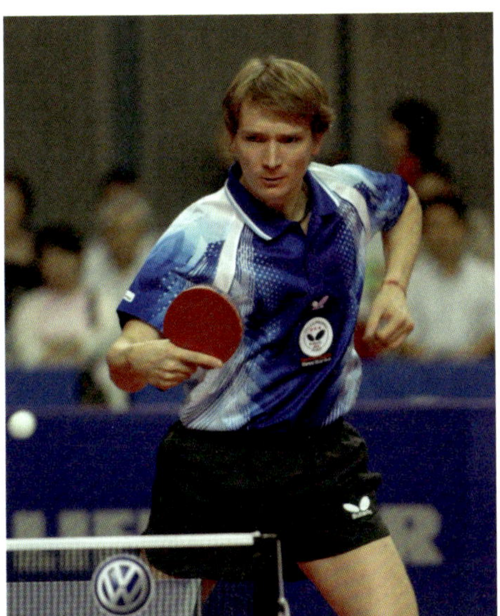

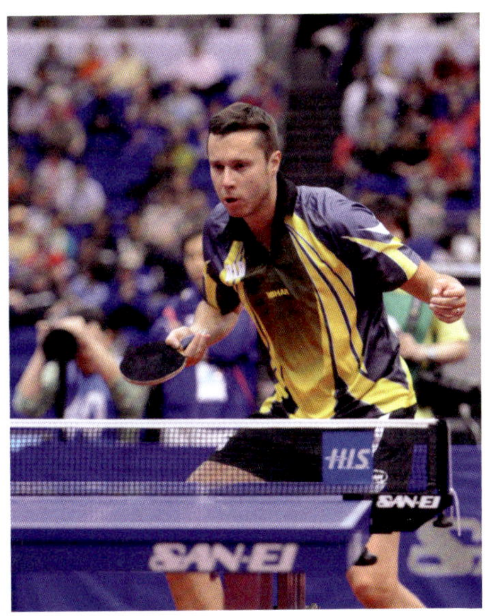

Zwei legendäre Spieler Europas: Werner Schlager (l.), der letzte europäische Weltmeister im Herren-Einzel 2003, und Vladimir Samsonov, der seit fast drei Jahrzehnten in der Weltspitze spielt.

KAPITEL

MIT BALLGEFÜHL, KOPF, SYSTEM UND SPASS: WIE LERNE UND TRAINIERE ICH AM BESTEN?

5

5 MIT BALLGEFÜHL, KOPF, SYSTEM UND SPASS: WIE LERNE UND TRAINIERE ICH AM BESTEN?

Wir haben in den vorangegangenen Kapiteln die allgemeinen und technischen Basics des Tischtennisspiels kennengelernt. Jetzt geht's darum, diese Dinge auch in der Praxis anzuwenden. Wie erlernst und verbesserst du nun dein Spiel?

Wie in der Überschrift bereits angedeutet, eine ganz entscheidende Rolle für deinen Lernerfolg spielt das Ballgefühl, der Kopf und der Spaß am Tischtennisspielen und die Vorgehensweise, also das System. Fangen wir mit dem Ballgefühl an.

5.1 Einstiegsübungen zur Verbesserung des Ballgefühls und zur Entwicklung des „Händchens"

Was haben Timo Boll und Lionel Messi gemeinsam? Der eine ist einer der genialsten Tischtennisspieler, der andere einer der genialsten Fußballspieler. Beide spielen mit einem Ball und zwar im wahrsten Sinne des Wortes. Sie spielen mit dem Ball, nicht der Ball mit ihnen. Sie beherrschen den Ball, und nicht der Ball sie. Sie sind mit dem Ball „aufgewachsen", der eine hat den Ball mit dem Fuß „hochgehalten", der andere mit Hand und Schläger. Beide verfügen über ein Ballgefühl, was sich bestimmt nicht nur antrainieren lässt, sondern zu einem nicht unerheblichen Teil angeboren ist. In jedem Fall haben sie ihre natürliche Anlage durch stetiges Spielen und Üben mit dem Ball gefördert.

Doch was heißt *Ballgefühl* und *Händchen haben* eigentlich genau? So einfach ist diese Frage nämlich gar nicht zu beantworten. Viele Faktoren sind daran beteiligt: Derjenige, der ein ausgeprägtes „Ballgefühl" und „Händchen" hat, verfügt über

- eine besondere Wahrnehmungsfähigkeit seiner Hautfühler an Hand und Fingern – er „spürt" den Ball beim Kontakt mit dem Schläger mehr als der andere;
- eine besondere Beobachtungsgabe seiner Augen – er erkennt die Rotation des Balls, weiß, wie er springt und kann die Flugbahn des Balls genau „vorausberechnen" (antizipieren);
- eine ausgeprägte „Fingerfertigkeit" und „Handgelenkbeweglichkeit".

Wie bereits erwähnt, zu einem bestimmten Teil sind diese Fähigkeiten anlagebedingt, was uns aber nicht daran hindern sollte, sie trotzdem intensiv zu fördern. Denn sie sind gezielt trainierbar. Die nachfolgenden Praxistipps zeigen dir, wie du Ballgefühl und Händchen verbessern kannst.

Tipps:

Spiele so häufig wie möglich mit dem Ball. Das muss nicht nur am richtigen Tischtennistisch sein. Du kannst auf dem Boden, an die Wand, auf dem Küchentisch oder sonstwo spielen. Du kannst aber auch den Ball nur balancieren und tippen. Diese Übungen werden von Erwachsenen häufig leichtfertig als „Spielerei" abgetan. Das ist ein unverzeihlicher Fehler. Denn ob du den Ball auf dem Schläger tippst oder in ein bestimmtes Zielfeld an die Wand schlägst oder auf einem kleinen Küchentisch „behutsam" im Spiel zu halten versuchst, immer schulst du dein Ballgefühl. Du beobachtest den Ball, wie er von der Wand abspringt, erkennst somit seine Rotation, du steuerst bewusst deine „Schlagkraft" (= Dynamik), denn du willst den Ball ja im Spiel halten, du lernst zunehmend, die Schlägerblattstellung bewusst zu steuern, entsprechend erkennst du auch die Bedeutung des Handgelenks. Lässt du den Schläger zu locker aus dem Handgelenk „schlackern", wirst du kaum in der Lage sein, den Ball zu kontrollieren. Da wären wir auch bei dem Schlagwort für dieses Kapitel. All die Übungen und Spiele haben nämlich ein Ziel, den Ball zu kontrollieren. Wir wollen ja, dass wir mit dem Ball spielen, also bewusst auf ihn Einfluss nehmen, und nicht er mit uns. Das gelingt dir mit den Übungen, die wir jetzt nochmals mit bestimmten Aufgaben als Testbatterie aufzeigen wollen:

„Ballgefühl-Zehnkampf" für zu Hause

- Wie oft kannst du den Ball mit der Vorhand im Sitzen tippen?
- **Ziel:** Mindestens 100 x ohne Fehler.
- Wie zuvor, nur mit der Rückhand.
- **Ziel:** Mindestens 100 x ohne Fehler.
- Wie zuvor, im Wechsel Vorhand/Rückhand.
- **Ziel:** Mindestens 100 x.
- Markiere dir in Augenhöhe ein Zielfeld (50 x 50 cm) an der Tür/Wand und versuche, den Ball aus 1-3 m Entfernung mit der Vorhand in dieses Feld zu schlagen.
- **Ziel:** Mindestens 20 x hintereinander.
- Wie zuvor, nur mit der Vorhand.
- **Ziel:** Mindestens 20 x.
- Wie zuvor, im Wechsel mit Rückhand/Vorhand.
- **Ziel:** Mindestens 20 x.
- Stelle einen Tisch quer an die Wand (ca. 70-110 cm breit) und spiele den Ball mit der Rückhand an die Wand, aber so, dass er immer 1x von der Wand auf den Tisch springt.
- **Ziel:** 50 x ohne Fehler.
- Wie zuvor, mit der Vorhand.
- **Ziel:** 50 x ohne Fehler.
- Wie zuvor, im Wechsel mit Rückhand/Vorhand.
- **Ziel:** 50 x ohne Fehler.
- Balanciere den Ball mit der Vorhandseite des Schlägers, lege dich dabei flach auf den Boden und stehe wieder auf.
- **Ziel:** Mindestens 5 x hintereinander ohne Fehler.

Wenn du diese Übungen mit den angegebenen Mindestzahlen schaffst, hast du schon eine Menge Ballgefühl bekommen.

Zusatzaufgaben

- Beobachte immer genau, wie der Ball springt.
- Spiele die Übungen auch einmal mit der schwachen Hand, der Rechtshänder also mit der linken.
- Probiere bei den Übungen auch die Schläger deiner Spielpartner aus.

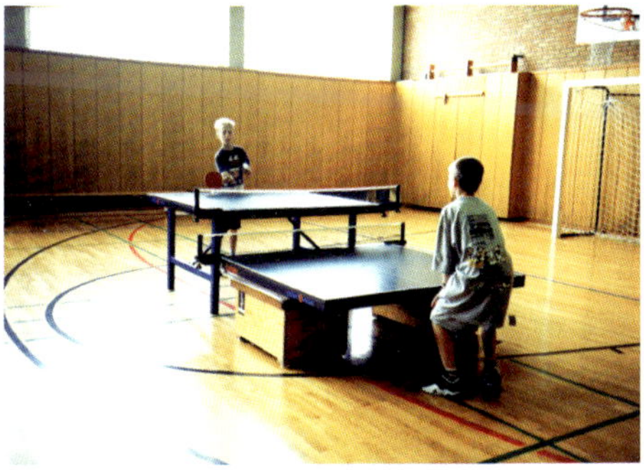

Foto 63: Tischtennis am Stufentisch

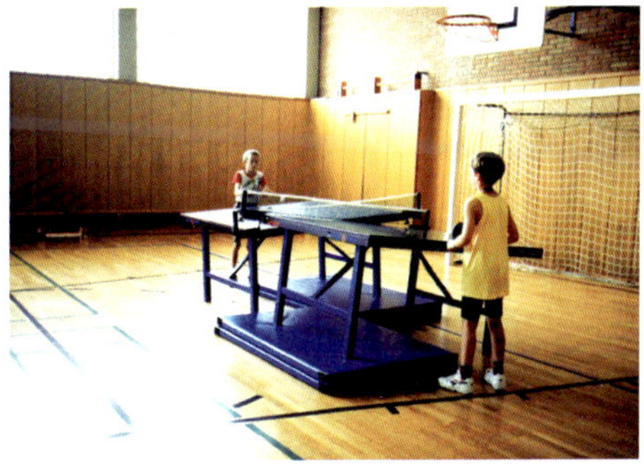

Foto 64: Tischtennis am Wackeltisch

Besondere Aufgaben

- Schlage den Ball so hoch wie möglich und „fange" ihn so ab, dass er auf dem Schlägerblatt, ohne zu tippen, liegen bleibt.
- Lasse den Ball auf der Schlägerkante tippen.

Sondertipp:

Erfinde immer neue, ausgefallene Tischtennisspiele. Als Anregung sollen dir die Fotos sowie die in den Fotos 63 und 64 dargestellten Spielformen dienen.

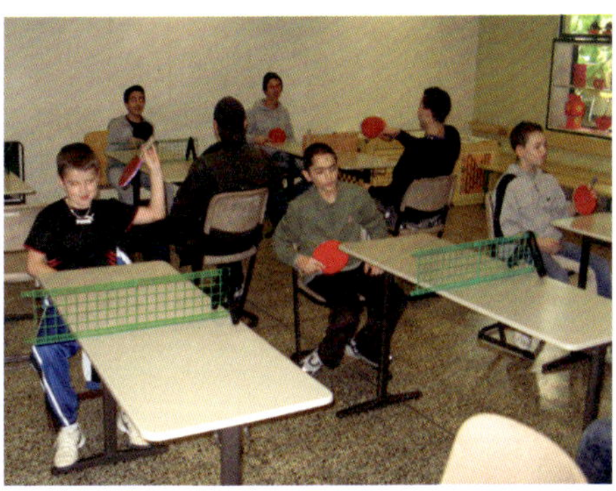

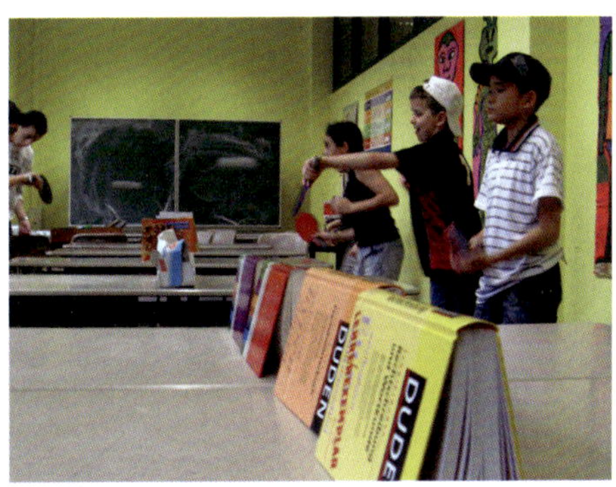

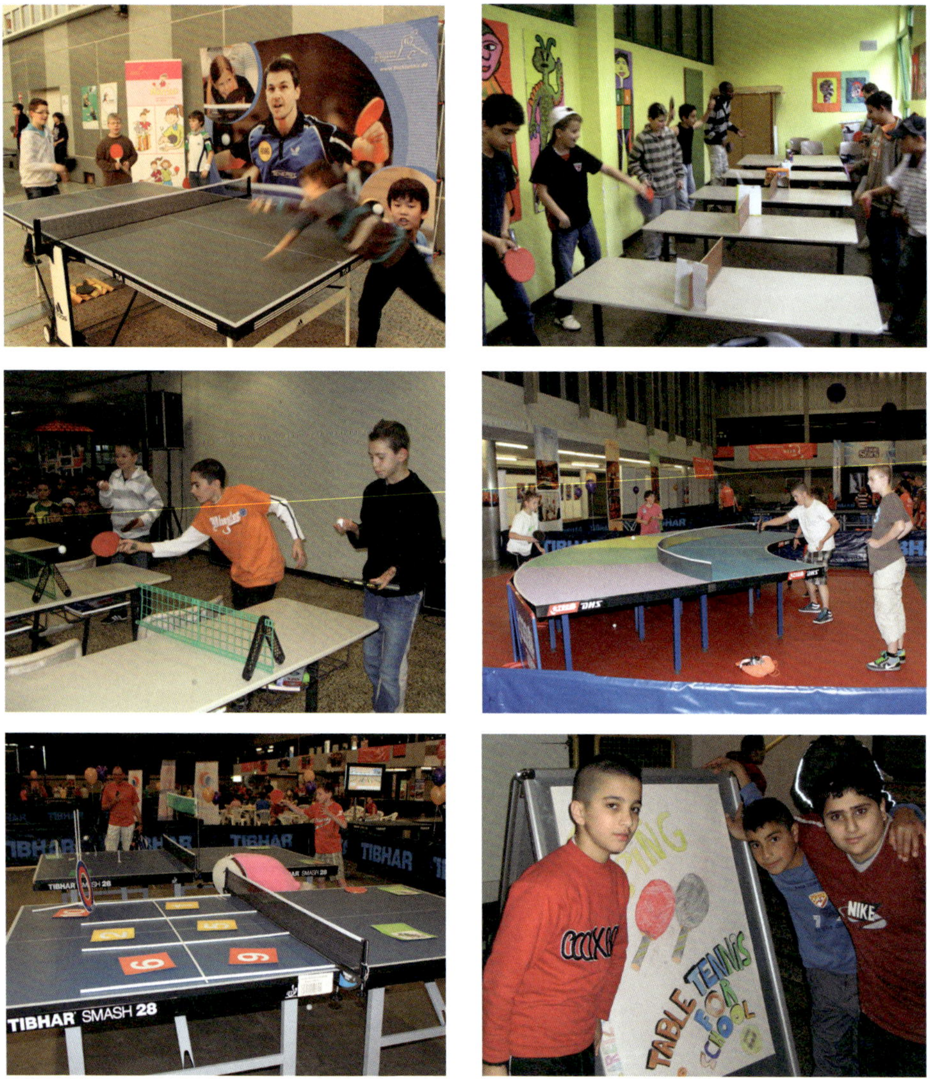

Bildreihe 60: Tischtennis spielerisch lernen

5.2 Techniklernen beginnt im Kopf

Im Gehirn des Menschen sind sämtliche Bewegungen abgespeichert und können dort abgerufen werden. Je klarer die Bilder sind, umso besser kann die tatsächliche Bewegung dann auch gelingen. Um also eine Technik gut ausüben zu können, brauchst du eine optimale Vorstellung von dieser Technik. Die Einzelheiten, wie Ausholen, Treffen, Schlägerblattstellung usw., müssen dir wirklich bewusst sein. Dieses Bewusstsein kannst du dadurch gewinnen, dass du andere und dich selbst beobachtest.

Du schaust dir immer wieder die in diesem Buch abgebildeten Technikserien an, liest den Begleittext und stellst dir vor, wie das geht. Nach dem Anschauen und Begreifen versuchst du gleich, diese Bewegungen ohne Ball nachzumachen. Am besten vor einem Spiegel, damit du auch genau überprüfen kannst, ob die Bewegung richtig ist. Dabei kannst du verschiedene wichtige Teile der Bewegung genau herausfiltern: Stimmt die Schlägerblattstellung, stehst du in der richtigen Ausgangsstellung? Diesen Vorgang wiederholst du, so oft es geht. Du brauchst gar keine Scheu zu haben, denn vielleicht hast du schon bei einer Tischtennis- oder Tennisübertragung im Fernsehen beobachtet, wie absolute Spitzenspieler in der Pause zwischen den Ballwechseln die Schlagbewegung auch ohne einen Ball durchführen, um ihre Bewegung zu überprüfen. Du bist also in bester Gesellschaft.

Doch schaue dir nicht nur die Fotos dieses oder eines anderen Lehrbuchs an. Versuche darüber hinaus, gute Spieler live zu beobachten. Das kannst du hier in Deutschland ausgezeichnet. Denn zum einen gibt es wie nirgendwo anders auf der Welt im ganzen Bundesgebiet ständig hervorragende Spitzensportveranstaltungen (wie etwa die Spiele der 1. und 2. Bundesliga), zum anderen wird bei uns die Sportart Tischtennis immer häufiger im Fernsehen und sehr intensiv im Internet (www.ittf.com, www.ttbl.de) übertragen. Aber auch in den höheren Verbandsklassen (Landes-, Verbands-, Ober- und Regionalligen) wird schon sehenswerter Tischtennissport geboten, der für dich sehr lehrreich sein kann.

Wenn dir bei der Technik wirklich klar ist, worauf es ankommt, solltest du die Technik nun mit Ball am Tisch ausprobieren. Hier wird die Selbstbeobachtung natürlich schwer, wenn nicht gar unmöglich, da du ja nicht beobachten kannst, wo du beispielsweise ausholst. Insofern wäre in dieser Phase des Lernens gerade ein außenstehender Beobachter (wie z. B. ein Trainer) sehr hilfreich, da er dir dann entsprechende Korrekturen geben könnte. Aber es kann auch der Spielpartner sein, der dir Hinweise auf bestimmte Bewegungsfehler gibt. Du musst ihn nur fragen: „Sag mal, Sven, was macht mein Arm bei der Topspinbewegung genau?"

Ein wesentlich genauerer und unbestechlicher Beobachter ist darüber hinaus die Videoaufnahme, die mittlerweile von allen modernen Fotokameras mit hochauflösender Qualität angeboten wird. Mit ihrer Hilfe kannst du dich selbst aufnehmen, um dann alleine oder mit anderen deine Technik zu beurteilen. Eine Videoaufnahme zeigt dir genau, wie deine Bewegung nun tatsächlich aussieht.

Wichtig ist nur, dass du dir immer mal wieder Rückmeldungen einholst, damit du Fehler erkennen und sie gezielt beheben kannst.

Tipps:

Der Erfolg der Übungen hängt in erheblichem Maße von den Übungsbedingungen ab. Die entscheidende Bedingung ist das Üben mit vielen Bällen, das „Many-balls-Training": Du hast also anstatt nur eines Balls weitere 10, 20, 50 oder 100 oder noch mehr Bälle zur Verfügung. Ganz klar, dass die Übungsintensität zunimmt und du wesentlich mehr Ballkontakte und Bewegungswiederholungen hast, als wenn du nur mit einem Ball spielst (s. Kap. S. 7, S. 258 f.).

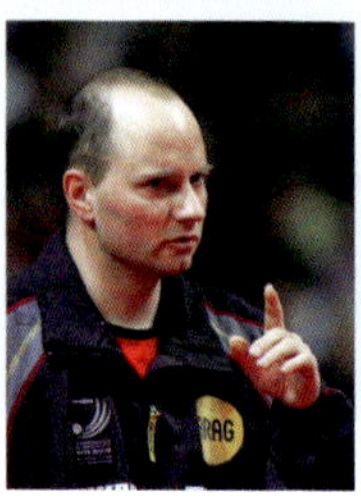

5.3 Zwei Erfolgsfaktoren für optimales Lernen und Trainieren: Bewusstes Aufwärmen und Einspielen

„Bevor du mit dem eigentlichen Training beginnst, solltest du immer zwei Dinge ganz bewusst tun:

1. *dich läuferisch und gymnastisch allgemein aufwärmen;*
2. *dich mit Schläger, Ball und Tisch spezifisch aufwärmen, d. h. vernünftig „einspielen"."*

5.3.1 Ein kleines, aber feines Aufwärmprogramm

1
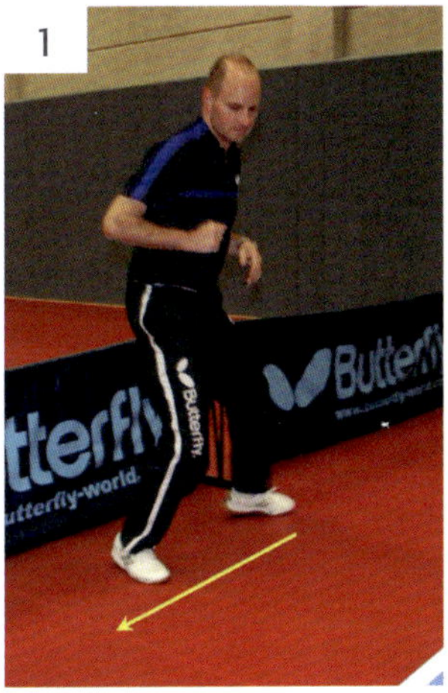

2
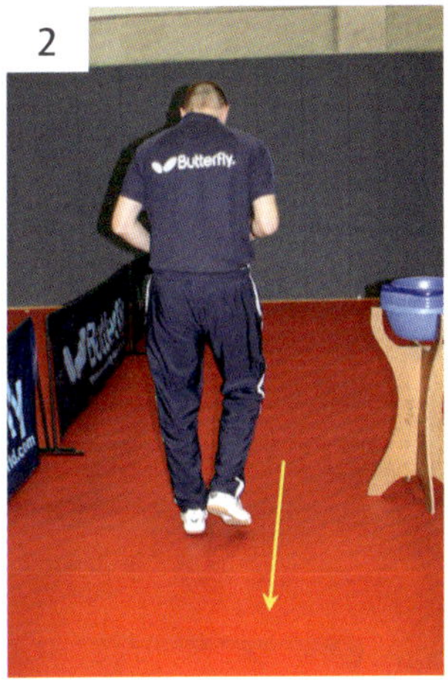

3
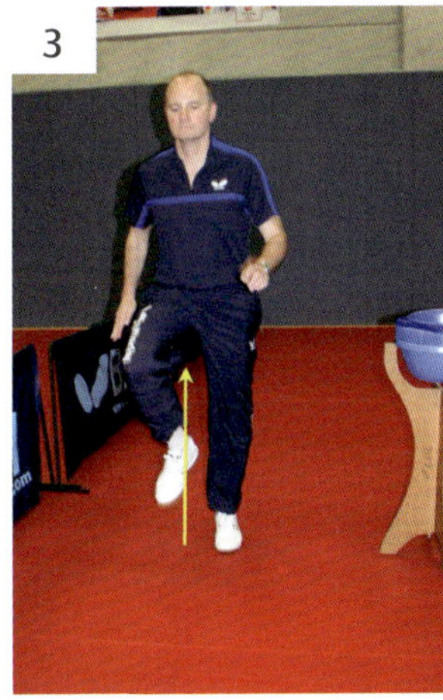

„Für ein effektives allgemeines Tischtennis-Aufwärmprogramm solltest du etwa 15 min einplanen. Zu Beginn sollte das Aufwärmen mit einer kleinen Laufschule beginnen. Das bedeutet, dass man im lockeren Joggingtempo verschiedene Laufformen durchgeht. Dabei solltest du auch Tischtennisbeinarbeitsbewegungen berücksichtigen. Dazu gehören sicherlich Sidesteps in aufrechter und tiefer Stellung (**Foto 1**), das Rückwärtslaufen (**Foto2**) oder das wechselseitige Knie anzuhocken (**Foto 3**). Viele weitere Laufformen lassen sich abwechslungsreich einbauen. Insgesamt sollte der läuferische Teil 5-6 min dauern.

4a
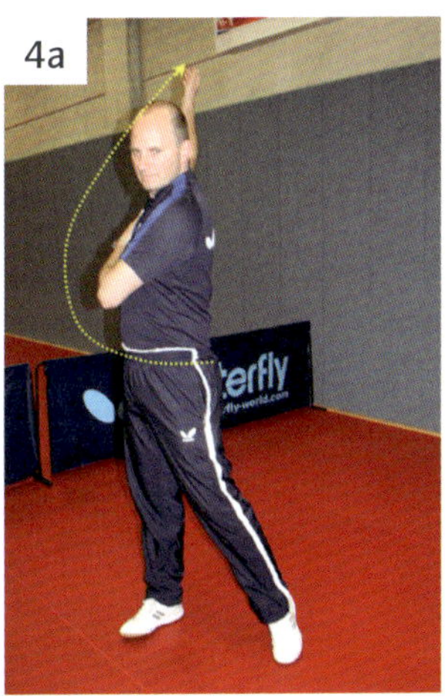

4b
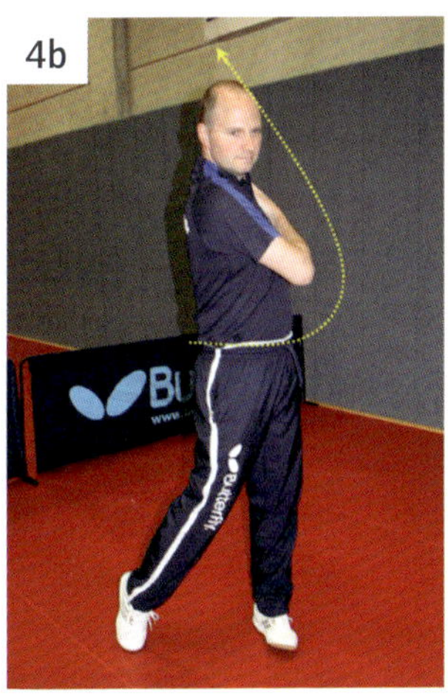

5
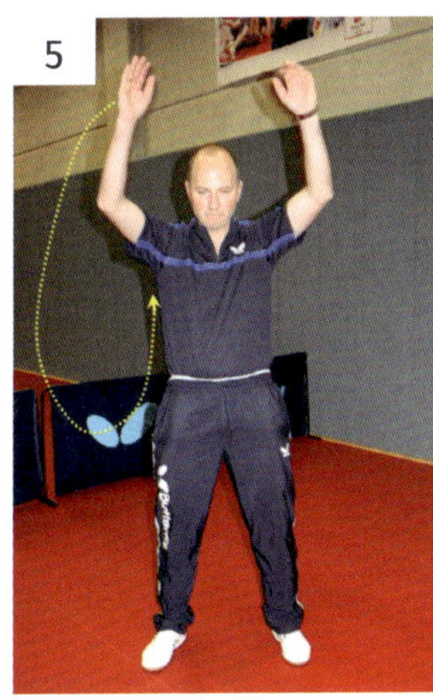

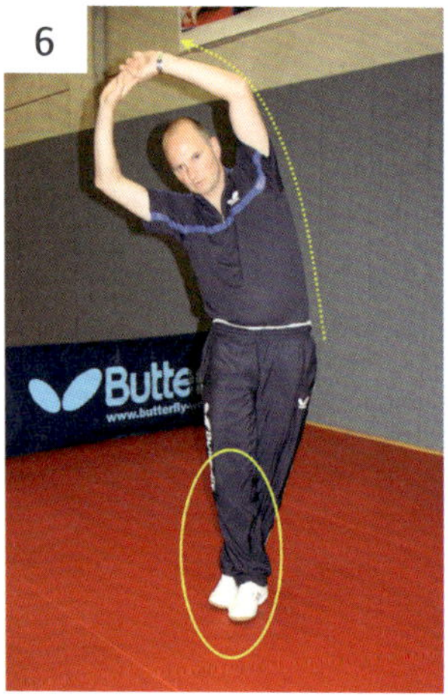

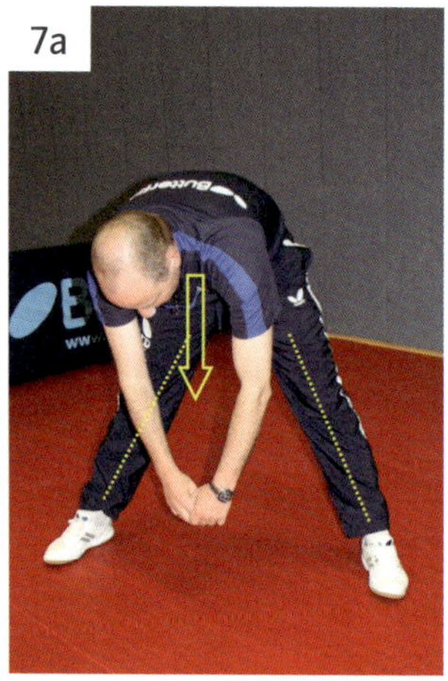

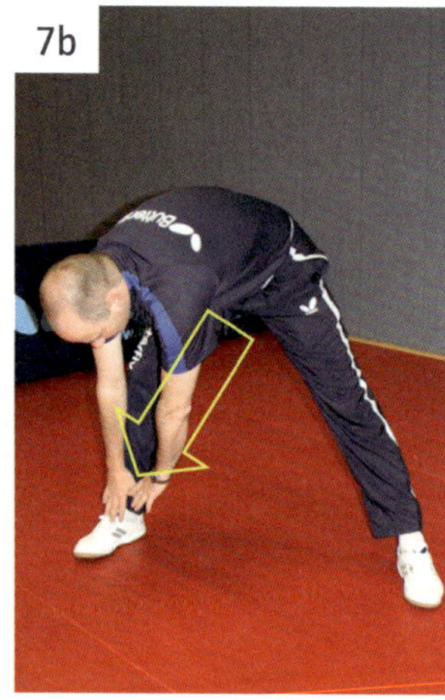

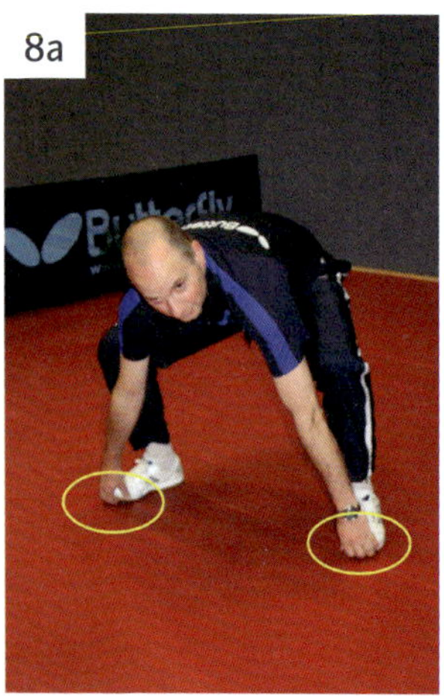

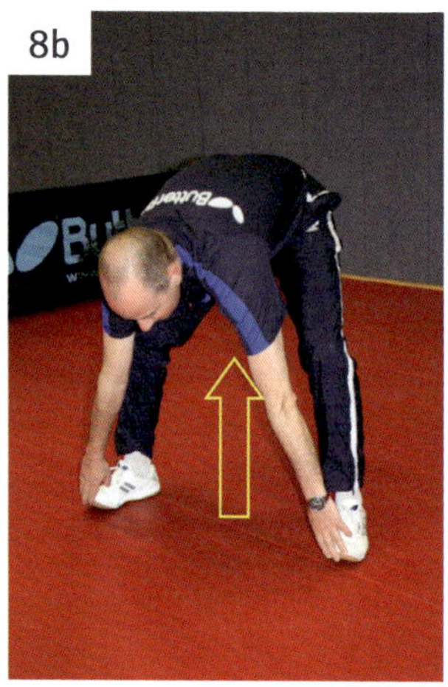

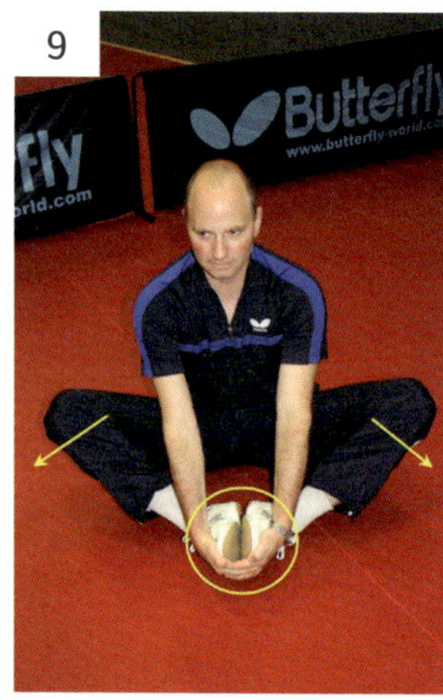

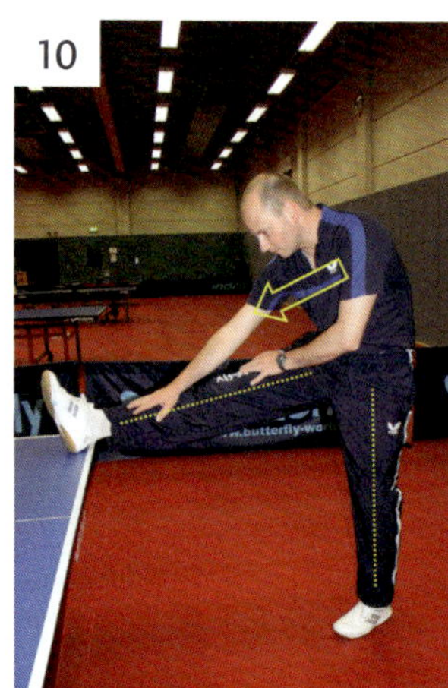

Bildreihe 61: Aufwärmprogramm

Es folgt nun der Teil des Dehnens und der Beweglichmachung. Hier ein Beispiel: Wir dehnen zunächst den Schulter-Arm-Bereich durch seitliches Nach-hinten-Strecken des Arms im Wechsel links-rechts (**Fotos 4a, 4b**). Dann gehen wir übergangslos zum Armkreisen über (**Foto 5**). Daran schließt sich eine Dehnübung mit leichtem Stretchcharakter für Hüfte, Rumpf, Schulter, Arme und Beine an. Dabei ist wichtig, wenn wir nach links dehnen, dass das rechte Bein über Kreuz vor dem linken Bein bzw. andersherum steht, wenn es in die andere Richtung geht (**Foto 6**). Das erhöht den Dehnungseffekt. Danach schließt sich eine Übung zur intensiven Hüft- und Oberschenkeldehnung an. Wir gehen in den Grätschstand, bringen den Oberkörper soweit wie möglich nach vorne und berühren im Wechsel den linken und rechten Fuß (**Fotos 7a, 7b**). Die Beine müssen dabei im Kniegelenk nicht durchgestreckt sein. Eine besonders effiziente Übung ist der Sumosquad (**Fotos 8a, 8b**). Wir halten in der Hocke die Fußspitzen fest und versuchen dann, uns nach oben zu strecken. 6-8 Wiederholungen sind optimal. Jeder wird selbst merken, bis zu welchem Punkt er die Streckung durchführen kann. Es darf auf keinen Fall in der Muskulatur zu stark ziehen. Zum Schluss folgen dann noch leichte Stretchübungen der Extremitäten, wie z. B. der Schneidersitz zur Adduktorendehnung (**Foto 9**). Auch der Tisch kann miteinbezogen werden (**Foto 10**).

Ein Wort zum Handgelenk. Früher haben wir das Handgelenkkreisen bzw. das Dehnen des Handgelenks als Bestandteile des tischtennisspezifischen Aufwärmens gelernt. Ich bin kein Freund davon, weil ich glaube, dass es zunächst viel wichtiger ist, die großen Muskelpartien zu erwärmen und zu dehnen. Und das Handgelenk ist ein sehr empfindliches Gelenk. Wie übrigens das Kniegelenk auch. Auf Kniekreisen, das früher auch zum Standardrepertoire gehörte, solltest du tunlichst verzichten.

Stellt sich noch die Frage nach einigen kurzen Sprints am Ende des Aufwärmprogramms. Wenn man sich gut erwärmt und gedehnt fühlt, ist dagegen nichts einzuwenden. Schnelligkeitstraining sollte übrigens immer im ermüdungsfreien Zustand durchgeführt werden. Mit der Herren-Nationalmannschaft haben wir Schnelligkeitstraining, wie z. B. reaktives Sprungkrafttraining oder Übungen zur Antrittsschnelligkeit, nach dem Aufwärmen durchgeführt, bevor wir an die Tische gegangen sind.

Ein Problem beim Aufwärmen im unteren und mittleren Leistungsbereich ist, dass sich die meisten Spieler aus falscher Scham nicht trauen, sich vor den anderen in der Halle aufzuwärmen. „Schau dir den Weltmeister da an und nachher trifft er keinen Ball", denken die anderen, die aufs Aufwärmen leider verzichten, nicht selten. Und so geht's dann meistens ohne Aufwärmen direkt an den Tisch. Das ist sehr gefährlich, denn die Verletzungsanfälligkeit ohne Aufwärmen ist deutlich erhöht. Außerdem sind Reaktion und Koordination bei kalter Muskulatur eindeutig eingeschränkt. Da sollte sich wirklich niemand zu schade für sein. Insbesondere auch ältere Spieler. Das Aufwärmen sollte zu einem festen Ritual werden. In der Gruppe macht's natürlich noch mehr Spaß. Das braucht auch nicht so trocken abzulaufen. Da sind auch lockere Talks und Jokes erlaubt. Das Aufwärmen soll Kopf und Körper auf die nachfolgende Belastung im Training oder Wettkampf optimal vorbereiten."

5.3.2 Einspielen mit Plan

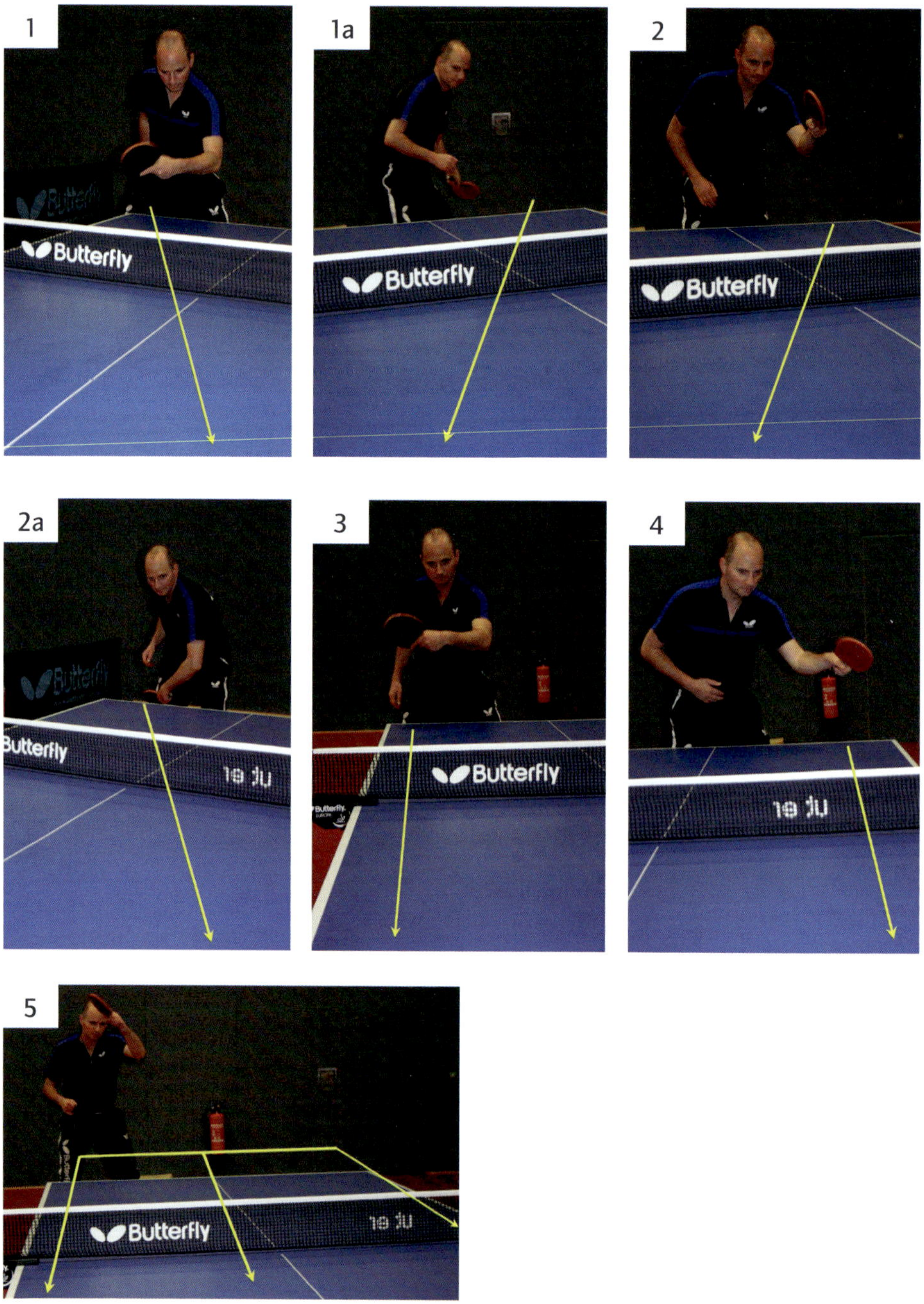

Bildreihe 62: Einspielen nach Plan

„Beim **Einspielen im Training** solltest du 15-20 min für ein sinnvolles Einspielen einplanen. Erstes Prinzip sollte dabei sein: vom Leichten zum Schweren. Konkret heißt das: zunächst etwa 4 min in der Rückhand-Diagonalen (Foto 1), dann 4 min in der Vorhand-Diagonalen (Foto 2) spielen. Dabei gehst du vom Kontern ins Spinspiel über (Fotos 1a, 2a). Der eine Partner ist aktiver, der andere passiver. Entsprechend wird gewechselt. Danach wird jeweils 2 min parallel pro Seite gespielt (Fotos 3, 4). Auf fortgeschrittenem Niveau empfiehlt sich dann der Übergang in das Topspin-Topspin-Spiel über den ganzen Tisch (Foto 5), sodass die Beine und die beidseitige Schlagausführung auch vermehrt mit einbezogen werden.

Beim **Einspielen vor einem Wettkampf** müssen zusätzlich die Elemente Kurz-kurz-Spiel und Aufschlag-Rückschlag unbedingt Berücksichtigung finden. Auch die Eröffnung nach eigenem Aufschlag muss durchgespielt werden. Daraus folgt, dass das Einspielen vor einem Wettkampf insgesamt zeitlich umfangreicher sein sollte, mindestens 30 min. Auf höherem Niveau natürlich noch länger."

Tipp:

Gerade das allgemeine Aufwärmen, aber auch das Einspielen, kann und muss immer wieder variantenreich gestaltet werden, was gerade bei Kindern und Jugendlichen sehr wichtig ist. Der Faktor Spaß ist dabei nicht zu unterschätzen (s. Kap. 5.6 S. 233 ff.).

5.4 Praxis des Systemtrainings

5.4.1 Aufbau der Übungen

Bei Vereinsspielern heißt ein Bereich des Trainings *Systemtraining*. Damit sind Übungen gemeint, die systematisch nach dem Prinzip vom Leichten zum Schweren aufeinander aufbauen. Abb. 13 kannst du Systemübungen entnehmen. In der oberen Reihe (Übungen 1-5) siehst du *einfach-regelmäßige Übungen*, bei denen nur ein Ballweg einzuhalten ist. In der mittleren Reihe (6-10) wird es schon etwas komplizierter. Zumindest ein Spieler wird auf zwei oder mehreren Punkten angespielt, der andere „verteilt". Wir sprechen auch von *kombiniert-regelmäßigen Übungen*. Und in der unteren Reihe (11-14) erkennst du dann Übungen, in denen sich beide Spieler an verschiedenen Punkten anspielen. Die Übungen steigern sich also in ihrem Schwierigkeitsgrad.

Wenn du nun eine Schlagtechnik üben und verbessern willst, fängst du mit den „einfach-regelmäßigen Übungen" an. Erst wenn du über eine „Grundkontrolle" im einfachen Ballweg verfügst, gehst du über zu „kombiniert-regelmäßigen Übungen". Die dritte Schwierigkeitsstufe ist das *unregelmäßige Anspiel*. Nehmen wir Übung 6 als Beispiel. Spieler B wird nur in der Vorhand angespielt und darf jetzt die beiden Ballwege unregelmäßig anspielen: also 1 x diagonal, dann 2 x parallel, dann 2 x diagonal usw. Spieler A muss nun wie im Spiel reagieren. Diese Form unregelmäßiger Übungen macht aber erst Sinn, wenn ihr schon über eine Grundsicherheit verfügt. Immer spielnäher wird das ganze Üben, je unregelmäßiger die Ballwege und je konzentrierter und abwechslungsreicher die Aufschläge einbezogen werden.

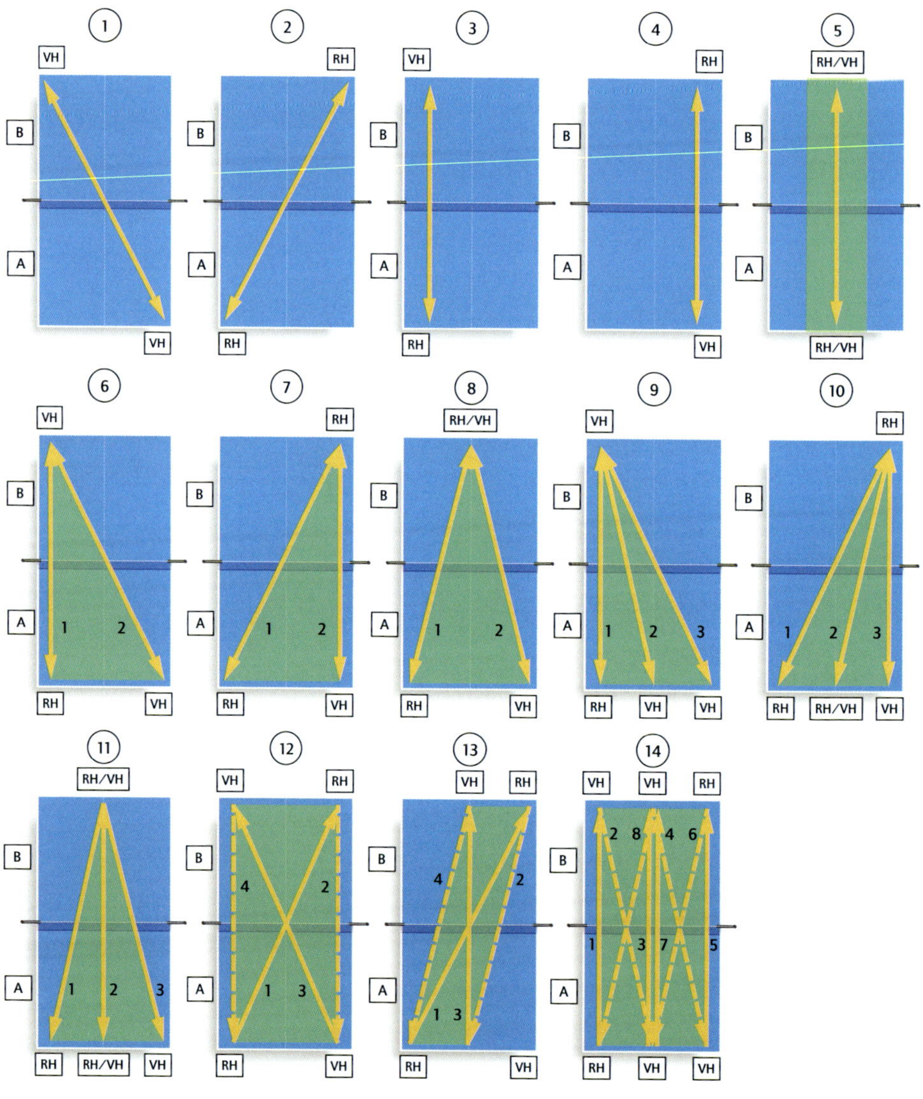

Abb. 13: Systematische Kontrollübungen

Tipp:

Eine Übung kann unterschiedlich lang gespielt werden. In der Regel sollte sie 5-15 min dauern. Sie kann auch auf Kontrollpunkte gespielt werden („Kontrolltraining"): also 10 x Vorhandkontern ohne Fehler, hin und zurück, wird als ein Punkt gewertet. Du spielst die Übung mit deinem Partner so lange, bis du die Kontrollpunktzahl erreicht hast. Diese Kontrollpunkte kannst du dir mit deinem Spielpartner als Ziel setzen und entsprechend steigern: 5 x schaffen, 10 x, 15 x, 20 x. So kannst du einfach Fortschritte feststellen. Wenn die Grundkontrolle gut ist, solltest du die Übungen immer häufiger unregelmäßig spielen, d. h., du konterst mit deinem Partner diagonal Vorhand-Vorhand, wobei einem von euch beiden erlaubt ist, irgendeinen Ball mal überraschend parallel zu spielen.

Sehr interessant und lehrreich sind auch sogenannte *Zonenspiele*: Du deckst bestimmte Zonen des Tischs mit Handtüchern ab (z. B. die beiden Rückhandfelder) und spielst dann z. B. nur Vorhand-Vorhand-Konter-Schmetter auf Punkte.

Tipp:

Kontrollübungen dienen immer wieder dazu, Technikbilder im Gehirn zu verfeinern und damit die Schlagbewegungen einzuschleifen und zu automatisieren. Es gibt aber auch einen psychischen Aspekt: Spieler mit hoher Schlagsicherheit gehen mit einem guten Gefühl aus der Halle. Wer ballsicher ist, fühlt sich besser, hat größeres Selbstbewusstsein. Mit steigender Ballsicherheit steigt außerdem deine taktische Handlungsfähigkeit. Was nützt die taktische Anweisung, den ersten Ball mit viel Spin in die Vorhand des Gegners zu ziehen, wenn ich den Ball aus mangelnder Schlagsicherheit nicht treffe? Und letztlich sind Kontrollübungen immer eine Art tischtennisspezifisches Athletiktraining, um die spezifische Tischtennisausdauer und damit auch eine erhöhte Konzentrationsfähigkeit durch eine Erhöhung des Ermüdungswiderstands zu trainieren.

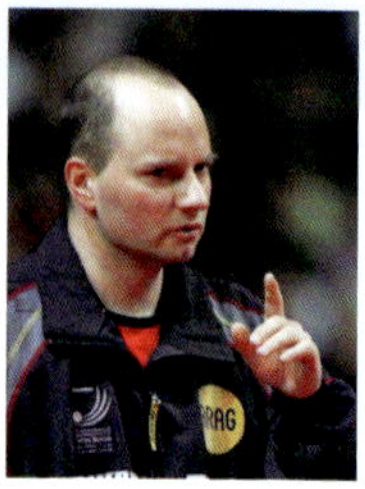

5.4.2 Prause-Prinzip 1: Immer aus der Bewegung

„Im vorausgegangenen Kapitel haben wir bereits eine umfangreiche Systematik an Trainingsformen und Übungen kennengelernt. Jetzt wollen wir uns dem Training der Schlagsicherheit oder auch der Kontrolle, das ein wesentlicher Bestandteil des Techniktrainings ist, zuwenden. Es dient dazu, den Bewegungsablauf einer Schlagtechnik zunehmend fehlerfrei ausführen zu können. Ziel ist die Automatisation der Schlagtechnik in den verschiedensten Schlagsituationen. Bis allerdings eine Schlagtechnik tatsächlich automatisiert ist, bedarf es eines jahrelangen Lern- und Übungsprozesses. Am Beispiel einer einfachen Vorhand-Topspin-Kontrollübung (z. B. Vorhand Topspin diagonal aus der Vorhand auf Block) sollst du erfahren, wie sich der Schwierigkeitsgrad einer solchen Übung steigern lässt.

Für den Anfänger und Spieler aus dem unteren Leistungsbereich geht es zunächst darum, 10 (oder mehr) Topspins diagonal ziehen zu können. Das setzt natürlich voraus, dass der Blockspieler auch 10 x fehlerfrei blocken kann. Der Trainer sollte hier auf saubere Technik und korrekte Beinarbeit achten. Diese Art von Kontrollübungen mit Zählen kann im Nachwuchsbereich oder bei älteren Spielern mit mangelnder Schlagsicherheit durchaus noch Anwendung finden. Sie können z. B. im Rahmen einer Abschlusskontrolle einer Technikprüfung gespielt werden. Aber generell sollte die Tendenz zu *Übungen aus der Bewegung* gehen, seien sie nun regelmäßig (Übung 1) oder unregelmäßig (Übung 2 und 3).

Schauen wir uns nun diese Übungen genauer an. Bei Übung 1 zieht der Topspinspieler regelmäßig 1 x VH aus der Vorhand und 1 x aus der Tischmitte. Beide Spieler können sich voll auf den Bewegungsablauf konzentrieren, da die Ballwege festgelegt sind. Übung 2 wird nun schwieriger, da der Blockspieler nun leicht unregelmäßig 1 x oder 2 x und dann in die Tischmitte platziert. Übung 3 ist die schwierigste, da der Blockspieler nun unregelmäßig über drei Viertel des Tisches platziert: z. B. 2 x äußere Vorhand, 1 x Tischmitte, 1 x Rückhand, 1 x äußere Vorhand usw. Diese unregelmäßige Übung stellt höchste Anforderungen an Beinarbeit, Koordination, Ausdauer, Reaktion und Konzentration.

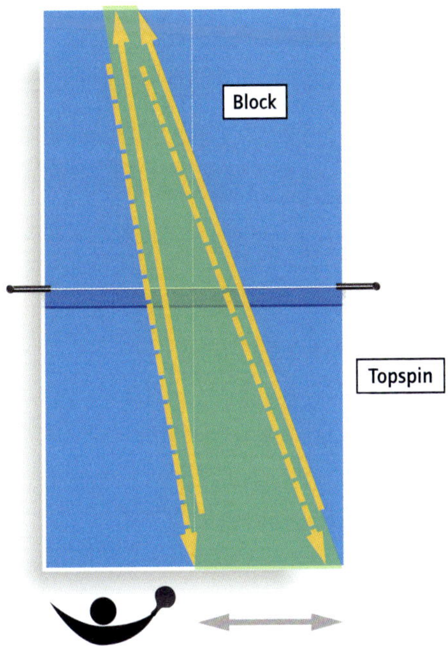

Übung 1: *Vorhand-Topspin regelmäßig* aus Vorhand und Tischmitte 1:1 im Wechsel. Der Topspinspieler kann sich voll auf den Bewegungsablauf konzentrieren, da die Ballwege festgelegt sind.

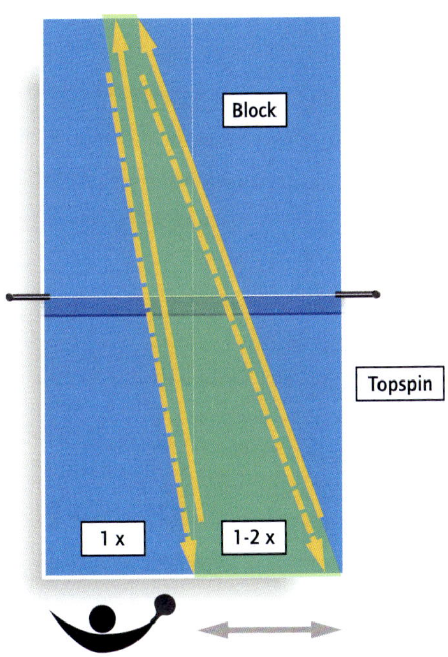

Übung 2: *Vorhand-Topspin leicht unregelmäßig* 1-2 x aus der Vorhand und 1 x aus der Tischmitte. Dabei bestimmt der Blockspieler das Anspiel auf der Vorhand, sodass der Topspinspieler entsprechend reagieren muss. Deswegen ist die Übung als unregelmäßig einzustufen. In jedem Fall zur Übung 1 eine deutliche Schwierigkeitssteigerung.

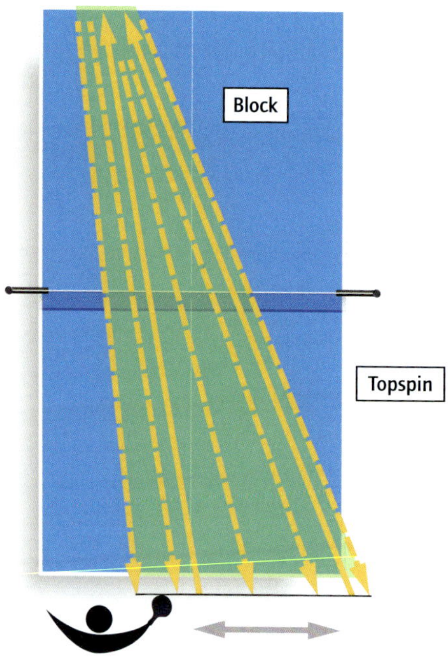

Übung 3: Der Blockspieler spielt den Topspinspieler nun *unregelmäßig* über drei Viertel des Tischs an. Diese unregelmäßige Übung stellt höchste Anforderungen an Beinarbeit, Koordination und Ausdauer.

Eine andere Art der qualitativen Steigerung von Kontrollübungen sind die sogenannten *regelmäßigen Übungen mit Distanzveränderung.*

Hier haben wir es mit einer anderen Form von „Übungen in der Bewegung" zu tun. Der Ballweg ist einfach, nur muss der Spieler jetzt den Balltreffpunkt von Schlag zu Schlag variieren: 1 x am Tisch, also früh, und 1 x tischfern (Übung 4). Dies kann auch im Wechsel 1:2, 2:2, 2:3, 3:3 usw. geschehen. Dabei muss er sich vor und zurück bewegen und die Schlagbewegung entsprechend anpassen. Am Tisch wird die Topspinbewegung kürzer sein und der Ballflug flacher, weiter vom Tisch weg wird die Schlagarmbewegung länger und der Ball eine höhere Flugkurve erreichen. Grundsätzlich lassen sich diese Übungen auch regelmäßig kombiniert, also mit RH und VH, spielen (Übung 5).

Wie lange sollten diese Übungen gespielt werden?

Diese Frage wird oft gestellt, lässt sich aber überhaupt nicht verallgemeinern und hängt eindeutig von der Trainingsperiode ab. In der Saisonvorbereitung sollten die Übungen ruhig länger gespielt werden: 10-12 min etwa. In der eigentlichen Wettkampfvorbereitung können sie auch kürzer sein. Oder sie können gestückelt werden, z. B. in 4 x 5 min. Für das schnelligkeitsorientierte Training der Schlagsicherheit sind auch Übungen mit sehr kleinen Intervallen, wie beispielsweise 8 x 30 s förderlich. Sie werden bei fast maximalem Tempo durchgeführt. Damit diese Übungen auch wirklich effizient sind, benötigt man viele Bälle und einen guten Blockspieler. Denn allzu viele Blockfehler stören den Rhythmus.

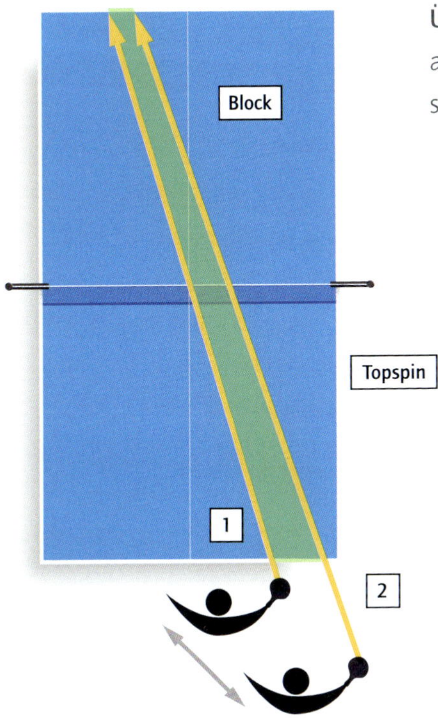

Übung 4: VH-Topspin auf Block einfach regelmäßig aus der Vorhand mit *Distanzwechsel*, frühe (1) und späte Ballannahme (2).

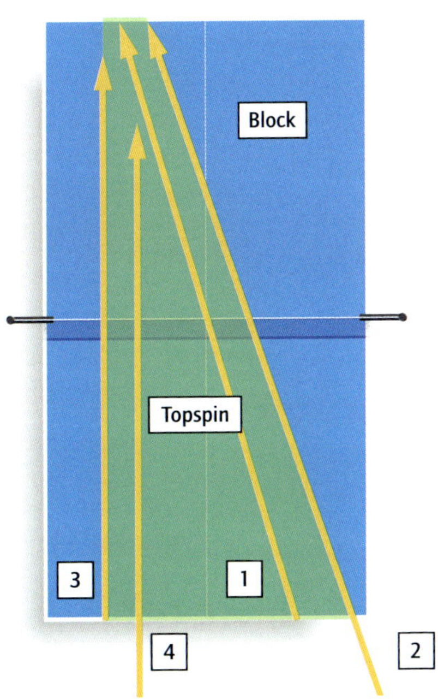

Übung 5: Eine regelmäßige Vorhand-Rückhand-Kombination mit *Distanzwechsel*:

1: tischnaher VH-Topspin
2: tischferner VH-Topspin
3: tischnaher RH-Topspin
4: tischferner RH-Topspin
5 ... weiter bei 1

Worauf solltest du dich bei der Durchführung von Kontrollübungen besonders konzentrieren?

Auf zwei Punkte solltest du unbedingt achten. Erstens solltest du die Technik sehr „sauber" ausüben und dabei das Zusammenspiel von Schlagarm und Körper bewusst erleben. Das steigert dein Bewegungsgefühl und deine Bewegungssicherheit. Zweitens solltest du auch besonderen Wert auf deine Beinarbeit legen, die mit Schlagarm- und Körperbewegung optimal koordiniert werden muss. Es ist klar, dass, mit steigendem Niveau, die Übungen hinsichtlich Tempo und Spin variiert werden müssen. Auch Platzierungswechsel müssen eingebaut werden, sodass die Übungen an Dynamik gewinnen. Nehmen wir zum Beispiel den oft statischen Bockpart, der schnell zu einer intensiven Beinarbeit werden kann, wenn der Spieler sowohl in Rückhand als auch in Vorhand frei angespielt wird (s. **Übung 6**).

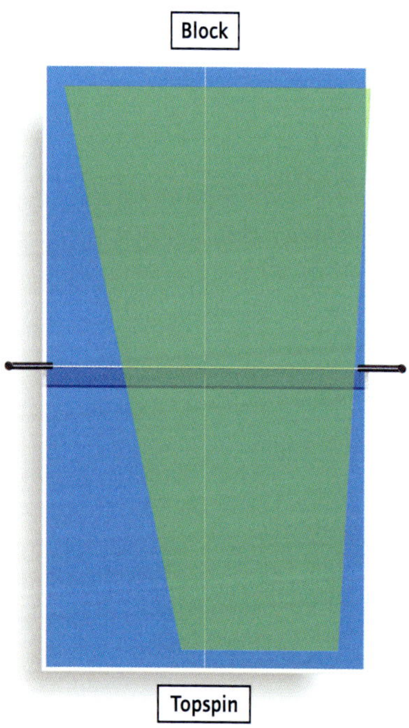

Übung 6: Indem der Topspin frei über den ganzen Tisch gespielt wird, muss sich der Blockspieler automatisch bewegen.

Zwei weitere kombinierte Rückhand-Vorhand-Übungen zählen zum Standardrepertoire eines Offensivspielers.

Bei **Übung 7** ziehst du 1-2x aus der Vorhandseite mit der Vorhand, dann wechselt dein Partner in deine Rückhand. Hier kann die Übung in dreifacher Hinsicht variiert werden:

a) du ziehst 2 x mit der Vorhand;
b) du ziehst den ersten Ball mit der Rückhand und den zweiten mit der Vorhand;
c) du ziehst 2 x mit der Rückhand.

Wird die Variante a) nur mit der Vorhand gespielt, wird der Aspekt der Beinarbeit betont, wird die Rückhand wie bei b) und c) mit eingebaut, gewinnt der Aspekt der Kombination von Vorhand mit Rückhand an Bedeutung.

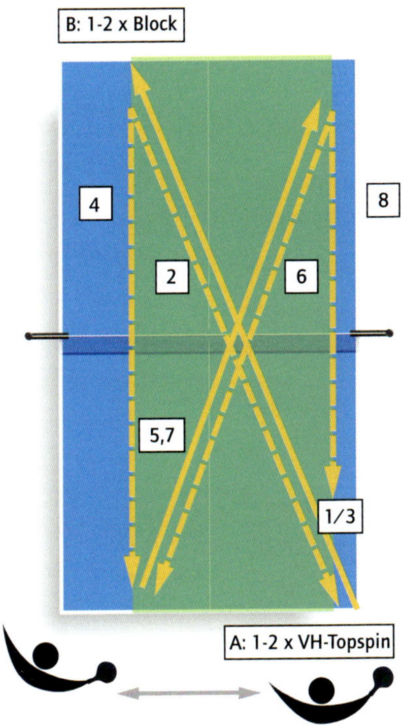

Übung 7

Grundform:
Spieler A zieht 1-2 x VH-Topspin diagonal (1, 3).
Spieler B blockt den ersten diagonal, den zweiten Ball parallel (2, 4).
Spieler A umläuft die Rückhand und zieht 2 x mit der VH (5, 7).
Spieler B blockt den ersten Topspin diagonal zurück (6), den zweiten parallel in die RH von Spieler A (8).
Jetzt geht die Übung von vorne los. Sie kann aber auch an dieser Stelle freigegeben werden, z. B. dass der Blockspieler B beliebig platzieren oder Topspinangreifer A beliebig ziehen darf.

Übung 8 ist etwas komplexer: Du ziehst mit der Vorhand 2 x aus der Vorhand, dein Partner wechselt in die Tischmitte und du ziehst von hier 1 x mit der Vorhand. Dein Partner wechselt wieder in die Vorhandseite und du ziehst 1-2 x mit der Vorhand nach. Nun wechselt dein Partner in die Rückhandseite und ihr spielt beide diagonal mit der Rückhand, bis du deine Rückhand umläufst und einen Topspin in die Tischmitte ziehst, den der andere mit Gegentopspin beantworten muss. Danach ist freies Spiel. (=)

Zwei Varianten bieten sich an:

a) beide dürfen aus der Rückhanddiagonalen umlaufen;
b) beide dürfen mit der Rückhand die Seite wechseln, also parallel spielen, wenn sie frühzeitig erkennen, dass der andere umlaufen will. Das schult Antizipation und peripheres Sehen.

Es ist wichtig, dass die Platzierung des Vorhand-Topspins nach Umlaufen der Rückhand festgelegt ist, sodass sich der Spieler mit dem harten Gegentopspin voll auf den Bewegungsablauf konzentrieren kann. Später kann diese Platzierung natürlich auch freigegeben werden."

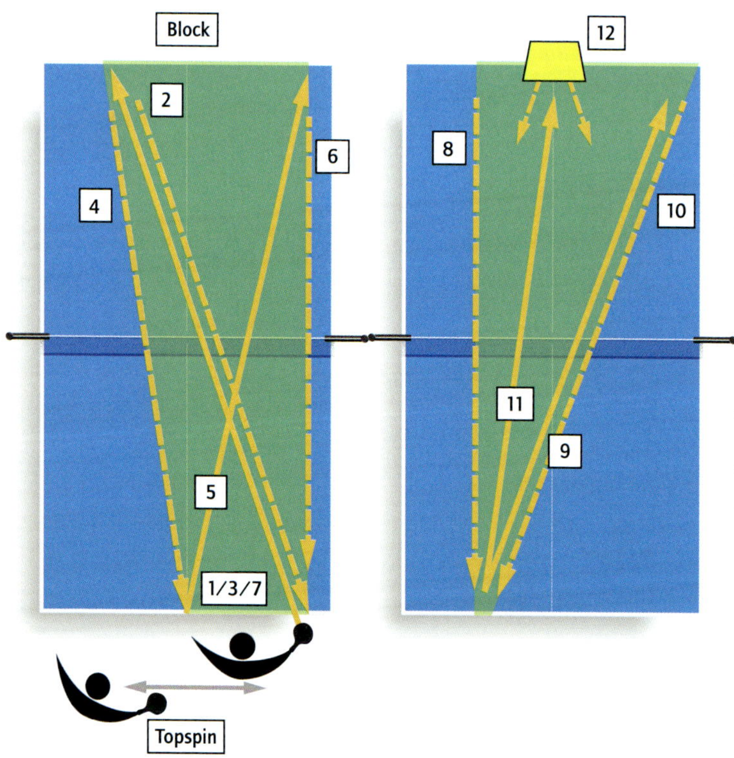

Übung 8

Variante 1: Topspinspieler A spielt den fünften Ball mit der Rückhand, den siebten umläuft er.

Variante 2: Topspinspieler A spielt beide Bälle aus der Rückhandseite mit RH-Topspin.

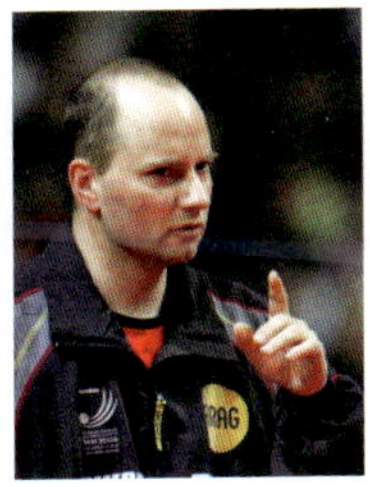

5.4.3 Prause-Prinzip 2: Wettkampfnah

„Im vorausgegangenen Kapitel haben wir uns mit dem Training der Schlagsicherheit und den sogenannten *Kontrollübungen in Bewegung* beschäftigt. Jetzt geht es um das weite Feld der unregelmäßigen Übungen. Das Prinzip *unregelmäßiger Übungen* beruht darauf, dass die Ballwege nicht regelmäßig eingehalten werden und der Spieler - wie im Spiel - reagieren muss.

Unregelmäßige Übungen sind deshalb so wichtig, weil sie sich am Wettkampf orientieren. Sie sind wettkampfnah und sehr intensiv. Die nicht so leicht vorhersehbaren Ballwege schulen das vorausschauende Spielen. Also die Antizipationsfähigkeit, beim Gegner zu erkennen, wann der Wechsel in die Rückhand kommt oder wann der Blocker zum Gegenspin umläuft.

Bei der Konzeption von unregelmäßigen Übungen gilt wie immer das Prinzip vom Leichten zum Schweren. Unerfahrene Spieler müssen diese Übungen Schritt für Schritt erlernen. Außerdem muss beim Aufbau unregelmäßiger Übungen auch immer das Ziel der Übung beachtet werden. Die Frage, ob diese Übung für den Spieler sinnvoll und von der Schwierigkeit her angemessen ist, spielt dabei eine entscheidende Rolle. Sie sollten etwa 10 min oder als Variante in zwei Teilen à 5 min gespielt werden. Verbinden wir die unregelmäßigen Übungen mit der Aufschlag-Rückschlag-Situation, sprechen wir von *spielnahen taktischen Übungen*. Die Übungen erfordern generell höchste Konzentration und sind eigentlich immer mit intensiver Beinarbeit verbunden. Das kann schnell zu Ermüdung - sowohl geistiger als auch körperlicher - führen. Wenn du die Übungen nicht mehr technisch sauber und mit vielen Fehlern spielst, solltest du sie vereinfachen oder abbrechen.

Die folgenden 5 unregelmäßigen Übungen sind typisch Standardübungen.

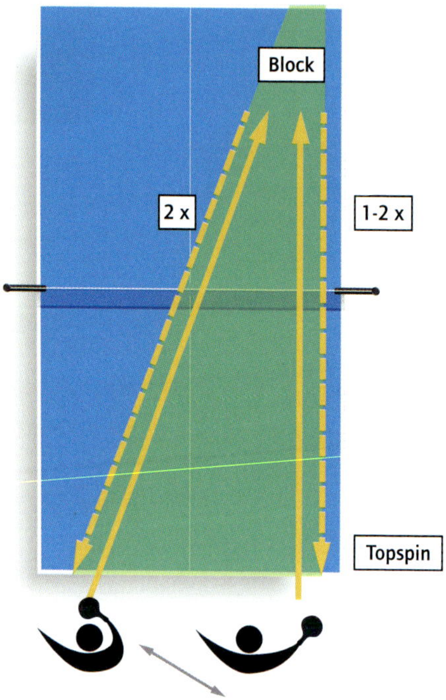

Übung 1

Beginne zunächst mit *halb unregelmäßigen Übungen* wie etwa dieser: Der Blockspieler platziert regelmäßig zwei Bälle in die Rückhand, während er in die Vorhand unregelmäßig 1-2 x spielt. Die Rückhandseite ist die Sicherheitsinsel des Topspielers, in der Vorhand muss er entsprechend des Zuspiels reagieren. Deswegen ist diese Übung halb unregelmäßig.

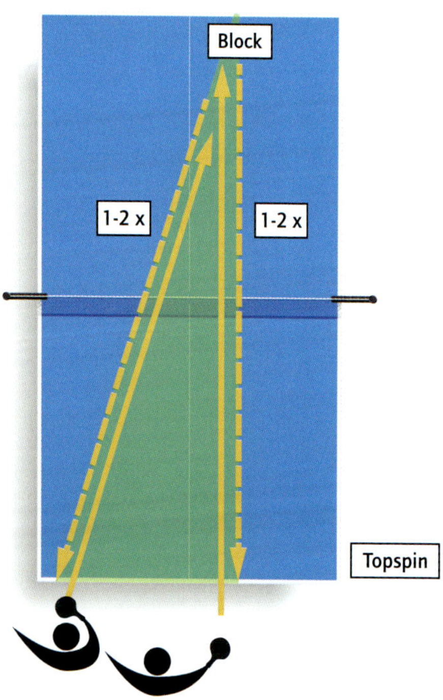

Übung 2

Sie ist ebenfalls *halb unregelmäßig*. Jetzt ist aber auch die Rückhand unregelmäßig. Dies ist schon deutlich schwieriger. Deswegen solltest du auch erst mit Vorhand-Mitte anfangen. Dabei ist zu beachten, dass du mit beiden Beinen in die Vorhand kommst. Der Blocker spielt 1-2 x unregelmäßig in die Rückhand des Topspinspielers, wechselt dann in die Vorhand und spielt ihn hier ebenfalls unregelmäßig 1-2 x an. Dann wechselt er wieder in die Rückhand.

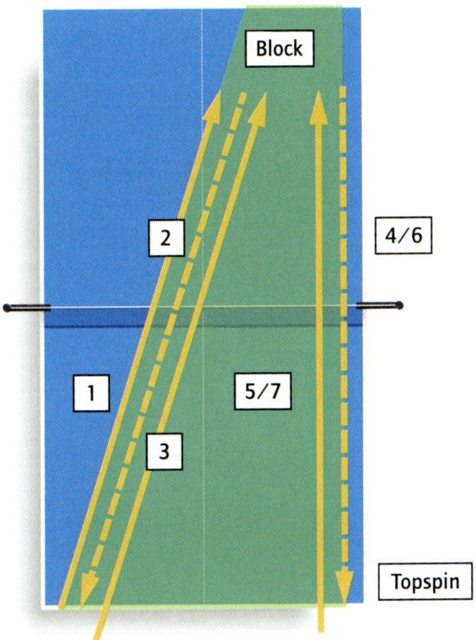

Übung 3

Willst du die Übungen 1 und 2 mit mehr Beinarbeit kombinieren, spielst du nach dem „Falkenberg-Prinzip“: 1 x Rückhand, Rückhand umlaufen, Vorhand regelmäßig. In der Vorhand erhältst du wieder 1-2 x das Vorhandanspiel, also unregelmäßig.

Der Topspinspieler zieht mit Rückhand diagonal (1), der Blocker blockt zurück (2). Der Topspinspieler umläuft die Rückhand und zieht mit Vorhand diagonal (3). Der Blocker blockt parallel in die Vorhand des Topspinspielers (4), der parallel zieht (5). Nun darf der Blocker entscheiden, noch einmal in die Vorhand zu blocken (6) oder wieder in die Rückhand zu wechseln.

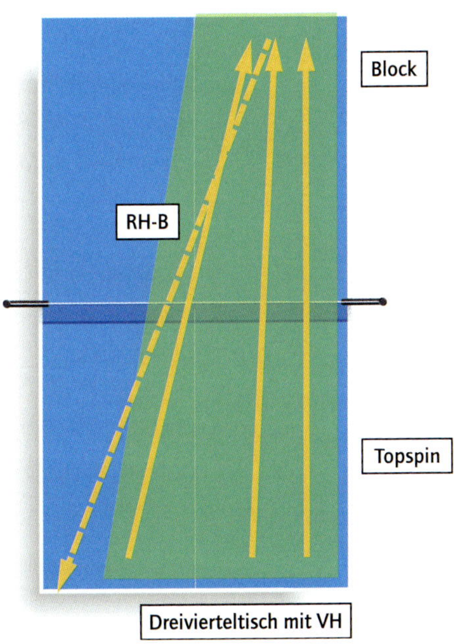

Übung 4

Echt unregelmäßig ist Übung 4. Der Blockspieler verteilt die Bälle unregelmäßig über drei Viertel des Tischs. Ab und zu streut er einen diagonalen Block in die äußere Rückhand ein, den der Topspinspieler mit Rückhand-Topspin beantworten muss. Danach geht es wieder über drei Viertel des Tisches weiter.

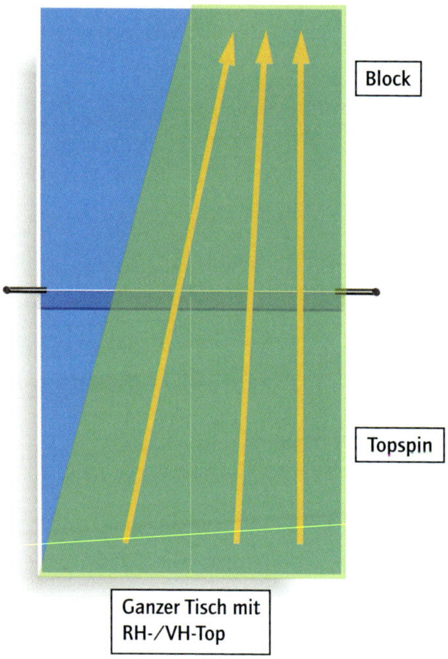

Übung 5

Echt unregelmäßig ist ebenso Übung 5, die sehr gerne im Topbereich gespielt. Der Topspinspieler zieht nur in die Rückhand seines blockenden Gegners, der über den ganzen Tisch frei verteilt. Irgendwann darf der Blocker die Rückhand umlaufen und gegenziehen. Dann ist das Spiel frei."

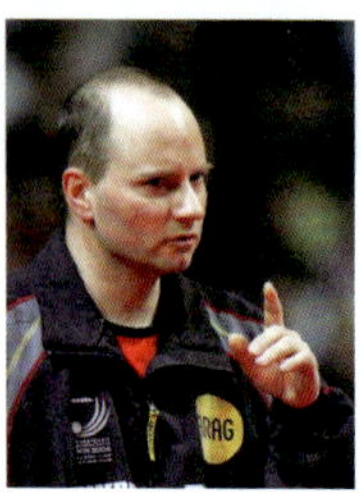

5.5 Aufbau einer Trainingseinheit

„Beim Aufbau einer Trainingseinheit gilt wie schon beim Aufbau der Übungen das Prinzip vom Leichten zum Schweren. Aber letztlich gibt es auch viele kreative Spielräume, sonst würde das Training langweilig. Zwei Trainingseinheiten sollen dir exemplarisch die Variabilität des Aufbaus einer Trainingseinheit zeigen:

Trainingseinheit A: Zu Beginn spielst du eine kombinierte Übung, dann 1-2 unregelmäßige Übungen, danach zwei taktische Aufschlag-Rückschlag-Übungen und zum Schluss wiederum eine Beinarbeitsübung. Das Prinzip vom Leichten zum Schweren bzw. vom Regelmäßigen zum Unregelmäßigen mit sich anschließenden freien Spielsituationen wird dabei umgesetzt.

Trainingseinheit B: Du startest direkt mit einer unregelmäßigen Übung, lässt zwei oder drei Aufschlag-Rückschlag-Übungen folgen, und spielst zum Ausklang wiederum eine Beinarbeitsübung.

Der Aufbau einer Trainingseinheit hängt letztlich immer von den Trainingsschwerpunkten oder -zielen ab. Trainingseinheiten mit technischem oder konditionellem Schwerpunkt sehen natürlich anders aus als solche mit taktischen oder wettkampfnahen Schwerpunkten.

Tipp:

Worauf solltest du bei der Durchführung des Trainings besonders achten?

Du solltest immer das Gefühl haben, dass du an die Grenze deines Leistungsvermögens gehst, ohne dass die technische Qualität deiner Schläge darunter leidet. Gerade bei unregelmäßigen Übungen solltest du immer deine optimale Schlagposition beibehalten. Versuche, selbst zu kontrollieren, ob du das eigentliche Bewegungsziel der Übung erreichst.

Abschließend soll dir eine Trainingseinheit, die das Prädikat anspruchsvoll verdient, noch einmal den Aufbau einer Trainingseinheit verdeutlichen. Die nachfolgende Trainingseinheit ist durchaus schwer und sollte zu Beginn einer Trainingswoche gespielt werden, wenn am Wochenende ein Wettkampf ansteht. Wenn du etwa 15 min Zeit für Trinkpausen und kurzes Luftholen dazurechnest, kommst du auf eine Brutto-Trainingszeit von 2,5 h. Nicht alle Trainingseinheiten sind so umfangreich. In der Regel dauert sie 2 h an. Längere Pausen (z. B. 10 oder 15 min als „Halbzeitpause") solltest du nicht einlegen, da sie deinen Rhythmus empfindlich stören können."

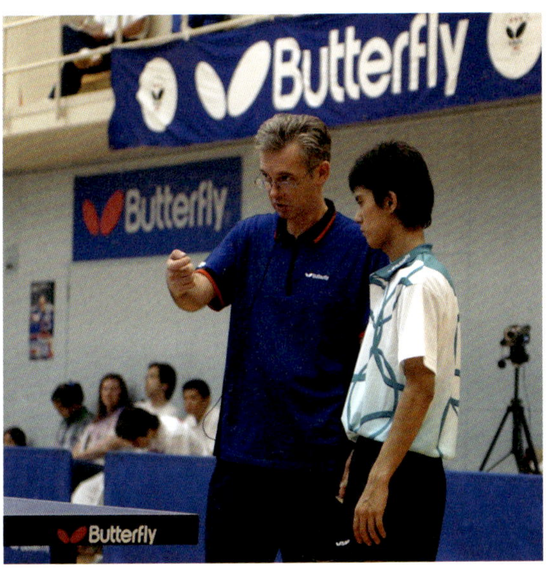

Foto 65: Die enge Zusammenarbeit mit einem qualifizierten Trainer ist für deine Entwicklung unabdingbar. Hier im Bild: Der Kroate Mario Amizic, einer der weltweit erfolgreichsten Trainer.

Exemplarischer Aufbau einer wettkampfnahen Trainingseinheit mit vielen unregelmäßigen und taktischen Elementen

1	Allgemeines Aufwärmen	15 min
2	Einspielen in der Vorhand- und Rückhand-Diagonalen. *Übungsform: Einfach-regelmäßig*	10 min
3	Vorhand-Topspin gegen Vorhand-Topspin über die Mitte mit unregelmäßigem Wechsel in die tiefe Vorhand, dann freies Spiel. *Übungsform: kombiniert-unregelmäßig mit freiem Spielausgang*	10 min
4	A zieht Vorhand-Topspin aus Vorhand in Vorhand von B. B blockt in Tischmitte. A zieht weiter Vorhand-Topspin aus Tischmitte in Vorhand von B, bis B unregelmäßig parallel in Rückhand von A blockt. A zieht mit Rückhand-Topspin diagonal in Rückhand von B, bis B unregelmäßig in tiefe Vorhand von A blockt, danach ist freies Spiel. *Übungsform: Kombiniert-unregelmäßig mit freiem Spielausgang*	20 min 2 x 10
5	A zieht Vorhand-Topspin. B blockt im Wechsel 1x in Tischmitte und 1 x in eine Ecke unregelmäßig (Vorhand oder Rückhand). Wenn er 2 x hintereinander in die Vorhand blockt, ist freies Spiel. *Übungsform: Kombiniert-unregelmäßig mit freiem Spielausgang*	20 min 2 x 10
6	Aufschläger: Kurzer Aufschlag in Tischmitte, Gegner retourniert kurz in Vorhand oder lang in Vorhand. Bei kurzem Return ist das Spiel frei, bei langem Return muss der Aufschläger den ersten Topspin (egal mit Rückhand oder Vorhand) in die Rückhand des Gegners ziehen. Der Rückschläger blockt alternativ in Rückhand oder Vorhand des Aufschlägers, danach freies Spiel. *Übungsform: Taktische Übung mit Aufschlag-Rückschlag und freiem Spielausgang*	20 min 2 x 10
7	Rückschläger: A ist nun Rückschläger, Gegner B schlägt kurz auf. A retourniert alternativ kurz oder lang in die Vorhand von B, freies Spiel. *Übungsform: Taktische Übung mit Aufschlag-Rückschlag und freiem Spielausgang*	20 min 2 x 10
8	Kurz-kurz-Spiel mit 2:2-Aufschlagwechsel. Beide Spieler dürfen aus dem Kurz-kurz-Spiel lang mit Flipp oder aggressivem Schupf in tiefe Vorhand eröffnen, dann freies Spiel. *Übungsform: Taktische Übung mit Betonung des Kurz-kurz-Spiels und freiem Spielausgang*	10 min
9	Freies Spiel mit freiem Aufschlag. Wer punktet, bleibt Aufschläger. Aufschlag frei. *Übungsform: Wettkampf mit veränderter Zählweise* *Tipp: Alternativ kann eine Beinarbeitsübung, 2 x 5 min nach eigener Wahl gespielt werden.*	10 min
		135 min
+ Ca. 15 min für kürzere Pausen zum Trinken und „Luftholen"		150 min

5.6 Mit Spaß und Konzentration

Ohne Spaß geht's nicht. Das ist beim Tischtennis nicht anders. Nur wenn du Spaß am Üben und Spielen hast, wirst du Fortschritte erzielen. Hier nun einige Tipps:

- Ohne Üben wirst du deine Technik nicht verbessern können. Und ohne Verbesserung deiner Technik wirst du dein Spiel nicht weiterentwickeln können. Aber übe nicht so viel, dass du das Spiel vergisst. Eine Faustregel könnte lauten, 50 % üben, 50 % spielen. Das hängt aber auch immer davon ab, wie deine Tagesform ist. Üben ohne Spaß bringt sicher nichts.
- Setze dir Übungsziele, aber keine zu hohen. Die Schlagtechniken im Tischtennis lernt man nicht von heute auf morgen. Dazu bedarf es mehrerer Jahre, bis die Technik richtig „sitzt", also automatisiert ist.
- Wenn irgend möglich, suche dir einen/mehrere Spielpartner, die mit dir zusammen ihr Spiel verbessern wollen. Ihr könnt euch gegenseitig unterstützen, miteinander Ziele setzen und natürlich heiße Wettkämpfe austragen. Zu zweit oder in einer kleinen Gemeinschaft macht's mehr Spaß.
- Bringe Abwechslung in dein Üben und Spielen: neue Übungen und Spiele ausprobieren, aber auch immer wieder neue Schlagtechniken bzw. Varianten bewusst testen, wie z. B. Aufschläge. Hier hat Tischtennis jede Menge zu bieten.

Tipps:

Die Regeln gelten für den offiziellen Wettkampf. Im freien Spiel bieten sich viele Möglichkeiten an, das Spiel zu verändern. Das kannst du erreichen durch

- **Veränderung der Zählweise: Kurzsätze bis 3, 5, 7 ...; Langsätze bis 21, 31 ...; Beginn eines Satzes bei 5:5 ...; Sätze auf Zeit - 1, 2, 3 ... Minuten; Aufwertung bestimmter Punkte (wer den 5., 10. Punkt gewinnt, erhält einen Zusatzpunkt (Bonus)); Vorgabespiele (der Schwächere erhält 3, 5, 7 Punkte Vorsprung).**
- **Veränderung der Aufschlagregel: Aufschlagwechsel nach dem 3., 7., 10. Punkt; der Aufschlag wechselt einen Satz lang überhaupt nicht; Aufschlagen darf nur der, der den Punkt macht.**

- **Zählen nach Volleyball- oder Tennisregeln.**
- **Veränderung der Spielfläche: Wettspiele am Mini- oder Grabentisch; Wettspiele in bestimmte Zonen.**
- **Beschränkung der Technik: Nur Konterschläge sind erlaubt.**
- **Spielen mit unterschiedlichen Schlägern, mit dem schwachen Arm, mit der bloßen Hand.**

Das sollen nur Anregungen sein. Mit deinen Spielpartnern wirst du sicherlich noch andere interessante Tischtennisspiele erfinden.

5.7 Powertipp 1: Balleimertraining

Die Methode ist keineswegs neu: das Training mit vielen Bällen, „Balleimertraining". In China wurde diese sehr erfolgreiche Trainingsmethode bereits Mitte der 1960er-Jahre angewandt.

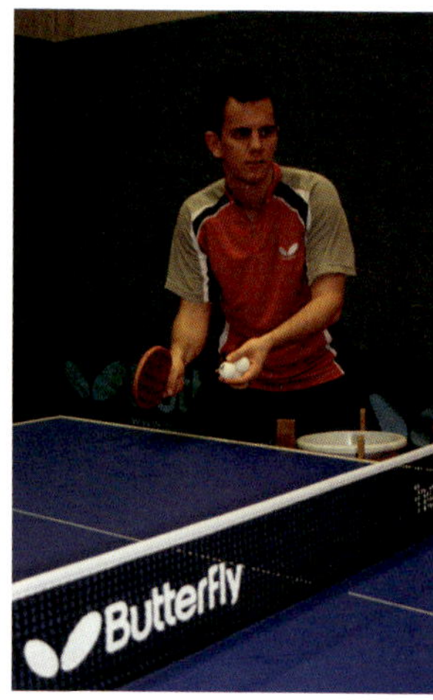

Foto 66

Das Prinzip ist einfach: Anstatt nur mit einem Ball zu spielen, den man ständig aus allen Ecken holen muss, stopft man sich mehrere Bälle in die Hosentasche und spielt diese Bälle ohne die mühselige Unterbrechung des Ballholens. Oder man nimmt eine Plastikschale, füllt sie mit 20, 30 Bällen und spielt diese ohne Pause durch. Klar, dass die Belastung und Übungsintensität enorm steigt. Und so ist diese Methode besonders im Techniktraining sehr wertvoll. Doch nicht nur für Spitzenspieler. Gerade bei Anfängern können mit dem Einsatz vieler Bälle schnelle Fortschritte erzielt werden.

Die weitaus größere Zahl an Ballkontakten erlaubt es dem Anfänger, schneller die Bewegung zu finden und ein genaueres Bewegungsgefühl zu entwickeln. Außerdem sorgt die hohe Ballzahl dafür, dass das Tischtennisspiel als bewegungsreiche „Action-Sportart" erfahren wird, was ja gerade für Kinder sehr wichtig ist. Sollte nun noch ein erfahrener Zuspieler zur Verfügung stehen, der in der Lage ist, die Bälle recht genau zuzuspielen (nur in die RH oder VH oder abwechselnd in beide Seiten, dazu mit gleichbleibendem Schnitt), ist der Lernerfolg vorprogrammiert. Die Gefahr besteht beim Training mit vielen Bällen eher darin, dass man zu viele Bälle ohne Pause spielt. Die Konzentration lässt dann nach und somit auch die Qualität der Schlagbewegungen. Wer sich mit „Balleimertraining" intensiver beschäftigen möchte, dem sei der DTTB-Lehrplan hierzu empfohlen (s. Kap. 7.4).

5.8 Powertipp 2: Training mit dem Tischtennis-Roboter

Wenn nun kein Zuspieler zur Verfügung steht, kann man ihn durch eine Ballmaschine ersetzen. Im Tischtennis sind damit die Roboter gemeint, die es zum Preis von € 150,- bis € 2.000,- (tischtennis-roboter.vergleiche.de) gibt. Diese Roboter können die Bälle sehr genau zuspielen. Der Schnitt der Bälle kann unterschiedlich eingestellt werden. Vom Unter- bis Oberschnitt ist alles möglich. Eine Schwenkvorrichtung sorgt dafür, dass die Bälle auch regelmäßig oder unregelmäßig über den ganzen Tisch verteilt werden können. Außerdem lässt sich das Tempo der ausgeworfenen Bälle je nach Können des Spielers einstellen. Also gerade zu Beginn des Tischtennislernens ein sehr hilfreiches Gerät, insbesondere, wenn es um das Erlernen der Schlagtechniken, der Beinarbeit und der Verbesserung bestimmter konditioneller Eigenschaften (wie etwa Schnelligkeit) geht.

Eins lernt man freilich nicht mit dem Roboter: das Tischtennisspielen. Wir erinnern uns: Einen Ball richtig schlagen zu können, ist eine Sache, den ankommenden Ball richtig hinsichtlich Schnitt, Platzierung, Tempo und Flughöhe einzuschätzen, eine andere. Das erlerne ich natürlich nur im freien Spiel gegen echte Gegner. Dennoch, für Einsteiger, Fortgeschrittene und Könner kann der Roboter eine wertvolle Lern- und Trainingshilfe darstellen.

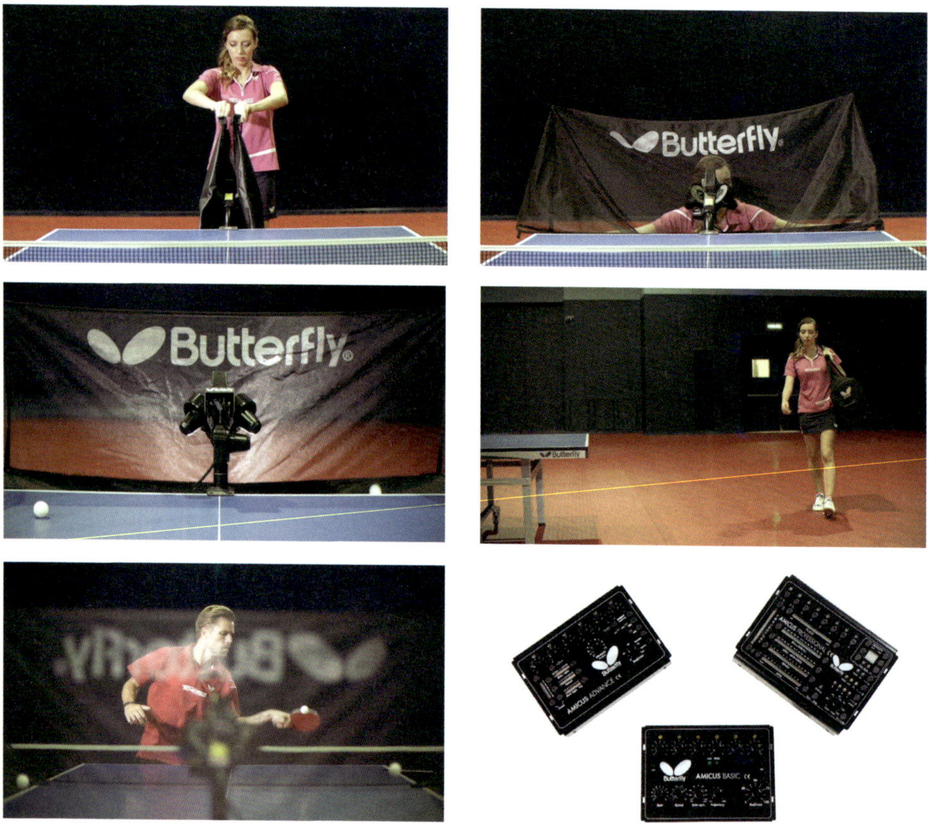

Bildreihe 63

Tipps:

144 Trainingsbälle gibt es im Fachhandel bereits ab € 25,–. Eine Anschaffung, die sich lohnt. Die Ballqualität ist übrigens sehr ansprechend. In Tischtennisvereinen wird im Jugendtraining in aller Regel auf diese Ballqualität zurückgegriffen.

- Die Anschaffung eines Roboters solltest du in jedem Falle im Fachhandel vornehmen. Hier wird man dich genau beraten, welches Gerät für dich am geeignetsten ist, und welche räumlichen Bedingungen zu erfüllen sind.

5.9 Powertipp 3: Trainingshilfsmittel, die Wirkung zeigen

Es gibt für das optimale Tischtennistraining zahlreiche effektive Hilfsmittel. Zwei hast du bereits kennengelernt: den Balleimer und den Tischtennis-Roboter. Die anderen sind alphabetisch geordnet:

44-mm-Ball und zweifarbiger Ball

Der 44-mm-Ball ist größer und schwerer. Damit verändern sich die Schlagbedingungen enorm. Zum Beispiel macht ein mit einem 44-mm-Ball gezogener Topspin dem Spieler mehr als der Normalball deutlich, worauf es ankommt. Gleiches gilt für Unterschnitttechniken. Darüber hinaus bringt der 44-mm-Ball einfach Abwechslung und Spaß ins Training und schult ganz allgemein das Ballgefühl.

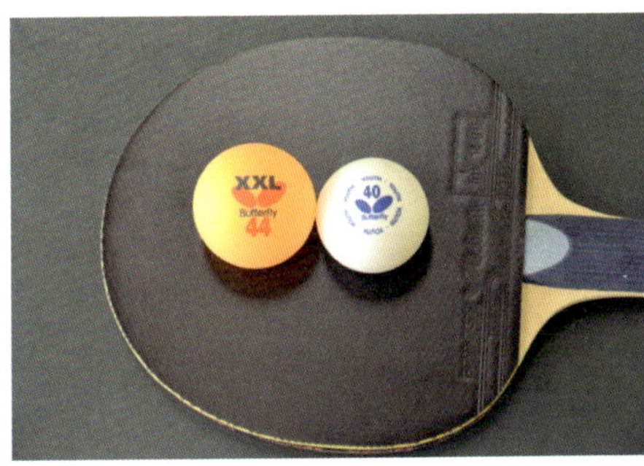

Foto 67

Der zweifarbige oder mit einer Äquatorlinie bemalte Ball macht dem Spieler die Rotation deutlich.

Berührungshilfen

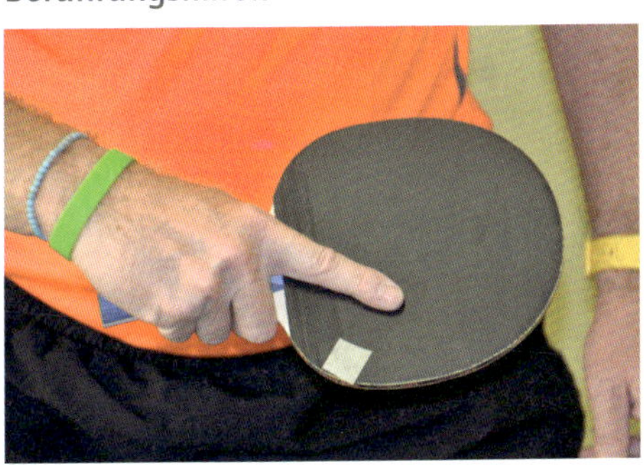

Foto 68

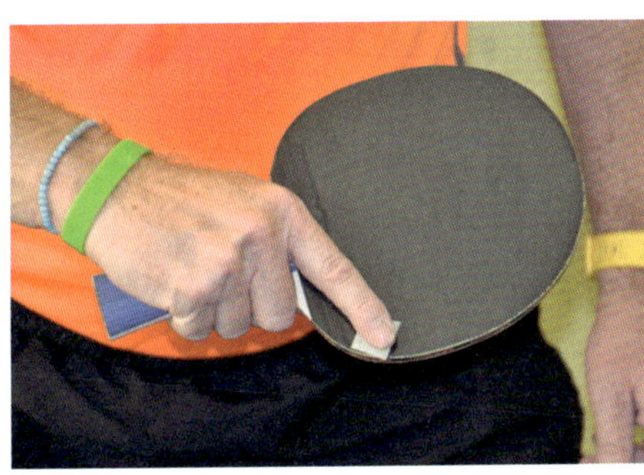

Foto 69

Beim Erlernen oder Verändern der Schlägerhaltung kann ein Stück Kreppband oder Ähnliches sehr hilfreich sein. Dadurch hat der Spieler immer die Rückmeldung, ob sein Zeigefinger an der richtigen Stelle liegt und damit die Schlägerhaltung korrekt ist.

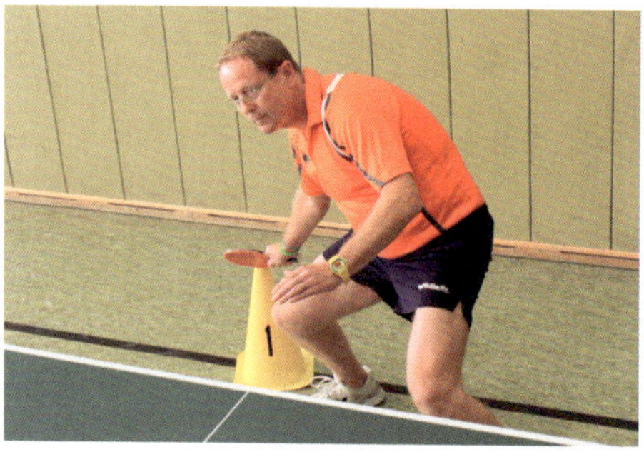

Foto 70

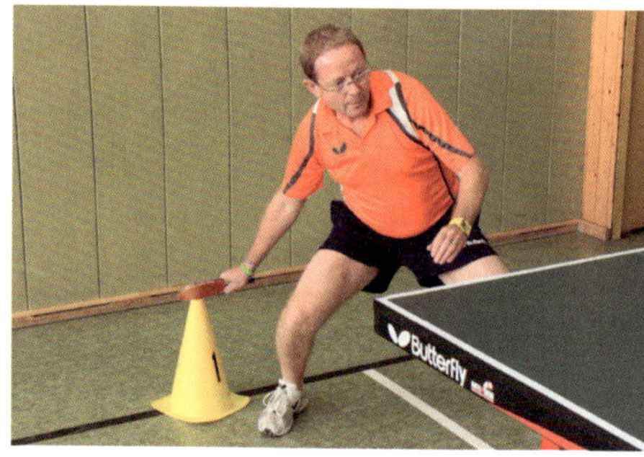

Foto 71

Ein Kasten kann für das Erlernen der Vorhand-Topspin-Ausholbewegung eine gute Rückmeldung geben. Viele Spieler holen nicht tief genug aus – insbesondere beim Topspin auf Unterschnitt. In Verbindung mit dem Balleimerzuspiel kann der Spieler seine Ausholbewegung verbessern.

Platzierungshilfen

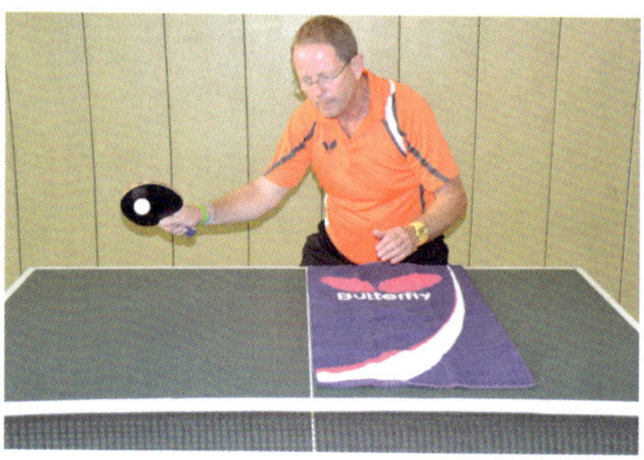

Foto 72

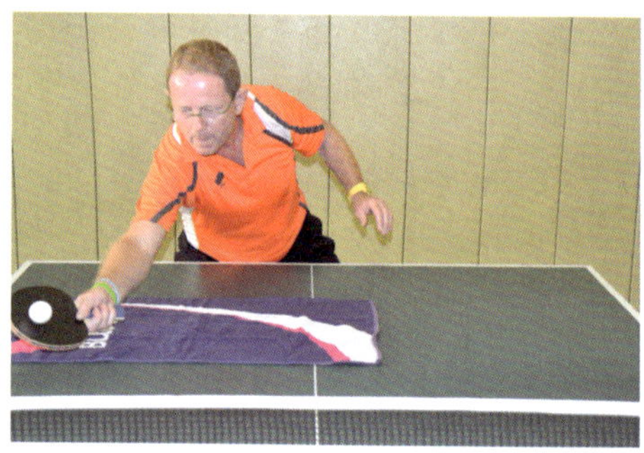

Foto 73

Handtücher oder ähnliche Gegenstände können dazu eingesetzt werden, auf dem Tisch Zielzonen einzurichten. Platzierungshilfen schulen die bewusstere und genauere Platzierung und sind keinesfalls nur im Anfängertraining einzusetzen. Gleiches gilt für Zielobjekte, die z. B. beim Aufschlagtraining zu treffen sind. Das können Bierdeckel, Aufkleber usw. sein.

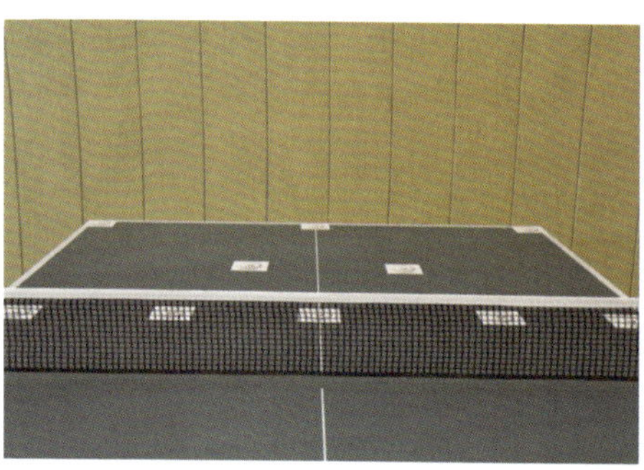

Foto 74

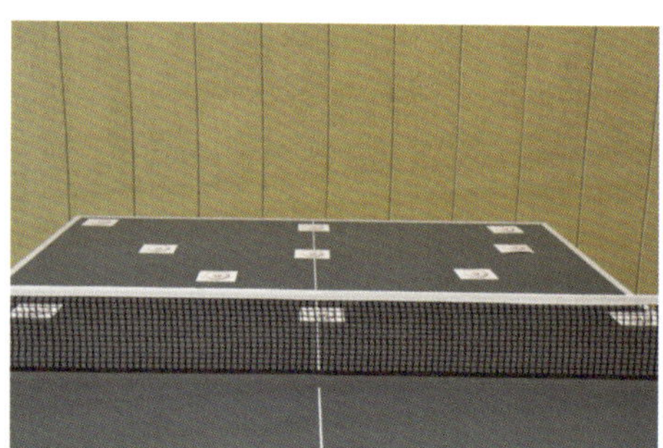

Foto 75

Returnbrett

Das Returnbrett ist in verschiedensten Ausführungen zu erwerben bzw. auch selbst zu bauen. Es dient zur Bewusstmachung von Rotation und zur Technikschulung. Weitere Infos unter

http://www.returnbrett.de
http://www.returnboard.de

Rotationsstab

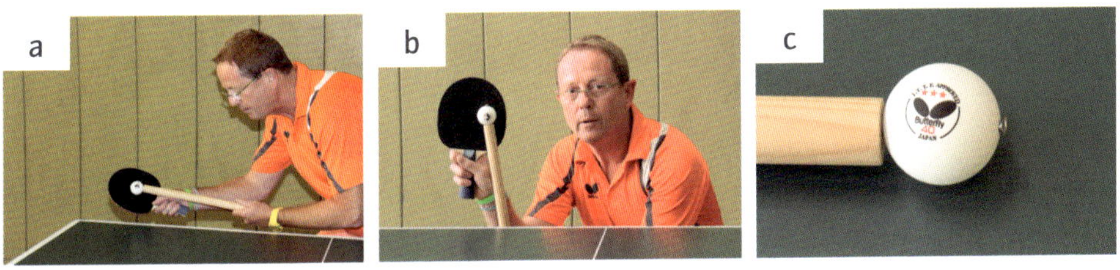

Foto 76 a-c

Der Rotationsstab kann ganz einfach selbst gebaut werden. Ein dicker Holzstab, ein langer Nagel und ein Tischtennisball genügen und schon ist der Rotationsstab fertig. Damit lässt sich sehr einfach die Erzeugung von Rotation im Tischtennis zeigen.

Spielfeldumrandungen

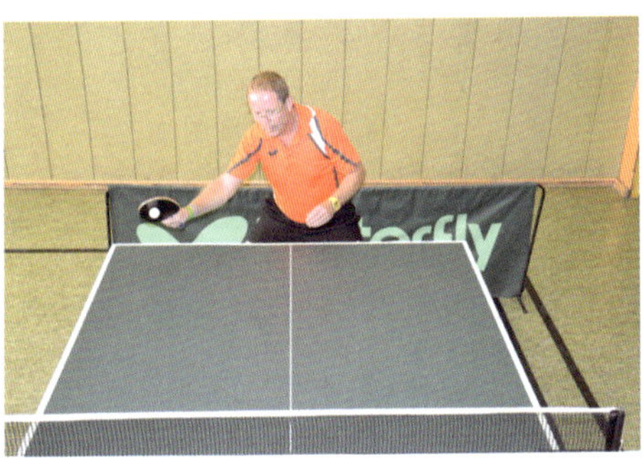

Foto 77

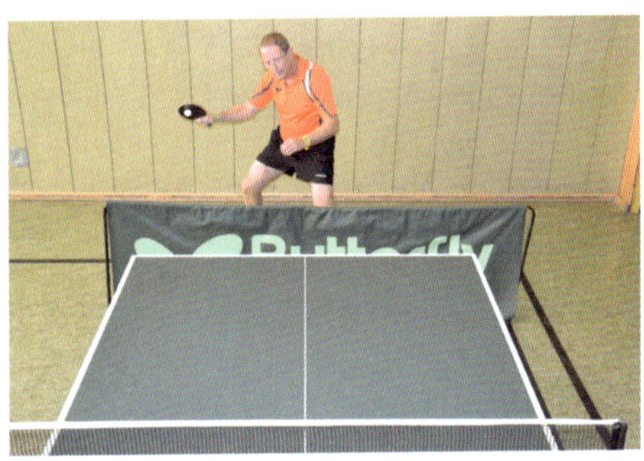

Foto 78

Spielfeldumrandungen können, neben ihrer eigentlichen Verwendung, auch als Zonenbegrenzung beim Techniktraining wertvolle Hilfe leisten. In puncto Spaß und Abwechslung dienen sie als idealer Netzersatz für das Tischtennis-Tennisspiel am Boden, was besonders bei Kindern sehr beliebt ist, aber auch Erwachsenen sehr viel Freude machen kann.

Sweet-Spot- und Mini-/Midi-Schläger

Mit alten Belägen, die man entsprechend zurecht schneidet und einem alten Ersatzholz lässt sich ein solcher Schläger einfach herstellen. Mit ihm schult man das bewusste Treffen des Balls mit der optimalen Treffzone des Schlägers, dem sogenannten *Sweet Spot* (s. Kap. 6.2). Beim Spiel mit Mini- oder Midi-Schlägern verbesserst du auch deine Treffsicherheit (s. Foto 79).

Tischveränderungen

Einzelne Tischhälften: Für das Nachwuchstraining sind Automatik-Wettkampftische, die sich nicht auseinanderziehen lassen, nicht sinnvoll (Graben-Tischtennis). Deswegen sind zumindest einige Tische als „Zwei-Hälften-Tische" sehr empfehlenswert.

Mini- und Midi-Tische: Natürlich sind das „Gute-Laune-Tische" und kommen bei Groß und Klein immer sehr gut an. Doch neben dem Spaßfaktor schulen sie auch das Ballgefühl und die „kleinen" Schlagbewegungen.

Maxi-Tische: Mit zwei, drei oder vier Tischen lassen sich Maxi-Tische aufbauen. Auch hier gilt wieder das Spaßprinzip. In puncto Ballgefühl geht es hier nun um die „großen" Bewegungen und beim Vierer-Maxi-Tisch um die extreme Beinarbeit.

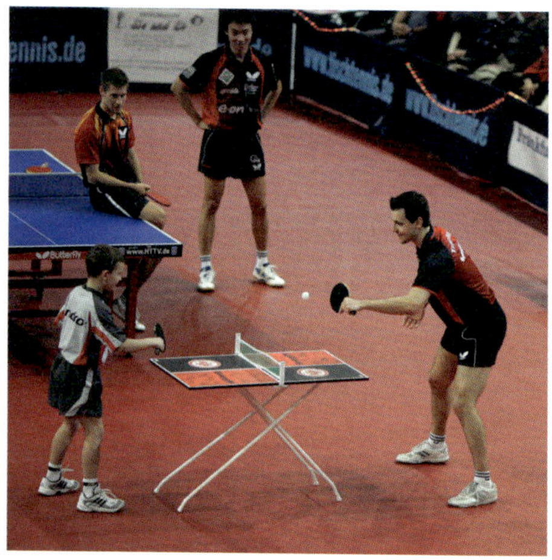

Foto 79: Spiel am Mini-Tisch

Zauberschnur

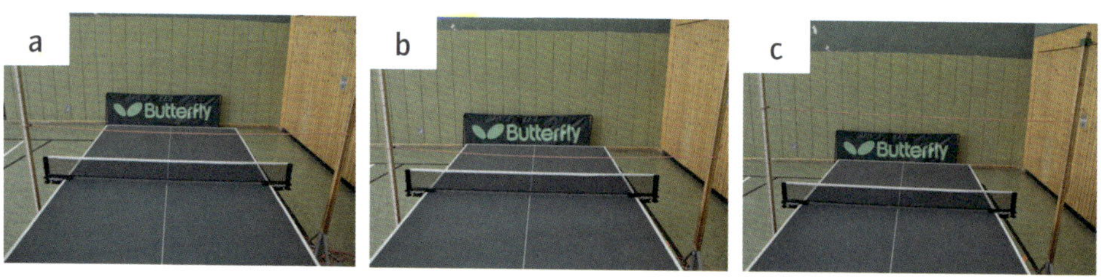

Foto 80 a-c

Die Zauberschnur ist eine elastische Schnur, die zur Netzerhöhung eingesetzt werden kann. So können flache, aber auch hohe Bälle damit sehr gut geübt werden.

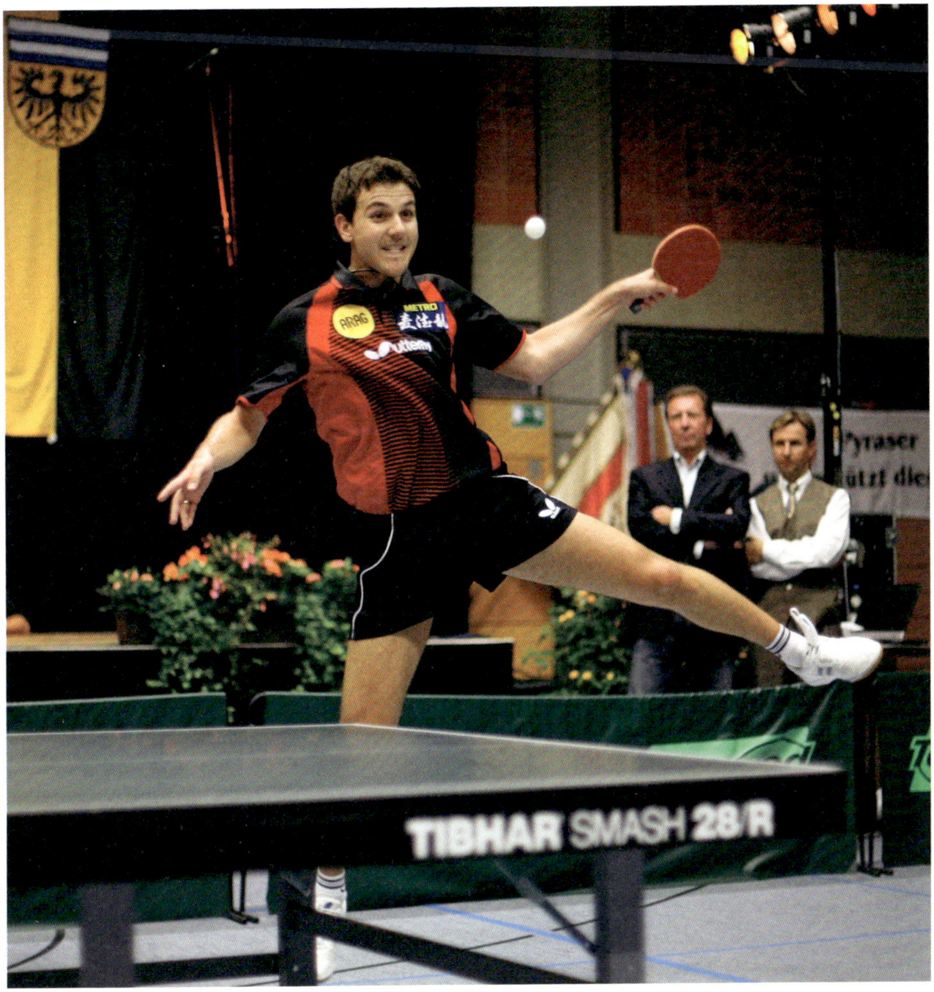

Foto 81: Timo Boll zeigt einen artistischen Vorhand-Schmetter im Sprung.

KAPITEL

DIE QUAL DER MATERIALWAHL: WELCHER SCHLÄGER IST DER RICHTIGE FÜR MICH?

6

6 DIE QUAL DER MATERIALWAHL: WELCHER SCHLÄGER IST DER RICHTIGE FÜR MICH?

Tischtennis ist eine Materialsportart. Es gibt unzählige Schlägerhölzer und Schlägerbeläge, die ganz unterschiedliche Einwirkung auf den Ball haben. Deswegen ist die richtige Materialwahl sehr wichtig. Doch bevor wir der Frage nach der richtigen Schlägerwahl nachgehen, sollten wir uns zunächst einen Überblick über die Materialvielfalt im Tischtennis verschaffen.

6.1 Kontrolle, Tempo, Effet, Spin

6.1.1 Kontrolle

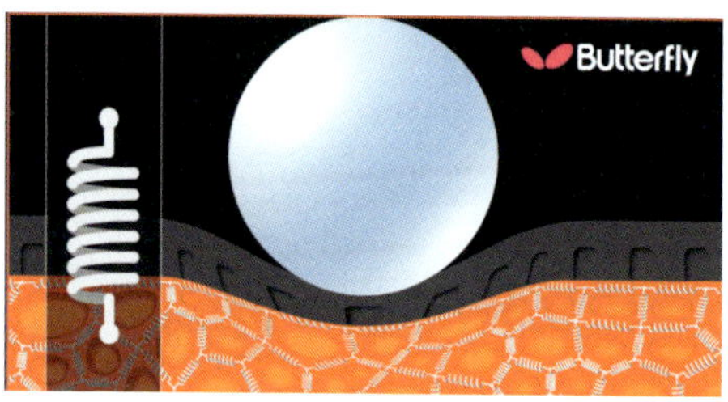

Foto 82: Beim Ballkontakt gräbt sich der Ball in den Belag ein und wird wie bei einer gespannten Feder wieder herauskatapultiert.

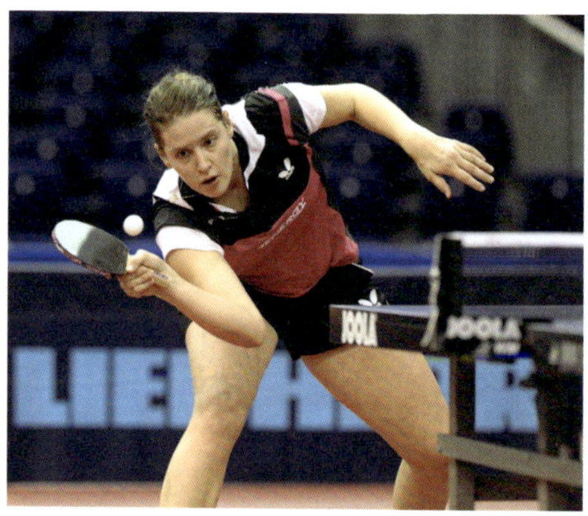

Foto 83: Irene Ivancan – Kontrolle beim Schupf

Zunächst möchte ich drei Grundbegriffe der Materialkunde erläutern, die bei jeder Materialdiskussion fallen und auch in den entsprechenden Anbieterkatalogen des Tischtennisfachhandels als Testkriterien genannt werden. Unter *Kontrolle* wird die Rückmeldung über das Ballgefühl beim Ballkontakt mit dem Schläger verstanden. Wie genau überträgt der Schläger bei einer bestimmten Schlagbewegung den Bewegungsimpuls auf den Ball, könnten wir auch sagen (s. Fotos 82, 83). Dass dieser Faktor natürlich sehr subjektiv ist und dem speziellen Ballgefühl eines jeden Testers unterliegt, ist klar.

Tipp:

Am besten lässt sich meines Erachtens die Kontrolle eines Belags und Holzes immer noch im Schupfspiel überprüfen, wo es sich zeigt, wie Belag und Holz auf kleinste Bewegungsimpulse reagieren. Besonders sehr kurze und sehr genaue Platzierungsaufgaben können hier eine gute Kontrollrückmeldung geben. Eine andere Überprüfungsmöglichkeit bietet sich bei einer einfachen Topspin- oder Konterübung an, bei der du besonders darauf achten solltest, sehr kontrolliert zu spielen. Im Prinzip lässt sich sagen,

- **dass ein Holz umso weniger Kontrolle hat, je härter („biegefester") und damit schneller es ist;**
- **dass ein Belag umso weniger Kontrolle hat, je dicker sein Schwamm und je härter seine Gummioberfläche ist.**
  Also, immer beachten: Kontrollwerte in Tischtenniskatalogen sind individuell und subjektiv!

6.1.2 Tempo

Der Faktor *Tempo* ist da schon wesentlich messbarer. Er gibt die Geschwindigkeit des Balls an, die wesentlich von der Art des Holzes und des Belags abhängt. Die hier eingesetzten Messverfahren sind recht zuverlässig. Holz-Tempobewertungen fallen sehr genau aus. Bei Belag-Tempobewertungen ergibt sich das Problem der Schwammdicke und -härte, die in erheblichem Maß die Tempo- und Spineigenschaft eines Belags beeinflussen können.

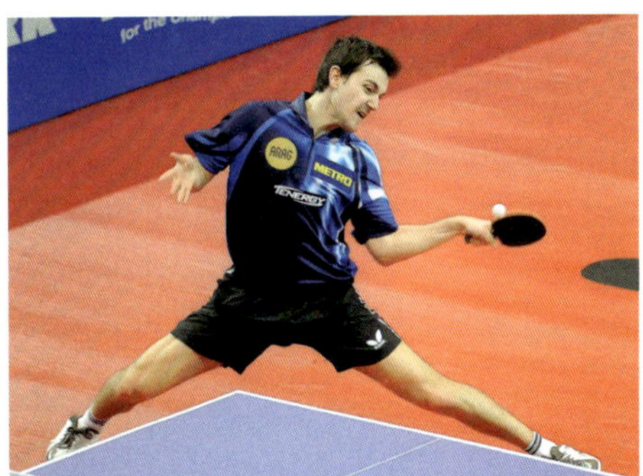

Foto 84: Timo Boll – maximales Tempo beim Topspin

Ein Butterfly „Sriver" (Belagname) mit einem 1,7 mm Schwamm ist erheblich langsamer als ein „Sriver" mit einer 2,1 mm Unterlage. Übrigens ist der „Sriver", der Anfang der 1970er-Jahre auf den Markt kam, der erfolgreichste TT-Belag, den es je gab. Du kannst ihn heute noch kaufen. Er eignet sich für das offensive Allroundspiel.

6.1.3 Effet/Spin/Schnitt

Die Belagoberflächen sind hinsichtlich ihrer Griffigkeit sehr unterschiedlich (s. u.). Sie erzeugen in Abhängigkeit ihres Griffigkeitsgrades mehr oder weniger Spin. So gibt es in den Bewertungstabellen der Kataloge sehr unterschiedliche Werte, die aber wie die Tempowerte auch im Vergleich zu den angegebenen Kontrollwerten weitaus objektiver sind.

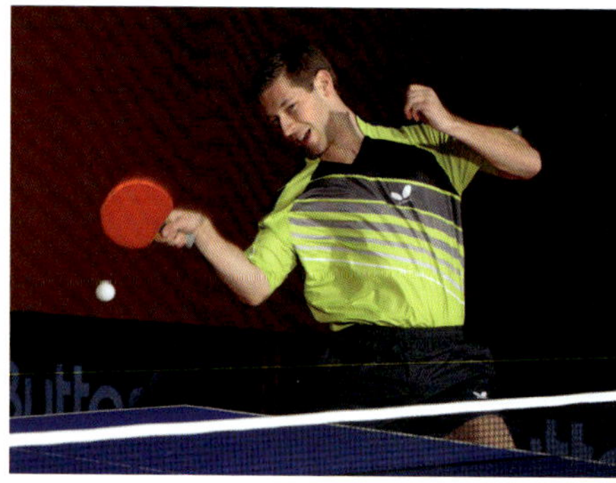

Foto 85: Bastian Steger – maximaler Spin beim Topspin

6.2 Welches Schlägerholz ist für mich das richtige?

Die „Seele" des Schlägers ist das Holz. Die Wahl eines Holzes hat großen Einfluss auf die Kontroll-, Tempo- und Spineigenschaften eines Schlägers. So kann ein und derselbe Belag auf verschiedenen Hölzern auch sehr unterschiedliche Wirkung zeigen. Das Gewicht eines Schlägerholzes schwankt zwischen 65-95 g. Die meisten Hölzer wiegen zwischen 80 und 90 g. Doch letztlich musst du selbst entscheiden, welches Holz dir am besten liegt. Also, viele Schläger in die Hand nehmen und in Ruhe testen. Schlägerhölzer werden aus verschiedenen hochwertigen Holzschichten (Furnieren) verleimt (s. Foto 86). Holzart und Dicke der Furnie-

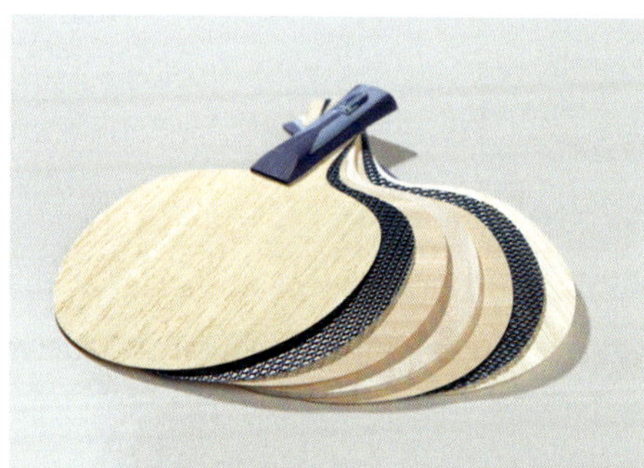

Foto 86: Ein Schlägerblatt setzt sich aus verschiedenen, schichtartig verklebten Furnieren zusammen.

re entscheiden letztlich über Tempo und Kontrolle des Holzes. Die Unterscheidungen in den Katalogen hinsichtlich des Punkts „Tempo" stimmen in aller Regel: Je langsamer Hölzer sind, umso weicher sind die verwendeten Holzarten und Furniere. Ein Wort noch zu Karbonschlägern: Der Werkstoff Karbon zeichnet sich durch eine besonders hohe Biegefestigkeit aus. Früher waren Karbonhölzer sehr schnell und boten wenig Ballgefühl. Heutzutage hat die Tischtennisindustrie allerdings sehr gefühlvolle Karbonhölzer entwickelt. Ihr Vorteil liegt besonders in der langen Haltbarkeit. Eine besondere Rolle spielt bei der Holzauswahl auch der Griff. Die gängigsten kannst du Abb. 13 entnehmen. Hier solltest du ganz genau ausprobieren, welche Grifform dir am am ehesten zusagt, denn schließlich ist der Schläger deine „verlängerte" Hand.

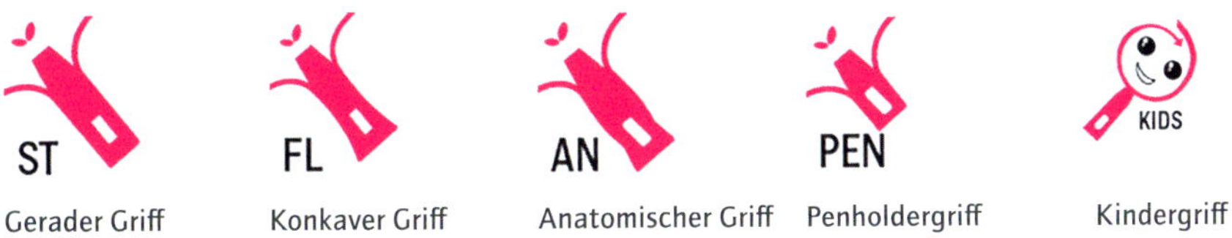

Abb. 14: Grifformen

Tipp:

Auch wenn es sicherlich nicht die optimale Griffform gibt, so sei der Hinweis erlaubt, dass Spitzenspieler sehr selten mit anatomischen Griffen spielen. Dies liegt vielleicht daran, dass diese dazu verleiten, den Schläger sehr fest anzufassen. Außerdem erlauben gerade und konkave Griffformen dem Spieler, die Griffhaltung leichter zu wechseln (Vorhand- und Rückhandgriff).

Weitere Kriterien für die richtige Schlägerwahl sind

- die Länge des Griffs, bis hin zum extra kleinen Kindergriff. Eine große Hand verlangt normalerweise einen längeren Griff;
- die Blattgröße von Defensivhölzern fällt im Allgemeinen größer aus. Damit ist auch der Sweet Spot, also die optimale Treffzone des Schlägerblatts, größer (Abb. 15, S. 248);
- die Blattdicke, die, abhängig von den verwendeten Materialien, sehr unterschiedlich ausfallen kann.

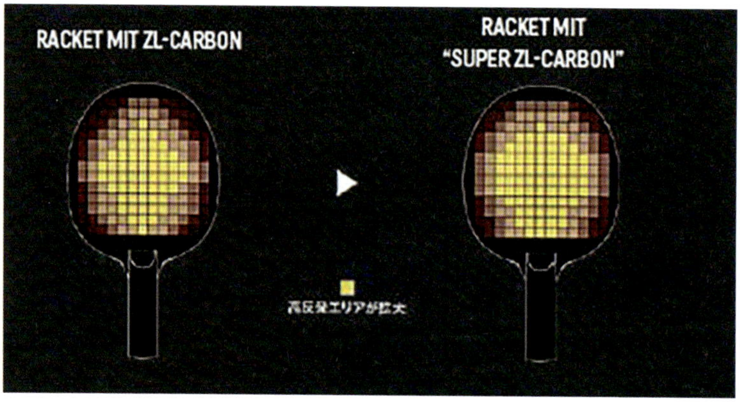

Abb. 15: Vergrößerter Sweet Spot durch Verwendung von Karbonfurnieren

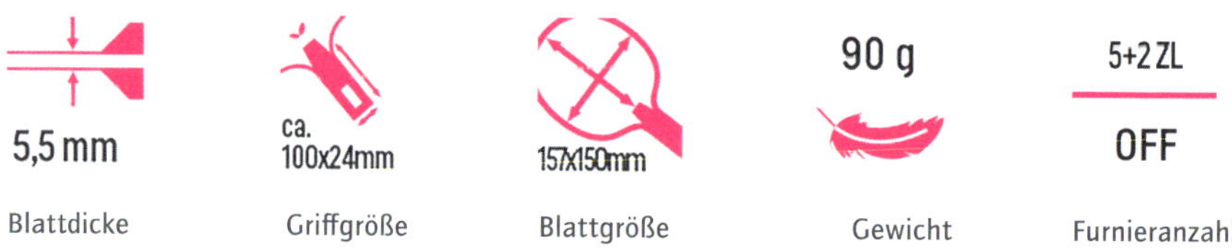

Abb. 16: Kriterien für die Wahl eines Schlägerholzes

6.3 Welcher Schlägerbelag ist für mich der richtige?

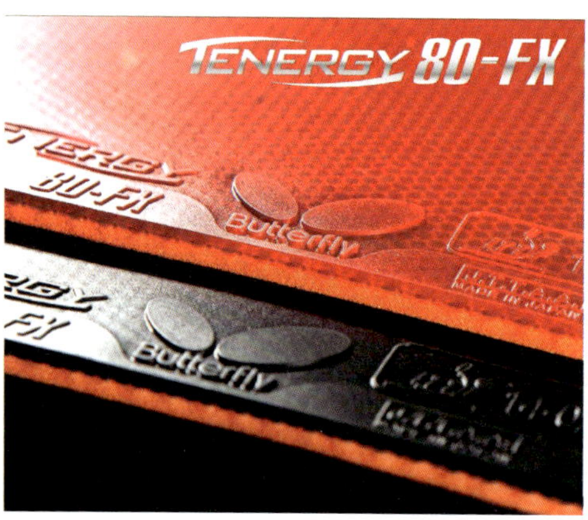

Foto 87: Butterfly Tenergy 80-FX in rot und schwarz

Der Belag bedeckt die beiden Schlägerflächen. Die Vielfalt dieser Belagarten ist enorm. Bei der ITTF sind über 400 Beläge offiziell angemeldet und für den Wettkampf zugelassen. Das lässt sich anhand des ITTF-Stempels auf dem Belag erkennen: ITTF

Wir unterscheiden verschiedene Belagarten (s. Abb. 17) voneinander, die sich entsprechend für verschiedene Spielsysteme eignen:

- Noppen-innen
- Noppen-innen-„Antispin"
- Noppen-außen-kurz
- Noppen-außen-mittellang
- Noppen-außen-lang
- Noppengummi

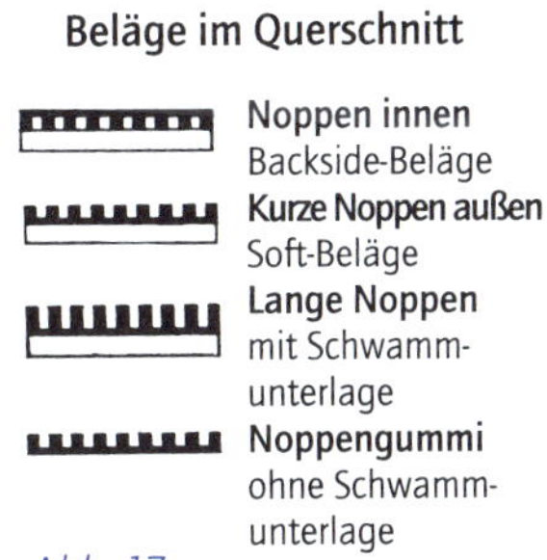

Abb. 17

BELÄGE

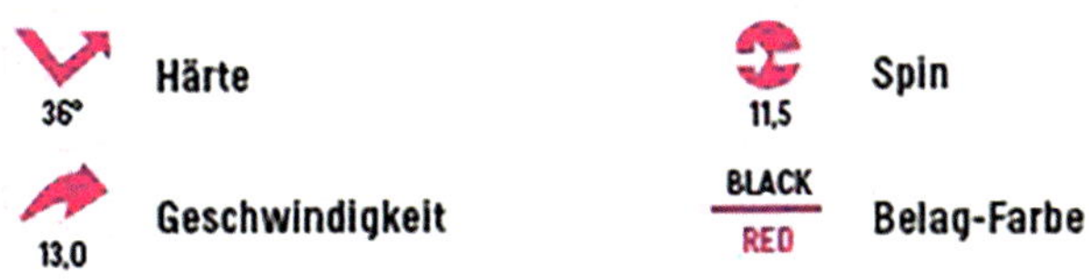

Abb. 18: Kriterien für die Belagwahl

6.3.1 Noppen-innen-Beläge

Sie werden heutzutage am häufigsten gespielt. Der Grund ist einfach: Die verschiedenen Kombinationen von Belagobergummi und Schwammunterlage (Schwamm) erlauben eine Feinabstimmung auf alle Spielsysteme. So gibt es sehr weiche, griffige Obergummis, die für viel Spin und wenig Tempo sorgen, und härtere, weniger griffige, die genau das Gegenteil bewirken. Ähnlich verhält es sich mit den Schwammunterlagen: härtere sorgen für mehr Tempo, weichere für mehr Spin und entsprechend weniger Tempo. Auch spielt die Länge der nach innen stehenden Noppen eine Rolle. Je länger, umso schneller, je kürzer, umso langsamer. Die Zahl dieser Kombinationsmöglichkeiten ist fast unbegrenzt und so brauchen wir uns auch nicht zu wundern, wenn Jahr für Jahr immer neue Beläge auf den Markt kommen und immer neue Eigenschaften versprechen. Doch in diesem Zusammenhang sei davor gewarnt, allen Werbesprüchen Glauben zu schenken.

6.3.1.1 Noppen-innen-Beläge „Antispin"

Er ist ein selten gespielter Belag, vorwiegend für Defensivspieler. Die Oberfläche dieser Belagart ist im Gegensatz zu den griffigen Noppen-innen-Belägen gar nicht oder nur sehr wenig griffig. Entsprechend reagiert dieser Belag relativ unempfindlich auf gegnerische Schnittvariationen (Ober- und Unterschnitt). Das macht ihn besonders für Spieler, die Probleme mit der Aufschlagannahme haben, und für Abwehrspieler, die mit griffigen Noppen-innen- sowie Noppen-außen-Belägen nicht abwehren können, sehr interessant. Der Nachteil des Belags liegt darin, dass man mit ihm selbst nur wenig Schnitt geben bzw. mit Topspin nicht angreifen kann.

6.3.2 Noppen-außen-Beläge

6.3.2.1 Kurze Noppen-außen

Dieser Belag eignet sich für den aggressiven Block-/Konterspieler. Je nach Schwammstärke sind kurze Noppenbeläge sehr schnell. Dadurch, dass die Noppen nicht so spinempfindlich reagieren wie griffige Noppen-innen-Beläge, kann man mit ihnen sehr gut gegen Topspin kontern und schmettern. Im Spitzenbereich gibt es bei den Herren fast keine Spieler, die damit spielen, bei den Damen einige wenige. Im Amateurbereich kann der Belag für einige Spieler nach wie vor interessant sein.

6.3.2.2 Lange Noppen-außen

Sie unterscheiden sich von den kurzen Noppen durch ihre Länge und ihren Durchmesser. Sie sind länger und dünner. Der Ball kann sich förmlich in die langen Noppen eingraben und wird entsprechend rauskatapultiert. Vorwiegend werden diese langen Noppen von Abwehrspielern eingesetzt, die dann mit Schwammunterlagen von 0,5-1,5 mm operieren. Das Problem dieses Belags: Die Länge der Noppen (Eingraben des Balls) bewirkt gerade im Schupfspiel über dem Tisch Kontrollprobleme. Spielt der Gegner ohne Schnitt, kann ich selbst auch keinen Schnitt geben, das gilt für Ober- und Unterschnitt. Es gibt auch Abwehrspieler, die diese langen Noppen ohne Schwammunterlage spielen, die Kontrolle nimmt dabei deutlich zu. Ebenso greifen auch Angreifer auf diesen Belagtyp zurück, dann allerdings mit einer dicken Schwammunterlage von bis zu 2,0 mm, um mit diesem Belag zu blocken und zu kontern. Insgesamt stellt der Belag hohe technische Anforderungen an den Spieler.

6.3.2.3 Mittellange Noppen

Sie sind ein Kompromiss zwischen langen und kurzen Noppen. Je nach Schwammstärke eignet sich dieser Belagtyp für Offensiv- und Defensivspieler.

6.3.2.4 Noppengummi

Dieser Belagtyp ist der klassische Noppen-außen-Belag ohne Schwammunterlage. Seine Noppen stehen sehr eng und sind relativ dünn, aber kurz. Dadurch ergibt sich eine ausgezeichnete Ballkontrolle. Auch im Unterschnittbereich kann man mit diesem Belag variieren, vor allem in der Unterschnittabwehr. Nachteile ergeben sich im Angriff. Topspins sind mit diesem Belagtyp natürlich nicht zu ziehen. Auch das klassische Kontern und Blocken fällt mit diesem Belag flach.

6.4 Welche Schwammstärke und -härte sind für mich die richtige?

Wir haben bereits einiges über den Schwamm erfahren. Noch einmal einige Daten in der Übersicht: Es gibt Schwammstärken zwischen 0,5 und 2,5 mm. Ein und derselbe Belag (z. B. „Sriver") hat in Abhängigkeit von seiner Schwammstärke durchaus andere Wirkungen. Allgemein gelten folgende Faustregeln:

- Je dicker und härter der Schwamm, desto höher das Tempo!
- Je dicker und härter der Schwamm, desto geringer die Kontrolle!
- Je dicker und weicher der Schwamm, desto größer die Schnittmöglichkeiten!

Hinsichtlich der Spielsysteme sind folgende Schwammstärken empfehlenswert:

- Defensiv: 0,5-1,7 mm
- Allround: 1,5-1,9 mm
- Spinoffensiv: 1,9-2,1 mm
- Tempo- und ultraoffensiv: 2,1 mm-max.

6.5 Mit welchem Schläger fange ich an und wie geht es dann weiter?

Die Wahl des richtigen Schlägers beim Einstieg ins Tischtennis spielt für den Lernerfolg eine ganz entscheidende Rolle. Hier gilt das Prinzip:

Langsam aufbauen!

Auf keinen Fall zu „schnelle" Schläger gleich am Anfang spielen! Hier wird häufig gesündigt. Zugegeben, die Hochglanzkataloge der Tischtennisanbieter sind verführerisch. Sie preisen ihre Hölzer und Beläge in den höchsten Tönen: „spinoffensiv" und „kontrolliert" und „temporeich", eben alles, was ein Belag mitbringen sollte. Doch hier ist Vorsicht angeraten. Langsam anfangen, heißt die Devise.

Für den Start empfehle ich „Lern-", „Leichtspiel-" oder „Allroundschläger" in einem Preisbereich von ca. 15-30,- € mit Noppen-innen-Belägen. Die Beläge sollten nicht zu griffig sein. Denn je griffiger sie sind, umso spinempfindlicher sind sie, umso eher werden Fehler gemacht. Auch die Schwammstärke sollte 1,7 mm nicht übersteigen, da eine stärkere Schwammdicke das Gefühl für den Ball beim Kontakt mit dem Schlägerholz deutlich einschränkt. Gerade am Anfang kommt es sehr darauf an, den Ball beim Kontakt genau zu spüren. Außerdem nimmt das Tempo mit steigender Schwammstärke deutlich zu.

Kauftipp:

Auch bei einem „Anfängerschläger" solltest du ein Fachgeschäft aufsuchen. Sogenannte *Tischtennisshops* gibt es eigentlich in allen größeren Städten und Gemeinden (s. Kap. 7,S. 258 ff.).

Minitipp:

Wenn du noch eine kleine Hand hast, solltest du dir unbedingt einen Kinderschläger zeigen lassen, mit verkürztem und schmalem Griff und einer etwas kleineren Schlagfläche.

Wie baue ich auf?

Wenn du in die gezielte Technikgrundschulung einsteigst, solltest du in die Allroundklasse einsteigen: Qualitativ gute Allroundbeläge kosten zwischen 15,- und 30,- € pro Seite, ein gutes Allroundholz zwischen 20,- und 40,- €.

Ein kompletter Schläger dieser Klasse liegt also bei etwa 50,- bis 80,- €. Spiele beide Seiten zunächst in einer gleichen Schwammstärke von ca. 1,5 bis maximal 1,9 mm. Damit kannst du alle Techniken im Offensiv- und Defensivbereich erlernen. Nach etwa einem Jahr (bei zweimaligem Training pro Woche) werden sich dann entsprechende technische Stärken und Schwächen bei dir zeigen.

Dann können spezielle Anpassungen im Belagbereich vorgenommen werden: z. B. auf der Vorhandseite einen etwas schnelleren Belag als auf der Rückhandseite wählen. Beim Allroundholz würde ich zunächst in jedem Falle bleiben, da dir die Schulung des Ballgefühls hiermit am besten gelingt. Erst wenn es nach etwa 1-2 Jahren zu einer echten Spezialisierung hinsichtlich des Spielsystems kommt, solltest du eventuelle Veränderungen im Holzbereich vornehmen, z. B. auf ein offensives Holz umsteigen.

6.6 Wo kaufe ich den richtigen Schläger?

Im Fachgeschäft natürlich. Mittlerweile gibt es flächendeckend Tischtennisshops, in denen du die optimale Beratung erfährst. In aller Regel sind die Shopbetreiber Spieler oder Trainer, die etwas vom Tischtennis verstehen. Wenn du im Verein unter einem Trainer trainierst, solltest du bei einem Kauf in jedem Fall seinen Rat einholen. Wichtig ist auch, vor einem Kauf andere Schläger auszuprobieren. Die Möglichkeit, Testschläger auszuprobieren, halte ich nur dann für gut, wenn man sie in Ruhe testen kann. Sehr sinnvoll ist es, untereinander die Schläger auszutauschen, um einen ganzen Satz lang damit Erfahrungen zu sammeln.

6.7 Wie pflege ich meinen Schläger?

Grundsätzlich sollte der Schläger nach dem Einsatz sofort in einer Schlägerhülle verschwinden. Die griffigen Beläge sind sehr empfänglich für Staub, Dreck, Fett und Schweiß.

Deshalb sollten sie auch regelmäßig gereinigt werden. Heutzutage gibt es dafür spezielle Reiniger. Auf keinen Fall den Schläger einseifen und unter den Wasserhahn halten. Es reicht auch schon, wenn man mit einem Schwämmchen und lauwarmem Wasser ganz vorsichtig den Staub vom Belag abwischt. Ein neuer, teurer, aber verschmutzter Belag „zieht" nicht mehr. Deswegen kontrolliere auch immer wieder im Spiel, ob der Belag sauber ist.

6.8 Wie lange kann ich mit meinem Schläger optimal spielen?

Ein Holz hält eigentlich so lange, wie es nicht bricht. Wutausbrüche und damit verbundene Einwirkungen auf den „Sündenbock"-Schläger sind die ärgsten Feinde eines langen Schlägerlebens. Aus meiner Erfahrung kann ich sagen, dass nach einer bestimmten Probierphase, die mehrere Jahre dauern kann, fast jeder Spieler irgendwann ein Holz findet, mit dem er optimal zurechtkommt. Dann sollte man dabei bleiben und dieses Holz entsprechend pflegen. Ständige Holzwechsel zeichnen eigentlich nicht den Spitzenspieler aus. Nicht wenige spielen jahrzehntelang damit. Wenn du einmal das Holz, das zu dir passt, gefunden hast, solltest du erstmal dabei bleiben. Bei Belägen sieht das anders aus. Wenn du 2 x pro Woche regelmäßig spielst, solltest du schon 1-2 x pro Jahr deine Beläge wechseln. Erfahrungsgemäß verlieren die Beläge nach etwa 60-80 Stunden Spielzeit ihre optimale Griffigkeit (Obergummi) und Elastizität (Obergummi/Schwamm). Wer noch häufiger spielt, wird auch Halbjahreswechsel vornehmen müssen. Bei vorhanddominanten Spielern nutzt der Vorhandbelag in aller Regel deutlich eher ab als der Rückhandbelag.

6.9 Kann ich einen Schläger selbst belegen?

Kannst du. Aber mit den richtigen Materialien, die man im Fachhandel erhält. Dazu gehört Belagentferner – in der Regel reicht Aceton – und ein spezieller Belagkleber. In keinem Falle solltest du aber Uhu® oder ähnliche Klebstoffe verwenden, da diese die Beläge und auch das Holz zerstören. Der Kleber bleibt auf dem Holz und macht es uneben und somit nicht mehr verwendungsfähig.

Auch ist es gar nicht so einfach, den Belag abzuschneiden. Normale Haushaltsscheren sind meistens zu stumpf und das Zurechtschneiden eines Belags mit einem speziellen Belagschneidemesser verlangt viel Gefühl.

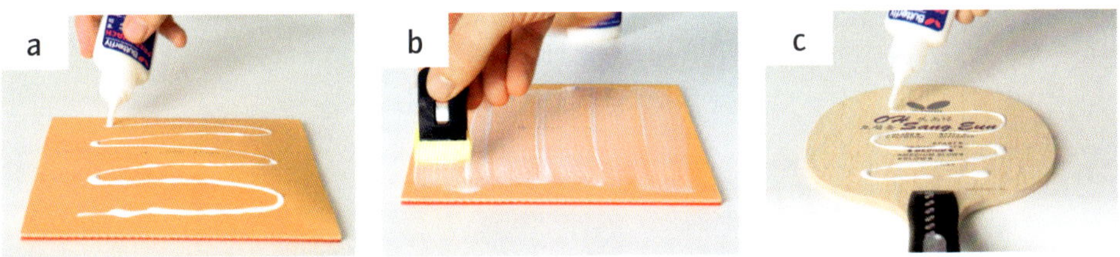

Bildreihe 64 a-c

Tipp:

Bevor du einen teuren, neuen Belag selbst montierst, übe erst mehrfach mit alten Belägen und lasse es dir vom Fachmann zeigen.

KAPITEL 7

INFOTIPPS

7 INFOTIPPS

7.1 Offizielle Tischtennisregeln

Bei www.tischtennis.de findest du

- alle aktuellen internationalen Tischtennisregeln A und B der ITTF (International Table Tennis Federation),
- die aktuellen Satzungen, Ordnungen und Durchführungsbestimmungen des Deutschen Tischtennis-Bundes (DTTB),
- Richtlinien zur Schlägerkontrolle im DTTB.

7.2 Tischtennis im Internet

Das Internet ist eine wahre Fundgrube für die verschiedensten Informationen im Tischtennis. Bei Wikipedia findest du unzählige, oft sehr fundierte Einträge zu Spielern, Vereinen, Verbänden, Geschichte, Turnieren, Lehre usw. YouTube® liefert dir Tischtennisvideos zu den verschiedensten Themen. Nachfolgend sind die wichtigsten Internetadressen und -links thematisch geordnet aufgelistet.

7.2.1 Tischtennisverbände im Internet

www.ittf.com	International Table Tennis Federation	(ITTF)
www.worldtabletennis.com	Internationale Turnierserie des ITTF	(WTT Series)
www.ettu.org	European Table Tennis Union	(ETTU)
www.tischtennis.de	Deutscher Tischtennis-Bund	(DTTB)

7.2.2 Tischtennisligen im Internet

www.ettu.org/mens-european-champions-league	Tischtennis Champions League
中国乒乓球超级联赛	Chinesische Superliga
www.tischtennis-db.de	Tischtennis Bundesliga
www.dttb.click-tt.de	alle deutschen Tischtennisligen

7.2.3 Vereine und Spieler

Alle internationalen und nationalen Profi- und auch sehr viele Amateurvereine haben eigene Websites, natürlich auch die meisten bekannten Tischtennisprofis. Hier zwei Beispiele:

www.borussia-duesseldorf.com
www.timo-boll.de

7.2.4 Lernen und Trainieren im Internet

www.youtube.com/c/TTSmashCity (Videokanal von Dimitrij Ovtcharov)
www.vdtt.de
www.spingate.de
www.tt-videos.de
www.tischtennis-pur.de
www.tt-tipps.de
www.mytischtennis.de
www.returnbrett.de/pdf/ttl.pdf

7.2.5 Tischtennisschulen und -camps

www.zugbruecke.de
www.borussia-duesseldorf.com/deutsch/tt_schule/news.html
www.tischtennis-college.de
www.tt-camp.eu

7.2.6 Die wichtigsten Tischtennishersteller

BUTTERFLY, JOOLA, DONIC, TIBHAR, ANDRO, STIGA, NITTAKU, YASAKA, XIOM, TSP, DHS, 729, GEWO, SPONETA

7.2.7 Die wichtigsten Versandhändler

www.spinfactory.de
w.w.w.schoeler-micke.tabletennis-shop.de
www.sport-schreiner-tischtennis.de
www.contra.de

7.2.8 Materialtests und -produktion

www.noppen-test.de
www.tischtennis-belag.de/tischtennisbelaege/butterfly-donic-joola-etc
www.forum.tt-news.de/forumdisplay.php?f=6

- The Making of Table Tennis Blades and Rubbers (Japanese/Butterfly) - YouTube®
- Как делают мячи для настольного тенниса.mpg - YouTube® (Ballproduktion)

7.2.9 Tischtennisportale und -foren

www.butterfly-global.com
www.youtube.com/c/BUTTERFLY-JAPAN
www.youtube.com/c/ButterflyEurope
www.tt-news.de
www.mytischtennis.de
www.tischtennis-pur.de
www.tt-tipps.de
www.tt-action.de
www.tischtennis.net
www.tischtennis-world.de
www.tischtennis.de/forum

7.2.10 Tischtennis-TV

www.ittf.com/itTV
www.worldtabletennis.com/livevideo
www.laola1.tv/en-int/ettu-tv/272.html
www.tv.ttbl.de

7.2.11 Tischtennisvideos

Youtube® ist die Fundgrube für Tischtennis aller Art: Liveübertragungen, Tipps zu Training, Technik und Taktik, Spielerporträts, Vereinsligen u.v.m.
Ausgewählte Beispiele für die Faszination Tischtennis auf Youtube®:

- Table tennis - Genius video [HD] - YouTube®
- World's Most Incredible Table Tennis Trick Shots - YouTube®
- You Think Table Tennis is not a Sport Then Watch This - YouTube®
- Best Table Tennis Points of 2012 [TOP 25] - YouTube®
- The fantastic balls of the table tennis-history - YouTube®
- The high speed of Table Tennis - YouTube®
- The Magic of Table Tennis - YouTube®

7.3 Roboterbezug

www.butterfly.tt (AMICUS Ballroboter)

7.4 Literaturhinweise & Websiteverweise

Blum, H. (Red.): (1997) *1014 Spiel- und Übungsformen im Tischtennis.* Schorndorf.

Deutscher Tischtennis-Bund (Hrsg.): (2010) *Tischtennis Lehrplanreihe - Thema: Psychologie im Tischtennis.* Frankfurt.

Deutscher Tischtennis-Bund (Hrsg.): (2005) *Tischtennis Lehrplanreihe - Thema: Konditionstraining.* Frankfurt.

Deutscher Tischtennis-Bund (Hrsg.): (2008) *Tischtennis Lehrplanreihe - Koordinationstraining im Tischtennis.* Frankfurt.

Deutscher Tischtennis-Bund (Hrsg.): (2014) *Tischtennis Lehrplanreihe - Thema: Balleimertraining.* Frankfurt.

Deutscher Tischtennis-Bund (Hrsg.): (2007) *Tischtennis Lehrplanreihe - Thema: Schlag- und Beinarbeitstechnik.* Frankfurt. Dazu erschienen ist die CD-ROM Schlag- und Beinarbeitstechnik.

Friedrich, H.: (1989) *Das Tischtennisspiel um die Jahrhundertwende.* Bonn.

Gadal, M.: (1997) *Der Weg zum Erfolg – Tischtennis der Weltklasse für Spieler und Trainer.* Ottawa.

Gäb, H.W./Schneider, E.: (1977) *Tischtennis.* Bad Homburg.

Geske & Müller: (2015) *Tischtennis – Taktik. Dein Weg zum Erfolg.* Aachen.

Groß, B. U.: (1987) *Tischtennis-Praxis,* Reinbek.

Groß, B. U. & Huber, D.: (1995) *Tischtennis – Moderne Technik für Anfänger und Könner.* Reinbek.

Groß, B.U./Schlager, W.: (2011) *Tischtennis Perfekt,* Aachen.

Hotz, A. & Muster, M.: (1993) *Tischtennis – Lehren und Lernen.* Aachen.

Luthardt, P. & Muster, M. (2016). *Tischtennis - Das Trainerbuch.* Schorndorf.

Muster, M.: (1986) *Tischtennis Lernen und Trainieren.* Bad Homburg.

Nottelmann, L.: (2009) *Beinarbeit Teil 1 – Die kleinen schnellen Schritte in der kurzen Distanz,* Mechernich (www.luno-tt.de).

Nottelmann, L.: (2009) *Beinarbeit Teil 2 – Spezielle und komplexe Bewegungsformen,* Mechernich.

Östh, G. & Fellke, J.: (1992) *Wie wird man Nr. 1 im Tischtennis?* Aachen.

Sklorz, M.: (1981) Richtig Tischtennis spielen. München.

Trupkovic, J.: (1978) Wege zum Leistungstischtennis. Flensburg

7.5 Tischtenniszeitschriften

tischtennis (offizielles Organ des DTTB), erscheint monatlich bei der mytischtennis-GmbH, Düsseldorf.

The Official Ping Magazine (Internetmagazin 6 x pro Jahr) (Bezug: www.theofficialping-magazine.com)

Tischtennis-Lehre (TTL, 4x pro Jahr), Verband Deutscher Tischtennis-Trainer (VDTT)

Trainerbrief (4 x pro Jahr), Verband Deutscher Tischtennis-Trainer (VDTT)
Lehrzeitschrift

DER AUTOR

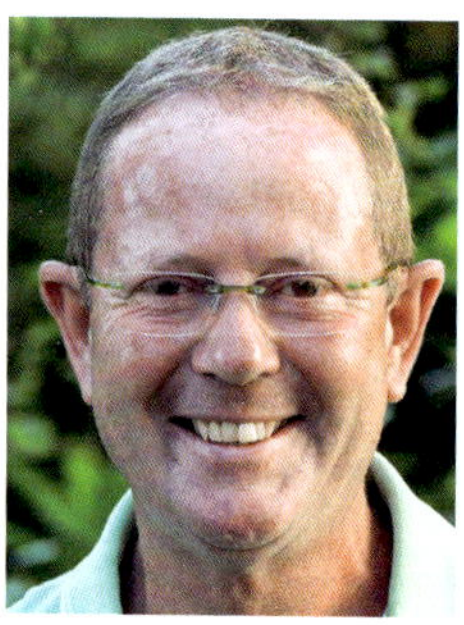

Bernd-Ulrich Groß, geb. 1957, studierte in Aachen Sport und Französisch für das gymnasiale Lehramt. Von 1986-2011 konzentrierte er sich ganz auf Tischtennis und war selbstständig als Tischtennistrainer, -trainerausbilder, -autor, -verleger und -vermarkter tätig. 15 Jahre wirkte er aktiv in der Übungsleiter-, B- und A-Trainerausbildung sowie Lehreraus- und -fortbildung mit. Er arbeitete von 1989-1991 als Headcoach beim Bundesligisten TTC Jülich. Bekannt wurde er vor allem als Verleger und Herausgeber der Trainerzeitschrift *Tischtennislehre* und mit seiner Firma *Aix Sport Marketing* als Veranstalter großer Tischtennisevents. Seit 2001 arbeitet er als Lehrer in Aachen, ohne Tischtennis aus den Augen zu verlieren. Er engagiert sich in der Nachwuchsarbeit verschiedener Vereine und war von 1990-2011 redaktioneller Mitarbeiter verschiedener BUTTERFLY-Publikationen u. a. TABLE TENNIS REPORT und BUTTERFLY NEWS. Von 1987-2018 schrieb er insgesamt 8 Tischtennislehrbücher. 2016 veröffentlichte er mit Timo Boll, dem erfolgreichsten deutschen Tischtennisspieler aller Zeiten, ein einzigartiges Lehrbuch.

BILDNACHWEIS

Coverfoto:	© BUTTERFLY
Covergestaltung:	Isabella Frangenberg
Satz, Innenlayout und Umschlaggestaltung:	Martin Herrmann
Grafiken S. 39, 42, 218-230:	modifiziert nach thinkstock/iStock/pialhovik
Grafiken S. 38, 78:	modifiziert nach thinkstock/iStock/dvarg
Fotos Innenteil:	Tamasu Butterfly Europa GmbH, Stephan Roscher, Bernd-Ulrich Groß
Aufmacherfoto:	thinkstock/iStock/CAHKT
Lektorat:	Dr. Irmgard Jaeger